林剑文集
人学和政治哲学研究卷

林剑 著

人民出版社

出版说明

　　林剑先生是华中师范大学马克思主义学院二级教授、博士生导师。2020 年 10 月 16 日，林剑先生因病，医治无效不幸逝世。根据先生生前意愿，整理出版 3 卷本《林剑文集》。

　　林剑先生，1957 年 5 月 1 日生，湖北浠水人。1972 年 12 月参军入伍，服役于中国人民解放军 252 团 3 营 9 连；1976 年加入中国共产党。1978 年 6 月退伍后，在浠水县汤铺公社汤铺大队小学任民办教师。1979 年 9 月—1983 年 6 月，就读于华中师范大学政治系；1983 年 9 月—1986 年 7 月，就读于华中工学院（现华中科技大学），获硕士学位。1986 年 9 月—1991 年 9 月，任教于华中师范大学政治系。1991 年 9 月—1994 年 7 月，就读于中国人民大学哲学系，获马克思主义哲学博士学位。博士毕业后，继续任教于华中师范大学政法学院（2012 年更名为马克思主义学院）。1994 年 12 月，由讲师破格晋升为教授；2007 年 11 月聘为二级教授。

　　林剑先生在华中师范大学任教期间，1995 年 12 月—1996 年 12 月任华中师范大学法商学院副院长；1996 年 12 月—2010 年 6 月任华中师范大学政法学院院长。学术兼职有：中国历史唯物主义学会副会长，中国价值哲学研究会副会长，湖北省哲学学会副会长。曾获评湖北省有突出贡献中青年专家，享受国务院政府特殊津贴。

　　林剑先生是马克思主义哲学界的英才，深得学界同侪敬重。他在治学和科研上严谨求真，追求创新，既拥有对理论真理坚定执着的信念，又拥有深厚的学术底蕴与寻本溯源的探索精神，他将马克思主义真理融入血脉人生，化为生活方式，身体力行地展现了一位"真学、真懂、真信、真用马克思主义"的中国当代哲学学者风范，彰显出独特而又令人敬往的人格魅力。

林剑先生始终重视人才培养，教学中循循善诱，谆谆教诲，既精心授业解惑，又倾力传道育人，桃李满天下。培养的硕士研究生百余人，博士研究生六十余人，其中很多已成为高校马克思主义理论和哲学的学科带头人或学术带头人。

林剑先生在生活和工作上为人率直，善良热情，乐于扶危济困，待人接物真诚直接，大度豁达，行事全凭一片赤心。在任院长期间，他关心青年教师成长，努力改善老师们的生活条件，深得全院师生的爱戴和拥护。

林剑先生还为华中师范大学马克思主义学科建设做出了巨大贡献。任院长期间，2003年获批马克思主义哲学二级学科博士学位授权点；2006年获批马克思主义理论一级学科博士学位授权点；2008年获批马克思主义基本原理被评为国家级重点学科。此后，在他的大力支持下，2018年获批哲学一级学科博士学位授权点。

林剑先生主要研究方向为马克思主义哲学与马克思主义基本原理，重点关注的领域有唯物主义历史观、马克思主义正义观以及马克思主义文化观。先后在《哲学研究》《马克思主义研究》《马克思主义与现实》《哲学动态》《教学与研究》《人民日报》《光明日报》等重要报刊上发表学术论文百余篇，其中在《哲学研究》上发表论文17篇；被《新华文摘》《中国社会科学文摘》《红旗文摘》《高等学校文科学术文摘》等知名转载刊物全文转载文章20余篇，其中《新华文摘》全文转载6篇，《中国社会学科文摘》全文转载9篇，被人大复印资料《哲学原理》等全文转载近40篇。曾获国家教学成果奖二等奖1项，省部级社会科学优秀成果奖二等奖4项、三等奖5项，获湖北省教学成果奖一等奖1项。入选中国人民大学复印资料中心公布的2016年度哲学与马克思主义理论2个学科的影响力学者。

《林剑文集》凝结了林剑先生30多年的心血，由他生前发表的130多篇学术论文组成，3卷本分别为唯物主义历史观研究、人学和政治哲学研究、文化与文明问题研究，共100余万字。感谢人民出版社对《林剑文集》的出版作出的精心安排，给予的大力支持和责任编辑付出的辛勤劳动。

华中师范大学马克思主义学院

2022 年 2 月

目　录

人学研究若干问题综论 *

一

　　哲学的最初含义是"爱智慧"，这"智慧"既涵盖着人对身外世界之谜的破译，也包容着对自身世界之谜的破译。任何哲学都无不关注人自身的问题，自哲学诞生之日起，还没有哪一种哲学能够超然于人自身之谜的诱惑，即使是古希腊的自然哲学，在关于宇宙的"始基"究竟是"水""火"，抑或是"气""原子"的探寻中，也依然浸透着对人的命运的关注。在哲学都关注人的自身之谜的破译这点上，应该说没有特别的例外。但哲学家们在对人自身之谜进行破译时，通常是循着不同的路径与方法，正是这路径与方法上的分野，牵引出对人自身之谜不同的解译，形成相互分野的人学理论与流派。

　　马克思主义的人学理论在人学发展史上是一个伟大的革命，在这一点上，理论界恐怕没有什么分歧。然而，马克思主义创始人是循着什么样的路径与方法才实现了人学革命的呢？对此，理论界存在着根本的分歧。有人认为，马克思主义

---

　　*　本文原发表于《江海学刊》1997 年第 1 期。

哲学是一种唯物主义哲学，作为一种唯物主义哲学，在人和世界的关系中，坚持物质世界对人的客观实在性、先在性和自在性及其对人的活动的制约性的理论，把人首先看成是物质世界发展的产物，是物质世界的一部分，服从于物质世界发展的规律。笔者以为，对人与世界的关系作这样的阐释难以令人苟同。它既没有揭示出马克思主义哲学与旧唯物主义哲学的区别，更没有凸显出马克思主义的人学革命的实质。因为，把人直接看作是物质世界的一部分，将人的世界与人的历史看作是自然界与自然史的延伸，不过是重复着旧唯物主义哲学家们早已强调了的"永远在活动着的自然给人指出每个人在线条上应该描绘的点子；是自然酝酿并且配合着应该组成人的那些元素；是自然给人以存在、倾向。他的特殊活动方式……"① 或"动物是机器"（笛卡尔）、"人也是机器"（拉美特利）的古老原理。

从发生学的角度看，自然界较之于人自身的世界确实具有自在性、先在性，但人一旦将自己从自然界分离出来、提升出来时，他就不再是自然界直接的一部分，而是与自然界相对峙的一部分，人不仅是一种对象性的自然存在物，同时更是一种能动性的类存在物；人的世界与自然世界有着本质的区别，人的历史并不是自然史的直接地、简单地进化与延伸；制约着人生存与发展的规律与制约着自然界的发展规律有着本质性的差别。人作为人存在，并不是自然界的直接产物，而是人自我塑造的产物，这一原理曾被黑格尔以唯心主义的方式首先加以阐述，并被马克思主义创始人在进行革命性唯物主义改造的基础上加以继承。马克思在评价黑格尔的辩证法时曾经写道："黑格尔《现象学》及其最后成果——辩证法，作为推动原则和创造原则的否定性——的伟大之处首先在于，黑格尔把人的自我产生看做一个过程，把对象化看做非对象化，看做外化和这种外化的扬弃；可见，他抓住了劳动的本质，把对象性的

---

① ［英］霍尔巴赫：《自然的体系》上册，商务印书馆 1964 年版，第 72 页。

人、现实的因而是真正的人理解为人自己的劳动的结果。"①诚然，黑格尔否定性的辩证法对"人"及"人的实践""劳动"作了抽象的唯心主义的理解，他所说的人实际上是指人的自我意识，他所说的"实践""劳动"不过是一种精神性的活动，对此，马克思的实践唯物主义哲学当然是不能同意的。但对黑格尔"把对象性的人，现实的因而是真正的人理解为他自己的劳动的结果"的见解，却给予了充分的评价，把它称之为黑格尔否定性的辩证法的伟大之处。笔者以为，把人及人的历史看成是人的劳动及劳动发展史的结果，从"人的实践""人的劳动"出发，去把握"事物、现实、感性"及其人自身的思维路径与方法，既是马克思的新唯物主义哲学革命的实质，也是马克思主义人学革命的实质，是马克思主义哲学与人学开启"事物、现实、感性"的本质之谜与人自身之谜的锁钥。

二

哲学与人学，以及马克思主义哲学与马克思主义人学是一种什么样的关系？这是时下的中国理论界正在争论的一个热门话题。有人认为哲学就是人学；有人认为人学只是哲学的一个分支学科；有人认为人学是哲学，但哲学并不仅仅是人学。上述观点似乎都有漏可指。

如果在哲学研究的所有问题都与人有关，并是为了人自身的意义上，说哲学就是人学也未尝不可。但这是一种广义的人学，广义的人学不仅可以指向哲学，也可以指向文学以及一切社会科学，甚至还可包容着自然科学与技术科学，因为一切科学的目的都关切着人，为了人而存在。一切科学都产生于人自身的需要并最终是为人服务的。

如果在哲学是以人为唯一研究对象或客体的意义上，说哲学就是人

---

① 《马克思恩格斯文集》第1卷，人民出版社2009年版，第205页。

学，则不能令人同意。笔者赞成将马克思主义的科学唯物主义、新唯物主义、现代唯物主义冠以实践唯物主义的称谓，因为马克思主义哲学之所以是现代的、新的，新就新在这种唯物主义是实践的，马克思主义哲学之所以是科学的唯物主义，关键也在于它是实践的，实践性是马克思的新唯物主义具有科学性的深刻基础。笔者也同意马克思主义哲学关注的根本点是人与人的世界的关系，从人的感性实践活动出发去把握"事物、现实、感性"是新唯物主义的奥秘的观点，但却以为，这并不能成为所谓马克思主义哲学即是人学的逻辑推论的根据。深刻的理由在于：马克思的新唯物主义关注的是人所面对的全部"事物、现实、感性"，即人所面对的感性世界；人作为一种感性的存在与对象，无疑也是实践唯物主义关注的对象，但它不等于人所面对的"事物、现实、感性"，即人的感性世界的全部。实践唯物主义虽然坚持对"事物、现实、感性"即人的感性世界应诉诸人的实践活动的把握，但"事物、现实、感性"即人的感性世界作为人的活动所涉与人的活动结果的客体性存在，与作为实践活动的人本身并不具有直接的同一性，而是一种以人的实践活动为中介的同一。马克思实践唯物主义的创始人极为关注人的问题，然而，马克思也好，恩格斯也好，都没有说过新唯物主义或实践唯物主义即是人学，这就值得马克思主义哲学的研究者们深思。

哲学不仅仅是人学，能否说人学是哲学呢？恐怕也不能作如此简单的断定。人学是可以纳入哲学范畴的，这是没有疑义的，如上所述，人作为一种感性的存在与现实，理应受到哲学的深切关注。但不能笼统不加限制地断言人学是哲学。笔者认为，不仅如上所述的广义的人学不是哲学，而且即便是以人为具体研究对象的人学也不全是哲学。因为对人的研究可以有不同的层次，可以从一般的层次进行研究，也可以从具体的层次上进行研究。哲学并不把有关人的一切方面都作为自己的研究对象，更不专门以人的某一方面或某一具体属性为自己的研究对象。哲学是从最高的或最一般的层次上研究人，主要是在考察人的存在方式、活动方式与发展方式的基础上，着重研究人的本质、人的本质性的属性、人的需要、人的价值、人的解放及人的产生、发展和变化的一般规律等有关人的最一般的问题。① 而以人的某一方面或某一具体属性为研究对象的人学则是经验科学，经验科学则不是哲学。

在哲学与人学的关系上，无论是从全部哲学发展史上看，还是从马克思主义哲学本身看，人学都属于哲学的一个有机的组成部分。马克思主义哲学包容着马克思主义的人学，但决不能把马克思主义哲学仅仅归结于马克思主义的人学。从马克思主义实践唯物主义哲学的逻辑体系看，无论如何，人作为它考察的客体，只是全部"事物、现实、感性"或全部感性世界的一部分。马克思的哲学革命是对全部"事物、现实、感性"诉诸人的感性实践活动的把握与理解的总体性思维方式的革命，马克思的人学革命是对人本身诉诸人的感性实践活动的把握与理解的革命，后一个革命是以前一个革命为基础的。

三

马克思主义以前的哲学与马克思主义哲学不能归结为人学，那么，哲学的当代形态是否是人学？近来有人提出了这样一种见解：认为"古希腊时期主要是直观本体论；近代主要是认识论；马克思那里是历史观；当今时代应该是人学"。因此"哲学的当代形态是人学"。②

作为一个哲学工作者，笔者似乎首先有一个这样的疑问，说古代哲学主要是直观的本体论，这是否适合于苏格拉底与柏拉图等人？说近代哲学主要是认识论，这是否适合于黑格尔、费尔巴哈这样的哲学家？即使是相对于康德这样的哲学家来说，这样的论断是否适合也值得质疑。康德虽然被哲学史家们誉为在哲学上是实现了哥白尼式革命的人物，但

---

① 参见林剑：《关于马克思主义人学的几个问题》，《哲学动态》1996 年第 2 期。
② 韩庆祥：《我的人学观》，《江海学刊》1996 年第 1 期。

能否说康德哲学主要是一种认识论哲学？众所周知，康德一生写了三大批判，而且，从康德哲学的内在逻辑体系看，《实践理性批判》与《判断力批判》是高于《纯粹理性批判》的。笔者以为，康德关怀的是真、善、美三个方面的问题，而不仅仅关怀作为求真的认识论问题。

"哲学的当代形态是人学"的观点据以立论的根据是："因为当今时代精神体现为对人的强烈呼唤和关切：当代发达资本主义社会提出的最迫切问题是工业化社会中个人的异化，与此相应，当今西方人文科学越来越把个人的存在与发展，人的革命问题置于思考的中心，尤其是人本主义哲学，其研究的主要对象就是个人的存在、本质和发展；我国现实提出的，并为哲学界集中讨论的，具有时代特征的重要问题，也是人的问题。"[①]不能否认，哲学在其发展的历史进程中有发生研究对象转换的可能，马克思的实践唯物主义哲学从先前的包罗万象的所谓"科学的科学"转向关注"人的感性世界"，就是一次哲学研究对象与视角的革命性转换。问题也不在于我们是否有权宣布一种新的哲学形态的诞生，其关键在于，当人们宣布一种已经存在的哲学形态过时，一种新的哲学形态诞生时，它的全部根据是否合理与充足。笔者以为，"哲学的当代形态是人学"观点的上述论据至少在以下三点上值得磋商：其一，说"当代发达资本主义社会提出的最迫切问题是工业化社会中个人的异化"并不确切。人的异化问题并不仅是当代发达资本主义社会才凸现。早在马克思从事革命与理论活动时就已凸现；人的异化问题是整个资本主义时代都存在的问题；当今资本主义社会人的异化现象与马克思时期的资本主义人的异化现象的区别只不过是程度上的区别，而不是本质的区别。马克思曾对资本主义社会人的异化给予过深刻的描述与分析，这是人所熟知的事实。然而，人的异化问题在当今资本主义社会中不管表现得如何突出，它始终只是一个表层次的问题，因为导致人的异化问题异常尖锐与突出的深层原因则是资本主义生产方式的内在矛盾。其二，当今西

---

① 韩庆祥：《我的人学观》，《江海学刊》1996 年第 1 期。

方人本主义哲学，其研究的主要对象就是个人的存在、本质和发展，这确实是一个不容否认的客观事实。然而，存在的并不就是合理的，以西方某些人本主义哲学家将哲学的视点聚焦在个人的存在、本质和发展上为由，主张"当今时代应是人学"，并否定马克思历史观继续存在与发展的可能和价值，其理由并不充分。笔者以为，当今西方某些人本主义哲学家将其研究的视野片面地集中在个人的存在、本质和发展上，不仅不是他们哲学的深刻性与合理性的所在，恰恰是他们在哲学上误入歧途与走进死胡同的表现。而导致这种片面性的除有思维方式上的原因之外，还有他们本人的阶级局限性的原因，他们充其量只能局限于对资本主义社会人的异化现象的描述与谴责，而不可能将其视野延伸到对资本主义社会生产方式内在矛盾的分析。其三，将人的问题受到时下我国哲学界的关注，作为支持"哲学的当代形态是人学"的论据也是难以令人信服的。人的问题确实是时下中国哲学界的兴奋点，但人学成了哲学的热点，与哲学成了人学是两回事。哲学热点的转移在哲学发展的进程中是常有、正常的事，但哲学热点的转移并不意味着哲学研究对象的改变。

四

哲学研究的对象无疑是人，但哲学意义上的人学或人论不同于各种具体的"人的科学"，只研究人的某一方面或人的某一具体属性，它研究的是作为整体的人及其本质，提供的是人的完整图景和人的本质。应该说，在这一点上，学术界并不存在原则性的分歧。然而，人在现实性上具有多种的存在形态，人既可以指向个体的存在，也可指向群体与族类的存在。那么，"整体的人"或"人的完整图景"究竟指什么？问题的关键与分歧的焦点即在此。有人认为，人学主要是关于个人问题的学说，"其着眼点是完整的个人"，马克思主义人学也就是"从个人的价值因素和科学因素的完整统一出发来研究个人问题"。① 显然，在上面的界说中，所谓"完整的人"或人的整体图景，本质上即是指向个人的"完整"性。但也有人认为："只研究人的个体形态的理论不能是人学的本质内容，而只是关于人的某种存在形态的学说，充其量只是人学的一个分支学科。"因而主张"整体的人也就是作为类存在或作为人类总体的人"②。上述两种对立的意见，似乎又回到了西方哲学史上一个长期争论不休的老问题上，重复着西方近代以来长期对峙的两种典型倾向，一种是以黑格尔为代表的着眼于人的"族类"而抹杀个人的泛逻辑主义的倾向，一种是以存在主义哲学家为代表的着重个人，并把个人绝对化而否认"类"本身的现实性的存在主义倾向。

笔者赞同哲学意义上的研究对象"整体的人"，人学或人论应该提供人的"完整图景和人的本质"。但这种"整体的人"不应理解成是单纯的人的族类总体，人的"完整图景和人的本质"也不应看成是所谓的个人的"完整统一"。人是人的各种存在形态，即包括个体存在形态、群体存在形态和族类形态的有机统一。无论是离开个人的所谓族类，或是离开族类的所谓个人，都只是人的存在的一种片面抽象。因此，所谓"整体的人"就是包括着人的各种存在形态有机统一的人，哲学意义上的人学所提供的关于人的"完整图景与本质"即是由人的各种存在形态有机统一的人的图景和本质。

无论是抽象的个人，还是抽象的族类，都是一种非现实性的存在。这是因为，一方面，"全部人类历史的第一个前提无疑是有生命的个人的存在"。③"人们的社会历史始终只是他们的个体发展的历史。"④"我们必须从我，从经验的、有血有肉的个人出发……要使我们的'人'成为某种真实的东西，我们就必须从经验主义和唯物主义出发；我们必须

---

① 参见韩庆祥：《关于人学研究中的几个基本问题》，《哲学动态》1995 年第 12 期。
② 董武清：《人学的对象和性质研究》，《哲学动态》1995 年第 4 期。
③ 《马克思恩格斯文集》第 1 卷，人民出版社 2009 年版，第 519 页。
④ 《马克思恩格斯文集》第 10 卷，人民出版社 2009 年版，第 43 页。

从个别物中引申出普通物，而不从本身中或者像黑格尔那样从虚无中去引申。"① 另一方面，"个人的发展取决于和他直接或间接进行交往的其他一切人的发展……单个人的历史决不能脱离他以前的或同时代的个人的历史，而是由这种历史决定的"。② 人的存在与本质，必须从个体与类的对立统一、从二者的辩证联结上去加以把握与认识，孤立地、抽象地考察人的个体或族类，都不可能真正地达到对人的"完整图景与本质"的科学把握。

实际上，即使当我们着眼于个人的考察时，我们也无法将个体与类完全分开。深刻的原因在于：个体的存在是这样的一种存在，"它把类看做自己的本质，或者说把自身看做类存在物"。③"人是特殊的个体，并且正是人的特殊使人成为个体，成为现实的、单个的社会存在物，同样，人也是总体，是观念的总体，是被思考和被感知的社会的自为的主体存在，正如人在现实中既作为社会存在的直观和现实享受而存在，又作为人的生命表现的总体而存在一样。"④"特定的个体不过是一个特定的类存在物。"⑤ 现实的人既是一种个体存在物，同时又是一种类存在物，这种双重存在的特性决定着在考察人的个体存在及其本质时，不可能撇开人的类存在及其本质。孤立的个人只是一种生物学上的存在，个人只有作为类存在物存在时，才能获得人之为人的规定，这即是马克思所讲的"人是人的最高本质"。⑥

黑格尔着重人的族类，轻视经验的个人，把个人看成不过是绝对精神实现自己目的的工具，最后导致了对人的本质的客观唯心主义研究。近现代西方存在主义及形形色色的人本主义哲学将视野绝对地聚焦于个人，最后不得不归宿于仅仅是对自我的内心苦闷、焦虑、忧郁、恐惧的

① 《马克思恩格斯文集》第 10 卷，人民出版社 2009 年版，第 25 页。
② 《马克思恩格斯全集》第 3 卷，人民出版社 1960 年版，第 515 页。
③ 《马克思恩格斯文集》第 1 卷，人民出版社 2009 年版，第 162 页。
④ 《马克思恩格斯文集》第 1 卷，人民出版社 2009 年版，第 188 页。
⑤ 《马克思恩格斯文集》第 1 卷，人民出版社 2009 年版，第 189 页。
⑥ 《马克思恩格斯文集》第 1 卷，人民出版社 2009 年版，第 11 页。

纯粹性的心理分析。这是一种必然的逻辑，也是一个深刻的教训。笔者希望，我们在进行马克思主义人学研究时应重视这个教训，不要重复他们的错误。

五

人学的研究不仅有一个如何确立其研究对象的问题，还有一个遵循什么样的路径与方法问题。哲学发展史与人学发展史的经验一再表明，在人的研究上，遵循不同的路径与方法，通常会有完全不同的结果，从而形成不同的人学流派。而人学研究的路径与方法是受一定的哲学理论基础制约与规定的。

那么，马克思主义人学对人的研究究竟应遵循一种什么样的路径与方法呢？由于人们对马克思主义哲学实质的理解与把握不同，人们对此的看法也就不一。有人反对从对存在的解释出发来解释人的一切的理论，主张在人和世界的关系中，应坚持物质世界对人的客观实在性和自在性及其对人的活动制约性的理论，主张应从人首先是物质世界发展的产物，是物质世界的一部分，他服从于物质世界发展的规律的思路去研究人。也即是应把人和世界的关系纳入人和世界的自然关系当中去理解。也有人主张，人学的方法应是在"人的科学"的基础上，运用综合的方法进行整体思考的方法。笔者既不同意前一种见解，也不同意后一种见解。笔者以为，将人看成是自然界发展进化的直接产物，以纯粹自然的眼光去直观人的思维方式，不是马克思实践唯物主义的思维方式，而是一种曾被马克思批评过的旧唯物主义的思维方式。综合的方法充其量只能算是人学研究中应该加以运用的一种具体方法，而不是马克思主义人学研究的根本方法。即使从马克思主义人学研究的具体方法看，综合的方法也不是唯一的，还应有逻辑与历史相统一的方法，与综合相统一的分析的方法，经验的、实证的方法，哲学反思的方法，猴体解剖的方法……

人之为人，有着自己的本质规定。但正如对"事物、现实、感性"本质不能从它自身的直观中获得一样，对人的本质也不能诉诸简单的思维直观。人并不先天就具有人的本质，而是有一个从动物到人的长期演进的过程；人的本质也不是一经获得便凝固不变的，而是不断发展变化的。在马克思的实践唯物主义历史观的视野里，人不是自然界自然进化的直接产物，"对象性的人，现实的因而是真正的人"是人自己劳动的结果，无论是人之为人的本质规定的获得，还是人的本质的历史发展，都是以人的劳动或实践活动为基础的，是人的实践及其历史发展的结果。劳动、实践，既是人的生命活动方式，也是人的本质生成与展开的方式。人以何种方式展开自己的活动，也就以何种方式塑造自己与表现自己。因此，研究人及其发展，唯一的途径是研究人的实践活动的发展以及在人的历史实践活动基础上所生成的社会关系的总和，研究人的实践活动所创造的一切"事物、现实、感性"。"人就是人的世界，就是国家、社会。"① 人的本质"在其现实性上，它是一切社会关系的总和"。②"人的世界""社会关系的总和"作为人的实践活动的结果，是人的作品，是人的智慧与本质力量的历史沉淀与凝结，人是它的著作者。"人的世界""人的社会关系的总和"是人的现实的一面镜子，正如马克思曾经指出的："工业的历史和工业的已经生成的对象性的存在，是一本打开了的关于人的本质力量的书，是感性地摆在我们面前的人的心理学。"③ 人唯有通过这面镜子反观自身，获得对自身的认识与理解，别无他途。

---

① 《马克思恩格斯文集》第 1 卷，人民出版社 2009 年版，第 3 页。
② 《马克思恩格斯文集》第 1 卷，人民出版社 2009 年版，第 501 页。
③ 《马克思恩格斯文集》第 1 卷，人民出版社 2009 年版，第 192 页。

实践唯物主义与人道主义 *

一

实践范畴不仅具有认识论的意义，而且具有本体论的意义，这一点已为越来越多的人认识到。有人认为，与旧唯物主义主张的"自然本体论"不同，马克思主义哲学的本体论实质上是一种"实践本体论"或"实践一元论"。笔者认为这种提法是能够成立的。问题是对"实践本体论"或"实践一元论"的提法作何种理解。

近来，一种有代表性的意见认为，实践之"元"不具有"万物本源"的涵义，它只表现为哲学的逻辑起点，表现为马克思哲学，思维辐射的轴心。笔者认为这种意见明显地违背了马克思本人确立的逻辑应与历史相统一的原则。不错，实践范畴确实是马克思哲学思维辐射的轴心，并且是马克思主义哲学逻辑构造的起点。但这作为逻辑起点的实践难道不首先是历史的起点吗？如果它不首先是历史的起点，又何以能成为逻辑的起点呢？笔者认为，"实践本体论"之所以能够成立，首要的根据在于，从历史的角度看，或者

---

* 本文原发表于《哲学动态》1989 年第 4 期。

从发生学的意义上看，确有"万物本源"的涵义。因为，我们所面对的整个感性世界都是人的历史实践的派生物。这不仅表现在，我们所面对的自然物质，已经不是原始的自然物，而是经过人类劳动或实践改造过的，打上了人的本质力量印迹的人化自然物，表现为人的历史实践的结果和产物；而且也表现在，人类的历史也不过是通过自己的劳动或实践而创造与生成的历史。没有人的实践活动的创造就没有"历史的自然和自然的历史"，没有实践更没有人类社会和人类社会的历史。正如马克思曾经指出的："这种活动，这种连续不断的感性劳动和创造，这种生产，正是整个现存的感性世界的基础。"① 正因为人的劳动、实践活动是整个现存感性世界的深刻的基础，人类劳动发展史是理解整个人类历史奥秘的一把钥匙，所以，"按照事物的本来面目及其产生情况来理解事物"的马克思主义哲学才把实践范畴作为自己的逻辑出发点。

二

实践唯物主义的创立，同时也就是人在感性世界中主体性的确立，也就是人在马克思主义哲学中的主体地位的确立，或者说是哲学的主体性原则的确立。当然，对主体性、主体性原则等概念不能作某些人那样的理解——把主体性、主体性原则与主观能动性或能动性原则画等号。主体是相对于客体而言的，主体性的证明也不能离开客体。既然实践唯物主义把人的感性活动理解为全部感性世界的深刻基础，而把全部感性世界理解为人的感性活动的结果或作品，那么作为实践主体的人的地位便自然而然地得到了确立，人的主体性也就在人自己创造的客体或作品中得到确证或反思。循着实践唯物主义的思路前进，人们获得的将是一个全新的哲学视角，在人们眼里，马克思主义哲学将不再是一个无主体

---

① 《马克思恩格斯文集》第 1 卷，人民出版社 2009 年版，第 529 页。

的哲学。展现在人们眼前的，人不仅是人化自然物的主体，人也是自己创造的社会与历史的主体。特别是在历史观中，生产力、生产关系等范畴将不再是与人的活动无关的东西，生产力表现为"主体的生产力"，生产关系也是历史主体的生产关系。

在实践唯物主义中，主体性原则的确立，同时也就意味着对人道主义原则的肯定。在实践唯物主义看来，实践不过是人根据自己的需要，按自己人性的要求来改造和安排周围的世界或环境的感性活动。而人创造的属人世界不过是人通过自己的活动将自己的本质力量对象化或物化的结果。人创造的世界广义上是一个文化的世界，这个文化世界的发展程度，表现着和确证着人的本质力量的发展程度。因此，对实践的高扬，本质上是对人的高扬，对人的作品或者说对人的实践结果的肯定和赞美，同时也就是对人的价值的肯定和对人的本质力量的赞美。实践唯物主义与旧唯物主义相比一个显著的优点就在于：旧唯物主义是见物不见人，实践唯物主义则在物的外观中揭出人的本质，旧唯物主义把人贬低到物的地位，用物性来解释人性，实践唯物主义则把物提高到人的地位，赋予感性世界以人性的理解。在实践唯物主义中，人道主义再不是某种伦理性的装饰物，而是它的实质或本质。可以这样说，实践的唯物主义，本质上也是一种人道主义的唯物主义。

三

诚然，实践唯物主义对实践与感性世界关系的理解是辩证的。一方面，它从实践出发去思考、理解和解释感性世界、社会、历史乃至人自身；另一方面，又从感性世界、社会、历史的角度去思考、理解实践。一方面，强调历史是实践的历史；另一方面又承认实践是历史的实践。强调："历史的每一阶段都遇到一定的物质结果，一定的生产力总和，人和自然以及个人之间历史地形成的关系，都遇到有前一代传给后一代的大量生产力，资金和环境……它们也预先规定新的一代本身的生活条件，使它得到一定的发展和具有特殊的性质。"①而人的活动受自己所处的历史条件的制约，不过是人受自己过去实践的制约。它提醒人们注意，不能重复唯心主义的错误，避免离开一定的历史环境与条件，对人的现实的感性活动作抽象的理解。但是，实践唯物主义更强调实践对历史条件与环境超越的意义。在实践唯物主义看来，人在现实的感性活动中对现存的历史条件与环境的依赖与利用，与动物对自然环境本能的适应具有根本不同的性质，人并不满足于对现存的历史条件与环境进行简单地再复制，而是力图根据自己的需要，按照自己所达到的认识水平和能力，既按照客观的外在尺度，更按照自身的内在尺度，进行有利于自己生存和发展的重新安排和创造。人正是在这种重新安排与创造中实现对现存的感性世界的超越。没有对现存历史条件与环境的超越，就没有社会的发展和历史的进步。而人通过实践对现实世界的超越，本质上不过是人对自己过去实践的超越，是人对自身的一种超越。

因此，实践唯物主义的创立，不仅是一种思维方式的深刻变革，同时也是哲学功能的重大改变。实践唯物主义已不再满足于对现存世界的单纯理解与解释，而是把着眼点放在对现存世界的改造和超越上。实践唯物主义在本质上是一种关于人的解放的哲学。在实践唯物主义者的眼里，唯有通过自己的实践，人才能为自己争得解放，人的解放程度是与人的实践范围的扩大和实践水平的提高相一致的，人通过自己的实践活动所造成的社会发展和历史进步是人的解放程度的一种确证。

---

① 《马克思恩格斯文集》第 1 卷，人民出版社 2009 年版，第 544、545 页。

关于马克思主义人学的几个问题 *

一

  人学，从最一般的意义上说，即是关于人的学说。但人本身是一种复杂的存在，他具有多方面的属性和关系，受着多方面规律的制约。因此，对人的研究可以从多维度、多视角、多层面上进行考察。依据研究对象的区别，可将人学相对地区分为广义的人学、狭义的人学、综合性的哲学人学或人论。

  在广义上，一切与人的生存和生活关系密切的学说都可以看成是人学，广义的人学也可说是以人为目的的科学。这种广义的人学不仅包容着社会科学、思维科学、历史科学，而且包容着文学与自然科学。高尔基就说过，文学就是人学，是生活的教科书，它教育人们怎样去生活。马克思也曾经指出："自然科学往后将包括关于人的科学，正像关于人的科学包括自然科学一样，这将是一门科学。"① 当然，广义的人学还不是严格意义上的人学，只能算是与人密切相关的人学。

---

* 本文原发表于《哲学动态》1996 年第 2 期。

① 《马克思恩格斯文集》第 1 卷，人民出版社 2009 年版，第 194 页。

马克思人学四辩 *

一

在《1844年经济学哲学手稿》中，马克思在谈到人与动物的区别时曾写道：一个种的全部特性，种的类特性就在于生命活动的性质，而人的类特性，恰恰就是自由自觉的活动。在《德意志意识形态》中，马克思也写道："可以根据意识、宗教或随便别的什么来区别人与动物。一当人开始生产自己的生活资料，即迈出由他们的肉体组织所决定的这一步的时候，人本身就开始把自己和动物区别开来。"①马克思的上述话语，不仅为我们把握人与动物的区别提供了一条正确的思路，同时也为我们理解人的存在及其本质与特性提供了一条全新的思路。要把握人的存在，首要的是要把握人的生命活动的性质；把握了人的生命活动的性质，也就是把握了人存在的关键。因为，人之所以不同于其他自然物的存在，就在于"满足他的需要即维持肉体存在的需要的手段"不同于其他的自然存在物。人维持自己存在的生

＊　本文原发表于《学术月刊》2007 年第 1 期。
① 《马克思恩格斯文集》第 1 卷，人民出版社 2009 年版，第 519 页。

命活动是人的生产、劳动或实践。因此，劳动是人的本质，即是说人在本质上是一种以劳动或实践作为自己存在方式的存在物。在马克思"实践的唯物主义"视野里，人的实践、劳动不仅是人作为人存在的历史始点，也是人与动物之间众多的以及具有衍生无限可能性区别的原生性区别，同时也是思考人作为人存在的现实性基点。正因为人是一种以实践、劳动的方式存在的存在物，所以，对人的存在的理解与把握，也就同对"对象、现实、感性"的把握一样，既不能像旧唯物主义哲学那样，仅仅诉诸一种纯客体的、直观方面的理解，也不能像旧唯心主义哲学那样，仅仅诉诸一种纯主体的或主观的理解，而必须诉诸于人的感性实践活动的理解。

当马克思"实践的唯物主义"哲学将人的存在诉诸人的实践活动时，呈现在其视野中的人的存在就既不是一种纯客观的存在，也不是一种纯主观的存在，而是一种主体与客体相统一或主观与客观相统一的存在。他不再像旧唯物主义哲学家们那样，将人视作纯粹的自然物，或将人视作是"感性的对象"（费尔巴哈）、"视作是机器"（拉美特利），也不再像旧唯心主义哲学家那样，沿着主体即是人的自我意识的思路，将人的存在视作是一种纯主观或纯思维的存在。深刻的原因在于，人的实践活动既不同于自然界中的物理、化学、生物之类的运动，具有纯粹客观的性质，也不同于人的思维活动，具有纯粹主观的性质，人的劳动、实践活动是一种有意识、有目的的感性活动，是一种主观见之于客观、主观与客观相统一的活动。正因为人的劳动、实践是人作为人诞生的基础，是人作为人存在的方式，因此，人作为人存在是一种主观与客观相统一的双重存在。

人作为一种以实践活动方式存在的存在物，首先是一种对象性存在物。因为，"一个存在物如果在自身之外没有对象，就不是对象性存在物。一个存在物如果本身不是第三者的对象，就没有任何存在物作为自己的对象，也就是说，它没有对象性的关系，它的存在就不是对象性的存在"，而"非对象性的存在物是一种非现实的、非感性的、只是思想开人的本质去谈人的存在，也是一种抽象的存在。难以想象，一个没有任何本质规定的存在物，何以能或者说有什么理由将它视作是人？

马克思的"新唯物主义"哲学是一种"实践的唯物主义"哲学，其将对人的理解诉诸一种实践的理解。这包括既对人的生成诉诸一种实践的理解，也对人的存在诉诸一种实践的理解。作为一种以实践方式存在的存在物，实践、劳动就是人存在的本质。人以什么样的方式实践着、劳动着，他们就是怎样的人。或者说，"个人怎样表现自己的生命，他们自己就是怎样。因此，他们是什么样的，这同他们的生产是一致的——既和他们生产什么一致，又和他们怎样生产一致"①。从马克思主义哲学诞生之前的"人是什么"到马克思"新唯物主义"哲学中的人是"怎样"的，这不仅仅是一种单纯的话语转换，更是一种关于人的存在与人的本质关系的思考模式的转换或革命。而在这种转换或革命中，充分贯彻着一种辩证思维，即将人的存在与人的本质视作是一种辩证的统一。马克思主义一方面反对脱离任何现实存在去先验地悬设一种人的普遍本质，另一方面也反对悬设一种没有任何本质性规定的抽象的人的存在。在马克思主义哲学的视野里，人的本质不能存在于人的存在之外，而只能存在于人的现实存在之中。同样，人作为人存在不能没有自己的本质，人的本质是人的存在的前提与根据，没有任何本质规定性的存在是一种非存在。人的现实存在不过是人的本质的感性形式的现实表现。

三

马克思主义创始人对近代资产阶级形形色色的抽象人性论进行过尖锐而深刻的批判，反对对人性、人的本质作单纯的抽象理解，但这是否意味着对人性、人的本质只能作具体的理解，或者说，只存在具体的人

---

① 《马克思恩格斯文集》第 1 卷，人民出版社 2009 年版，第 520 页。

性与人的本质，而不存在人性、人的本质的抽象方面？在过去众多的马克思主义哲学教科书中，当谈到人性与人的本质问题时，基本结论不外乎是：人都是生活在一定社会与一定历史条件下的人，因而是社会的人、历史的人，在阶级社会中表现为阶级的人，只存在具体的人性与人的本质，不存在超历史、超阶级的抽象的人性与人的本质。

那么，马克思主义经典作家是否彻底地拒斥对人性、人的本质作抽象理解的可能性与必要性？如果我们对马克思主义人学理论的解读不是误读的话，其结论应是否定的。倘若我们对马克思主义人学理论作完整的把握，尤其是将马克思主义人学理论放在马克思"新唯物主义"哲学的总体思维框架中进行把握的话，将不难得出如下的结论：在马克思主义人学理论的总体框架中，对人性、人的本质进行抽象不仅是可能的，而且在特定情况下还是必要的。

人们之所以片面地主张在马克思主义的人学理论中只存在具体的人性、人的本质，而反对在对人性与人的本质作具体理解时对其进行抽象理解的可能性与必要性，一个重要的原因是对马克思主义经典作家有关近代资产阶级抽象人性论批判的误读，在解读这种批判时，习惯于进行非此即彼式的思考与推论。在一些人看来，既然马克思主义经典作家对资产阶级的抽象人性论是持批判态度的，那么马克思主义的人性理论必定与之相反，人性与人的本质如果不能作抽象的理解，自然只能作具体的理解，这是一个顺理成章的逻辑。然而，如果对马克思主义经典作家的有关论述进行完整的把握，就会发现，与其将马克思主义经典作家对资产阶级抽象人性理论的批判视作是一种否定，不如理解为是一种扬弃。实际上，马克思主义经典作家所批判的，是这种理论在对人性与人的本质的理解上，离开了人的现实的、具体的社会、历史的规定性，而诉诸单纯的直观与抽象；只看到了人性与人的本质中存在的具有普遍性与共同性的东西，并把这种抽象的普遍性与共同性作为先验性原则，去图解现实的人与现实人的历史。在马克思主义经典作家对资产阶级人性理论批判的本真旨趣中，资产阶级人性论的错误与其说是对人性与人的

论马克思实践唯物主义人学理论的深刻革命[*]

一

在马克思"实践的唯物主义"哲学诞生之前，哲学家们围绕着人自身的"对象、现实、感性"进行过长期不懈的思考，留下过难以计数的有关人的自我认识的"自画像"。然而遗憾的是，他们要么对人只作纯客体性的抽象直观，将人等同于纯粹的对象物，要么对人只作纯主体性的抽象直观，将人等同于人的思想、意识或理性；那些不断更换的人的"自画像"中没有一张真正像人。

在马克思"实践的唯物主义"人学理论诞生之前，如果从有关人的思索与认识的提问方式与回答方式上看，西方人学理论发展史的演进大体上经历了两个阶段。从提问方式上看，它经历了从"这物是什么"到"人是什么"两个阶段；从回答方式上看，它经历了从"这物是人"到"人是某物"两个阶段。

人对自身认识的第一阶段，最早可追溯至西

<hr>

* 本文原发表于《哲学研究》2006 年第 9 期。

方文明史的源头，其中最有代表性的例证要属著名的斯芬克斯之谜。解读这个斯芬克斯之谜的神话，呈现在我们面前的是依稀可见的人类自我意识的萌生，它标志着人的认识指向自我的启始。但在斯芬克斯之谜的神话中，它所表达的人对自身的意识还只具有不自觉的、萌芽的性质。因为从提问的方式上看，所问的是"这物是什么"或"这是何物"；从回答的方式上看，所回答的是"这物是人"。语言是实践的，一定的语言方式表达着人类一定的实践水平以及由此决定的认识水平。我们姑且不论人是否只是一种生物学的存在，人的特征及其变化是否仅仅表现在他的行走方式及其行走方式的改变上。仅从斯芬克斯之谜的提问方式与回答方式上看，它离人将自己视作一个独立的特殊对象，离自我意识的生成还相当遥远。因为无论在提问方式中还是在回答方式与答案中，构成语句的主词始终是物不是人，人只不过是作为宾语处在句子中。这极其明显地向我们表示，在人类文明的初始时代，人远没有将自己从外部对象物中分离与提升出来；它仍然将自己视作物，充其量只具有特征的不同，而没有本质的区别。因此，在斯芬克斯之谜的谜底中，人作为人存在还只是一种对象性的存在，而不是一种主体性的存在。

在西方人学理论发展史上，自古希腊哲学诞生开始，尤其是自苏格拉底哲学以降，人开始了认识自我的第二阶段，即逐渐地从对象意识转向了具有自觉性质的自我意识阶段。这是一个新的阶段，因为人们在探讨与思索自身的问题时，无论是提问方式还是回答方式与答案，都发生了革命性的变化。从提问方式看，它从"这物是什么"或"这是何物"转变成"人是什么"；从回答方式与答案上看，它从"这物是人"转变成"人是某物"。人与物的主宾关系发生了全新的改变：人是主词，物是宾语。这种话语方式的改变不能简单地视为是一种话语的游戏，而是蕴含着深刻的话语主题的转化，它标志着人类的自我意识的生成，人的主体地位的自我确认。诚然，在前苏格拉底时期的古希腊的自然哲学中，并不存在严格意义上的人学理论，自然哲学的视点还主要聚焦在自狭义的人学是以人为直接研究对象的人学，又是以人的某一方面或某一属性为研究对象的人学，而不是以人的整体或整体的人作为研究对象的人学。人类学、人种学、民族学、生理学、心理学、伦理学、人类医学、人类优生学、人体美学都属于狭义的人学。狭义的人学也可以说是一种具体的人学或经验性的人学。它提供的是人在某一方面的发展及其发展规律的具体图景。

哲学无疑也关注人的问题，哲学意义上的人学或人论研究的对象也是人。但哲学不把有关人的一切方面都作为自己的研究对象，更不专门以人的某一方面或某一具体属性为研究对象，而是在考察人的存在方式、活动方式与发展方式的基础上，着重研究人的本质，人的本质性的属性、人的需要、人的价值、人的解放及人的产生、发展和变化的一般规律等有关人的最一般的问题，提供有关人的存在、发展与本质的整体图景，或整体性的人的完整形象。哲学意义上的人学本质上即是关于人的哲学。

二

哲学意义上的人学或人的哲学，是"关于作为整体的人及其本质的科学"[①]，提供的是"人的完整图景和人的本质"。应该说，在这一点上，学术界并不存在着原则性的分歧。但人在现实性上具有多种的存在形态，人既是个体的存在，也是群体与族类的存在。那么，"整体的人"或"人的完整图景"究竟指什么？问题的关键与分歧的焦点即在于此。有人认为，人学主要是关于个人问题的学说，马克思主义人学也就是"从个人的价值因素和科学因素的完整统一出发来研究个人问题"。[②]

① 黄楠林、夏甄陶、陈志尚主编：《人学词典》，中国国际广播出版社1990年版，第1页。
② 韩庆祥：《马克思主义人学思想发微》，《哲学动态》1995年第12期。

显然，在上面的界说中，所谓"完整"的人或人的整体图景，本质上即是指向个人的"完整"性。但也有人认为："只研究人的个体形态的理论不能是人学的本质内容，而只是关于人的某种存在形态的学说、充其量只是人学一个分支学科。"因而主张"整体的人也就是作为类存在或作为人类总体的人"。① 上述两种对立的意见，似乎又回到了西方哲学史上一个长期争论不休的老问题上，重复着西方近代以来长期对峙的两种典型倾向，一种是以黑格尔为代表的着眼于人的"族类"而抹杀个人的泛逻辑主义的倾向，一种是以存在主义哲学家为代表的着重个人，并把个人绝对化而否认"类"本身的现实性的存在主义倾向。

笔者赞同哲学意义上的人学的研究对象是"整体的人"，人学或人论应该提供人的"完整图景和人的本质"。但这种"整体的人"不应理解成是单纯的人的族类总体，人的"完整的图景和人的本质"也不应看成是所谓的个人的"完整统一"或人的族类总体的形象。人是人的各种存在形态，即包括个体存在形态、群体存在形态和族类存在形态的有机统一。无论是离开个人的所谓族类，或是离开族类的所谓个人，都只是人的存在的一种片面抽象。因此，所谓"整体的人"应是包括着人的各种存在形态有机统一的人，哲学意义上的人学所提供的关于人的"完整图景与本质"，即是由人的各种存在形态有机统一的人的图景和本质。

实际上，无论是抽象的个人，还是抽象的族类，都是一种非现实性的存在。这是因为，一方面"全部人类历史的第一个前提无疑是有生命的个人的存在"。②"人们的社会历史始终只是他们的个体发展的历史。"③"我们必须从我，从经验的、有血有肉的个人出发……要使我们的'人'成为某种真实的东西，我们就必须从经验主义和唯物主义出发；我们必须从个别物中引申出普通物，而不从本身中或者像黑格尔那样从

① 董武清：《"人学"的对象和性质研究》，《哲学动态》1995 年第 4 期。
② 《马克思恩格斯文集》第 1 卷，人民出版社 2009 年版，第 519 页。
③ 《马克思恩格斯文集》第 10 卷，人民出版社 2009 年版，第 43 页。

虚无中去引申。"① 另一方面，"个人的发展取决于和他直接或间接进行交往的其他一切人的发展……单个人的历史决不能脱离他以前的或同时代的个人的历史，而是由这种历史决定的"②。人的存在与本质，必须从个体与类的对立统一、从二者的辩证联结上去加以把握与认识，孤立地、抽象地考察人的个体或族类，都不可能真正地达到对人的"完整图景与本质"的科学把握。

三

能否科学地把握整体的人的"完整图景与本质"，这涉及一个哲学的思维方式与方法问题。哲学理论基础与思维方式、方法的不同，通常会对人的图景与本质作出不同的、甚至完全对立的解释，从而形成不同的哲学人学流派。马克思主义人学是奠基于马克思的实践唯物主义基础上的，这是马克思主义人学与其他人学流派的本质性区别。马克思主义哲学人学的具体方法尽管有很多，如逻辑与历史相统一的方法，综合与分析相统一的方法，经验的、实证的方法，哲学反思的方法，族体解剖的方法……但最根本的方法则是从人的现实的、感性活动，即人的实践活动出发去揭示人的存在与本质的方法。

人之为人，有着自己的本质规定。但正如对"事物，现实，感性"的本质不能从它自身的直观中获得一样，对人的本质也不能诉诸简单的思维直观。人并不是先天就具有人的本质，而是有一个从动物到人的长期演进的过程；人的本质也不是一经获得便凝固不变的，而是不断发展变化的。在实践唯物主义历史观的视野里，无论是人之为人的本质规定的获得，还是人的本质的历史发展，都是以人的实践活动为基础的，是

---

① 《马克思恩格斯文集》第 10 卷，人民出版社 2009 年版，第 25 页。
② 《马克思恩格斯全集》第 3 卷，人民出版社 1960 年版，第 515 页。

人的实践及其发展的结果。劳动、实践，既是人的生命活动方式，也是人的本质。人以何种方式展开自己的活动，人也就在以何种方式塑造自己与表现自己。因此，研究人的"完整图景与本质"的发展，唯一的途径是研究人的实践活动的发展以及在人的历史实践活动基础上所生成的人的社会关系的总和，研究人的实践活动所创造的一切"事物、现实与感性"。因为，人的本质，"在其现实性上，它是一切社会关系的总和"。① 社会关系的总和，作为人的实践活动的结果，既是特定历史条件下的人的活动的条件，也是人的现实本质的一面镜子。至于人的实践活动所创造的对象性的存在，更是人的本质力量的现实展现，正如马克思所指出的，"工业的历史和工业的已经生成的对象性的存在，是一本打开了的关于人的本质力量的书，是感性地摆在我们面前的人的心理学"。②

四

人的本质是通过人的具体属性表现出来的，因此，要达到对人的本质的科学把握，还必须具体地研究人的属性。然而，在人的属性问题的研究上，如何看待人的自然属性与社会属性的关系问题，通常表现为人的属性问题研究的难点。

在马克思主义哲学的视野里，人的自然属性与社会属性都是人的本质的表现。马克思所说的"一切社会关系"，实际上并不仅仅是指人与人之间的实践、理论、伦理、情感等关系，而且也包括了人与自然界之间的实践、理论、审美等关系。所以，人的"完整图景与本质"，应从人的自然属性与社会属性的统一与辩证联结上去进行研究。

然而，从马克思历史观的视野上，仅仅提出了上面一点还不够。还

① 《马克思恩格斯文集》第 1 卷，人民出版社 2009 年版，第 501 页。
② 《马克思恩格斯文集》第 1 卷，人民出版社 2009 年版，第 192 页。

要看到相对于人的自然属性而言，人的社会属性具有更为根本性的意义。人的本质是在人的劳动与生产的基础上生成的，人的进化与发展史并不能仅仅简单地理解为自然史的延伸。人的劳动与生产在本质上是一种社会性的行为，它创造了人的社会与社会的历史，使它具有社会与历史的规定。诚然，人的社会史与自然史是相互联系的，人的社会关系的总和中包容着人与自然界的实践、理论、审美的关系，但社会关系对自然关系的包容并不是一种直接的包容，而是以一种扬弃的形式的包容。因此，自然因素与人的因素之间的历史联系，只有通过人的社会实践，文化发展的中介才成为可能。这即是马克思所说的"自然界的人的本质只有对社会的人来说才是存在的；因为只有在社会中，自然界对人说来才是人与人联系的纽带，才是他为别人的存在和别人为他的存在，只有在社会中，自然界才是人自己的合乎人性的存在的基础，才是人的现实的生活要素。只有在社会中，人的自然的存在对他来说才是人的合乎人性的存在，并且自然界对他来说才成为人"①。人作为人之存在，虽然具有一定的自然力、生命力、活动力，这些力量作为天赋、才能作为欲望存在于人身上，但人的自然力、生命力、活动力并不是不变的，而是在人的历史发展中日益获得新的性质。马克思曾以人的感觉的发展对此作过深刻的阐述，指出："社会的人的感觉不同于非社会的人的感觉。只是由于人的本质客观地展开的丰富性，主体的、人的感性的丰富性，如有音乐感的耳朵、能感受形式美的眼睛，总之，那些能成为人的享受的感觉，即确证自己是人的本质力量的感觉，才一部分发展起来，一部分产生出来。因为，不仅五官感觉，而且连所谓精神感觉、实践感觉（意志、爱等等），一句话，人的感觉、感觉的人性，都只是由于它的对象的存在，由于人化的自然界，才产生出来的。五官感觉的形成是迄今为止全部世界历史的产物。"②

---

① 《马克思恩格斯文集》第 1 卷，人民出版社 2009 年版，第 187 页。
② 《马克思恩格斯文集》第 1 卷，人民出版社 2009 年版，第 191 页。

上的即只是想象出来的存在物，是抽象的东西"。① 人作为一种实践的存在物，也是一种对象性的存在物。他首先要以自然界的存在作为自己的存在对象，这不仅在于人本身是从自然界中分化出来的，自然界的优先存在，是使他从自然界分化与提升出来成为一种实践的存在物的前提；更为重要的是，自然界作为人的"无机的身体"，是人的肉体存在必须与之进行物质、能量与信息交换的对象。当人以自然界之间的关系作为人与世界之间关系的前提与基础时，也就意味着人首先是一种自然存在物。同时，人也是一种社会存在物。人与自然界之间的物质、能量与信息交换的关系，必然会衍生出人与社会之间的对象性关系，因为人与自然之间的物质、能量、信息的交换活动即人的劳动不可能是单个人的活动，而必须是一种群体性的或许多个人的合作性活动，这就不可避免地导致了人与社会之间关系的生成。人类社会一旦成为一种客观的存在，它也就必然要成为人存在的对象。不仅如此，人还是一种历史存在物，以历史的存在作为自己的对象，因为社会的历史在本质上不过是社会在时间中的延续。人不仅是一种对象的存在物，同时也"是自为地存在着的存在物，因而是类存在物"②。人作为一种类存在物，"他的生命活动是有意识的"，也就是说，"他自己的生活对他来说是对象"③。

　　人的双重存在决定着人的双重特性，即人的能动性与受动性。一方面，"人作为对象性的、感性的存在物，是一个受动的存在物"④；另一方面，人作为类存在物，是有意识的或自由的存在物。正如马克思所说："正是在改造对象世界的过程中，人才真正地证明自己是类存在物。这种生产是人的能动的类生活。通过这种生产，自然界才表现为他的作品和他的现实。因此，劳动的对象是人的类生活的对象化：人不仅像在意识中那样在精神上使自己二重化，而且能动地、现实地使自

---

① 《马克思恩格斯文集》第 1 卷，人民出版社 2009 年版，第 211 页。
② 《马克思恩格斯文集》第 1 卷，人民出版社 2009 年版，第 211 页。
③ 《马克思恩格斯文集》第 1 卷，人民出版社 2009 年版，第 162 页。
④ 《马克思恩格斯文集》第 1 卷，人民出版社 2009 年版，第 211 页。

己二重化，从而在他所创造的世界中直观自身。"①如上所述，所谓人的能动性，具体地说即是人的生命活动的自由自觉性。在马克思主义经典作家的著作中，"类存在物"的概念与"自由的存在物""有意识的存在物"的概念，具有完全相同的指意。所谓人的受动性，按照传统的解读，主要是指人作为对象性存在物，其现实性的存在要受到人之外的客观对象的规定与制约。这样的理解，不能说没有根据与理由，因为"人作为自然的、肉体的、感性的、对象性的存在物，同动植物一样，是受动的、受制约的和受限制的存在物，就是说，他的欲望的对象是作为不依赖于他的对象而存在于他之外的；但是，这些对象是他的需要的对象；是表现和确证他的本质力量所不可缺少的、重要的对象"②。不可否认，"限制性""制约性"或规定性是人的受动性的重要含义，但它并不是受动性丰富意蕴的全部。实际上，在马克思"实践的唯物主义"视野里，人的受动性相对于人的存在并不仅具有消极意义，还具有不可忽视的价值。

人的受动性是构成人的本质力量的一个不可分离的方面。首先，人的受动性是人的激情生成的动因与源泉，"人作为对象性的、感性的存在物，是一个受动的存在物；因为它感到自己是受动的，所以是一个有激情的存在物。激情、热情是人强烈追求自己的对象的本质力量"③。在一定的意义上，人的受动性相对于人的"激情、热情"等人的本质力量的关系，颇似外部约束相对于人的自由的欲望的关系。人的自由是相对于所受到的约束而言的，人追求自由的欲望发生于对束缚与限制的突破或解脱。其次，人的受动性相对于人来说，不能将外部对象对人的限制、制约视作是一种痛苦或奴役。在一定的意义上，人的受动性的存在，是人自我享受生发的自然基础与前提，正因为人具有受动性的特性，他才能感受到外部对象的刺激，并在这种感受中获得享受，人的受

---

① 《马克思恩格斯文集》第 1 卷，人民出版社 2009 年版，第 163 页。
② 《马克思恩格斯文集》第 1 卷，人民出版社 2009 年版，第 209 页。
③ 《马克思恩格斯文集》第 1 卷，人民出版社 2009 年版，第 211 页。

动性的缺失，无疑也意味着人自我享受能力的丧失。正是在这一意义上，马克思深刻指出："按人的方式来理解的受动，是人的一种自我享受。"①此外，人的受动特性的积极意义还表现在，人依靠自己的受动性的特性，"通过自己的对象性关系，即通过自己同对象的关系而对对象的占有"②。受动性的丧失，也即意味着人占有外部对象能力的丧失。当人占有外部对象能力丧失时，外部对象对于人的存在来说便没有意义。其深刻原因在于："任何一个对象对我的意义（它只是对那个与它相适应的感觉来说才有意义）恰好都以我的感觉所及的程度为限。"③

总之，在马克思"实践的唯物主义"视野里，人是一种以劳动、实践的方式存在的存在物，对人这种存在物应该诉诸一种实践的理解，这是一个顺理成章的逻辑。按照这种逻辑思路去理解与把握人，既有别于哲学史上形形色色的唯心主义主体性哲学，也有别于旧唯物主义的自然哲学。其以扬弃的形式，剥去片面性的方面，保留合理的成分，在对人作主体性把握的同时，也作客体性的把握，在作客体性把握的同时，也作主体性的把握，从而实现了对人的主体性与客体性、能动性与受动性、主观性与客观性相结合的具有辩证性质的合理性理解。

二

在对人的存在的把握上，另一个经常引起人们纷争与困惑的问题是人的存在与人的本质的关系问题。在马克思哲学诞生前的西方哲学史上，有关人的存在与人的本质的关系，尽管众说纷纭，莫衷一是，但从对问题的追问与回答的思考模式上看，却有着惊人的相似性。哲学家们的思维理路几乎都是循着人是什么的追问方式以及人是何物的回答方式

---

① 《马克思恩格斯文集》第 1 卷，人民出版社 2009 年版，第 189 页。
② 《马克思恩格斯文集》第 1 卷，人民出版社 2009 年版，第 189 页。
③ 《马克思恩格斯文集》第 1 卷，人民出版社 2009 年版，第 191 页。

进行的。所不同的只是在于，由于哲学线路与立场上的差异，对人是什么的回答呈现出纷争各异的局面罢了。其中，最典型的是中世纪基督教哲学的人学观与文艺复兴以来的资产阶级抽象人性论。

中世纪基督教哲学从一种人们熟知的逻辑出发，认为上帝是世界上一切存在物的最终创造者与根据，人无疑也是上帝创造的存在物。生活在天国伊甸园中的亚当与夏娃因偷吃了园中智慧果被贬或被罚而成为世俗世界中的人。作为亚当与夏娃的子孙，即世俗的人类，他的一切特性，甚至他的原罪感也就先在性地被上帝所决定。在基督教的逻辑中，人的自由不过是通向上帝与回归天国的工具和手段。文艺复兴以降，新兴的资产阶级在批评基督教神学的过程中，衍生出各种各样的人性论学说，试图以世俗世界取代天国世界，以人道对抗天道，以高扬人性反对神性，甚至产生了像费尔巴哈那样用人的本质去解释上帝的本质，试图让人彻底摆脱上帝的光环与阴影，而向人的存在的本来面目复归的人学学说。应该说，这是一个历史性的转折，也是一个巨大的进步。遗憾的是，新兴资产阶级的人性论，并没有实现思维方式的根本性变革，对人的存在与人的本质的关系的思考仍然深陷在人是什么的追问方式与人是何物的回答方式的泥潭中。因此，他们的人性论，即使是像费尔巴哈的有着某种程度优越性与深刻性的人性理论，仍然是人的"本质只能被理解为'类'，理解为一种内在的、无声的、把许多个人自然地联系起来的普遍性"①。资产阶级人性论尽管有各种各样的存在形态，但有一点是相同或相似的，即离开人的现实性存在，强调一种"抽象的""普遍性"的人性或人的本质，而这种"抽象的""普遍性"的人性或人的本质，通常是他们分析人的存在的逻辑出发点。因而，相对于基督教神学的人学理论来说，资产阶级人性论虽然改变了关于人性或人的本质的看法，但仍然坚持以人的本质先于人存在的思维理路为其逻辑的始点与前提。正如存在主义哲学家萨特曾经指出的，18 世纪的法国哲学家们所坚持

---

① 《马克思恩格斯文集》第 1 卷，人民出版社 2009 年版，第 501 页。

的无神论虽然抛弃了上帝这一观念，但仍然固守着"本质先于存在"这一概念。

那么，在人的本质与人的存在的关系问题上，马克思"新唯物主义"哲学之新体现在什么地方呢？最近有人在《光明日报》上指出，马克思以前的人性理论都遵循"本质先于存在"的思维理路，而马克思主义哲学则认为是"人的存在先于人的本质"。因为，对先前的资产阶级人性理论，马克思主义哲学是持批判态度的。在马克思主义哲学视野中，人性、人的本质具有社会、历史的性质，只能后于人的存在。这是一种误读。诚然，西方近代以来的资产阶级抽象人性论所遵循的"人的本质先于人的存在"的观点确曾受到马克思主义创始人的尖锐批判，但对这种批评我们不能给予一种非此即彼的误读，不能认为马克思主义创始人既然不同意"本质先于存在"的观点，那就必定应是与此相反。实际上，"人的存在先于人的本质"的观点，并不是一个马克思主义观点，而是一个存在主义哲学的观点。存在主义哲学家主张"人的存在先于人的本质"，尤其是萨特表现得最为典型。在萨特的视野中，决定论是没有的，人性也是没有的，人起初只是没有任何规定性地存在着，并不以人的现成本质为前提，规定人的本质的各种属性是存在着的人自由选择的结果。

实际上，在"本质先于存在"与"存在先于本质"的观点之间，看似思维路向相悖，结论也相异，但在这种相悖与相异中却蕴涵着一个惊人的相同，即思维模式的相同。两者都试图在人的存在与人的本质之间找到一个逻辑的起点，然后从这个起点开始去展开有关人的阐释。然而，存在主义者并没有意识到，这种自认为的人学理论上的革命，其实并不比他们所批判的理论优越多少。当他们谈人的存在时，实际上谈的恰恰是存在着的人，而这种存在着的人是作为人存在的，而不是作为他物存在，实际上也就同时肯定了人作为人存在的某种属性。正如事物的属性与事物是不可分离的一样，人的存在与人的本质属性也是不能分离的。离开人的具体存在去谈人的本质，这种本质是一种抽象；同样，离本质作了抽象方面的理解，不如说是他们仅仅作了抽象方面的理解，或者说，仅仅看到了人性与人的本质所具有的抽象方面，而否定了社会历史性的具体规定的一面，从而导致了一种理论上的片面性。

只存在具体的人性与人的本质而不存在抽象的人性与人的本质的观点，从根本上悖逆了辩证法的精神。在辩证思维的逻辑中，抽象与具体是两个具有对立统一性质的范畴，两者的存在互为前提与依存，失去一方，另一方也就不可能存在。具体是相对于抽象而言的，抽象也是相对于具体而言的，任何抽象都是对具体事物与现象的抽象，具体东西的存在使抽象成为可能与必要，抽象通过具体得到表现。近代资产阶级抽象的人性理论理应受到批判，但如果只是强调人性与人的本质的具体性方面，同样也表现为一种片面性，应予以否定。在辩证思维的运思逻辑中，人的存在是抽象与具体的统一，人性与人的本质也应是辩证统一的，离开具体的抽象和离开抽象的具体，都具有背离辩证思维逻辑的片面性。

马克思主义创始人作为辩证法的大师，并不反对对事物进行科学抽象，而认为科学的抽象对于事物的把握，不仅是可能的，在一定的意义上也是必要的。马克思在谈到生产一般时就曾写道："生产的一切时代有某些共同标志，共同规定。生产一般是一个抽象，但是只要它真正把共同点提出来，定下来，免得我们重复，它就是一个合理的抽象。"① 既然在各个时代的具体生产中，可以合理地抽象出生产一般，同样，也可以从各个具体的人性与人的本质中合理地抽象出一般的人性与人的本质的一般。这并不是牵强附会的简单推类，而是符合辩证法的普遍性精神的。当谈到人的概念时，它就是一个抽象，人不过是从人的各种存在形态中抽象出的人的一般。既然一切时代的生产中有"某些共同标志，共同规定"，那么，一切时代的人的存在，自然也有某些"共同标志，共同规定"，这应是一个不难理解的演绎。

① 《马克思恩格斯文集》第8卷，人民出版社2009年版，第9页。

对马克思"实践的唯物主义"有关人的本质与人性的理论作上述辩证统一的理解时，也应同时承认，相对于人性、人的本质的"共同标志，共同规定"等一般的、抽象的理解而言，"实践的唯物主义"更看重与强调的是人性、人的本质具体的、特殊的方面。深刻的原因在于，马克思"实践的唯物主义"的人学理论并不是孤悬于马克思的历史观之外，而是存在于他的历史观之中。人是社会的主体与历史的主体，社会与历史是人的实践活动的结果。要对人的社会与历史的本质作现实性的把握，其出发点只能是"现实的人"和从事"实际活动的人"而不是一般的、抽象的人。只有从"现实的人"与"实际的人"出发，才能真正揭示一个历史时代与另一个历史时代的本质差别。

尽管如此，对人性、人的本质的一般性、抽象性，也不能视之为是无意义、无价值或可有可无的。实际上，它同样构成马克思的历史观与人学理论的一个不可或缺的逻辑节点。将人发展过程中的一般性的共同标志、共同规定抽象出来，不仅有助于在人的研究中避免不必要的重复，更为我们把握人性与人的本质的现实性历史变化提供了一个基本的坐标。这个基本坐标规定和指示着我们思考人的问题时的基本向度。也就是说，"现实的人"的现实性不过是人作为人存在的一般的、普遍本质在其历史演进过程中的展开与呈现。对人性、人的本质的一般性、抽象性的把握，是对人性、人的本质的现实性、具体性把握的不可偏离的坐标。

四

在马克思"实践的唯物主义"历史观的视野里，人性、人的本质是抽象与具体、一般与个别的辩证统一，同时也是变与不变的统一。在马克思主义哲学诞生前，资产阶级的人性理论，大部分从抽象的方面去理解人性与人的本质，片面强调人性与人的本质的不变性与永恒性，并将这种不变性与永恒性作为假设性逻辑前提，论证资产阶级私有制的合理性与永恒性。而在我们过去的马克思主义哲学原理教科书中，几乎无一例外的共识是，没有不变的人性与人的本质，人性、人的本质是发展的、变化的，因而是历史的。

资产阶级抽象人性论无论是其思维方法，还是其理论目的或归宿，都是错误的。从思维方法上看，将人性、人的本质视作是不变的、永恒的，这无疑是一种形而上学的绝对主义的表现；从理论的目的与归宿上看，无非是要为资本主义私有制的永恒性寻找一个理论的逻辑根基。在资产阶级思想家们的思维逻辑中，人的本性是自私的，追求自我保存与对私利的追逐是人不变的、永恒的本性，因此，资本主义私有制既是人的自私本性展开的产物，也是最适合满足人的欲望的一种社会制度。人的本性是不变的，资本主义私有制便是永恒的，这便是其理论逻辑。人是一种以实践方式存在的存在物，人性与人的本质都是在人的实践活动中生成的，是人的实践活动的结果。而人的实践活动本身是变化与发展的，从而，受制于人的实践活动的人性与人的本质也必然具有发展变化的特征。在马克思"实践的唯物主义"的历史观与人学观中，当对人性与人的本质诉诸一种实践的理解时，自然对人性与人的本质的相对性、历史性与活动性给予更多的关注。这种关注既是针对绝对主义的人性与人的本质观的片面性，同时也是从"实践的唯物主义"人学观生发出来的逻辑使然。遗憾的是，马克思"实践的唯物主义"人学理论中的这种人性与人的本质的历史性、流动性等相对性的一面，在有些人那里却被膨胀为一种相对主义的思维方式，变成了否定一般的人的本质存在的理由。

实际上，马克思"实践的唯物主义"人学观，也是一种贯彻着辩证思维的人学观，它既反对对人性与人的本质作绝对主义的理解，也反对对其作相对主义的理解，而是主张作绝对与相对辩证统一的理解，即在对人性与人的本质作绝对方面的理解时，也应作相对方面的理解，反之亦然。在人性与人的本质问题的理解上，无论是否定相对性方面的绝对主义,还是否定绝对性方面的相对主义,都具有违反辩证思维的片面性。正因为马克思"实践的唯物主义"人学观对人性与人的本质的理解是辩证的,所以马克思在《资本论》中明确主张,在研究人的本性时,应"首先要研究人的一般本性,然后要研究在每个时代历史地发生了变化的人的本性"①。原因在于,人是以实践方式存在的存在物,实践、劳动是人的本质,而人的实践、劳动不管如何发展、变化,其中总有一些"共同标志,共同规定",受这些"共同标志,共同规定"制约的人的本质也就具有一般的不变的性质。但人的实践、劳动是不断变化与发展的,而且这种变化、发展在总趋势上具有向上发展的不可逆性质,因此,人性与人的本质受人的实践、劳动发展规律决定,也是不断变化与改变的,其改变的基本趋势也带有越来越丰富的不可逆性质。人具有一般的本性,这种"人的一般本性"是人作为人存在的根据,也是人作为人存在的基本标志。对于人的存在来说,这种一般的本性是不变的,一旦丧失了这种一般的、不变的本性,也就丧失了人作为人存在的根据与资格。但人作为人存在,其本质也具有不断变化与改变的一面,这是人的进化与发展的标志。

在马克思"实践的唯物主义"人学观中,所谓"人的一般本性",指的是马克思所说的人的类特性,即人的实践、劳动活动所具有的自由自觉的性质。劳动、实践是人的生命活动方式,是人作为人的存在方式,因此实践、劳动是人的本质。而人的实践、劳动具有"自由的自觉"的性质,因此,说劳动是人的本质与将自由自觉性视作人的本质是相同的意思。人作为人存在,其实践、劳动就始终具有自由自觉的性质,这一点是不变的规定。这一规定的改变,意味着人作为人存在的根据的改变。但人的自由自觉性的程度则是不断变化与发展的,随着人的实践、劳动活动在历史进程中的延续,人的自由自觉程度在不断提高。古代的人、正代的人、现代的人、未来的人,我们之所以在抽象的意义上称之

---

① 《马克思恩格斯文集》第5卷,人民出版社2009年版,第704页。

为人，根据在于他们的活动都具有自由自觉的性质这个一般的规定。而我们之所以将人分成古代的人、近代的人、现代的人与未来的人，根据在于不同时代的人其自由自觉的程度是不一样的。人在历史中持续的时间越长，其活动的自由度与自觉性就越高与越强。当代人不同于古代人，这并不意味着当代人在自由自觉性这一人的类特性上的改变，而只是自由自觉性程度上的改变。

总之，按照马克思"实践的唯物主义"与辩证思维的运思理路去把握人性与人的本质，人性与人的本质是常驻性与流动性的辩证统一、变化与不变的统一。人的存在不同于其他存在物的存在，有着自己特殊的一般规定。这种特殊的一般本性存在的规定相对于人类来说是常驻的、永恒的、不变的，同时也是独有的。对于特定历史时代的人来说，他的人性与人的本质又是在不断改变的，但变中有不变，流动中蕴涵着永恒，人的一般本性不是游离于人的发展变化的过程之外，而是呈现于发展变化的过程之中。马克思曾说过如下的一句名言："整个历史也无非是人类本性的不断改变而已。"但对这句名言的解读不应导致对人的一般本性存在的否定，因为人类的历史是在人的实践或劳动活动基础上生成的，因此它是人的类特性，即人的一般本性的历史性展开。历史所改变的是人的实践或劳动活动中所呈现出来的自由的自觉的程度，而不是自由自觉性本身。

然界的本质及其规律的解读上。然而，在古希腊的自然哲学中不仅贯彻着哲学家们对人自身命运的深切眷注，因为对自然界始基与逻各斯的寻求本质上意在为人的生存寻求一种安身立命的支撑，而且在哲学家们对自然界的本质论的探求与诠释中，也直接或间接地牵涉着人对自身认识的悄然革命。当古希腊的自然哲学家们将世界的始基归结为某一具体物质形态或某种存在现象时，在逻辑上也就暗含了对人是从某物或某现象演化而来的自然肯定。而自从苏格拉底将德尔斐神庙墙上铭刻的那句"认识你自己"的箴言作为哲学主题加以凸显以后，人对自身认识的革命便日渐明显。人是什么？柏拉图说："人是长着两条腿的没有羽毛的动物。"亚里士多德则认为："人是政治动物。"本·富兰克林说："人是能制造劳动工具的动物。"法国哲学家拉美特利则从机械论的观点将人界定为"人是机器"。费尔巴哈认为："人是那个自然界在其中化有人格、有意识、有理性的实体的东西。"总之，从古希腊哲学诞生之后，到马克思主义哲学诞生之前，思想家们对人这个"对象、现实、感性"的思考，基本上都是遵循着"人是什么"与"人是某物"的思维模式运行的。不可否认，这种思维模式相对于"这物是什么"与"这物是人"的思维模式而言，有着明显的优越性，是人的思维发展阶梯上的重要升华。如前所述，它标志着人的自我意识的觉醒与生成，人与外在对象世界的分离与对置，以及人作为人存在的独立主体地位的自我确立。然而，这种思维模式的缺陷也是极明显的：它局限于对人的某些特性作抽象直观的把握，试图从人与动物或人与它物的对比中去寻求一种有关人是什么的肯定性答案；按照这样的思维模式所给出的有关人的界说与有关人的各种各样的"自画像"，不可能像人。不仅如此，这种思维模式还会使人们无可避免地陷入一种新说层出不穷却又被迅速否定与超越的困境。其深刻的原因在于：人并不是一种一经诞生便固定不变的定在与恒在的存在物，相反，人是一种能自我塑造、自我超越、处在不断生成与进化的存在物；随着进化程度的提高，它会衍生出一些新的特点，呈现出一些新的形象。固守着

"人是什么"的提问方式与"人是某物"的回答方式，无法在逻辑上获得自足性的支撑。只要对问题的回答不具有自足性，有关"人是什么"的追问就会无限地进行下去。这是一种困境，要走出这种困境唯有改变思维模式。

二

马克思之前的思想家们对人苦苦思索却不得要领、未获正果，其关键原因在于他们抽象直观的思维方式：他们对人自身这个"对象、现实、感性"的理解也同对人之外的"对象、现实、感性"的理解一样，要么诉诸一种纯客体性的抽象直观，要么诉诸一种纯主体性的抽象直观，而不懂得从人的实践活动的维度去进行理解。这种抽象直观的思维方式虽然也能抓住人的某些外部特征或派生特征，但在总体上不能真正把握人的本质。他们所犯的错误颇类似于盲人摸象式的错误。马克思"实践的唯物主义"的诞生则不仅为我们开辟了一条把握人的外部"对象、现实、感性"的正确道路，而且也为我们开辟了一条把握人自身的"对象、现实、感性"的正确道路。在马克思"实践的唯物主义"哲学视野里，人所面对的"对象、现实、感性"是在人的实践活动的基础上生成的，是一种属人的世界或人化的世界，故理所当然地应从人的实践活动的方面去理解。同样，人也不能仅仅视为大自然的天然造化的结果。人作为一种生物性的存在，也许打有较为明显的自然造化的印迹，但人作为人的存在，则是自己生命活动的结果，人是在自己生命活动的基础上自我塑造、自我生成的。正如马克思在评价黑格尔的《精神现象学》时曾指出的："黑格尔《现象学》及其最后成果——辩证法，作为推动原则和创造原则的否定性——的伟大之处首先在于，黑格尔把人的自我产生看做一个过程，把对象化看做非对象化，看做外化和这种外化的扬弃；可见，他抓住了劳动的本质，把对象性的人、现实的因而是真正的人理解为人自己的劳动的结果。"①人的劳动实践是人的生命活动方式，也是人的生命存在方式，因此，当人将自己作为"对象性的、现实的因而是真正的人"来认识时，也应该从劳动、实践上去进行理解。

诚然，"可以根据意识、宗教或随便别的什么来区别人与动物"②；而且随着人的历史的延续与进化程度的提高，我们能够说出的人与动物之间的差别也将愈来愈多，以至趋向于无限，然而，在马克思"实践的唯物主义"视野里，真正将人与动物区别开来的是其各自的生命活动的性质："一个种的整体特性、种的类特性就在于生命活动的性质，而自由的有意识的活动恰恰就是人的类特性。"③人的这种自由自觉的生命活动即是劳动。因此，"一当人开始生产自己的生活资料，即迈出由他们的肉体组织所决定的这一步的时候，人本身就开始把自己和动物区别开来"。④

当马克思用"实践的唯物主义"哲学扬弃了先前哲学家们对人的抽象直观的思维方式，诉诸于一种实践的理解时，他就寻得了一条通向科学的全新路径，在哲学史上实现了一次人学理论的深刻革命。这个革命既改变了有关人的提问方式，也改变了有关人的回答方式。它将提问的话语改变成"人是什么样的"，这种重大改变同时也决定着回答方式与答案的改变。人是什么样的？这取决于人的实践活动：人的实践活动方式与性质决定与确证着他自身存在的形态与性质。"个人怎样表现自己的生命，他们自己就是怎样。因此，他们是什么样的，这同他们的生产是一致的——既和他们生产什么一致，又和他们怎样生产一致。"⑤人是怎样的？在其呈现形态上，他不再仅仅是一种抽象的定在与恒在，而是一种不断改变与超越的存在。人的生产方式与他生产的产品，就是人的

---

① 《马克思恩格斯文集》第 1 卷，人民出版社 2009 年版，第 205 页。
② 《马克思恩格斯文集》第 1 卷，人民出版社 2009 年版，第 519 页。
③ 《马克思恩格斯文集》第 1 卷，人民出版社 2009 年版，第 162 页。
④ 《马克思恩格斯文集》第 1 卷，人民出版社 2009 年版，第 519 页。
⑤ 《马克思恩格斯文集》第 1 卷，人民出版社 2009 年版，第 520 页。

"自画像"。人怎样生产、生产的是什么，这些是人的本质发展的现实呈现。"人就是人的世界，就是国家，社会。"①"人的本质不是单个人所固有的抽象物，在其现实性上，它是一切社会关系的总和。"②"工业的历史和工业的已经生成的对象性的存在，是一本打开了的关于人的本质力量的书，是感性地摆在我们面前的人的心理学。"③ 在马克思"实践的唯物主义"视野里，"人的世界""人的社会关系的总和""工业的历史和工业的已经生成的对象性的存在"，都是在人的劳动或实践的基础上产生的，是人的作品。因而，它们是人的现实性的一面镜子，在这面镜子中，人可以现实性地反映出自身的生动形象。人创造了怎样的属人世界，创造了怎样的社会关系的总和，创造了怎样的"工业的历史和工业的已经生成的对象性的存在"，他自己就是怎样的，或者说就具有怎样的本质。"人的世界"的变化、"人的社会关系的总和"的变化、"工业的历史和工业的已经生成的对象性的存在"的变化，这些变化记录着人的本质力量的变化的历史轨迹，因而也表现为人自身进化或演进的历史谱系：它是人自己书写的书，要解读人唯有读懂这本书。

这种有关人的提问方式与回答方式，如果仅从话语的主宾结构看，或许没有根本性的改变，因为构成话语主词的都是人，宾语是人的存在的某种样态。但二者的思维方式不同，前者诉诸于对人本身的单纯的抽象直观，后者诉诸于对人的实践活动的理解，因此二者所表达的内在意蕴全然不同。当人们对自身的存在诉诸于单纯的抽象直观时，它所追求与获得的是一种确定不变的答案，通常表现为类似于费尔巴哈的看法，将人的本质"理解为'类'，理解为一种内在的、无声的、把许多个人自然地联系起来的普遍性"，或是"一种抽象的——孤立的——人的个体"④。当人们对自身的存在诉诸一种实践活动的理解时，它所寻求的答

① 《马克思恩格斯文集》第 1 卷，人民出版社 2009 年版，第 3 页。
② 《马克思恩格斯文集》第 1 卷，人民出版社 2009 年版，第 501 页。
③ 《马克思恩格斯文集》第 1 卷，人民出版社 2009 年版，第 192 页。
④ 《马克思恩格斯文集》第 1 卷，人民出版社 2009 年版，第 501 页。

案虽是确定的，但却不是不变的，因为人是"什么样"的是由人的实践活动决定的：人的实践活动发生什么样的变化，人本身的存在也就发生什么样的变化；人的实践活动决定着人的变化的路线，因此，它所获得的只能是一种不断变化与更新的答案。概言之，在前一种提问方式与回答方式中，人们所获得的是一种抽象性的主体存在；在后一种提问方式与回答方式中，人们所获得的才是现实性的主体存在，也即是一种历史性的存在。

三

马克思"实践的唯物主义"哲学所揭示的把握人的全新思路，不仅为我们现实地把握"现实的人"提供了一条正确的途径，而且也为我们辩证地把握"现实的人"提供了一条正确的途径。可以说，上述思路既贯彻着马克思的"实践的唯物主义"精神，同时也贯彻着马克思的辩证法精神，是"实践的唯物主义"与辩证法的内在逻辑契合的典范。这一有机的内在契合也为我们走出人学研究领域的如下理论困境找到了出口。

在对人的把握问题上，人们通常在抽象与具体、一般与个别的关系上陷入一种非此即彼的片面性困境。在马克思"实践的唯物主义"哲学中，一般的、抽象的人曾经受到过尖锐的批评。但遗憾的是，人们在解读这种批评时通常又造成了误读，产生了一种新的片面性。在许多人看来，马克思主义的哲学与人学既然对哲学史上抽象的人性与人的本质观进行了批评与否定，强调社会历史条件对人的本质与人性的规定与影响，那么合乎逻辑的结论就应当是：在马克思主义哲学中，不存在一个抽象的一般的人的本质与人性，人的本质与人性是随着社会历史条件的改变而变化的，因而人的本质与人性是变化的、历史的、具体的。在我们过去的历史唯物主义教科书中，有关人的一个不容怀疑的基本结论是：人是社会的人、历史的人，具有社会性与历史性，在阶级社会中则具有阶级性。然而，这种看似合乎逻辑的思维理路，既是对马克思主义经典作家有关抽象人的理论批评的误读，也是对辩证思维方法论的明显悖逆。从马克思"实践的唯物主义"的内在思路看，它并不是完全反对对人自身的"对象、现实、感性"作直观的抽象的理解，而是反对单纯地诉诸于抽象直观。先前的思想家们的抽象的人学理论无疑是错误的，但错误在于其片面性，而并非全都错了。将人的本质单纯地定格在他的具体性或社会性、历史性、阶级性上，其实也是一种片面性。人作为人有其自身的一般性的本质规定，只要他存在一天，就具有这种规定，否则他就不能称之为人。但这个本质性的规定又不是一种不变的定在：随着自身实践活动的不断展开与深化、他所创造的人的世界的发展变化，他自身的"对象、现实、感性"也随着发生变化，因而呈现出具体性与个别性的特征。人的本质是由他的生命活动性质决定的，而人的生命活动即是劳动、实践，因此人的本质即是"劳动"或实践。人的劳动、实践具有自由自觉的性质，这种自由自觉性构成人作为一个族类存在或种的存在的类特性；只要人以劳动、实践的方式存在，他就具有这种类特性，就此而言它是不变的。但人的劳动、实践在深度与广度上是不断深化与拓展的，随着这种深化与拓展，人的自由自觉的程度又在不断地增强与提升。总之，在马克思"实践的唯物主义"哲学视野中，人的本质既是抽象的又是具体的，既有一般的、普遍的本质又有个别的、特殊的本质，既是不变的又是变化的，是抽象与具体、一般与特殊、变与不变的辩证统一。

当然，当我们对马克思"实践的唯物主义"有关人的本质、人性的理论作上述辩证统一的理解时，我们同时也应承认，相对于人的本质、人性的抽象的、一般的、不变的方面而言，"实践的唯物主义"更看重与强调的是人的本质、人性的具体的、特殊的、变化的一面。其深刻的原因在于，正如马克思在论述生产一般时所指出的，虽然"生产的一切时代有某些共同标志，共同规定。生产一般是一个抽象，但是只要它真正把共同点提出来，定下来，免得我们重复，它就是一个合理的抽象"①，然而，"对生产一般适用的种种规定所以要抽出来，也正是为了不致因为有了统一（主体是人，客体是自然，这总是一样的，这里已经出现了统一）而忘记了本质的差别"②。将一个时代的人与其他时代的人区别开来的不是人的共同的、一般的、抽象的方面，而是他的差异性、个别性。马克思"实践的唯物主义"的出发点是"现实的人"即从事"实际活动的人"，而这种"现实的人"或从事"实际活动的人"也是"在其现实性"上处在历史性生成过程之中的，呈现出不同于一般的人或其他时代的人的自身特点。

尽管如此，我们还是应该看到，在马克思"实践的唯物主义"视野里，是肯定人作为人存在有着一般的、普遍的也即抽象的本质规定的。这种一般的、普遍的本质规定即是人的类特性，也即是人活动的自由自觉性。对这种一般的、普遍的人的本质存在的肯定，不能视为是青年马克思在理论上的先验性的主观设定，实际上它是马克思主义经典作家对从猿到人的历史进化过程中所表现出来的人的自我创造、自我生成的历史实际的科学总结，是对人在作为人存在之后的历史演进过程中所呈现出来的具体存在形态特性的科学抽象与概括。对这种一般的、普遍的人的本质存在的肯定，也不能视为是无关紧要的，实际上它同样构成了马克思主义人学理论的一个不可或缺的逻辑节点。在马克思"实践的唯物主义"视野里，人的一般的、普遍的本质是在人的劳动、实践的基础上生成的。它既是人作为人存在的诞生标志，也是人作为人存在的继续发展的起点与基础，同时还是我们把握人的本质及其发展变化的基本坐标。这个基本坐标规定或指示着我们在思考人的本质问题时的基本向度。我们不能偏离这个基本坐标，否则就会在思考人的本质问题时，像马克思之前的思想家们那样迷失方向，误入歧途。马克思"实践的唯物

① 《马克思恩格斯文集》第 8 卷，人民出版社 2009 年版，第 9 页。
② 《马克思恩格斯文集》第 8 卷，人民出版社 2009 年版，第 9 页。

主义"在理解"现实的人"时，为何强调要从人怎样生产、生产什么出发，而不是从别的什么东西出发？究其原因，无疑与马克思对人的本质的一般与个别、普遍与特殊、抽象与具体的辩证统一的理解有着内在关联。在马克思"实践的唯物主义"视野里，人的劳动、实践所呈现出来的自由自觉的类特性是人在其抽象性上的一般的普遍的本质规定，而"人怎样生产、生产什么"指向的是人的具体、现实的劳动，因而是判定与测度"现实的人"的现实本质的标尺。"人怎样生产"既是由人创造和使用的生产工具的性质决定的，也是由他所创造与所处的社会关系的总和决定的：这些具体的物质生产条件既为"现实的人"的现实生产提供着发挥其自由自觉性的可能性的舞台与空间，同时也规定着"现实的人"所能发挥的自由自觉性的广度与深度。而"人生产什么"即人生产的产品，则是人的劳动的对象化或客体化，它是人的作品，因而也是劳动主体本质力量的对象化，是"现实的人"自由自觉特性发挥程度的现实展现。但"现实的人"的现实本质不过是人作为人存在的一般的、普遍的本质在历史演进过程中的展开与呈现。不管人离开自己的历史起点有多远，他的生命活动性质都具有自由自觉的特性，就这一点而言，他永远不会改变，人所能改变的只是自由自觉的程度。万变不离其宗，万变中存在着不变，即人的基本本质特性不变。

总之，马克思"实践的唯物主义"哲学在人的理解问题上实现了一场深刻的人学革命，是人学理论发展史上的一次壮丽的日出。但我们在解读这个革命时，切不可采取非此即彼的思维方式，用一种片面性取代另一种片面性。马克思"实践的唯物主义"人学反对的仅仅是单纯地对人作抽象直观的片面性理解，而不是绝对地反对作抽象的理解。抽象与具体的统一、一般与个别的统一、普遍与特殊的统一、变与不变的统一，这些统一是辩证思维的基本要求。

人的存在之思 *

一

人作为人存在，它是以一种什么样的方式存在？人的存在方式问题，对于人的存在来说是一个根本性的问题。这不仅在于，唯有从人的存在的方式出发，才能将人这个特殊的存在物与人之外的其他存在物从根本上区分开来，更为重要的是，唯有从人的存在方式出发，才能对人这个特殊存在物的存在进行把握与解读。

人作为一个独立的存在物，无疑具有自己独特的特点，这种独特的特点是它作为一个独立存在物的基础、前提与根据。然而，人作为一个独立的存在物，究竟有哪些独特的特点？反思人对自身认识的发展史，就会发现，它给我们留下了许多不尽相同的答案。伟大的"斯芬克斯之谜"的谜底提供给我们的是如下答案：人是一种早上四条腿走路，中午两条腿走路，傍晚三条腿走路的存在物。普罗泰哥拉说："人是万物的尺度。"柏拉图说："人是无羽毛的两足者。"亚里士多德则从不同的维度，对人作出了三个著名的界定：

＊　本文原发表于《江海学刊》2002 年第 6 期。

"人是两足动物""人是理性动物""人是政治动物"。本·富兰克林说："人是能制造劳动工具的动物。"拉美特利说："人是机器。"费尔巴哈说：人就是"理性、意志和心"。尼采说："人是能够允诺的动物。"卡西尔认为：人是"符号动物"。萨特说："人就是自由。"思想史上有关人的界说还有许多。我们相信，描述人的存在与人之外的存在物的存在的区别既是容易的，也是困难的。一个幼稚的孩童，也可以列举出多种人与他物的差别或不同，但即使是一个具有超群智慧的智者，也不可能将人与他物的差别或不同加以穷尽。一个不容置疑的事实是，从人的发展史的维度看，越往前追溯，人与外在存在物的差别愈少与愈小，在人的发端处，其差别趋近于零，越往后展望，其差别越多与越大，从其可能性上说，它趋向于无穷多与无穷大。

解读人的存在，当然不能离开人的特点。问题是，在人的存在的特性中，有的是属于本质或本源性特征，有的则属于非本质或派生性特征。人的存在的派生性特征随着人的发展会愈来愈多，并趋向无限，但其本源性的特征则是唯一的。因此，解读人的存在，重要的是要抓住人的根本性或本源性的特征，唯有这种本源性的特征，才能将人的存在与人之外的他物的存在从根本上区分开来。那么，人的存在的根本特性是什么？即人的生命活动的性质。"一个种的整体特性、种的类特性就在于生命活动的性质，而自由的有意识的活动恰恰就是人的类特性。"①这种"自由的有意识的活动"即是人的劳动、实践。在马克思实践唯物主义视野中，人作为人存在，不仅是自己劳动的产物，即劳动创造人本身，同时，劳动实践也成为人的存在的基本方式。因为人的劳动，一方面导致了人从自然界中分离与提升出来并成为"万物之灵"的天之骄子，另一方面也决定了它再也不能单纯地依靠大自然的恩赐维持自己的存在，而必须自己解决自己的生存问题。而人解决自己生存的方式即是劳动。可以说人是一种以劳动、实践为方式存在的劳动实践的存在物。劳

---

① 《马克思恩格斯文集》第 1 卷，人民出版社 2009 年版，第 162 页。

动、实践既是理解人作为人存在的生成之谜的一把钥匙，同时也是人与人之外的其他存在物相互区分的根本性坐标。正如马克思曾经指出的："可以根据意识、宗教或随便别的什么来区别人与动物。一当人开始生产自己的生活资料，即迈出由他们的肉体组织所决定的这一步的时候，人本身就开始把自己和动物区别开来。"①

二

人作为一种以劳动、实践方式存在的劳动、实践的存在物，无疑首先是一种对象性存在物，这不仅在于任何存在物都是一种对象性存在物，"非对象性的存在物是一种非现实的、非感性的、只是思想上的即只是想象出来的存在物，是抽象的东西"②。"非对象性的存在物是非存在物"③。更为深刻的原因在于，人的劳动、实践是一种对象性活动。

人作为人存在，首先是一种自然的存在，即是说人首先是一种自然的存在物。人作为一种自然存在，当然不仅仅是意味着他本身是自然界的一部分，或是指他是自然界长期发展的产物，而更是指他要以自然的存在作为自己存在的对象。人作为人存在，他们面对的第一个问题便是要解决自己的吃、喝、住、穿的问题，即需要一定的生活资料。但人不同于动物或其他的自然存在物，维持自己存在的养料或生活资料可以依赖于大自然的天然供给，他必须凭借自己的本质力量，通过与他所面对的自然界进行物质、能量与信息的交换。人从事这种物质、能量与信息的交换活动，即是人的实践活动或劳动。而"在实践上，人的普遍性正是表现为这样的普遍性，它把整个自然界——首先作为人的直接的生活资料，其次作为人的生命活动的对象（材料）和工具——变成人的无机

---

① 《马克思恩格斯文集》第 1 卷，人民出版社 2009 年版，第 519 页。
② 《马克思恩格斯文集》第 1 卷，人民出版社 2009 年版，第 211 页。
③ 《马克思恩格斯文集》第 1 卷，人民出版社 2009 年版，第 210 页。

的身体。自然界，就它自身不是人的身体而言，是人的无机的身体。人靠自然界生活。这就是说，自然界是人为了不致死亡而必须与之处于持续不断的交互作用过程中的、人的身体"①。也就是说，在实践上，人的存在相对于自然界的存在来说，存在着一种双重的依赖关系。一方面，人要从自然界那里获得生活资料，这种生活资料的获得是人作为实践或劳动主体存在的基础与前提。另一方面，人的实践活动或生命活动要得以进行，也必须直接或间接地依赖于自然界为其提供"材料、对象和工具"。人作为一种自然存在物，直接或间接地要受到自然存在的特点与性质的规定与限制。

人作为一种对象性存在物，不仅是一种自然存在物，同时也是一种社会存在物。人作为社会存在物的基本意蕴是指他要以社会的存在作为自己存在的基础、前提与对象。在马克思历史观的视野里，人的劳动、实践活动要得以进行，不仅人与自然之间需要建立一定的联系，也需要在人与人之间建立一定的联系。因为人的劳动、实践活动不是，也不可能是一种单个人的行为，而是以社会中许多个人之间的相互协作与合作为基础。鲁滨逊式的故事只能存在于文学家与思想家们的幻想中，而不能存在于人们实践活动的现实中。正如马克思、恩格斯曾经指出的："生命的生产，无论是通过劳动而生产自己的生命，还是通过生育而生产他人的生命，就立即表现为双重关系：一方面是自然关系，另一方面是社会关系；社会关系的含义在这里是指许多个人的共同活动……"②人与社会的关系是一种双向互动的关系。一方面，"社会生活在本质上是实践的"，社会是人的社会，是在人的历史实践活动基础上生成的，社会结构、社会关系、社会规律、社会发展无一不是在人的实践活动的基础上生成与实现的。但另一方面，对于一定社会的人们来说，他们直面的社会不过是他的实践活动赖以进行的条件与基础。人的社会相对于

---

① 《马克思恩格斯文集》第 1 卷，人民出版社 2009 年版，第 161 页。
② 《马克思恩格斯文集》第 1 卷，人民出版社 2009 年版，第 532 页。

人的实践活动来说，既是其活动的舞台或空间，也是其活动的规定与限制。

人作为一种社会存在物存在，也就决定了人也要作为一种历史物存在。因为，历史在本质上不过是社会在时间中的延续和积累。社会是历史的横断面，历史是社会的纵线条。用马克思的话说："历史不外是各个世代的依次交替。"①无论是从个体的视角，还是从族类的视角看，人们从事实践活动的实践对象、实践手段、实践条件、包括物质条件与精神条件，并不完全是自己创造的，而是从前人或历史上承继的。"每一代都利用以前各代遗留下来的材料、资金和生产力；由于这个缘故，每一代一方面在完全改变了的环境下继续从事所继承的活动，另一方面又通过完全改变了的活动来变更旧的环境。"②对于每一特定时代的人们来说，从历史中继承下来的东西，是他的生命活动的出发点，无论是积极的东西还是消极的东西，都会或多或少、直接或间接地起着作用。

人作为存在，不仅仅是一种对象性的存在，同时也是一种类存在，即一种有意识的存在。人作为类存在物存在，是人作为实践存在物存在的重要表现。人的生命活动不同于动物的生命活动，"动物和自己的生命活动是直接同一的。动物不把自己同自己的生命活动区别开来。它就是自己的生命活动。人则使自己的生命活动本身变成自己的意志和自己意识的对象。他具有有意识的生命活动……有意识的生命活动把人同动物的生命活动直接区别开来。正是由于这一点，人才是类存在物。或者说，正因为人是类存在物，他才是有意识的存在物，就是说，他自己的生活对他来说是对象。仅仅由于这一点，他的活动才是自由的活动"。③动物的活动是一种本能性的适应活动，人的实践活动则是一种能动的改造对象世界的活动。"正是在改造对象世界的过程中，人才真正地证明

---

① 《马克思恩格斯文集》第 1 卷，人民出版社 2009 年版，第 540 页。
② 《马克思恩格斯文集》第 1 卷，人民出版社 2009 年版，第 540 页。
③ 《马克思恩格斯文集》第 1 卷，人民出版社 2009 年版，第 162 页。

自己是类存在物。"①

人作为一种对象性的存在物，和其他各种对象性存在物一样"是受动的、受制约的和受限制的存在物……"②。人作为一种自然、社会、历史的存在物，其生命活动无疑要受到自然、社会、历史条件的制约和限制。人作为一种类存在物，又是一种能动的存在物，即自由的存在物。人的存在的这种对象性存在与类存在的双重存在的特性，决定着人的能动性与受动性的统一。人作为人存在既是受动的，也是能动的，既是能动的，也是受动的，这种受动与能动的统一，体现在人的实践活动的目的中，决定着人的活动目的的建构，既是自由与自觉的，同时又是受规定与制约的。人的实践活动是一种自由的活动，但这种自由是一种定在的自由，而不是一种任意的自由。

三

正因为人的生命活动即实践活动是一种受动与能动的统一，也就必然性地决定着人的活动的全面性与活动尺度的多维性。

任何一个种的存在，都必须进行生产，人也好，动物也好，都需如此，生产是任何有生命的存在物的生命活动。由于人的生命活动与动物的生命活动具有不同的性质，这种不同性质导致人的生产与动物生产的第一个巨大差别即是狭隘性与全面性的差别。在自然界中，像蜜蜂、海狸、蚂蚁不仅为自己营造巢穴或住所，而且它们所营造出来的蜂巢、狸洞、蚁穴可谓是精美绝伦，巧夺天工，即使是人类高明的建筑师也会自叹不如。然而，即便如此，动物的生产与人的生产仍然不能相提并论。因为"动物只生产它自己或它的幼仔所直接需要的东西；动物的生产是

---

① 《马克思恩格斯文集》第 1 卷，人民出版社 2009 年版，第 163 页。

② 《马克思恩格斯文集》第 1 卷，人民出版社 2009 年版，第 209 页。

片面的，而人的生产是全面的；动物只是在直接的肉体需要的支配下生产，而人甚至不受肉体需要的影响也进行生产，并且只有不受这种需要的影响才进行真正的生产；动物只生产自身，而人再生产整个自然界；动物的产品直接属于它的肉体，而人则自由地面对自己的产品"①。即是说，动物的生产是一种本能的活动，这种本能是外部自然环境及其优胜劣汰的自然进化机制所使然的一种天性。对于动物来说，不能越出维持自身及其后代繁衍的直接肉体需要的雷池。一般说来，动物的生产是自发的，受直接的肉体需要的驱使；动物的本能是自然给它的，动物生产的领域也是给定的，因而动物生产的领域是片面的与狭窄的，在大多数情况下是重复与单一的。虽然不能绝对地断言，动物活动的领域与生产能力是固定不变的，但一个确定不移的事实是，动物活动领域与生产能力的变化是与动物自身生产机体的进化状态一致的。而人的生产则不同，满足肉体的需要并不是他的唯一目的，甚至不是他的主要目的，人的需要是多方面的与未定的，既有物质的，也有精神的，更为重要的是他还能超出自己的需要"再生产整个自然界"，因而人的生产领域与活动能力就其可能性讲，是开放的、全面的与无限发展着的。

与人的实践活动的全面性相联系的是人的活动尺度的多维性。"动物只是按照它所属的那个种的尺度和需要来构造，而人却懂得按照任何一个种的尺度来进行生产，并且懂得处处都把固有的尺度运用于对象；因此，人也按照美的规律来构造。"② 对于动物来说，它的活动尺度既是唯一的，也是特定的。对于人的实践活动来说，由于它是一种"自由的自觉的活动"，因此，他能自由地按照任何一个种的尺度来进行活动。人的活动尺度的自由性与多维性是人的活动区别于动物的显著标志之一。当然，人虽然具有运用多维尺度的能力，但人的实践活动作为一种主体性的活动，其活动的出发点还是他自身。人的实践活动作为一种对

① 《马克思恩格斯文集》第 1 卷，人民出版社 2009 年版，第 162、163 页。
② 《马克思恩格斯文集》第 1 卷，人民出版社 2009 年版，第 163 页。

象性活动，一方面，无疑要遵循实践对象固有的规律，这是确保人的实践活动目的实现的基础，另一方面，人在自己的实践活动中又"懂得处处都把固有的尺度运用于对象；因此，人也按照美的规律来构造"①。所谓固有尺度，即是价值尺度。人之所以在自己的实践活动中要贯彻自己的价值尺度，深刻的原因在于，人毕竟不同于动物，他不满足于对对象的单纯适应与简单的再复制，其最终目的是要通过内的目的在对象上的运用，对对象进行改造或重塑，使实践对象由外在于人的存在物转变成属人的存在物或为人的存在物。

四

人作为一种以劳动、实践的方式存在的存在物，从这种意义上看，劳动、实践是人的本质。而人的劳动、实践又是一种自由的自觉的活动，从这个意义上看，人的本质在于他的自由、自觉性。说劳动是人的本质与说自由与自觉是人的本质具有同一的意义，二者只是表述上的不同，没有本质的差别。

"把劳动看做人的本质，看做人的自我确证的本质"的思想是由黑格尔首先阐述的。②遗憾的是，黑格尔对这一思想的阐述是唯心主义的，因为"黑格尔唯一知道并承认的劳动是抽象的精神的劳动"③。尽管如此，黑格尔这一思想本质上是伟大的，它曾受到马克思的赞扬和肯定。马克思曾指出："黑格尔《现象学》及其最后成果——辩证法，作为推动原则和创造原则的否定性——的伟大之处首先在于，黑格尔把人的自我产生看做一个过程，把对象化看做非对象化，看做外化和这种外化的扬弃；可见，他抓住了劳动的本质，把对象性的人、现实的因而是真正的

---

① 《马克思恩格斯文集》第 1 卷，人民出版社 2009 年版，第 163 页。
② 《马克思恩格斯文集》第 1 卷，人民出版社 2009 年版，第 205 页。
③ 《马克思恩格斯文集》第 1 卷，人民出版社 2009 年版，第 205 页。

人理解为人自己的劳动的结果。"①

　　在黑格尔与马克思的视野里，解读人的本质，如同解读"对象、现实、感性"一样，不能诉诸人的感性直观，有关人的本质的提问，既不能用"这是什么"的话语，也不能诉诸"人是什么"的话语，而应该去思考"人的存在方式是什么"，因为"个人怎样表现自己的生命，他们自己就是怎样"②。人的存在方式是劳动、实践，无论是人的生成还是人的发展，都是人的劳动的结果。实践、劳动是人的本质，实践、劳动的结果与产物是人的作品，同时也是人的本质的对象，是人的本质力量的一面镜子。也即是马克思所说的"人就是人的世界"。所谓人的世界即是指人通过自己实践活动创造的世界。人的实践水平如何，他们创造的世界就会怎样，而他们创造的现实世界是怎样的，"他们自己就怎样"，这是一个无懈可击的逻辑。"工业的历史和工业的已经生成的对象性的存在，是一本打开了的关于人的本质力量的书，是感性地摆在我们面前的人的心理学。"③"劳动的对象是人的类生活的对象化：人不仅像在意识中那样在精神上使自己二重化，而且能动地、现实地使自己二重化，从而在他所创造的世界中直观自身。"④

　　人作为人存在，是以实践劳动的方式存在，实践、劳动是一种自由自在自觉的活动，因此，自由与自觉是人的不变的本质。但人的实践、劳动不是永远停留在一个恒定的水平上，人的自由与自觉的程度是变化与发展的，因而人的本质也是变化和发展的，人的本质的发展现实性地体现在它所创造的"人的世界"中。要认识人的本质的变化，唯有通过反思的方式，从"人的世界"中去获得。在马克思实践唯物主义的思维理路中，人的本质是不变与发展变化的统一，是抽象和具体的统一。无论是片面地强调不变与抽象的一面，还是片面地强调发展变化与具体的

---

① 《马克思恩格斯文集》第 1 卷，人民出版社 2009 年版，第 205 页。
② 《马克思恩格斯文集》第 1 卷，人民出版社 2009 年版，第 520 页。
③ 《马克思恩格斯文集》第 1 卷，人民出版社 2009 年版，第 192 页。
④ 《马克思恩格斯文集》第 1 卷，人民出版社 2009 年版，第 163 页。

一面，都是一种非辩证的形而上学思维。

从"人就是人的世界"这一深刻命题中，人们还可作这样的解读：人的存在与人的本质是不可分离地联系在一起的。当人们说人存在时，亦即意味着他是一种有着特殊本质规定的存在，没有本质规定的存在，是一种虚无的存在；而本质作为一种存在的属性，也必然附着于存在，离开了现实人的存在，人的本质的存在便是一种不可能存在的存在。所以，无论是黑格尔的"本质先于存在"的命题也好，还是萨特的"存在先于本质"的命题也好，从马克思实践唯物主义与辩证思维的维度看，都是不合理的。人的本质存在于他的世界中，"人的世界"是人的存在的现实。"人就是人的世界"，"人的世界"就是人本身。把人与人的世界相分裂，人与人的世界都将是一种空洞的抽象。

人的社会交往与人的本质、人的发展*

近年来，在马克思主义人学研究中，社会交往的作用没有得到广泛的重视。本文从以下四个方面说明人的本质的形成和发展离不开社会交往：

一是社会交往是人的类本质形成的前提。马克思关于人的本质有三个重要论断：在《黑格尔法哲学批判》导言中提出："人是人的最高本质"；在《1844年经济学哲学手稿》中提出："人的类特性恰恰就是自由的、自觉的活动"；在《关于费尔巴哈的提纲》中提出：人的本质"是一切社会关系的总和"。这三个命题往往被理解为马克思在逐渐摆脱费尔巴哈影响的过程中，从人本主义的抽象走向唯物史观的具体这样一种后者否定前者的扬弃关系。但从社会交往的角度看，三者却呈现出渐次展开、前后递进、从具体的个人上升到一般的类的深化关系。第一个命题表明人的类本质规定人的个体本质；第二个命题从人的类行为的特征来规定人的类本质；第三个命题从人的类活动的结果来规定人的类本质。社会关系的总和在其根本意义上是以物质生产为基础的，但在其直接现实性上却是与社会交往直接相联的。

---

*　本文原发表于《哲学研究》1993年第7期。

通过社会交往，人的类活动构成社会关系之总和的基础，社会关系之总和则是人的类活动的确证和现实。在这一层面上，社会交往是人类存在和活动的前提，因而也是人之为人的本质形成的前提。

二是社会交往是人的个体本质形成的媒介。一般而论，社会关系的总和既是人的类本质的对象化和现实，也是人的个体本质的对象化和现实。但对特定的个体而言，社会关系的总和作为历史的既成事实，不是他个人活动的产物，而是他赖以获得自身本质的条件。"人是人的最高本质"中的前一个"人"是类存在意义上的人，后一个"人"是个体意义上的人，因而这一命题可以置换为"社会关系的总和是人的最高本质"。它表明，特定的个体只能在现实的社会关系范围内活动，而且，特定的个体只有与其面临的各种社会关系进行交往，从而使自己纳入社会关系之中，才能形成自己的个体本质。离开社会交往的媒介，特定的个体就无法具有人的属性。

三是社会交往在人的发展中的整合职能。从历史的宏观角度看，类和个体的发展是基本一致的，但在私有制条件下，二者往往又是背离的。在资本主义生产方式中，类能力的空前发展直接以个体能力的片面化为代价，但个体片面化又能从类能力的发展中得到间接的补偿。这显示出社会分工的分离职能和社会交往的整合职能的有机统一，这种统一关系使人们在肯定人（类）的同时又否定了人（个体），在否定着人（个体）的同时又肯定着人（类）。

四是社会交往的变革是人的全面化发展的前提。在私有制条件下，个人的片面化是类的全面发展的必要条件，而在未来的真正的人的社会中，每个人的自由发展则是全人类发展的前提。要创造这个前提，就必须改变社会交往的被迫性，实现人的多层次、全方位的普遍交往，从而使"地域性的个人为世界历史性的、经验上普遍的个人所代替"。①

---

① 《马克思恩格斯文集》第 1 卷，人民出版社 2009 年版，第 538 页。

论人的社会交往与人的本质和人的
发展之间的关系*

一、马克思历史观中的
社会交往范畴

在马克思主义经典作家的著作中，"交往"范畴涵盖着丰富的内容。从一般的意义上看，交往即是从事实际活动的主体之间，在一定的目的引导下，以一定的中介物为媒体的相互往来与交换、相互作用与制约、彼此联系的活动。从交往的主体间的联系看，既包含着个体与个体的交往，也包含着个体与群体和社会之间的交往，同时也意指社会集团间，不同地域间，不同民族、国家间的交往。从交往活动的类型看，人们的交往活动又可分为物质交往和精神交往。与物质生产过程相联系的交往称为物质交往，与精神生产过程相联系的交往称为精神交往。

与物质生产劳动相联系的物质交往产生于人们的物质生产过程。物质交往是指从事物质生产劳动主体之间的活动与能力的交换，以及作为人们物质活动和能力的对象化结果的产品的交换。

---

* 本文原发表于《华中师范大学学报（人文社会科学版）》1996 年第 4 期。

物质交往既是纵向的代际间物质联系的历史纽带，也是横向的同代间物质联系的社会纽带。物质交往最初表现为个人与个人之间的交往，随后是个人与氏族、氏族与氏族间的交往。只是随着生产力的提高，生产工具的分化，以及由此产生的分工和私有制的出现，才产生了集团间、民族间和国家间的物质交往。当分工和私有制出现后，物质交往也就从物质生产过程中游离出来，变成了一种相对独立的活动形态。而物质交往一旦成了一种相对独立的活动形态，也就立即与物质生产活动发生互为前提、互相制约和作用、彼此互动的关系。

与精神生产活动相联系的精神交往产生于人们的精神生产过程。精神交往是指从事物质生产和精神生产的主体间的一种以语言为媒介体的观念、情感、理论，乃至风俗、习惯和信息的交流与交换。在人类历史的最初阶段上，精神交往包含在物质生产和物质交往活动的本身中，马克思、恩格斯曾指出："思想、观念、意识的生产最初是直接与人们的物质活动，与人们的物质交往，与现实生活的语言交织在一起的。人们的想象、思维、精神交往在这里还是人们物质行动的直接产物。"① 只是随着物质生产与精神生产的分离，精神交往才获得了相对独立的形态。

二、人的社会交往活动与人的类本质

人的本质是什么？这一直是马克思主义人学理论研究的基本兴奋点，同时也是引起学术界争论不休的重大难题。

在马克思的经典著作中，有关人的本质带定义性的论述有三处，其一，在1843年底—1844年1月写的《〈黑格尔法哲学批判〉导言》中，马克思首次提出了"人是人的最高本质"的命题②。其二，在《1844年

---

① 《马克思恩格斯文集》第1卷，人民出版社2009年版，第524页。
② 《马克思恩格斯文集》第1卷，人民出版社2009年版，第11页。

经济学哲学手稿》中，马克思提出了"一个种的整体特性、种的类特性就在于生命活动的性质，而自由的有意识的活动恰恰就是人的类特性"的命题①。其三，在1845年春写的《关于费尔巴哈的提纲》中，马克思又提出了"人的本质不是单个人所固有的抽象物，在其现实性上，它是一切社会关系的总和"的著名命题②。上述三部著作虽都属于马克思主义历史观正处在形成时期的著作，但在时间上有着前后相继的次序，相比较而言，《关于费尔巴哈的提纲》较接近于马克思历史观的初步形成的时期，由于这一原因，在我国理论界中，人们普遍认为，马克思对人的本质的理解经历了一个从抽象到具体的发展过程。在许多人的视野里，第一个命题，完全停留在对人的本质的抽象的思辨上，纯粹属于费尔巴哈式的命题；第二个命题，马克思虽然试图从人的劳动的角度去对人的本质进行规定，但只是指出了人作为类存在物与动物的不同，对人的本质的理解仍然没有摆脱人的类特性的抽象性的思辨，费尔巴哈的影响在一定程度上还依稀可见；只有《关于费尔巴哈的提纲》中提出的命题，马克思对人的本质的理解才从抽象走向了具体，科学地回答了个人"怎样"和"如何"才能成为人的问题，因而是一个经典马克思主义的人学命题。人没有抽象的本质，只具有具体的本质，在马克思的历史观中，只有对人的个体本质的规定，而没有对人的类本质的规定，至目前为止，这似乎是理论界无可怀疑的共识与定论。

笔者认为，在有关马克思的人的本质学说的传统理解中，至少存在着以下三个重大疑点：其一，马克思有关人的本质的三个命题之间是否是对立的？其二，在马克思的人学理论中，有没有关于人作为类存在物的本质规定？其三，"人的本质在其现实性上，它是一切社会关系的总和"这一命题，是否是对人作为个体存在物的本质规定？

根据笔者对马克思实践唯物主义的人学理论的理解，试提出以下三

---

① 《马克思恩格斯文集》第1卷，人民出版社2009年版，第162页。
② 《马克思恩格斯文集》第1卷，人民出版社2009年版，第501页。

点与传统理解相左的看法：其一，马克思的三个有关人的本质的命题不是对立的，而是统一的，是马克思主义经典作家从人的不同存在形态对人的本质的不同界定。其二，在马克思对人的理解的思路中，人的概念既包括人的个体存在，也包括人的类存在，表现为个体与类的辩证统一。人作为个体存在物有其本质规定，人作为类存在物也自然有其自身的本质规定。其三，与人们传统的理解相反，笔者以为，从"人是人的最高本质"到"人的类特性恰恰就是自由的自觉的活动"再到人的本质在其现实性上"是一切社会关系的总和"的命题，并不是马克思的历史观对人的本质的理解告别抽象走向具体，恰恰是思维的视线从人的个体本质向人的类本质的延伸。第三个命题恰恰不是像人们传统的理解那样，是对人的个体本质的规定，而是与第二个命题一起，是对人的类本质的科学规定。

实际上，当马克思说："人的类特性恰恰就是自由的自觉的活动"和人的本质在其现实性上"是一切社会关系的总和"时，这两个命题中所谈到的人，不是人们通常所理解的小写的人，即作为个体存在物存在的人，而是大写的人，指的是作为类存在物存在的人，即人的类整体。马克思在这里谈的不是个人的本质应如何理解的问题，而是大写的人的本质应如何理解的问题。那么，同是大写的人，为什么会有两种不同的本质规定呢？从直观的方面去理解，这似乎是一个难以统一与贯通的谜。但若从马克思实践唯物主义所提供的思路出发，把人的活动与人们的社会关系，以及这种社会关系的历史演进联系起来作深层的辩证的思考的话，则不存在着什么特别费解的地方。《1844年经济学哲学手稿》中有关人的本质规定的命题和《关于费尔巴哈的提纲》中有关人的本质规定的命题，是马克思从两个不同的视角对作为类存在物的人的本质进行的规定。一个是就人作为类存在物的活动本身而言的，一个是就作为类存在物的人的活动的结果而言的。由于是从两个不同的视角对人的类本质的观照，二者在外观上存在着差异亦是自然的，但就其实质而言，彼此间则存在着逻辑上的贯通性。这种逻辑上的贯通性是通过人的活动与人的社会关系之间的因果链条连接起来的。

在马克思的历史观中，人的活动也是一个涵盖丰富的概念，它既包括人的物质生产活动与物质交往活动，也包括人的精神生产活动与精神交往活动。而人的一切活动都具有明确的目的性，即自由与自觉的特性。这是人与动物的基本区别，也是人之作为人存在的标志与根据。然而，人的自由的自觉的活动特性最集中地体现在他对自身的社会关系与历史的创造上。人是什么？这一曾使历史上无数的哲学家与思想家们为之困惑的千古不解的"斯芬克斯之谜"，只有马克思的历史观才给予了科学的回答：人就是人的世界。人的世界，就是人的社会，人的"社会关系的总和"及其它们的历史发展。社会作为人的社会、人的世界，是人的自由自觉活动的结果，是人的自由自觉的类特性能动的现实性的表现。人的"社会关系的总和"当然包含着人的全部社会关系。这全部的社会关系如果加以抽象的话，则可以大致地区分为两大类，一是物质的社会关系，一是思想的社会关系。无论是物质的社会关系，还是思想的社会关系，从归根到底的意义上看，是在人的物质生产的活动的基础上产生的，但在其直接性上却与人的社会物质交往与精神交往活动相联系。人们的物质关系即生产关系，在本质上是人们的物质交往关系，在《德意志意识形态》中，马克思、恩格斯曾把与物质生产力相对应的人们的社会关系称为交往关系、交往方式；人们的思想关系在本质上则是人们的精神交往关系。物质交往关系是人们物质交往活动的硬化或沉淀，精神交往关系是人们精神交往活动的硬化或沉淀。在马克思历史观的思路中，人们的物质生产活动决定着人们的物质交往活动；在物质生产活动与物质交往活动的基础上，形成人的精神生产与精神交往活动；在人的物质交往活动与精神交往活动的基础上，形成人的多方面的社会关系，即马克思所说的"社会关系的总和"。顺着这样的思维理路就不难理解，当马克思在《关于费尔巴哈的提纲》中把人的类本质理解为在其现实性上"它是一切社会关系的总和"时，它并不是对《1844年经济学哲学手稿》中所说的"人的类特性恰恰就是自由的自觉的活动"命题的否定，而是对后一命题的深化。人的"社会关系的总和"并不是外在于人的彼岸世界，对于人来说，它是人的现实的一面镜子，是人的本质的生成与实现。对于人的"社会关系的总和"来说，人的自由自觉的活动是它的本体性基础；对于人的自由自觉的活动来说，人的"社会关系的总和"是它的对象化结果。人的活动的自由自觉性发展到什么程度，人的"社会关系的总和"就丰富到什么程度，另一方面，人的"社会关系的总和"发展到什么程度，又以感性的、直观的形式表现与确证着人的活动的自由自觉的程度。人正是通过自己所处的"社会关系的总和"及其发展程度获得对自己的活动的自由自觉发展程度的认识与反观的。

三、人的社会交往与人的个体本质

人作为类存在物，即大写的人，有其本质性的规定；人作为个体存在物，即小写的人，也有其本质性的规定。"人是人的最高本质"即是马克思的历史观赋予作为个体存在物的人的本质的科学规定。

从字面上看，"人是人的最高本质"的命题似乎是一句毫无意义的同义反复。其实不然，这个命题中的两个"人"字具有不同的指义。在上述命题中，前一个"人"字指向的是作为类整体存在的人，即人的族类整体，后一个"人"字则指向的是作为个体存在物存在的人。马克思的上述命题所谈的显然是作为个体存在物存在的人的本质应如何理解的问题。在马克思历史观的思路中，人的个体本质不能从单个人自身的直观中获得规定，而只能从个体与族类整体的相互关系中获得规定。

然而，根据马克思实践唯物主义历史观所提供的内在逻辑思路，"人是人的最高本质"的命题也可以转换成"社会关系的总和"是人的最高本质。这种转换在逻辑上不存在任何障碍。其根据是：虽然从人类总体的角度看，相对于"社会关系的总和"来说，人是主体，社会关系是客体，但"社会关系的总和"并不是外在于人的与人分离的彼岸存在，在历史中，作为主体存在的族类整体的人与作为客体存在的社会是直接同一的。

为什么说"人是人的最高本质"？要破译这个谜，仍需从历史的表面走向历史的深处，深入地分析人的社会生产活动与社会交往活动。笔者以为，"人是人的最高本质"的命题中，它的基本意蕴是人的类本质规定着人的个体本质。诚然，"社会关系的总和"的发展体现着个人的生产活动与交往活动的发展。"全部人类历史的第一个前提无疑是有生命的个人的存在。"① 现实的有生命的个人是人作为族类存在物存在的原子。没有个人的存在也就没有人的类存在，人的类存在不过是以人的个体存在为基础的科学抽象。当我们思考人的个体存在时，必须首先分析作为个体而存在的人的生命的生产，这不仅是由于"一当人开始生产自己的生活资料，即迈出由他们的肉体组织所决定的这一步的时候，人本身就开始把自己和动物区别开来"。② 更为深刻的原因在于："人们为了能够'创造历史'，必须能够生活。但是为了生活，首先就需要吃喝住穿以及其他一些东西。因此第一个历史活动就是生产满足这些需要的资料，即生产物质生活本身。"③ 而作为人的个体生命的生产从一开始就"表现为双重关系：一方面是自然关系，另一方面是社会关系；社会关系的含义在这里是指许多个人的共同活动，不管这种共同活动是在什么条件下、用什么方式和为了什么目的而进行的"。④ 因为，任何生产都不是个体的孤立行为，有生产必有交往，生产与交往是互为前提的。马克思主义经典作家认为，一方面，人们的交往形式是由生产决定的；另一方面，生产本身是以个人之间的交往为前提的。当个人与他人之间进行交往时，他便将自己纳入与他人的相互关系中；人自己的活动便通过与他人的交往转变成一种社会性的活动；他的个体存在就变成了一种社会

---

① 《马克思恩格斯文集》第 1 卷，人民出版社 2009 年版，第 519 页。
② 《马克思恩格斯文集》第 1 卷，人民出版社 2009 年版，第 519 页。
③ 《马克思恩格斯文集》第 1 卷，人民出版社 2009 年版，第 531 页。
④ 《马克思恩格斯文集》第 1 卷，人民出版社 2009 年版，第 532 页。

性的存在。从这个意义上说，以人的个体活动为基础的人的总体活动所形成的"社会关系的总和"既是人的类本质的对象化与实现，也是人的个体本质的对象化与实现。

　　然而，也应看到，对于特定的历史个体来说，"社会关系的总和"作为历史的产物，又不是他的个体活动的结果，而是无数的个人在连续不断的历史活动中创造和形成的。相对于特定的历史个体来说，在他开始活动时所面对的"社会关系的总和"，即作为人的类本质的现实，既是历史为他提供或准备的自主活动的形式，也是他赖以获得自身本质的条件。一方面，特定的历史个体只能在他所处的"社会关系的总和"中进行活动，而不能也不可能超出这种范围的限制，从个体从事的物质生产活动与物质交往活动方面看，社会的生产关系规定着他的物质生产与物质交往的范围，为他的活动自由与不自由划定其相对性的界限。历史的经验事实表明，在没有分工与交换的情况下，人们的生产活动与交往活动，不能越出氏族共同体的范围。当一个国家或民族的交往关系还没有与其他国家与民族的交往关系融为一体的时候，个人的生产与交往活动也难于超出自己国家与民族的活动范围。从个体的精神生产活动与精神交往活动看，他同样难以摆脱他所处的物质交往关系与精神交往关系的制约。每一个人的思想观点、个性和习惯都不可避免地要打上他所处的时代、阶级与阶层的思想烙印的事实就是一个最好的例证。另一方面，特定的历史个体只有在与他所面对的各种社会关系进行交往的条件下，才能形成自己的个体本质，这即是马克思所曾经指出的："个人怎样表现自己的生命，他们自己就是怎样。因此，他们是什么样的，这同他们的生产是一致的——既和他们生产什么一致，又和他们怎样生产一致。因而，个人是什么样的，这取决于他们进行生产的物质条件。"[①]对于具体的个人来说，他只有在社会交往中才能使自己的能力获得发展，个性获得丰富；也只有通过自己与他人，族类总体的普遍交往活动，使

①《马克思恩格斯文集》第1卷，人民出版社2009年版，第520页。

自己转变为社会的与世界历史性的存在时，才能获得社会性的个人与世界历史性的个人本质的规定。一个离群索居的人，充其量也只能算是野人。因为他缺少与他人的交往，置身于人的"社会关系的总和"之外，丧失了使自身成其为人的条件与环境，也就不可能具有人之作为人存在的属性与特征。

四、人的社会交往与人的发展

在马克思主义的人学理论中，人的发展问题也是一个重大问题，而在人的发展问题上，最使人们感到困惑的又莫过于人的历史发展的类的发展与个体发展的关系问题。

反思人的发展的历史进程，下述两种趋势同样明显：一方面，个体的发展与种族的发展就其基本趋势讲，二者是统一的，二者的总趋势是沿着上升的方向发展的。另一方面，在一定的历史阶段上，具体地说，在旧式分工与私有制存在的历史阶段中，人的个体发展与种族发展的统一不仅不表现为绝对的吻合，相反，常常表现为二者间发展上的矛盾与背离。这种矛盾与背离在资本主义时代表现得尤为突出。在资本主义大工业中，人的发展呈现在我们面前的是两幅差异明显的图像：一幅是资本主义时代人的种族的能力得到了空前的提高与扩展："资产阶级在它的不到一百年的阶级统治中所创造的生产力，比过去一切世代创造的全部生产力还要多，还要大。"[1]另一幅同样真实的图像是，在资本主义大工业中，个体的活动范围越来越小，个体的能力日益片面化，人的有机的身体与生理器官被撕裂成为相互分离的某些"碎片"，人创造了威力无比的机器和机器体系，个体自身却变成了"机器上的某个点"或机器体系上的某个环节，个体被肢解为片面化与畸形化了的人。

---

[1] 《马克思恩格斯文集》第 2 卷，人民出版社 2009 年版，第 36 页。

那么，是什么原因导致了人的种族的发展与个体的发展之间的这种既统一又矛盾的状况呢？人们通常把它归之于社会分工。笔者认为单纯地用社会分工还不足以合理地解释这一矛盾。分工的基本功能是分离，可用它来解释个体发展的片面化。但个体发展的片面化何以导致人的种族能力的全面发展与扩张呢？分工无助于使二者连结起来。从马克思历史观提供的思路看，导致这种矛盾的原因，除了社会分工之外，还有人的社会交往的作用。

在私有制的条件下，人的发展之所以出现这样一种奇特的现象：人的种族的发展与利益常常是以个体的发展和利益的牺牲为代价的，而个体的发展与利益的牺牲又通常从人的种族的发展中得到补偿。其真正的谜底在于社会分工与社会交往作为人类劳动发展的一定历史阶段中的两种既相区别又相依赖的活动形式，各自具有不同的功能。社会分工的基本功能是分离，社会交往的基本功能是整合，社会分工与社会交往的有机结合，形成一种分离与结合的互补机制。因而使人的劳动表现为：在肯定着人（种族）的同时否定着人（个体）；在否定着人（个体）的同时又肯定着人（种族）。社会分工造成了人的活动的分离，社会交往则以整合的方式把人的个体活动联结起来，以间接的方式使个别劳动表现为社会劳动，赋予具体劳动以抽象劳动的属性。社会分工通过使人的活动专门化、片面化的方式把个体的个别器官加以放大，社会交往则使这种片面放大了的个别器官整合为一个全面放大了的类的有机体，从而导致作为人的本质力量对象化的生产力的发展与扩张。

从人的历史的宏观视角看，人的族类的发展与他的社会交往活动的发展是大致相吻合的。以人的个体间交往活动为基础的社会交往活动在深度上和广度上的每一步拓展，即标志着人类的物质生产与精神生产活动空间的扩大，从而为人的本质力量对象化的生产力的发展与扩张创造着条件。人类是随着自己的物质生产活动与社会交往活动的不断发展而发展的。从另一个视角看，人的物质生产活动和社会交往活动每一新的发展，同时也即是人自身发展和丰富的确证。

"'人'类的才能的这种发展，虽然在开始时要靠牺牲多数的个人，甚至靠牺牲整个阶级"① 为代价这一事实，对于人的个体来说是悲惨的和不幸的，但对于历史来说却又是不可避免的和必要的。因为"只有通过最大地损害个人的发展，才能在作为人类社会主义结构的序幕的历史时期，取得一般人的发展"②。只有取得一般人的发展，即人的种族能力——生产力的发展，才能为人的种族和个体发展间对抗的消除，为人的个性比较高级的发展创造物质前提。而人的个体发展与种族的发展间的和谐与一致，是人的全面发展的必备条件，因为"每个人的自由发展是一切人的自由发展的条件"。③

　　实现人的自由和谐的全面发展是人的历史发展进程的必然归宿，也是人类梦寐以求的最高价值目标，这一人类发展的美好状态只有在共产主义社会才能实现。而要实现这一目标，除了要求具备生产力的高度发展、私有制和旧式分工的消灭等物质条件之外，改变人的社会交往活动的性质，实现人的多层次、全方位的普遍交往也是一个不可或缺的条件。马克思、恩格斯曾经指出，共产主义社会的建立是以生产力的普遍发展和与此有关的世界交往的普遍发展为前提的。

　　人的全面发展之所以还需以人的交往活动性质的改变和交往活动的普遍发展为条件，深刻的原因在于：人的社会交往活动的性质与发展程度及其由此产生的交往形式，虽然是由人的交往活动与生产力的发展决定的，但人的交往活动与交往形式对人的物质生产活动与生产力也具有反作用。

　　首先，实现人的自由而全面的发展，必须改变人们的社会交往的被迫性质。在私有制的条件下，人们的社会交往活动具有被迫的性质，不改变这种被迫的社会交往活动的性质，就不能改变"生产力表现为一种

---

① 《马克思恩格斯全集》第 26 卷（Ⅱ），人民出版社 1973 年版，第 124、125 页。
② 《马克思恩格斯全集》第 47 卷，人民出版社 1979 年版，第 190 页。
③ 《马克思恩格斯文集》第 2 卷，人民出版社 2009 年版，第 53 页。

完全不依赖于各个人并与他们分离的东西"① 这样一种状况，实现"许多生产工具必定归属于每一个个人，而财产则归属于全体个人"② 的社会状况。而当生产力的总和对于个人来说仍然表现为不受其控制，"而是某种异己的，在他们之外的"权力时 ③，个人活动的自主性与全面发展就是一句空话。所以，马克思、恩格斯曾明确地强调："劳动向自主活动的转化，同过去受制约的交往向个人本身的交往的转化，也是相互适应的。"④

其次，人的全面发展也依赖于人们社会交往的普遍化。这不仅是因为："交往的任何扩大都会消灭地域性的共产主义。共产主义只有作为占统治地位的各民族'一下子'同时发生的行动，在经验上才是可能的，而这是以生产力的普遍发展和与此相联系的世界交往为前提的。"⑤

同时也因为，人的全面发展，不仅意味着人的能力与素质的全面发展，也包括着人的社会联系的全面发展。只有在人的社会交往普遍化的情况下，才能使"地域性的个人为世界历史性的、经验上普遍的个人所代替"。⑥

---

① 《马克思恩格斯文集》第 1 卷，人民出版社 2009 年版，第 580 页。
② 《马克思恩格斯文集》第 1 卷，人民出版社 2009 年版，第 581 页。
③ 《马克思恩格斯文集》第 1 卷，人民出版社 2009 年版，第 538 页。
④ 《马克思恩格斯文集》第 1 卷，人民出版社 2009 年版，第 582 页。
⑤ 《马克思恩格斯文集》第 1 卷，人民出版社 2009 年版，第 538、539 页。
⑥ 《马克思恩格斯文集》第 1 卷，人民出版社 2009 年版，第 538 页。

论人的族类和个体发展间的矛盾与统一 *

一

　　人的发展问题，是任何一个关心人自身命运的哲学家都不得不面对并予以深切关注的问题，然而，它又是一个令哲学家们十分头痛的问题。

　　人的发展问题之所以令哲学家们头痛，这不仅在于人的存在形态本身是复杂的，它既是指人的个体存在，同时也指人的类存在，是人的各种存在形态的有机统一。人是天生的合群性的动物，作为个体存在物的人，离开了他之外的他人的存在，自己也就不能存在。而人的类存在又以个体的存在为其前提和基础，人的类存在不过是个体存在的科学抽象。离开了人的族类，个体不过是一种空洞的抽象；离开了人的个体存在，人的类存在同样是一种空洞的抽象。更为深刻的原因在于：当人们从人的族类和个体两种不同的角度去寻觅人的发展的轨迹时，呈现在他面前的则是两条并不完全吻合的历史线图。人的个体发展不仅存在着与类的发展相背离的现象，而且在一定的历史阶段上，二者之间还表现为尖锐的冲突

---

　　*　本文原发表于《福建论坛》1993 年第 3 期。

和对立。在私有制社会里，尤其是在资本主义时代，这种冲突和对立达到了顶点。在资本主义时代，人的发展呈现出两种不同的趋势：一方面，随着生产工具的发展与分化，分工的扩大化和细微化，作为人的本质力量对象化的物质生产力在不到一百年的短暂时间里的发展，梦幻般的比人类过去一切世代所创造的总和还要多，还要大，人类征服与控制自然的能力得到了前所未有的发展。另一方面，随着科学技术的进步，随着以手工业为基础的生产方式被大机器工业生产方式所取代，随着分工的扩大化和细微化，从事物质生产劳动的个体便丧失了他的"原始丰富性"，伴随着人的类能力巨大发展的则是人的个体能力发展的片面化和个体生理器官发展的畸形。

那么，人的历史发展为什么会出现这种类与个体间的矛盾和背离？在一定的历史发展阶段上，劳动为什么在肯定着人的同时又否定着人，而在否定着人的同时又肯定着人呢？对于绝大多数哲学家来说，这似乎是一个解不开的"斯芬克斯之谜"。在哲学发展史上，试图对这一现象进行探索和阐释的哲学家与思想家虽不鲜见，但除马克思主义哲学之外，绝大多数哲学家不是百思无解，便是一叶障目，误入片面化的歧途。即使是那些在哲学史上卓有建树、被人们公认为思想深刻的哲学家与思想家，往往也难免陷入片面或无能为力。在哲学发展史上，虽然出现过一种关于人的发展学说被另一种关于人的发展的学说所代替的现象，但遗憾的是，这种代替往往不过是从一种片面性走向另一种片面性罢了。他们不是把人的族类与个体间发展的这种背离及把个体的牺牲视作是冷酷的、铁的必然性，便是对这种个体的牺牲与不幸诉诸非理性的价值审判与道德愤慨。

在人的发展问题上，黑格尔对人的类的发展与个体发展间关系的解决具有典型的意义。作为一个具有历史感与时代感的哲学家，他的伟大之处在于他"把人的自我产生看做一个过程……可见，他抓住了劳动的本质，把对象性的人、现实的因而是真正的人理解为人自己的劳动的结果"①。然而，黑格尔关于人的发展的学说是建立在客观唯心主义基础上的，在黑格尔的视野中，人的劳动并不是指人的感性的、物质的劳动。感性的、物质的劳动在黑格尔的视野里是一种奴隶的劳动，这种劳动他是鄙视的。他所说的劳动不过是人的一种精神性的抽象思维活动。而且在黑格尔的视野里，他看重的并不是个体的人，而是与人的类存在相统一的社会。黑格尔关于人的学说中的一个基本原则是："普遍优于个别。"这一原则"在社会领域表现为社会对个人的优先地位。黑格尔的国家是社会发展的最高表现，他的国家实质上被看做每一具体个人的某种实体性的本原。国家作为独立自主的力量活动着并利用个人来达到自身的普遍目的，具体个人是否知道并接受这个普遍目的，是无关紧要的"②。在黑格尔的思想深处，个人不过是绝对观念为了达到和实现自己的目的的手段或工具。因此，黑格尔虽然也看到了大工业劳动中的分工导致了劳动者个人发展的片面化，但他却冷酷地把这一现象视之为不可避免的必然。黑格尔实际上是以一种泛逻辑主义的思辨吞没了个人的自由和发展。

与黑格尔以社会吞没个人的泛逻辑主义的冷酷观点相反，近现代哲学中的形形色色的非理性主义哲学思潮，则走向了另一个极端，片面地强调个人的发展。面对着资本主义制度使人服从于榨取利润的机器，面对着机器大生产和分工把人撕裂成畸形的碎片，面对着工业合理化对人的个性发展的敌视和压制，他们表示出极大的愤怒。存在主义哲学家克尔凯郭尔认为社会是恶魔，是罪恶，因为它压抑和消灭人的个性，它是敌视人的。法兰克福学派的思想家马尔库塞也同样愤怒地写道，在现代社会里，"它的生产力破坏了人类的需要和能力的自由发展，它的和平是靠连绵不断的战争威胁来维持的，它的增长靠的是压制那些平息生存斗争一个人的、民族的和国际的……现实可能性。这种压制完全不同于

① 《马克思恩格斯文集》第 1 卷，人民出版社 2009 年版，第 205 页。
② [苏] 鲍·季·格里戈里扬：《关于人的本质的哲学》，汤侠声等译，生活·读书·新知三联书店 1984 年版，第 81、82 页。

以前的作为不怎么发达的社会阶段之特点的那种压制，它在今天的作用不是出自自然的和技术的不成熟性，而是出自力量。当代社会的能力（思想和物质的）比以前简直大得无法估量，这意味着社会对个人的统治范围也大得无法估量"①。

诚然，非理性主义哲学家们对资本主义制度对人的个性敌视和压抑的揭露本身是有意义的，因为它确实反映了资本主义社会中个体发展的不幸的真实。然而，正如黑格尔以社会吞没个人的泛逻辑主义观点是片面的一样，非理性主义者离开类与社会的发展，单纯地关注个体的观点同样是片面的。就其思想方法而言，二者存在着相同的缺陷，都不懂得人的类的发展与个体发展间的辩证性质和规律。黑格尔的错误在于，他片面地抓住了在私有制下的劳动以否定人的方式肯定着人的方面，并把这一具有暂时必然性的现象永恒化。形形色色的非理性主义者的错误则在于，他们否定在私有制下存在着劳动以否定人的方式肯定着人的方面的价值，以及以浪漫主义的态度对待个体发展的牺牲与不幸。

二

人的发展问题，也是马克思的历史观深切关注的重要问题之一。对人的类的发展与个体发展间的关系，马克思主义经典作家也曾作过冷峻的考察与思索。在马克思的历史观中，人的族类的发展与个体的发展虽然就其基本的发展方向与趋势是统一的，但这种统一并不是绝对的吻合，而是矛盾的统一。

人的族类的发展和个体的发展在一定的历史阶段上，尤其是在资本主义社会中的背离和矛盾是一个不可否认的事实。对此，马克思主义经

---

① ［美］赫伯特·马尔库塞：《单相度的人》，张峰等译，重庆出版社1988年版，第2页。

典作家曾有过大量的论述。在马克思主义经典作家的笔下，一方面曾以肯定的笔调，对在资本主义时代作为人的本质力量对象化的生产力，在不到一百年的时间里所取得巨大发展，表示充分的肯定和赞许；另一方面也曾以凝重的笔调，对资本主义制度下劳动的异化、劳动对劳动个体的否定表示深切的关注。在马克思经典作家的眼里，随着科学技术的日益进步，随着生产工具的进化和分化，社会生产分工的扩大化和细微化，以前属于单个个体完成的工作，现在则由许多个人的协作来完成。分工使劳动者终生从事某一种固定的、单调的职业，使人的个体的生理器官的某一特定的部位得到了人为的放大和完善，使个体的某方面的潜能与能力得到突出的发展，从而使人类总和的整体力量（类力量）大大地得到增强。但分工又使人的活动范围受到了限制，它不仅使个体的活动失去自主性，因而丧失了对劳动的兴趣与乐趣，而且更为严重的是，它使个体的能力片面化，使本来具有可能全面发展的各种潜能的人被肢解为片面的甚至是畸形的人。一方面是机器体系的越来越完善，机器的威力越来越大，作为人的类能力对象化的生产力空前的发展；另一方面个人则成为机器上的某个点，人的个体的有机的生理器官被撕裂成为相互分离的某些"碎片"。这就是私有制下的，尤其是资本主义时代的人的发展上的客观现实。

然而，面对着人的类能力的发展和个体能力的发展在历史上的这样一种背离与矛盾的现象，面对着人的类能力的增长以个体能力的片面发展和生理器官的畸形发展为代价的残酷现实，马克思的历史观既反对像克尔凯郭尔以及形形色色的非理性主义者那样，把个体的牺牲与不幸归咎于人类的理性的迷误，并诉诸道德的审判与价值的愤慨，也反对像黑格尔那样，以一种泛逻辑主义的思辨形式，表达着资产阶级思想家对个体的牺牲与不幸的那种冷酷的态度，以及将人的类的发展与个体的发展的背离和矛盾的现象永恒化的倾向。

马克思的唯物主义历史观对人的类能力的发展和个体的发展的关系的理解，首先是建立在历史发展的必然性的基础上的。从马克思的历史观来看，人的类整体的发展，在一定的历史阶段中往往伴随着社会个体甚至是整个阶级的发展的受损和牺牲为代价，这并不是什么理性的迷误，也不是人为的偶然结果，而是历史发展过程中不可避免的必然性。深刻的原因在于：人类要生存，就必须与外部自然界进行物质、能量和信息的交换。人类与自然界进行物质、能量和信息的交换过程即是劳动。随着人的活动的扩大，生产工具的分化，必然导致分工和私有制的出现，"分工和私有制是相等的表达方式，对同一件事情，一个是就活动而言，另一个是就活动的产品而言"。① 随着分工和私有制的出现，必然导致生产力的发展与个体发展的片面化与异化。分工既是作为人的类能力对象化的生产力发展的结果，"一个民族的生产力发展的水平，最明显地表现于该民族分工的发展程度"②。同时分工又是进一步推动生产力发展的强大杠杆，没有分工所导致的人的个体发展的片面化和个体生理器官的畸形放大，就没有社会生产这架由许多放大了的机器零件组装起来的大机器或机器体系的完善。在一定的历史阶段上，在存在着分工与私有制的情况下，不最大限度地损害个人的利益与个体的发展，就不可能有整个人类的能力即社会生产力的高度发展，也就不可能有社会的物质文明和精神文明的迅速进步。因此，马克思曾深刻地写道："只有通过最大地损害个人的发展，才能在作为人类社会主义结构的序幕的历史时期，取得一般人的发展。"③ 另一方面，马克思的历史观对人的类整体的发展与个体的发展的关系又赋予一种辩证的理解。马克思的历史观虽然承认在一定的历史阶段上，人的类能力或一般人的发展伴随着人的个体发展的牺牲是不可避免的，但这种牺牲的不可避免性又为否定与消除这种不幸创造着客观的物质的和社会的前提和条件。马克思认为："'人'类的才能的这种发展，虽然在开始时要靠牺牲多数的个人，甚至靠牺牲整个阶级，但最终会克服这种对抗，而同每个个人的发展相一

---

① 《马克思恩格斯文集》第1卷，人民出版社2009年版，第536页。
② 《马克思恩格斯文集》第1卷，人民出版社2009年版，第520页。
③ 《马克思恩格斯全集》第47卷，人民出版社1979年版，第190页。

致，因此，个性的比较高级的发展，只有以牺牲个人的历史过程为代价。"①正是基于对人的发展上的这种辩证理解，马克思的历史观在下述一点上，形成了与黑格尔关于人的发展学说的重大差别：在黑格尔的历史观中，人的类的发展与个体的发展的背离和矛盾是永恒的，个人注定要成为人的类精神的化身的工具和牺牲品。而在马克思的历史观中，人的类的发展与个体发展间的背离和矛盾不过是一种特定历史阶段的历史现象，这种历史现象随着人本身的辩证发展，最终必然导致二者之间的和谐与一致。

三

马克思的历史观之所以认为，人的"个性的比较高级的发展，只有以牺牲个人的历史过程为代价"；历史的发展最终必将会克服人的类的发展与个体发展的背离和对抗，而代之以人的类的发展与个体发展间的和谐与统一，这并不是基于对社会历史发展的浪漫主义的理想预设，而是基于对社会历史发展的客观规律的科学把握。

在马克思的历史观的视野里，分工的发展虽然肢解了人的身体，导致了人的能力发展的片面化，但分工作为推动生产力发展的强大杠杆，又促进了生产力的发展。而生产力发展到一定阶段，则为消除导致人的能力发展片面化与异化的"旧式分工"创造着物质前提和条件。首先，随着生产力的不断发展，科学技术在生产过程中的作用越来越大，生产工具的不断改进和完善，生产过程的自动化和管理自动化的水平也必然是越来越高，这必将使劳动过程的职能分解，社会生产与再生产过程中的职业固定化的否定成为可能。在传统的工业劳动中，劳动者既是机器的操作者，同时又是被束缚在机器上的生产过程中的奴隶。而在生产过

---

① 《马克思恩格斯全集》第 26 卷（Ⅱ），人民出版社 1973 年版，第 124、125 页。

程和管理过程高度自动化的情况下，劳动者则逐渐地以对机器的直接操作与控制转变为对整个生产过程的自动控制系统的控制或操作。在传统的工业劳动中，曾经由劳动者承担的职能，在高度自动化的生产过程中，则将由机器系统本身去承担。当劳动者从生产过程本身中退了出来，而站在生产过程的旁边对生产过程实行控制时，劳动者也就由原来属于"机器上的一个点"，而转变成为驾驶机器体系的主体。如果说，在传统的工业劳动中，劳动职能的分化与划分和劳动者职业的固定化是传统的机器体系的必然要求的话，那么，在生产过程和管理过程高度自动化的情况下，废除职能的划分和职业固定化，也是生产力发展的必然要求。其次，随着生产力的高度发展，劳动生产率的提高，必然导致社会物质财富的"充分涌流"，为个体的全面发展提供了物质上的可能；也必将导致人的价值坐标的转换。在生产力还没有发达到能充分地满足人的物质生活基本需要时，劳动必然是人的谋生的主要手段，对物质财富的追求必然是人的价值坐标的原点。然而一旦社会的物质生产力高度发展，使社会的物质财富达到了"充分涌流"的时候，人们不仅可以花费极少的时间去生产生活资料，从而可以使人们得到更多的自由时间用以实现自身的全面发展，而且将使人们从对物质财富的追求为主转向对自我全面发展和自由时间的追求。马克思主义经典作家曾经认为，人类社会历史的发展，一般来说大致要经历三个大的发展阶段：自然经济阶段→商品经济阶段→时间经济阶段。与此相适应，人的价值观念也必然经历三种历史形态：生命价值形态→金钱价值形态→自由价值形态。

人的片面化发展和人的个体的牺牲，不仅创造着消除人的类的发展与个体的发展间的背离和对抗的物质前提，而且创造着消除二者间背离和对抗的社会前提。生产力的发展，导致分工和私有制的出现，而分工和私有制的出现使人的个体的片面发展与个体的牺牲从可能变成现实。分工和私有制既是社会生产力发展到一定历史阶段的产物，也是生产力发展水平和程度还不够高的产物。分工和私有制在导致个体发展片面化和最大限度地损害个体发展的同时，也创造着使自身必将被否定的前提和条件。这是一个铁的逻辑或法则。因为，分工和私有制导致人的个体发展的片面化，而人的个体发展的片面化则导致了作为人的类能力对象化的生产力的发展，当生产力发展到与它在其中存在与活动的所有制形式不相适应的时候，必然要提出变革私有制的要求，爆发社会革命，从而使私有制为公有制所代替。一旦私有制为公有制所代替，人的个体的自由与全面的发展，也就从可能变成现实。马克思主义经典作家曾经指出："只要特殊利益和共同利益之间还有分裂，也就是说，只要分工还不是出于自愿，而是自然形成的，那么人本身的活动对人来说就成为一种异己的、同他对立的力量，这种力量压迫着人，而不是人驾驭着这种力量。原来，当分工一出现之后，任何人都有自己一定的特殊的活动范围，这个范围是强加于他的，他不能超出这个范围：他是一个猎人、渔夫或牧人，或者是一个批判的批判者，只要他不想失去生活资料，他就始终应该是这样的人。"①在马克思主义经典作家看来，只要私有制不消灭，劳动的异化就不可避免，劳动个体的发展就必然是片面的。然而，生产力的发展最终要导致私有制的废除，代之以"许多生产工具必定归属于每一个个人，而财产则归属于全体个人"②。在共产主义社会里，"任何人都没有特殊的活动范围，而是都可以在任何部门内发展"③。

总之，在马克思历史观的视野里，在分工和私有制的条件下，人类在总体上对自然界的支配能力愈发展，人的个体的发展便愈片面，自我异化便愈趋严重；然而另一方面，人的类能力发展到一定程度，便必然导致私有制和旧式分工的扬弃，因而扬弃个体的自我异化和克服片面发展的不幸时刻便愈迫近，条件愈成熟。深刻的原因在于："自我异化的扬弃同自我异化走的是同一条道路。"④人的类的发展与个体发展，从人类的早期社会中的"原始统一"，到私有制和阶级社会的背离和对立，

---

① 《马克思恩格斯文集》第 1 卷，人民出版社 2009 年版，第 537 页。
② 《马克思恩格斯文集》第 1 卷，人民出版社 2009 年版，第 581 页。
③ 《马克思恩格斯文集》第 1 卷，人民出版社 2009 年版，第 537 页。
④ 《马克思恩格斯文集》第 1 卷，人民出版社 2009 年版，第 182 页。

再到共产主义社会的和谐与统一，这是一个客观的历史进程。

　　马克思主义经典作家认为，随着科学技术和生产力的高度发展，私有制的扬弃，以及旧式分工的消灭，人的类的发展不仅不再以人的个体发展的片面化和牺牲为代价，而且人的类的发展与个体的发展互为条件，互相促进。因此，马克思主义创始人在论及共产主义社会人的发展时，一方面，强调个体的发展不能离开集体的发展，因为"只有在共同体中，个人才能获得全面发展其才能的手段，也就是说，只有在共同体中才可能有个人自由"①。另一方面，又强调人的类的发展也必须以个体的发展为基础。在《共产党宣言》中，马克思、恩格斯曾明确地写道："代替那存在着阶级和阶级对立的资产阶级旧社会的，将是这样一个联合体，在那里，每个人的自由发展是一切人的自由发展的条件。"②

---

① 《马克思恩格斯文集》第 1 卷，人民出版社 2009 年版，第 571 页。
② 《马克思恩格斯文集》第 2 卷，人民出版社 2009 年版，第 53 页。

重思马克思历史观视域中的
人性与人的本质*

　　任何一种存在物的存在，都是以它具有独立与独特的本质的存在为前提与基础的，没有离开存在的本质，也没有离开本质的存在；黑格尔式的"本质先于存在"的说法与萨特式的"存在先于本质"的说法，无论是从思考的逻辑上看，还是从人们对事物存在的实际认识方面看，都是缺乏说服力的。原因在于，如果人们不首先把握存在事物的本质，人们凭借什么或何以可能确认该存在事物为何物？同样，如果离开了存在事物本身，人们又凭借什么去确认事物的本质？事物的存在是由事物的本质加以规定与确认的，无论是从时间的维度看，还是从逻辑的维度看，事物的存在与事物的本质都是不可分离的，不存在谁先于谁的问题。

　　事物存在的本质是通过事物的特殊属性得以表现与确证的，事物的本质决定事物的属性，事物的属性表现事物的本质，不同的事物具有不同的本质，因而不同的事物也具有不同的特殊属性。每一种存在物都有自己的存在特性，人作为一种存在物也有自己的独特性，人的这种独特性

＊　本文原发表于《哲学动态》2017 年第 6 期。

通常被哲学家们称之为"人性"。人性是人之为人的属性，它是人的本质的外示性的表现，因而也是人把握、认识、解释自己存在的本质的唯一途径。人的本质之所以不同于自然界的其他存在物（包括有类似的生命性质的动物），其深刻的原因在于人性不同于物性与动物性。

一

人原本也是一种纯粹的自然存在物，当人作为纯粹的自然物存在时，其存在方式与自然界他物的存在方式并没有什么不同，只是由于人的生命活动的性质的改变，人才改变了自己的存在方式。具体地说，由于人的劳动与生产，使人本身从自然界分离与提升出来，人才改变了自己纯粹自然存在物的性质，成为一种有别于与优越于纯粹自然物的独立的、独特的存在物。然而，人从自然界中分离与提升出来，决非意味着人与自然界的彻底远离与告别。人作为人存在，不论与自然界的他物之间存在着多么大的不同，有一点却是共同的且无法改变的：人与自然界的存在物一样，仍然属于对象性存在物。因为，任何一种存在物都是一种对象性存在，"非对象性的存在物是非存在物"①。人作为一种对象性存在物存在，仍然并且首先是一个自然存在物，其深刻的原因在于："一个存在物如果在自身之外没有自己的自然界，就不是自然存在物，就不能参加自然界的生活。"②人作为一种对象性的自然存在物存在，不论其进化的程度有多高，游离于自然的距离有多远，却永远无法消除自然界刻在身上的印迹。确切地说，只要人作为对象性的自然存在物存在，自然性就是一个自然而然的必然性规定。人作为一种对象性的存在物，不仅要以自然的存在为对象，同时还以一种社会性与历史性存在作

---

① 《马克思恩格斯文集》第1卷，人民出版社2009年版，第210页。

② 《马克思恩格斯文集》第1卷，人民出版社2009年版，第210页。

为自己的存在对象，因而人也是一种社会与历史的存在物，具有社会与历史的特性。"人是社会动物""人是政治动物"，这样的论断或命题在马克思主义诞生前的思想史上已经存在很久与很多了，其中亚里士多德可能是提出类似观点中最早与最著名的思想家。

人作为人存在，既具有自然性，也具有社会性与历史性，人是集自然性、社会性与历史性于一身的存在物。应该说，持有这种观点的并不专属于马克思主义，马克思之前的人们或多或少、或明或隐亦达到了这种认识。然而，相对于先前的思想家们来说，马克思主义历史观不仅更重视与强调人的社会存在与历史存在，以及由人的社会存在与历史存在所生成的社会特性与历史特性，而且还赋予人的自然性以社会历史性的理解。如果说在人的自然属性与社会、历史属性统一的问题上，先前的思想家们大多将统一的基础聚焦在人的自然性上；马克思的历史观则认为人的社会性与历史性才是人的自然性与社会性、历史性统一的基础。其深刻的原因在于，虽然人是从自然界中分离与提升出来的，人自己的身体亦是自然进化的产物，人的需求、人的享受都带有不可否认的自然性质，并且人为了维持自己的肉体生存，必然性地会生成与自然界之间的对象性的关系；但一个不可否认的事实是，无论人本身的自然性，还是人在社会历史中生成的自然性关系，都不具有纯粹的自然性质，或者说都打上了社会历史性的底色。人作为人存在的历史越长久，人的社会、历史的特性越明显。人的眼睛、人的耳朵作为人的生理器官具有自然的性质，但能听懂音乐的耳朵、能发现美的眼睛却是社会的与历史的。"人的眼睛与野性的、非人的眼睛得到的享受不同，人的耳朵与野性的耳朵得到的享受不同。"[1]"社会的人的感觉不同于非社会的人的感觉。只是由于人的本质客观地展开的丰富性，主体的、人的感性的丰富性，如有音乐感的耳朵、能感受形式美的眼睛，总之，那些能成为人的享受的感觉，即确证自己是人的本质力量的感觉，才一部分发展起来，

---

① 《马克思恩格斯文集》第 1 卷，人民出版社 2009 年版，第 190 页。

一部分产生出来。"①在马克思历史观视域中，不仅人自身的自然具有社会历史性，同时人与自然界之间以及人与人之间的自然关系也具有社会、历史的性质。"人对人的直接的、自然的、必然的关系是男人对妇女的关系。在这种自然的类关系中，人对自然的关系直接就是人对人的关系，正像人对人的关系直接就是人对自然的关系，就是他自己的自然的规定。因此，这种关系通过感性的形式，作为一种显而易见的事实，表现出人的本质在何种程度上对人来说成为自然，或者自然在何种程度上成为人具有的人的本质。因此，从这种关系就可以判断人的整个文化教养程度。"②也就是说，尽管男女之间的性关系是一种自然性质的关系，但人与人之间的性关系与动物之间的性关系具有全然不同的性质：动物之间的性关系纯粹是一种自然关系，男女之间的性关系既是一种自然关系，也是一种属人的关系；人的文明愈发展，教养程度愈高，男女之间的性关系，或者说人的性需要与性行为愈具有属人性。

二

人作为人存在，首先要以人之外的自然界，以及在人的活动中生成的社会、历史作为自己存在的对象，即是说人首先是一种对象性存在物，在这一点上，人的存在相对于其他存在物来说，并没有什么不同与特别。但人并不仅仅是一种对象性存在物，人的存在还是一种具有双重存在特性的存在：既是一种对象性的存在物，同时也是一种类存在物。人之所以是一种类存在物，因为"他的生命活动是有意识的"，"或者说，正因为人是类存在物，他才是有意识的存在物，就是说，他自己的生活对他来说是对象"③。人作为类存在物存在的最有力的证据是人的生命活

① 《马克思恩格斯文集》第 1 卷，人民出版社 2009 年版，第 191 页。
② 《马克思恩格斯文集》第 1 卷，人民出版社 2009 年版，第 184 页。
③ 《马克思恩格斯文集》第 1 卷，人民出版社 2009 年版，第 162 页。

动，即人的劳动或生产。劳动、生产是人作为人存在的生命活动，人的生命活动不同于动物的生命活动："动物和自己的生命活动是直接同一的。动物不把自己同自己的生命活动区别开来，它就是这种生命活动"；而人的生命活动如劳动、生产，既是一种维持自己肉体生存的活动，也是一种改造对象世界的活动，"正是在改造对象世界的过程中，人才真正地证明自己是类存在物"①。正因为人的存在方式具有双重的性质，一方面以对象存在物的方式存在，另一方面以类存在物的方式存在，因而决定着人的存在既是一种受动性的存在，也是一种能动性的存在，是受动与能动相互规定、相互依存、相互制约、相互推动的存在。

人作为一种对象性的存在物存在，必然受到存在对象性质的规定与制约，因而具有受动性。对于这一点，马克思主义之前的哲学家与思想家们大多给予过肯认。不同的是，先前的思想家们对人所具有的受动性只是赋予否定性与消极性的理解，而很少有人给予积极性与肯定性的理解与评价。即使在当下的理论界，人们对人的受动性的诠释与评价中，"诉诸人的受动性以消极性的理解与评价"仍是一种占支配性地位的观点。而在马克思的历史观视域中，人作为对象性的存在物，其活动的目的与活动本身无疑要受到对象的性质及其对象发展规律的规定与制约。然而，对象对人的关系并不仅仅是一种规定与被规定、制约与被制约、限制与被限制的关系，人与对象之间的关系还存在着另一层面，即"通过自己的对象性关系，即通过自己同对象的关系而对对象的占有"②。人对对象的占有是以人与对象之间构成的对象性关系作为基础与前提的，在世界上存在的事物中，并不是所有的事物都与人构成对象性的关系，因而并不是所有存在物都能被人所占有，只有那些纳入人的活动范围，与人构成现实性的对象性的关系，或者说能成为人的活动对象的存在物才能现实性地被人们占有。那些虽然存在着，但并不或没有与人的现实

---

① 《马克思恩格斯文集》第 1 卷，人民出版社 2009 年版，第 163 页。
② 《马克思恩格斯文集》第 1 卷，人民出版社 2009 年版，第 189 页。

生活形成对象性关系的存在物，是无法被人们所占有的。而人通过与对象间所形成的对象性关系而实现的对对象的占有，对人的存在及其现实性的实现来说，具有不可忽视的积极性与肯定性的价值与意义。其深刻的原因在于，"对人的现实的占有；这些器官同对象的关系，是人的现实性的实现（因此，正像人的本质规定和活动是多种多样的一样，人的现实也是多种多样的），是人的能动和人的受动，因为按人的方式来理解的受动，是人的一种自我享受"①。人的受动性是人作为人存在的特性，它同样是所具有的一种优越性，是人所具有的一种感受对象刺激的能力；倘若没有这种能力的存在，人既不能感受到外部对象对自身活动的规定与限制，也不能通过对对象世界的占有获得"自我享受"。人的受动性是人所具有的一种特性与能力，它同样是构成人的本质力量的一个不可分割的力量。人们所具有的受动性特性与能力具有历史的性质，并不具有一次性获得便永恒不变的性质，而是不断生成与发展的。人的进化程度愈高，受动性的程度也愈强，而不是向相反的方向发展。

人既是一种对象性存在物，也是一种有意识的类存在物；人作为一种有意识的类存在物，是一种自由的存在物。人之所以被人自身确认为是"天之骄子"或"万物之灵"，根据与理由便在于：在所有的对象性存在物中，唯有人在作为对象性存在物存在时，不以类存在物或自由的存在物存在。人与动物之间有许多区别，并且人类从自然界分离出来的历史愈久，人游离于自然状态的程度愈高，人与动物之间的差别也就越大，可以将人与动物之间区别开来的东西也随之愈多。但真正将人与动物区别开来的是人的生命活动，因为"一个种的整体特性、种的类特性就在于生命活动的性质，而自由的有意识的活动恰恰就是人的类特性"②。人的生命活动不同于动物的生命活动，"动物只生产它自己或它的幼仔所直接需要的东西；动物的生产是片面的，而人的生产是全面

---

① 《马克思恩格斯文集》第 1 卷，人民出版社 2009 年版，第 189 页。
② 《马克思恩格斯文集》第 1 卷，人民出版社 2009 年版，第 162 页。

的；动物只是在直接的肉体需要的支配下生产，而人甚至不受肉体需要的影响也进行生产，并且只有不受这种需要的影响才进行真正的生产；动物只生产自身，而人再生产整个自然界；动物的产品直接属于它的肉体，而人则自由地面对自己的产品。动物只是按照它所属的那个种的尺度和需要来构造，而人却懂得按照任何一个种的尺度来进行生产，并且懂得怎样处处都把固在的尺度运用于对象；因此，人也按照美的规律来构造"①。

在马克思历史观视域中，人是一种有意识的类存在物，或是一种具有能动性的自由的存在物；但需要强调的是，对于人的能动性与自由，不可片面地无限夸大与膨胀，不能离开人的受动性去阐释人的能动性与自由。如同人的受动性具有历史的性质一样，人的能动性与自由也具有历史的性质。人的受动性与能动性是相互依存、相互规定与相互制约的。一方面，由于人是一种能动性的自由存在物，人才将自己与其他存在物区别开来，并显示出自己相对于其他存在物的巨大优越性；但另一方面，人作为一种对象性存在物或受动性的存在物，人的能动性与自由又是受到规定与约束的，人的自由不是任意的、定在的。所谓"定在的"，即人的活动要受到与人构成对象性关系的对象的规定。

三

人作为人存在，是一种以劳动、生产为生命活动方式的存在，因此，人的存在是一个不断生成的过程，也是一个不断进化与发展的过程，人决不是一旦生成便永恒不变并且有同质性的存在物。在人类社会历史发展进程的不同阶段，不仅不同历史阶段存在的人具有不同的特质，即使是处在同一历史阶段或同一社会结构中的人，由于不同的个人

---

① 《马克思恩格斯文集》第 1 卷，人民出版社 2009 年版，第 162、163 页。

在社会结构与社会关系中处于不同的地位、生活于不同的环境，也具有不同特质。那么，人作为人存在，有没有共同的或一般的本质性规定或性质呢？或者说，我们能否借助于思维的抽象，从人的纷繁复杂的存在状态中，抽象和概括出人的共同的、一般性的本质规定？对于这样的追问，许多人通常给予的是一种否定性的回答。在不少人的思维认知中，马克思主义诞生之前的思想家们，尤其是西方近代以来的资产阶级思想家们所持的大多是一种抽象的人性论与人的本质观，而在抽象的人性论与人的本质观思维的逻辑中，对人性与人的本质诉诸于一种一般的、共同的、不变的与永恒的确认与肯认，是其基本的逻辑出发点。不少人以资产阶级的人性论与人的本质观曾受到马克思主义经典作家的严厉批评与批判为根据，否定一般的、共同的人性与人的本质的存在。在这种思维认知中，马克思主义哲学似乎只承认有具体的人性，不承认有抽象的人性，只承认有社会的、历史的、阶级的人性与人的本质，否认有抽象的、社会的、历史的、阶级的、形式的、一般的、共同的人性与人的本质的存在。甚至在我们的哲学讲坛与论坛上，人仅是社会的人、历史的人、阶级的人，只存在具体的、特殊的人性与人的本质，不存在抽象的、共同的、一般的人性与人的本质，这似乎是一种不容置疑和争论的"共识"。

然而，在笔者看来，上述关于人性与人的本质的所谓"共识"，无论是从辩证思维的逻辑方面看，还是从马克思主义经典作家有关人性与人的本质的论述看，都是有问题的。从辩证思维的逻辑方面看，一个不争的常识是，抽象与具体、一般与个别、共同与特殊是既相反又相成，或者说既对立又统一的关系范畴，两者之间是一种相互依赖关系，各以对方的存在为自己存在的基础与前提。一方面，没有具体、个别、特殊性的存在，就不可能有抽象、一般、共同性的存在；另一方面，有具体、个别、特殊性的存在，就必有抽象、一般、共同性的存在。实际上，马克思的历史观并不否认对于客观存在的各种存在（既包括自然的存在，也包括社会历史的存在）的一般性与共同性进行抽象与概括的可能性与必要性。马克思在《〈政治经济学批判〉导言》中谈到"生产一般"时就曾经指出："生产的一切时代有某些共同标志，共同规定。生产一般是一个抽象，但是只要它真正把共同点提出来，定下来，免得我们重复，它就是一个合理的抽象。"① 马克思在这里虽然谈的是"生产一般"的抽象，但它无疑也适用于对"人性"与"人的本质"一般的抽象：既然可以从各个时代的特殊性的生产中抽象出"某些共同标志，共同规定"，抽象出"生产一般"，为何不能从各个不同时代的人的存在的特殊性中抽象与概括出一般的人性与人的本质的"共同标志，共同规定"？诚然，一个不可否认的事实是，近代以来的西方资产阶级思想家们对人性与人的本质大多诉诸于一种抽象的理解与诠释，其中费尔巴哈的人学观最具典型性。在费尔巴哈的人学观中，个体的人不仅是"抽象的"与"孤立的"，而且，人的"本质只能被理解为'类'，理解为一种内在的、无声的、把许多个人自然地联系起来的普遍性"② 。资产阶级思想家抽象的人性与人的本质观确实受到了马克思主义经典作家的批判，但需要指出的是，人们对马克思主义经典作家的批判作了某种程度的误读。马克思主义经典作家反对与批判的是不应仅看到人作为人存在的"共性"与"普遍性"，但并不否认对人的"共性"与"普遍性"的特性与本质进行抽象的可能性与必要性。

尽管如此，我们还应特别指出与强调的是，相对于人的抽象的、一般的、普遍的特性与本质而言，马克思的历史观更着重强调的是人作为人存在的个性、特殊性、历史性与现实性。其深刻的原因在于，正如"最发达的语言和最不发达的语言共同具有一些规律和规定，那么，构成语言发展的恰恰是有别于这个一般和共同点的差别"③ 。而考察语言的发展应考察不同时代的语言间的差别。若将此作为一种看待问题的方式方法，那么这样的方法论原则同样适用于考察人的发展。不同时代的

---

① 《马克思恩格斯文集》第 8 卷，人民出版社 2009 年版，第 9 页。
② 《马克思恩格斯文集》第 1 卷，人民出版社 2009 年版，第 501 页。
③ 《马克思恩格斯文集》第 8 卷，人民出版社 2009 年版，第 9 页。

人、同一时代的人之间虽然具有某些共同的属性与本质，但是将不同时代的人、同一时代处在社会结构中不同地位的人区别开来的，恰恰不是他们之间的共同性，而是他们之间的差异性、具体性与特殊性。因此，我们一方面不能认为马克思的历史观否认人的一般性、共同性的存在；另一方面，我们应该肯定与确认的是，人作为人存在，其人性与人的本质是不断改变与变化的，在其现实性上，人的本质受到人的社会关系的规定。因而正是在这个意义上，马克思的历史观更关注与强调人性与人的本质的现实性、具体性、特殊性、个别性与历史性。

论人与自然、社会、历史的统一 *

一

"人与自然是统一的",对这一命题的正确性恐怕没有人会提出异议。但"人与自然"何以是统一的？人们对此的回答却未必一致。

在传统的哲学教科书中，人们常常顺着这样的思路来论证人与自然之间的统一：人是自然界长期进化和发展的产物，人的存在不仅需以自然界为前提和基础，而且人本身是自然界的一部分，对人与自然的统一作这样的理解不能说完全没有道理，但从根本上看，仍然停留在旧唯物主义的水平上，没有体现出马克思"新唯物主义"在这一重大问题上的革命性变革。在马克思的"新唯物主义"诞生之前，旧唯物主义的哲学家们早就提出了"人是自然界的一部分"的命题，而且大都是从这一命题出发，来论证和推论人与自然之间的统一的。在法国唯物主义者的著作中，人纯粹是自然的产物，完全是由自然规律支配和决定的。人存在于自然界之中，"他无法摆

---

* 本文原发表于《华中师范大学学报（人文社会科学版）》1994年第2期。

脱"自然,"他甚至在思想上也不能超出自然"①。作为旧唯物主义最后一位代表人物的费尔巴哈,虽然比"纯粹"的唯物主义者前进了一步,他除了把人看成是自然界的产物之外,还看到了人是自身之外的他人的感性的对象,这是"费尔巴哈与'纯粹的'唯物主义者相比有很大的优点"的地方②。但是,费尔巴哈仅仅把人理解是"感性的对象",而不是理解成"感性的活动"。在费尔巴哈的眼里,人归根到底是自然界的一部分。因此,他的"新哲学把人,包括作为人之基础的自然界,变为唯一的、包罗万象的和最高的哲学对象,从而把人类学,其中也包括生理学,变为包罗万象的科学"③。

在马克思"新唯物主义"的视野里,包括费尔巴哈在内的旧唯物主义者们,当他们从人是自然界的一部分的思路出发去论证"人与自然的统一性"时,他们是犯了双重直观性的错误:一方面对感性世界的理解"仅仅局限于对这一世界的单纯的直观,另一方面仅仅局限于单纯的感觉。费尔巴哈设定的是'人',而不是'现实的历史的人'"。④ 即是说从人是自然的一部分的思路去把握人与自然的关系,既不能理解自然的本质,也不能把握人的历史本质。

在人与自然的关系上,马克思的历史观并没有对"人是自然界的一部分"这一命题进行简单的否定。马克思也认为,"人直接地是自然存在物"⑤。"人作为自然存在物,而且作为有生命的自然存在物,一方面具有自然力、生命力,是能动的自然存在物;这些力量作为天赋和才能、作为欲望存在于人身上;另一方面,人作为自然的、肉体的、感性的、对象性的存在物,同动植物一样,是受动的、受制约的和受限制的存在物,就是说,他的欲望的对象是作为不依赖于他的对象而存在于他

---

① [法]霍尔巴赫:《自然的体系》,商务印书馆1989年版,第10页。
② 《马克思恩格斯文集》第1卷,人民出版社2009年版,第530页。
③ 《费尔巴哈哲学著作选》(第1卷),莫斯科俄文版,第202页。
④ 《马克思恩格斯文集》第1卷,人民出版社2009年版,第528页。
⑤ 《马克思恩格斯文集》第1卷,人民出版社2009年版,第209页。

之外的；但是，这些对象是他的需要的对象；是表现和确证他的本质力量所不可缺少的、重要的对象。"①

"但是，人不仅仅是自然存在物，而且是人的自然存在物，就是说，是自为地存在着的存在物，因而是类存在物。"② 人作为"自然存在物"是一种受动性的存在物，但人作为"人的自然存在物"或"类存在物"，又是一种能动的存在物。人作为受动的"自然存在物"，自然界的存在是他的存在的对象。人作为"是为自身而存在着的存在物，又总是力图超越自然的限制"。因为"自然界，无论是客观的还是主观的，都不是直接同人的存在物相适合地存在着"。③

人与自然的关系既是受动的，又是能动的，是受动与能动的统一，而这种统一的基础和桥梁既不是脱离人的抽象的自然，也不是脱离自然的抽象的人本身，而是人的感性的、物质的对象性实践活动。在人的对象性的实践活动中，一方面是人向自然的生成（主体客体化），另一方面是自然向人的生成（客体主体化）。

所谓人向自然的生成，即自然的人化，是自然相对于人的外在化向属人化的转变。在马克思的"新唯物主义"的视野里，人的连续不断的感性劳动和创造，人的生产，是人所处的整个现存感性世界的非常深刻的基础。因为，人"周围的感性世界决不是某种开天辟地以来就直接存在的、始终如一的东西，而是工业和社会状况的产物，是历史的产物，是世世代代活动的结果"。④ 在人的对象性的实践活动中，形成的人化自然，作为一种客体性的存在，虽然具有物的外观，但在本质上则是一种属人的存在和为人的存在。"工业的历史和工业的已经生成的对象性的存在，是一本打开了的关于人的本质力量的书，是感性地摆在我们面

---

① 《马克思恩格斯文集》第 1 卷，人民出版社 2009 年版，第 209 页。
② 《马克思恩格斯文集》第 1 卷，人民出版社 2009 年版，第 211 页。
③ 《马克思恩格斯文集》第 1 卷，人民出版社 2009 年版，第 211 页。
④ 《马克思恩格斯文集》第 1 卷，人民出版社 2009 年版，第 528 页。

前的人的心理学。"① 这就是马克思对人化自然或我们"周围的感性世界"的深刻理解。如果人们对自身所处的感性自然，不是诉诸感性的直观，而是诉诸感性的活动，对周围的自然在作直观的、客体的把握的同时，也从主体的角度去把握的话，自然即是人的一面镜子，是人的本质力量发展的对象化和确证。

所谓自然向人的生成，即是人的自然化。人通过自己的劳动，与自然界进行物质、能量与信息的交换，使自然变为人的"无机的身体"的过程，同时又是人的自然化的过程。这不仅仅是因为："人的感觉、感觉的人性，都是由于它的对象的存在，由于人化的自然界，才产生出来的。"② 更为深刻的原因是，当人通过自己的感性实践活动，把自己的本质力量对象化在自然界中时，人自身也就被纳入广义的自然之中，构成自然的一个内在的、有机的、不可分割的部分。

总之，在马克思"新唯物主义"的思路中，人与自然的统一是一种基于人的实践活动基础上的统一。这种统一既是一种主体客体化的过程，也是客体主体化的过程，这种主客体双向运动与生成的结果，即是主客体之间在总体上构成一个彼此无法剥离的相互包容的有机体。

二

人与自然是统一的；人与社会也是统一的。在马克思实践唯物主义历史观的视野里，社会是人的社会，人是社会的人。虽然从主客体关系上看，人是主体，社会是客体，但在历史中，作为主体的人与作为客体的社会又是同一的。

社会是人的社会的意蕴当然不能仅仅局限于如下的理解：社会是由

---

① 《马克思恩格斯文集》第 1 卷，人民出版社 2009 年版，第 192 页。
② 《马克思恩格斯文集》第 1 卷，人民出版社 2009 年版，第 191 页。

人组成的，没有人也就不可能有人的社会。诚然，把社会看作是人的集合体，一般说来并没有错，但这仍然仅仅是对人与社会关系的一种直观。这既没有揭示出社会是人的社会这一命题的全部内涵，也没有达到马克思"新唯物主义"历史观的应有高度。社会是人的社会除了它是由人组成的之外，更为深刻的原因在于，人是社会的著作者。社会作为一种客体的存在，它的形成、它的结构、它的运动及其规律、它的本质，都是在人的实践或物质生产劳动的基础上形成的。只有从人的感性的、对象性的实践活动出发，才能对社会的本质与现象作出合理的把握与阐释。

第一，人作为人的存在是人的劳动与活动的产物。在"劳动创造了人本身"的同时，也就创造了人的社会。因为人在劳动过程中，不仅要以外部自然为自己存在的对象，同时也要以他人为自己存在的对象，人与外部自然界进行物质、能量和信息的交换，是以人与人之间的相互交往为中介的。从人的总体存在上看与社会在本质上是同一的。

第二，作为物质形态的社会结构，是在人的实践活动的基础上形成和发展的，是人的物质生产活动与物质交往活动、精神生产活动与精神交往活动的凝结化的沉淀或物化。人的活动的结构与社会结构之间不仅具有同构的性质，而且人的活动结构之间的辩证关系，决定着社会结构各层面之间的辩证关系。人的活动是从物质生产活动到物质交往活动；从物质生产与物质交往活动到政治活动、精神生产和精神交往活动。社会的结构也表现为从物质生产活动对象化的生产力到作为物质交往活动硬化的交往关系（生产关系）；从生产力与生产关系等物质层面到政治结构，再到社会意识结构这样一个因果联系的链条。

第三，社会结构各层面之间的矛盾及其运动，归根到底要从人的实践活动的发展中得到合理的解释。对社会运动与社会规律的理解与阐释，不能像某些传统的历史唯物主义教科书那样，看成是人及人的活动相分离的，看成是作为客体的社会结构各不同层面的自我运动。实际上，社会运动及其规律、社会的发展，既不是与人的活动相分离的，也不具有预成的性质。从表层上看，社会运动与社会规律是通过社会结构各层面问题的相互作用实现的，但从深层上看则是通过人的活动实现的。在马克思的历史观中，生产力的发展之所以要或迟或早地引起生产关系的变更；经济基础的变化或早或迟地要导致上层建筑的重建，深刻的原因是：生产力在本质上是人的本质力量的对象化，生产关系是人的自主活动赖以实现的形式。追求生产力的发展，本质上即是追求自身的本质力量的发展，人们改变生产关系，不过是为了使自己的活动获得更为自主的形式，以适应自己的本质力量发展的要求。上层建筑是建立在经济基础上的，它对经济基础有反作用，当人的本质力量发展了，人的自主活动的形式改变了，上层建筑也就必然要被人们改变。

第四，社会的本质与人的本质是统一的。从客体的角度去看，社会是人之外的存在。但从主体的角度去看，即从人的感性实践活动的角度去看社会，同人化自然界一样，社会也是人的本质力量发展的一面镜子，也"是一本打开了的关于人的本质力量的书，是感性地摆在我们面前的人的心理学"。社会是在人的实践活动的基础上形成的，作为人的活动的结果，它具有明显的属人性质，是人的本质力量的展开与人的现实。马克思在《关于费尔巴哈的提纲》中曾写过这样的一段名言："人的本质不是单个人所固有的抽象物，在其现实性上，它是一切社会关系的总和。"① 长期以来，人们常常把这段话误解成是对人的个体本质的规定，实际上马克思在这里谈的不是小写的"人"的本质应如何理解的问题，而是大写的"人"的本质应如何理解的问题。在马克思实践唯物主义的思路中，"人的社会关系的总和"指的是人与人之间的实践、理论、伦理、情感等多种关系。然而，人的这些社会关系并不是外在于人的彼岸世界，而是在人的物质生产劳动的基础上，并通过人的社会交往活动形成和发展起来的，它表现为人的实践活动与交往活动的对象化与硬化，是人的本质的生成。人的本质是怎样的，他的社会关系即是怎样的；反之，人的社会关系是怎样的，人的本质也即是怎样的。人不能通

---

① 《马克思恩格斯文集》第 1 卷，人民出版社 2009 年版，第 501 页。

过对自身的直观获得对自身的认识，而只能通过他们创造的"社会关系的总和"这面镜子来反观自身。

人是社会的人，这是人与社会统一关系的另一面。社会一旦作为人的活动的结果而存在，它又反转来成为人的活动的舞台。在这个舞台上活动的人，就如舞台上演出的演员一样，他的活动不仅需以社会提供的"剧本"的内容为依据，而且他的活动空间也受到相对性的限制。

人作为对象性的社会存在物，社会的客观状况是他的活动赖以出发和进行的基础与前提。对于特定历史时代的人在社会中如何进行活动，即以什么样的方式进行活动，这并不能由人自身进行任意的选择或决定，而是必须以社会状况所提供的可能性为根据。人的活动不仅要受到社会生产力发展水平和性质的制约，也要受到生产关系的制约，同时还要受到所处的社会客观化了的思想、观念的影响。社会结构与社会规律为人的各种活动提供了可能性的空间的同时，也是人的活动自由与不自由的现实界限。

人是社会的人这一命题中还蕴涵着这样一层涵义：对于特定时代的个人来说，社会也规定着他的本质。处于不同社会中的人之所以是不同的，深刻的原因是：他们处于不同的社会。在同一社会中生活的个人之间，彼此的生活态度、所追求的价值目标以及各自所起的作用之所以存在着巨大的差异，是因为他们在社会结构中处于不同的地位，分属于不同的阶级。人们的感觉、情感、思想、立场和观点，以及彼此的合作和对抗，都与他们在社会关系中所处的地位有着不可分割的联系。

人是社会的人这一命题还意味着，在人和社会的关系中，不仅存在着人向社会生成的一面，同时也存在着社会向人生成的一面。人塑造了社会，社会也在塑造人。人在改造社会的同时，也在改造着自身，从而使人自己具有社会的规定性。

总之，社会是人的社会，人是社会的人，这是人与社会之间相互统一的不可分割的两个方面。无论忽视了哪一个方面，都是一种片面性，都是对马克思历史观的背离。

三

　　人与社会是统一的，就决定了人与历史也是统一的。历史的横断面即是社会，社会的纵线条即是历史。在传统的历史唯物主义教科书中，在谈到人与历史的关系时，往往只突出了人是历史的人的一面，而忽视了历史首先是人的历史的一面。实际上，在马克思的唯物主义历史观中，人与历史的关系同样是以两个相互联系的命题辩证地表达着的：历史是人的历史，人是历史的人。在马克思历史观的思路中，人与历史是统一的，这种统一的基础仍然是人的劳动。人的劳动发展史是破译历史的"斯芬克斯之谜"的一把钥匙。

　　历史是人的历史。首先表现在，社会的历史是在人的活动，尤其是在人的物质生产劳动的基础上形成和发展的。历史在本质上是人通过自己的活动不断地扬弃自己的过去而得到现在，并将扬弃自己的现在而走向未来的历史。因为"历史不外是各个世代的依次交替。每一代都利用以前各代遗留下来的材料、资金和生产力……每一代一方面在完全改变了的条件下继续从事所继承的活动，另一方面又通过完全改变了活动来变更旧的环境"①。

　　在马克思主义经典作家看来，历史是以人的活动的对象化结果的"材料、资金和生产力"为中介环节的联系。广义地说，是以人创造的文化为中介环节的联系。本质上是人的活动与活动之间的联系，是物化劳动或死劳动与活劳动的联系。没有人的连续不断的活动，也就没有人的社会及其历史。

　　其次，社会的规律也即是历史的规律。历史规律的形成与实现，同自然规律的形成与实现相比具有不同的性质。自然规律是自然事物和现象在完全自发的状态下通过相互作用、相互适应而形成的。自然规律的

---

① 《马克思恩格斯文集》第 1 卷，人民出版社 2009 年版，第 540 页。

形成与实现是与人的活动无关的，也不是为人而存在的。而历史规律则根本不同，它是通过人的活动形成和实现的。历史规律虽然体现的是历史发展的必然性，但历史发展的必然性并不是外在于人的与人分离的，而是包含着人的活动目的和价值目标所在的必然性。历史规律既是一种必然性的存在，也是一种属人的存在和为人的存在。从世界历史大尺度的视角上看，社会从低级到高级的历史演进的基本趋势之所以与人的能力的发展和价值目标基本吻合，深刻的原因在于，社会的历史演进是在人的活动的基础上实现的。

如同社会是人的一面镜子一样，历史也是人的一面镜子。历史作为人的活动的对象化的结果，它无论是在时间中的延续，还是在空间中的扩展，都是以人的活动在深度和广度上的发展为基础。从直观的、客体的视角上看，历史是一种客观实在，从主体与主体的活动的角度看，则是人的本质力量的动态的生成，是人的现实。人不仅可以从历史的横断面的社会中去反思和认识自身，人也可以从作为社会的纵线条的历史中去反思与认识自身。

人是历史的人。人不仅是自然的存在物和社会存在物，同时也是历史的存在物。对于特定的时代的人来说，前辈们所创造的物质文明和精神文明的成果，作为历史文化的遗产，是他的现实活动的对象性的存在。在马克思历史观的思路中，人不仅创造历史，历史作为人的一种对象性存在，也规定、制约人自身的活动和发展。

历史对人的存在的制约首先表现在，对于特定的历史时代的人来说，他的活动不是与历史相隔断的，而是整个人类历史链条的一环。"每一代都利用以前各代遗留下来的材料、资金和生产力。"① 这些先前时代遗留下来的东西是他的活动赖以出发的基础和前提。人的活动不可能没有历史前提，也不能离开自己的历史前提任意地选择自己的活动。诚然，人的活动并不仅仅满足于历史前提的再复制，而总是力图通过自己

---

① 《马克思恩格斯文集》第1卷，人民出版社2009年版，第540页。

的活动去改变旧的条件，实现对历史的超越。但人对历史的超越本身也受到历史的制约，人只能在历史本身提供的可能性的限度内，选择自己的活动，实现对历史的有限超越。在马克思的历史观看来："历史不是作为'源于精神的精神'消融在'自我意识'中而告终的，历史的每一阶段都遇到一定的物质结果，一定的生产力总和，人对自然以及个人之间历史地形成的关系，都遇到有前一代传给后一代的大量生产力、资金和环境……它们也预先规定新的一代本身的生活条件，使它得到一定的发展和具有特殊的性质。"① 人是历史的人还表现在，对于个体存在的人来说，他是随着历史的发展而发展起来的。人在改造对象世界的同时，也在改造着自身的世界，他在创造世界历史的同时，也赋予自己以历史的性质。不仅人的需要、人的思想观念是随着历史的改变而改变的，人的能力，甚至是人的感觉器官和感觉能力也都是在人的历史活动中发展起来的，具有历史的性质。因为"只是由于人的本质客观地展开的丰富性，主体的、人的感性的丰富性，如有音乐感的耳朵、能感受形式美的眼睛，总之，那些能成为人的享受的感觉，即确证自己是人的本质力量的感觉，才一部分发展起来，一部分产生出来。因为，不仅五官感觉，而且连所谓精神感觉、实践感觉（意志、爱等等），一句话，人的感觉、感觉的人性，都只是由于它的对象的存在，由于人化的自然界，才产生出来。五官感觉的形成是迄今为止全部世界历史的产物"② 。随着人的能力的历史发展，随着人的活动在广度和深度上的延伸和扩展，历史日益转变成世界历史，人也日益为自己争得更大的自由和解放。"每一个单个人的解放的程度是与历史完全转变为世界历史的程度一致的。"③

人创造了历史，历史也塑造着人。这就是马克思的历史观对人与历史间的关系的"斯芬克斯之谜"的辩证解答。

---

① 《马克思恩格斯文集》第 1 卷，人民出版社 2009 年版，第 544、545 页。

② 《马克思恩格斯文集》第 1 卷，人民出版社 2009 年版，第 191 页。

③ 《马克思恩格斯文集》第 1 卷，人民出版社 2009 年版，第 541 页。

论马克思实践的、社会历史的自然观[*]

一

　　马克思主义哲学作为一种新唯物主义的世界观的诞生，是哲学发展史上的一次壮丽日出，是一场深刻的革命性变革，对此，无论是在国外，还是在国内，应该说是一种广获认同的共识。

　　然而马克思"新唯物主义"之"新"，或者说马克思主义的哲学革命应如何理解？在此问题上则意见纷呈，解读各异。一种观点认为，马克思主义哲学诞生前，唯物主义哲学有两种基本形态：一是古代的朴素唯物主义；二是近代的机械的、形而上学唯物主义。古代朴素的唯物主义虽然看到了客观事物具有运动、变化与相互转化的特点，带有朴素辩证法的性质，但它对唯物主义"物"的理解，具有朴素的性质，指向的是具体的物质形态。近代的形而上学唯物主义哲学在对"物"的理解上，扬弃了古代唯物主义的朴素性质，从对事物的表面直观，深入到事物内部的结构，将物质内部结构的一个层次——"原子"视作是客观世界的"始基"。这种形而上学的唯物

＊　本文原发表于《江海学刊》2010 年第 6 期。

主义哲学，是哲学认识发展史上的一个巨大进步，它标志着人的认识的深化与抽象思维能力的提高，因为它实现了人对"物"的认识从外部表象到内部结构的延伸，从复杂到唯一性的升华。但这种观点认为，马克思主义哲学诞生前的唯物主义哲学主要存在三个缺陷：一是对唯物主义"物"的理解存在着缺陷，还不具有科学的性质，无论是将"物"指向具体的物质形态，还是将"物"指向物质内部结构的某一层次，都还没有使人的抽象思维推进到客观实在的高度。二是在总体上，唯物主义与辩证法是相互分离的，在世界是什么样的问题的认识水平上，唯心主义哲学家，例如黑格尔，要高于旧唯物主义哲学家。三是旧唯物主义哲学是一种不彻底的唯物主义哲学，它没有将唯物主义原则贯彻到底，即贯彻到社会历史领域，而通常表现为一种半截子的唯物主义。因此，这种观点认为，马克思主义哲学革命主要体现在：一是对"唯物主义""物"的理解上实现了一个革命，将物质定义为客观实在性，而不是指向具体的物质形态或具体的物质层次。二是实现了唯物主义与辩证法的有机结合，既科学地回答了世界是什么的问题，也回答了世界怎么样的问题。三是将唯物主义的一般观点贯彻到社会历史领域，创立了历史唯物主义，使马克思的唯物主义学说成为一种彻底的唯物主义。

第二种观点认为，马克思主义哲学革命主要体现在历史观上，只有唯物主义历史观才是马克思创始人的伟大发现，因而主张应将马克思主义哲学定位于历史唯物主义。持这种观点的人认为，我们过去马克思主义哲学教科书中有关物质论与意识论的内容，其实是马克思主义哲学以前的旧唯物主义哲学家们大都有过的观点，把它纳入马克思主义哲学的体系框架，有着对马克思主义哲学牵强附会之嫌。

第三种观点认为，马克思主义哲学即是人学，认为马克思主义创始人毕生关注的是无产阶级与人类的解放问题，因而人的生存、发展与解放的问题才是构成马克思主义哲学的主体，人学的革命才是马克思主义哲学的奥秘。

受本文讨论的主题限制，不便在这里对上述几种对马克思主义哲学革命解读的思维理路进行全面的分析与评价，但需指出的是，将马克思"新唯物主义"的哲学革命仅仅定格在马克思的历史观或马克思的人学理论上，既有悖于哲学发展的内在逻辑，也缺乏充分的历史的事实的根据，带有极其明显的片面性。虽然马克思主义创始人留给我们的经典著作，绝大部分谈论的是唯物主义历史观，马克思"新唯物主义"与形形色色的唯心主义作斗争的主要领域也是在社会历史领域中，并且唯物主义历史观的创立及社会历史规律的揭示曾被恩格斯称为是马克思的两个伟大发现之一，但这绝不意味着马克思"新唯物主义"世界观仅仅是一种新的社会历史观。同样不可否认，人的问题也是马克思"新唯物主义"哲学的重要主题之一，对人的生存、人的发展、人的解放问题，确曾给予过深切的眷注，马克思的人学理论在人学理论发展史上是一场深刻的革命，但也绝不意味着马克思"新唯物主义"世界观仅仅是一种新的人学理论。哲学是一种世界观的理论体系，它所关注的是人与世界的关系，而人与世界的全面关系无疑包含着人与自然，人与社会、历史以及人与自身之间的各种关系在内。马克思"新唯物主义"哲学的诞生，无疑标志着一种"新世界观"的诞生，这种"新唯物主义"世界观不仅应是一种新的社会历史观、新的人学观，同时也应是一种新的自然观。事实上，正如恩格斯所说："马克思在他所研究的每一个领域……都有独到的发现……"①恩格斯所说的每一个领域，无疑也包含着自然观领域。在对马克思主义哲学革命解读的上述几种思路的第一种思路中，虽然曾试图给予马克思主义哲学革命以一个全景式的图谱，但由于这种观点将马克思的"新唯物主义"哲学革命仅仅理解为唯物主义与辩证法的有机结合，没有将马克思的"新唯物主义"哲学同时也理解为是一种"实践的唯物主义"哲学，没有看到实践范畴在马克思哲学中所起的基础、思维辐射的轴心和"普照的光"的作用，片面地强调自然与物质的优先性地位，因此，它并没有给予马克思"新唯物主义"哲学革命以科学的解

---

① 《马克思恩格斯文集》第 3 卷，人民出版社 2009 年版，第 601、602 页。

读。尤其是马克思"新唯物主义"哲学在自然观方面的革命意义上，没有给予真正富有新意的解读。一个重要的例证是：在按照上述思路所建构起来的传统哲学教科书体系中，只有一般的世界图景，而没有相对独立的自然观的阐述；只有一般的物质概念，而没有人化自然、感性自然、属人的自然、人类学的自然等范畴。

二

马克思"新世界观"的诞生是哲学发展史上的深刻革命，对这场革命的理解，绝不能视之为是对在他之前的哲学思想成果的简单综合，或是剪接式的整合重构；也不能视之为是唯物主义哲学在地盘上的开疆扩土，或是某个领域的个别变革与突破。如果是这样，那充其量只是一种改良，而不能冠之以革命。马克思"新唯物主义"哲学世界观，谓之为"新世界观"，谓之为哲学革命，在于它所实现的变革既是根本性的，也是总体性的与全面性的。称它为根本性的，在于它实现了哲学思维方式的根本转换；称它为总体性与全面性的，在于它将全新的哲学思维方式辐射于人与世界全面性关系的每一个方面，而不仅止于社会历史领域或马克思的人学理论方面。马克思的"新唯物主义"哲学作为一种新世界观内在地涵盖着马克思的新哲学自然观。之所以在逻辑上是一种必然，深刻的原因在于，在马克思"新唯物主义"或"实践的唯物主义"哲学的逻辑运思中，人与自然的关系不仅是构成人与世界的关系中的一种不可或缺的关系，而且是人与世界之间的全面关系的前提与基础。对这个前提与基础的理解，当然不能仅仅局限于自然界先于人的存在，相对人的存在来说，自然界具有无可怀疑的"优先地位"，更为重要的是，它是人的生命存在与延续的物质基础，因为人要维持自己的肉体存在，就必须与身外的自然界进行物质、能量、信息的交换。不仅如此，人与自然之间的关系还是人与世界的其他关系得以生成与存在的深刻基础。正因为如此，解读马克思新世界观的革命性变革，不仅不应遗漏马克思"新唯物主义"哲学在自然观上所实现的革命性变革，相反还应将它视作是马克思"新唯物主义"哲学革命的逻辑的重要结点，以及理解人与世界的全面性与总体性关系的逻辑起点。

对马克思"新唯物主义"哲学在自然观上所实现的革命性变革应如何理解与把握呢？换句话说，马克思"新唯物主义"自然观新在何处呢？马克思曾在《关于费尔巴哈的提纲》中的第一条为我们写下了一段人们熟知的并可视为经典性的话语："从前的一切唯物主义（包括费尔巴哈的唯物主义）的主要缺点是：对对象、现实、感性，只是从客体的或者直观的形式去理解，而不是把它们当做感性的人的活动，当做实践去理解，不是从主体方面去理解。因此，和唯物主义相反，唯心主义却把能动的方面抽象地发展了，当然，唯心主义是不知道现实的、感性的活动本身的。"① 马克思的这一经典性的话语，既是我们解读马克思"新唯物主义"哲学革命的一把钥匙，同时也是我们理解马克思"新唯物主义"哲学自然观的一条线索。在马克思主义哲学的创始人看来，旧唯物主义哲学家们与各种形态的唯物主义哲学家们哲学路线的分歧焦点，并不在于客观物质世界是否是先于人存在或依赖于人存在，对于那种与人分离的天然自然界先于人与人类社会的存在的事实，即使是最极端的唯心主义哲学家也不会愚蠢到要加以否认的地步。二者分歧的主要焦点在于对"对象、现实、感性"，即人类所面对的感性世界应如何理解的问题上。而所谓的"对象、现实、感性"，或"感性世界"，无疑既指向人们所面对的感性的自然界，也指向人类社会与人类社会的历史。正是在对"对象、现实、感性"的理解上，旧唯物主义与旧唯心主义都犯有片面性的错误。对于旧唯物主义哲学来说，它的片面性错误主要在于，没有将游离于人的物质世界同人处于其中的感性世界区分开来，用对待纯粹自然物的思维方式去对待"对象、现实、感性"或"感性世界"，对"对象、

---

① 《马克思恩格斯文集》第 1 卷，人民出版社 2009 年版，第 499 页。

现实、感性"诉诸一种"客体的或直观的形式"的理解，抹杀了人的感性世界与天然世界的本质差别，其结果是导致了人相对于"对象、现实、感性"而言的主体性地位的丧失与主体能动性的取消。相对于旧唯心主义哲学而言，它将其哲学思考的视野聚焦在"对象、现实、感性"，即人的感性世界上，将人的感性世界视作是在人的活动上的生成，这无疑具有合理性的成分。但由于唯心主义哲学对"对象、现实、感性"仅仅从单纯的主体方面去理解，并且在他们的思维理路中所谓主体不过是人的意识和思想，这样当他们对"对象、现实、感性"诉诸纯主体的理解时，人的感性世界便变成了人的精神或思想的产物或精神的对象化与异化。这样的结果正如马克思所说的，与旧唯物主义完全取消了人的主体能动性相反，唯心主义发展了人的能动性，但却是抽象的发展。旧唯物主义与旧唯心主义哲学家们在对待"对象、现实、感性"上，虽然犯有不同的片面性，但其导致片面性的原因却是相同的，即都没有将"对象、现实、感性""当作感性的人的活动，当作实践去理解"，不懂得现实的"对象、现实、感性"即人的感性世界既不是天然自然界的自然延伸或自然演进自发性的进化，也不是纯粹人的思想或精神的产物，而是在人的实践活动中的生成，因而应诉诸人的感性实践活动的理解。而人的感性实践活动既不是一种纯粹的客观性活动，也不是一种纯粹的精神性活动，而是一种主客体相统一的活动。当马克思"新唯物主义"哲学对"对象、现实、感性"诉诸实践的理解时，应是在对"对象、现实、感性"作客观性理解的同时，还作主观性理解；在作主观性的理解的同时，也作客观性的理解。

正是由于马克思"新唯物主义"哲学对"对象、现实、感性"诉诸人的感性实践活动的理解，因此这种"新唯物主义"在本质上也即是一种"实践的唯物主义"。"新唯物主义"之新，新就新在它对"对象、现实、感性"诉诸一种人的感性实践活动的理解上。在自然观上，马克思的"新唯物主义"或"实践的唯物主义"同在他之前的旧哲学，即使是旧唯物主义哲学都存在着本质的不同，他不是游离于自然界之外，去对所谓自然界的存在的本质进行形而上学式的思辨与追问，而是将自然界置于与人相联系与统一的维度去进行把握与思考，在马克思"新唯物主义"或"实践的唯物主义"视野里，人与世界之间的现实关系是统一的，而统一的基础是人的历史性的实践活动，因此，人与自然界之间的现实性的关系，在本质上是一种实践关系。因为，对于"实践的唯物主义"来说，"整个所谓世界历史不外是人通过人的劳动而诞生的过程，是自然界对人来说的生成过程，所以关于他通过自身而诞生、关于他的形成过程，他有直观的、无可辩驳的证明。因为人和自然界的实在性，即人对人来说作为自然界的存在以及自然界对人来说作为人的存在，已经成为实际的……"①。正因为马克思的"新唯物主义"或"实践的唯物主义"将与自然界的关系理解成一种本质上的实践关系，因此他所关注的自然是一种与人构成对象性的实践关系的自然，而不是那种游离于人的实践活动视野之外，与人处于分离状态的自然。诚然，那种在人之外，与人分离的自然界是独立的自在的，不仅是自在的，而且相对于人的存在来说其"优先地位仍然会保持着"，但由于它游离于人的实践活动之外，没有与人构成现实的对象性关系，相对于人的现实生活而言没有发生价值或意义的关系，因而可以视作是一种"无"。当马克思主义经典作家称它为"无"时，并不意味着它是一种存在论意义上的"无"，而是一种价值论意义上的"无"。在存在论维度上，自然界的存在并不依赖于是否与人构成对象性的关系，自然界相对于人的价值或意义的能否发生取决于它是否与人构成现实的主客体间的对象性关系。与人分离的自然界，或者说与人没有构成现实的对象性实践关系的自然界，相对于人来说，既不会发生认识的价值，也不会发生审美的价值，无疑也不具有进行物质、能量与信息交换的价值。在马克思"新唯物主义"或"实践的唯物主义"视野里，人的实践活动是人与自然界之间建构起对象性关系的桥梁和纽带，并依赖于这种对象性关系的存在，才生成人与自然界之间的互动关

---

① 《马克思恩格斯文集》第 1 卷，人民出版社 2009 年版，第 196 页。

系。一方面是自然界向人的生成，使自然界中的自然元素通过人与自然之间的物质、能量、信息的变换过程，转化与生成为人的肉体的、认识的、审美的本质力量，使自然界成为人的"无机的身体"；另一方面是人向自然界的生成，人通过对象性的实践活动，将自身所具有的本质力量对象化于自然界之中，使自然界人化，将其转变成具有属人性质的自然界或"人类学的自然界"。

三

当马克思的"新唯物主义"或"实践的唯物主义"对"对象、现实、感性"诉诸一种感性实践活动的理解时，它内在的也是在诉诸一种社会性的与历史性的理解。可以说马克思"新唯物主义"自然观，因而也是一种社会性的与历史性的自然观。实践的、社会的与历史的等概念在马克思"实践的唯物主义"的逻辑运思中，是圆融与互通的。深刻的原因在于，人的感性实践活动的生成与发展本身是一种社会性与历史性的活动。人的"社会生活在本质上是实践的"这一特点，同时也就意味着人的实践活动与人的社会与历史生活具有不可彼此剥离的性质，人的社会生活是实践的，而人的实践也是社会的与历史的，这类似于同一枚硬币的正反面，二者互为前提与条件，共生于同一个过程，表达的也是同一件事情。如果说二者之间有什么区别的话，这区别也仅在于，一个是就内容而言的，一个是就形式而言的。相对于人的社会与历史的生活而言，人的实践是它的本质与内容；相对于人的实践活动而言，社会与历史是人的实践活动得以进行的前提与条件。人类通过自己的劳动、实践创造出人类的社会与社会的历史，而人的社会与社会的历史一旦生成，就会反过来制约着人的现实的实践活动，并使其具有社会的与历史的特性。

在马克思"新唯物主义"哲学自然观的维度中，自在性的客观自然界并不是无条件地与人构成一种现实性的对象性的关系，或者说它必然地构成人的感性世界的一部分，那种在人诞生之前的自然界，或在人诞生之后，但仍游离于人的社会生活视野之外的天然自然界并不构成人的对象世界。客观自在的自然界能否进入，在何种程度与何种意义上进入人的实践领域，与人构成对象性的关系，它虽然要取决于自然界本身的属性与功能对人需要的满足，但更大程度上则取决于人本身需要的发展与实践能力的提高，而人的需要及其发展、人的实践能力的提高，又不能不受到社会历史条件的制约，具有无可否认的社会历史性质。正因为如此，当马克思"实践的唯物主义"自然观，对与人之间构成对象性的感性自然界或"人类学的自然界"诉诸实践活动的理解的同时，也赋予它以社会历史的性质，认为这种"人类学的自然界"，"决不是某种开天辟地以来就直接存在的、始终如一的东西，而是工业和社会状况的产物，是历史的产物，是世世代代活动的结果，其中每一代都立足于前一代所奠定的基础上，继续发展前一代的工业和交往，并随着需要的改变而改变他们的社会制度"。① 在人的实践活动的基础上生成的感性自然界，虽然具有无可怀疑的感性确定性，但这种感性确定性"也只是由于社会发展、由于工业和商业交往才提供给他的"②。这种感性确定性正像樱桃树与几乎所有的果树的感性确定性一样，只是"由于一定的社会在一定时期的"商业活动才为人们提供的。即是说，我们对感性的自然界或自然物的理解不能仅仅诉诸纯客体的单纯直观，不能"把人对自然界的关系从历史中排除出去"③，感性的自然界或自然物是在社会与社会的历史中生成的，它是一种被社会与历史中介过或重塑过的感性确定性。

这种在人的实践活动的基础上生成的社会的与历史的感性自然界，具有与旧唯物主义者们借助于纯客体的直观形式所看到的自然物完全不同的价值与意义。"在人类历史中即在人类社会的形成过程中生成的

① 《马克思恩格斯文集》第 1 卷，人民出版社 2009 年版，第 528 页。
② 《马克思恩格斯文集》第 1 卷，人民出版社 2009 年版，第 528 页。
③ 《马克思恩格斯文集》第 1 卷，人民出版社 2009 年版，第 545 页。

自然界，是人的现实的自然界；因此，通过工业——尽管以异化的形式——形成的自然界，是真正的、人本学的自然界。"[1] 而这种"工业的历史和工业的已经生成的对象性的存在，是一本打开了的关于人的本质力量的书，是感性地摆在我们面前的人的心理学"[2]。"真正的、人类学的自然界"是人自己书写的书，通过解读这本书，人不仅能清晰地反观到自己本质力量发展的现实，也为人理解人与自然界的统一关系提供了可能。自然界并不无条件地与人之间构成统一的关系，自然界进入人的实践活动的领域，从而与人之间构成统一的关系需以一定的社会历史条件作为基础与前提。人也只有在社会与历史中生成的"人类学的自然界"面前，即在他自己所写的书的面前，才能确立起自己的主体地位。

---

① 《马克思恩格斯文集》第 1 卷，人民出版社 2009 年版，第 193 页。
② 《马克思恩格斯文集》第 1 卷，人民出版社 2009 年版，第 192 页。

"天然世界""人涉世界"
"人的世界"的辨析与界定*

在马克思主义哲学中，天然世界、人涉世界、人的世界的区分具有重要的意义，它关涉到对马克思主义哲学的科学把握。本文意在从马克思主义哲学的内在逻辑出发，对这三个概念试作辨析与界定。

天然世界范畴是一个被人们广泛使用的范畴。有的学者把自然界、生物体的人以及人类社会都纳入天然世界范畴，这实际上与我们通常讲的物质世界范畴重合了。人及人类社会不仅是在自然界的基础上产生的，是自然进化到一定阶段的产物，而且具有物质的属性。在马克思的唯物主义历史观中，人及人类社会的结构确实是作为社会存在被容纳在物质世界的范畴之内。然而，"世界"作为一个包罗万象的总体性范畴，可以从不同的角度进行把握与区分。物质世界范畴的提出，有两个基本的着眼点：首先，它的逻辑前提是，在世界中除了有一种物质性的存在的同时，还有一种精神性的存在，物质世界的对应物是精神世界；其次，在马克思主义哲学中，对物质世界与精神世界进行区分，其目的是要强调物

* 本文原发表于《教学与研究》1995 年第 4 期。

质世界相对于精神世界的基础性和精神世界对物质世界的依赖性。当马克思主义经典作家提出天然世界概念时，它的逻辑前提首先是，与天然世界相对立的不仅有一个精神世界的存在，而且在物质世界本身中也存在着一个有别于天然世界的人为世界的存在；其次，提出天然世界范畴的主旨在于，要将世界上的一切事物与现象区分为两大类，一类是与人的活动无关的，一类是与人的活动有关的，更确切些说，一类是天然造化，离开人及其活动独立自存的，另一类则是以人的活动为中介，通过人的活动而产生的。在马克思主义哲学的视野中，天然世界无疑归属于物质世界的范围，但物质世界则不能与天然世界画等号，物质世界在内涵上与外延上都与天然世界有着明显的差别。物质世界范畴既涵盖着天然世界，也涵盖着人为世界。

人本身究竟是否属于天然世界呢？有人将之归属于天然世界，认为人同动物一样，属于自然之子，也有人将之归属于"人的世界"，认为人同动物有着根本性的差别，人具有社会性的规定。这两种观点虽说有一定的道理，但也确有值得推敲的地方。人本身的分化也经历了一个长期发展的历史过程，当人还没有理性，缺乏对象意识与自我意识的时候，人与其他动物并没有什么不同，那时的人是纯粹生物学的人，与自然界浑然一体；当人还没有从自然界提升出来时，这样的人无疑是属于天然世界范畴的。然而，当人从自然界中提升出来成为真正意义上的人，人与自然的关系发生了裂变之后，就再也不能将人归之于天然世界了。"人就是人的世界。""人的世界"的涵义一方面涵盖着人化世界的内容，另一方面也包容着人本身的世界的内容。没有人之成为人，也就没有人的世界；反之，没有人的世界，人也就不成其为人。人本身的世界与人化世界在本质上是一个不可分割的整体，人本身的世界的诞生与人化世界的诞生具有内在的一致性。如果将人的生物性归属于天然世界，而将人创造的世界归属于人化世界，在思维逻辑上无疑是一个不能允许的跳跃。不管人本身的进化达到何种程度，人本身的世界仍然有着自然性的规定，在人和人的关系中，自然关系仍然存在着，但人本身的世界中存在着的这种自然性与自然关系是与人的社会性结合在一起的，并因这种有机的结合，使前者获得了社会与文化的意义，变成了"属人的存在"。人作为人存在，其进化机制一方面固然不能完全脱离自然规律的约束，但在更大的程度上则受他自身活动机制的影响。人的活动能力、人的多方面的素质，都是伴随着自己活动的发展而发展的。人作为真正的人是自我塑造的产物，因而应排斥在天然世界之外。

当我们以是否受到人的活动的影响与作用为坐标去区分世界时，天然世界的涵义显然是指那些尚未被人类的实践所改造，不依赖人的活动而独立自存的原始的或原生的自然界。

所谓人涉世界即人类所面对的世界，或人生活于其中的世界。它既包括那些虽未经人的活动改造，但已经进入人的活动结构，成为人们认识、审美乃至于改造的对象的天然世界，也包括经过人类的各种实践活动所创造出来的"人的世界"。如果从主客体活动及其关系的视角看，人涉世界是指以这样或那样的方式进入人的活动视野，已经纳入主体活动结构，与主体人构成一定的对象性关系，成为人们活动客体的世界。人涉世界之所以不等于天然世界，是因为人涉世界并没有涵盖天然世界的全部内容，那些在人的活动视野之外的事物与现象，由于与人的活动并未构成现实的主客体的对象性的关系，因而不属于人涉世界的范围，只有那些纳入主体的活动范围，成为主体的认识、审美或感性活动对象的事物与现象才属于人涉世界的涵盖域。人涉世界也不能归结于"人的世界"。不错，按照我们上面对人涉世界的界定，人所改造的"人化世界"都属于人涉世界的内容，但无论是就其内涵看，还是就其外延看，二者都有着质的差别。人涉世界指向人的一切活动的客体，是人生活于其中的世界，而"人的世界"仅指向那些经过人的改造与创造，作为人的智慧结晶的事物与现象。人涉世界既统括着那些打上了人的智慧印迹的事物与现象，也统括着那些已进入到人的活动视野，但还没有打上人的智慧印迹的事物与现象。

"人的世界"有时也可以用感性世界、人为世界、人化世界来表达与代称。如果我们用一个教科书式的界定来表达的话，则可把"人的世界"界定为人类通过自己的实践活动所改造与创造的世界。

有的学者把"人的世界"简单地看成是人工自然、人化自然、第二自然界。这样指称"人的世界"时，其用意是为了与天然自然、原始自然相对应，说明人化自然与天然自然的性质差别。问题在于，人们似乎忽视了，用天然自然指称天然世界是可以的，天然自然与天然世界的确具有一致性，但如果用人工自然、人化自然指称"人的世界"则是片面的。"人的世界"不仅涵盖着人所创造与改造过的自然，同时也包括在人的实践活动基础上所诞生和裂变出的一切社会现象与事物，还包括由人的活动历史地塑造出的人本身的世界：

第一，人为的自然系统。它包括被人类劳动或活动改造过的，虽在外观上仍留有原始自然的特征，但在本质上却深深地打上了人的意志与智慧的印迹，带有合目的性的自然与自然环境。

第二，人的社会与人的历史。包括在人的实践活动基础上形成的经济、政治、法律、文化等社会结构；部落、氏族、村庄、民族、国家以及各个不同历史阶段上的社会生产组织；人与人之间的经济、政治、文化、情感等方面的社会关系；科学、文化艺术及其精神产品。

第三，人自身的世界。人的体格与情操；人的智慧与能力；人的需要与欲望；人的物质生活与精神生活；人的想象与情感；人的生理器官的发展与进化，都是在人的历史活动过程的基础上获得发展与进化的。人在改造身外的世界的同时，也在改造着自身的世界。人作为真正的人是自我塑造的产物，是自我塑造的社会与文化的产物。

总之，"人的世界"有着丰富的内容，既不是指单纯的人工自然，也不是单指人的社会历史，更不仅仅是人自身的世界，而是指人改变、重塑过的一切事物与现象。"人的世界"是人所创造的自然、人所创造的社会历史、人所创造的人的自身世界的有机统一，是人所创造的身外世界与自身世界的统一。

人的自由与人的世界[*]

　　人作为类存在，在本质上是一种自由的存在物。自由自觉的活动，是人的最根本的类特性。然而，人的自由并不是一个永恒的常数，而是一个循序渐进，从低级到高级，逐步拓展，拾级而升的历史过程。作为这一过程的历史沉积的产物就是人的世界。"人就是人的世界"，人的世界既是人的自由活动的产物，也是人的自由发展程度的测量器与标志。人在塑造着人的世界的过程中，也就在塑造着人自身及其自由；同样，人在塑造着自身及其自由的过程中，也就在塑造着人的世界。人的自由与人的世界的关系，犹似物体的形与影的关系，失去一方，另一方就不存在，至少是难于理解的。

天然世界 · 人涉世界 · 人的世界

　　"世界"范畴在一切范畴中属于涵盖面最广的范畴，它包罗万象，囊括着宇宙间的一切事物与现象。然而，对于科学研究者(包括自然科学、工程科学和社会科学)来说，他所面对的通常不

---

　*　本文原发表于《江海学刊》1995 年第 1 期。

是这个总体性的世界，而是有着特殊性质的具体世界，或曰子世界。人们在考察世界时，可以从不同的角度，以不同的坐标将总体性的"世界"区分为具体的子世界。如果我们从世界与人的活动的关系的角度去看世界时，可以将其区分为：天然世界、人涉世界和人的世界。

受着本文论题主旨的约束，在这里将主要考察天然世界、人涉世界与人的世界三大子系统的内涵与外延及各自的最基本的特征。

（一）天然世界

世界的历史先于人类的历史，早在人类出现之前，世界就已经存在了。不过，那时的世界具有纯粹自然天成的性质，它自己产生，自己运动，自己满足，自己代谢，自然演进，一切都靠自己系统内部存在的各种事物与现象间的相互作用维持其自身的运动与存在；那时的世界具有单一的性质，这种单一性当然不是指它内部各部分间没有质的差别，而是就其发生学的意义上说，它们之间具有一致性。只是大自然在其漫长岁月的自然演进的一定阶段，人从自然界中脱颖而出，运用自己的理性、意识与能力，塑造出一种在其发生学的意义上与原来的世界具有不同性质的文化世界时，世界才发生了分裂，产生了天然世界与人化世界的区别。

天然世界范畴，是一个被人们广泛使用的范畴，但是，在人们的理解中，天然世界的界定并不一致。有人认为，天然世界是指人及其人的实际活动尚未影响过的，完全不依赖于人类世界而存在的天然自然界或原始的自然界。也有人认为，对天然世界的理解不能过于狭窄，除了人类活动尚未影响到的自然界外，还包括作为生物体的人，一切人造物的自然质料。还有人认为，天然世界除了应容纳自然界、生物体的人之外，还应包括人类社会在内，其理由是：人类社会与自然界有着不可分割的联系，是从自然界的发展中衍生出来的一种特殊运动形式。那么，天然世界范畴究竟应怎样理解才比较确切呢？这就需要确立一个合理的思维逻辑坐标，弄清楚提出天然世界的逻辑前提问题。

当马克思主义经典作家提出"天然世界"的概念时，首先它的逻辑前提是，与天然世界相对立的不仅有一个精神世界的存在，而且在物质世界本身中也存在着一个有别于天然世界的人为世界的存在。其次，提出天然世界范畴的主旨不在于要将世界上的一切事物与现象划分为两大类，即一类是物质性的，另一类是精神性的，它的主旨在于，要将世界上的一切事物与现象（包括物质现象与精神现象）区分为这样的两大类，一类是与人的活动无关的，一类是与人的活动有关的，更确切些说，一类是天然造化，离开人及其活动独立自存的，另一类则是以人的活动为中介，通过人的活动而产生的。在马克思主义哲学的视野中，天然世界无疑归属于物质世界的范围，但物质世界则不能与天然世界画等号，物质世界在内涵与外延上都与天然世界有着明显的差别。物质世界范畴既涵盖着天然世界，也涵盖着人为世界的物质世界。

人本身究竟是属于天然世界还是属于"人的世界"呢？有人将之归属于天然世界，因为人同动物一样，属于自然之子；有人将之归属于"人的世界"，因为人同动物有着根本性的差别，人具有社会性的规定。两种观点虽说有一定的道理，但也有值得推敲的地方。人本身的进化经历了一个长期发展的历史过程，当人还没有理性，缺乏对象意识与自我意识的时候，人与其他动物并没有什么不同，那时的人，是纯粹生物学意义的人，它与自然界浑然一体；当人还没有从自然界提升出来时，这样的人无疑是属于天然世界范畴的。然而，当大自然的长期造化，锻造出人的理性，使人的活动具有明确的目的性，从而使人从自然界中提升出来成为真正意义上的人，人与自然的关系发生了裂变之后，就再也不能将人归之于天然世界了。"人就是人的世界"，"人的世界"的涵义一方面涵盖着人化世界的内容，另一方面也包容着人本身的世界的内容。人成为人存在之前的动物时期，其进化机制完全受自然规律的约束；人作为人存在的动物时期，其进化机制一方面不能完全脱离自然规律的约束、但在更大的程度上则受他自身活动机制的影响，人的生理器官、人的活动能力、人的多方面的素质，都是伴随着自己活动的发展而发展的，正如黑格尔曾经深刻指出的，真正的人是自己劳动的结果。循着上述思路，我们应有充分的理由认为，人作为人存在之前的动物时期，他是大自然进化的产物，所以应归属于天然世界范畴；人作为真正的人是自我塑造的产物，因而应排斥在天然世界范畴之外。

当我们以是否受到人的活动的影响与作用为坐标去区分世界时，天然世界的涵义显然是指那些尚未被人类的实践所改造，完全不依赖人的理性与活动而独立自存的原始的或原生的自然界。

（二）人涉世界

人涉世界的概念在传统的马克思主义哲学教科书与研究文章中是一个极少使用的概念，然而，在我们论及天然世界与"人的世界"的区分时，这又是一个不可忽视的概念，因为人涉世界既不同于天然世界，也不同于"人的世界"，是二者难以涵盖的概念。我们之所以要提出人涉世界的概念，还由于在过去的研究中，人们常常将人涉世界与"人的世界"概念相混淆，误把"人的世界"等同于人涉世界。

所谓人涉世界即是人类所面对的世界，或人所生活其中的世界。它既包括那些虽未经人的活动改造，但已经进入人的生活范围，成为人们认识与审美对象的天然世界，也包括经过人类的感性实践活动所创造的"人的世界"。如果从主客体活动及其关系的视角方面看，人涉世界是指以这样那样的方式已经纳入了主体活动结构，与主体的人构成一定的对象性关系，成为人们活动客体的世界。人涉世界之所以不等于天然世界，因为人涉世界并没有涵盖天然世界的全部内容，那些在人的活动视野之外的事物与现象，由于并不现实地与人的活动构成主客体的对象性的关系，因而不属于人涉世界的范围，只有那些纳入了主体的活动范围，成为主体的认识、审美等活动对象的事物与现象才属于人涉世界的涵盖域。人涉世界也不能归结于"人的世界"，按照上文对人涉世界的界定，人所改造的"人的世界"都属于人涉世界的内容，但无论是就其内涵看，还是就其外延看，二者都有着质的差别。人涉世界指向人的一切活动的客体，是人生活于其中的世界，而"人的世界"仅指向那些经过人的改造与创造，作为人的智慧结晶的事物与现象。人涉世界既统括着那些打上了人的智慧印迹的事物与现象，也统括着那些已进入了人的活动视野，但还没有打上人的智慧印迹的事物与现象。

（三）人的世界

"人的世界"的概念是马克思主义哲学中的一个重要范畴。"人的世界"有时也可以用人为世界、人化世界、人造世界来表达与代称。如果我们用一个教科书式的界定来表达的话，则可把"人的世界"界定为：人类通过自己的实践活动（感性的与精神的实践）所改造与创造的世界。

在我们过去的研究中，常常把"人的世界"简单地看成是"人工自然""人化自然"。人们这样指称"人的世界"时，其用意是明确的，通常是为了与"天然自然""原始自然"相对应，用以说明"人化自然"与"天然自然"的性质差别。但人们似乎忽视了，用天然自然指称天然世界是可以的，天然自然与天然世界的确具有一致性，如果用"人工自然""人化自然"指称"人的世界"则是片面的。"人的世界"不仅涵盖着人所创造与改造过的自然，同时也包括在人的实践活动基础上所诞生和裂变出的一切社会事物与现象，还包括由人的自我活动塑造出的人本身的世界。

总之，"人的世界"有着丰富的内容，既不是指单纯的人工自然，也不是单指人的社会历史，当然也不仅仅是人自身的世界，而是指人改变、重塑过的一切事物与现象。"人的世界"是人所创造的自然，人所创造的社会历史，人所创造的人的自身世界的完整与有机的统一。更概括地讲是人所创造的身外世界与自身世界的统一。

"人的世界"是人发展的一面镜子

人作为人存在，自由自觉活动是他的类特性，但人的这种自由特性，并不是大自然的恩赐，而是他通过自己的劳动获得的；人的自由并不是一个形而上学的恒数，而是一个不断扩张的变量。诚然，人的自由及其扩张，离不开天然自然的存在，但是，对于建立在实践基础上的马克思主义自由观来说，思维的兴奋点则主要的集中在"人的世界"上。深刻的原因在于：真正表现与确证人的自由及其发展程度的是"人的世界"及其发展。在《1844年经济学哲学手稿》中，马克思曾写下过样一段著名的论断："抽象的，孤立的，与人分离的自然界，对于人说来也是无。"由于理解角度的不同，这段话曾引起过学术界的长期争论。与人分离的自然界作为一种独立自存的实体，当然不是无，而是实实在在的存在，然而若从人的活动的角度看，这种与人分离的存在，既不能作为人的自由活动的客体，也不确证人的自由，因而对于人的自由来说，确实不构成现实的价值关系，只是从它对人的意义的角度看才可以将其视为无。

"人就是人的世界，就是国家。"①"人的世界"首先表现为人的自由活动的作品，表现为人的自由发展的一面镜子，它是人的自由发展程度的测量器。人是通过自己所创造的"人的世界"来反观自身的自由度的。人所直面的第一个对象无疑也是天然世界。人作为人存在之始，就与大自然展开了不屈的斗争。人总是根据自己的需要、自己的意志、自己的能力，选择自己的活动方式，力图对自然进行改造与重塑，使自然界的变化适合于自己的需要。人与自然界的关系不仅仅是单纯受动的关系，同时也是一种能动与自由的关系。正是在世代不绝的人类与自然界的斗争中创造着一个有别于天然世界的"人化自然界"。这个"人化自然界"

---

① 《马克思恩格斯文集》第1卷，人民出版社2009年版，第3页。

是人将自己的目的、需要、愿望、理想、情感、智慧、意志、才能、想象力与创造力熔铸于其中的自然界，是"人的现实的自然界""人类学的自然界"。一部人类的历史是一部自然界对人来说生成的历史，人以自己自觉的感性活动创造着人化自然界，人的自由达到何种程度，他也就在何种程度上创造着他的感性自然界、人的现实的自然界。因此，"通过工业——尽管以异化的形式——形成的自然界，是真正的、人类学的自然界"①。"而人所创造的"人类学的自然界"作为人的自由活动的结果和产物则是人的自由历史发展的反映与确证"。"人类学的自然界"具有何种性质，人化到何种程度，人对自然的自由就发展到何种程度，"工业的历史和工业已经产生的对象性的存在，是一本打开了的关于人的本质力量的书，是感性地摆在我们面前的人的心理学"。

然而，人与自然界的对峙并不是以个体的形态存在的，人对自然界的斗争也不是单个人的行为，真正的人同时也是一种社会的，"自然界的人化"，"人类学自然界的"诞生与演进不是个别人的杰作，而是以社会为中介的人与自然的统一。正如马克思所说的："自然界的人的本质只有对社会的人来说才是存在的；因为只有在社会中，自然界对人说来才是人与人联系的纽带，才是他为别人的存在和别人为他的存在，只有在社会中，自然界才是人自己的合乎人性的存在的基础，才是人的现实的生活要素……社会是人同自然界的完成了的本质的统一。"②人在使天然自然向人化自然转化，创造着属人的自然和"人类学的自然"的同时，人也创造着人的社会和社会的历史。首先，人将自然界人化的过程，本质上是人的生命的生产，而人的"生命的生产，无论是通过劳动而生产自己的生命，还是通过生育而生产他人的生命，就立即表现为双重关系：一方面是自然关系，另一方面是社会关系……一定的生产方式或一定的工业阶段始终是与一定的共同活动方式或一定的社会阶段联系着

---

① 《马克思恩格斯文集》第1卷，人民出版社2009年版，第193页。
② 《马克思恩格斯文集》第1卷，人民出版社2009年版，第187页。

的，而这种共同活动方式本身就是'生产力'……人们所达到的生产力的总和决定着社会状况"。① 在马克思实践唯物主义历史观的思维理路中，人在创造"人类学的自然界"的活动是一种共同活动的行为，而人们共同活动方式本身就是生产力，而生产力归根到底决定着社会状况，生产力的性质与水平决定着人们的交往方式及其他的一切社会关系，决定着社会的经济结构、政治结构、意识结构、文化结构以及人们的心理结构。马克思曾指出："人的本质是人的真正的社会联系，所以人在积极实现自己本质的过程中创造、生产人的社会联系、社会本质。"② 其次，人不仅是人的社会的创造者，也是人的社会历史的创造者。人的生命的生产，或人创造"人类学的自然界"的过程，从一开始就表明人们之间是有物质联系的。这种联系是由需要和生产方式决定的，它的历史和人的历史一样长久；这种联系不断采取新的形式，因而就呈现出人的社会与人的历史是人的劳动过程中所产生的各种联系的不同方面，人们之间的各种联系从横的方面看即是人的社会，从纵的方面看即是人的历史。人在创造着"人类学的自然界"的同时，创造着自己的社会，也创造着自己的历史。"整个所谓世界历史不外是人通过人的劳动而诞生的过程，是自然界对人说来的生成过程。"正如"人类学的自然界"与天然的自然界有着本质的区别一样，人的社会与人的历史也与天然自然与纯粹的自然有着本质的不同。"人类学的自然界"，人的社会、人的历史作为人的合规律性与合目的性的自由活动的结果，都是人作为人存在的现实。人的自由意识与自由能力，犹如一种普照的光照耀着人们生活的社会和他们创造的历史；人的社会和历史也犹如一面镜子映现出人的自由的光辉。

人不仅是"人类学的自然"的创造者，是自己所生活的社会与历史的创造者，人也是自身的创造者。真正的人必然是"成为自己的社会

---

① 《马克思恩格斯文集》第 1 卷，人民出版社 2009 年版，第 532、533 页。

② 《马克思恩格斯全集》第 42 卷，人民出版社 1979 年版，第 24 页。

结合的主人，从而也成为自然界的主人，成为自己本身的主人——自由人"。因此，人的自由的发展，不仅表现在他们创造的人类学的自然界上，表现在他们创造的社会与历史上，而且同样表现在他自身的进化上。"人类学的自然界"，人的社会和历史的进化，以及人本身的进化，属于同一个过程，三者之间有着一种剪不断、理还乱的关系，随着人的实践活动与自由活动的演进而发展，并从三个不同的维面确证着人的自由的演进。

"人的世界"是人的自由发展的杠杆和加速器

人的自由活动创造了"人的世界"，人是"人的世界"的著作者；但人的自由与"人的世界"的关系又不是单向度的，而是互相影响、互相促进、互为因果的双向度的，人也是"人的世界"的剧中人。人作为"人的世界"的剧中人，他的自由的发展又离不开"人的世界"的发展，"人的世界作为人的自由活动的结果，常常又成为人的自由在历史中继续发展的新起点，成为人的自由继续发展的杠杆。人的自由活动的真正使命就是要使人直面的世界革命化、属人化；使之显现为文化的性质与意义，而人的文化上的每一个进步，都是迈向自由的一步"。人也是在使"人的世界"不断地膨胀、扩张的历史过程中，使人的自由从低级到高级、从有限到无限的。

人通过自己的自由活动，创造出了有别于"天然自然"的"人类学的自然界"，也通过自己的自由活动使"人类学的自然界"不断地再裂变、再人化。就其基本性质讲，"人类学的自然界"是一个历史变化着的概念，是一个具有发展无限性的开放系统，只要人的活动不停滞，这个开放性的系统就不会凝固化。"人类学的自然界"历史性的膨胀与扩张的过程，也是为人的自由继续发展创造条件与动力的过程。第一，"人类学自然界"的扩大，为人的自由活动创造日益增多的活动对象，扩大着人的自由活动的范围，为人的自由的历史发展提供着日益广阔的舞台，人通过自己的自由活动，塑造出"人类学的自然界"，当"人类学的自然界"又成为人们自由活动新的出发点和基础时，它又激发出人们新的创造兴趣，游离出新的需要与欲望；新的兴趣、需要与欲望又引导着人们向新的自由目标迈进，这是一个既是终点，又是起点，既是结果，又是原因的周而复始、无限延伸的历史过程。正是在这个无限可塑的历史过程中，人与自然界的关系从简单走向复杂，从狭窄走向广阔，人对自然界的自由性的占有从个别走向普遍。第二，"人类学的自然界"在性质上的变化，也为人对自然界的自由的历史发展绵延不断地创造和提供新手段和工具。人与外部自然界的斗争，必须凭借一定的工具与手段，人们凭借的工具与手段直接地决定着人对外部自然界的自由度的高低。然而，人与自然作斗争的工具、手段的进步与"人类学的自然界"的发展具有极其明显的同轨的性质。"人类学的自然界"的扩大与分化，促进着劳动工具与手段的分化，也为劳动工具、手段的趋向精致与完善提供着新材料。第三，"人类学的自然"的发展为人的自由发展起着一种加速器的作用。自然的人化与人对自然界的自由的发展不是均质的，通常表现为一种加速度或指数扩张的形式。在这个过程"自然的人化"与人的自由的发展，互为因果，双向互动，彼此促进。自然的人化，"人类学的自然界"的膨胀与扩张，使越来越多的自然物质与非自然物质进入人的活动的结构，变成属人的能力与力量。第四，"人类学的自然界"的发展促进着人自身的潜能的开发，人的生理器官向着日益属人化的方向进化，为人的自由的发展创造出日益有利的主体条件。人的自由的发展是以人的素质、人的能力的发展为基础的；人的素质、能力与自身生理器官的进化有着密切的关系，但人的生理器官的进化与人化自然的进化又有着密切的相关性。人正是在改造自然界，使天然自然转变为人化自然，并在人化自然的基础上，日益减少大自然留给自己的烙印，使自己的潜能得到开发，使确证自己感觉力量的各种感觉能力产生与发展起来。

人是社会与历史的剧作者，社会与历史是人的自由活动的作品；人也是社会与历史的剧中人，只有在社会与历史的舞台上，人才能演出丰富多彩、威武雄壮的自由的话剧。

人作为人存在，能动性是他的本质属性之一，人的能动性是人的活动具有自由性质的可能性的前提。但人的能动性又是建立在与活动客体的对象性关系基础之上的，没有外部客体的存在与对客体的改造，人的能动性与自由也就无从谈起。因此，人也是一种对象性的存在物，他不仅以外部自然界为其存在对象，也以自己创造的并生活于其中的社会与历史为其存在的对象。社会条件、历史环境一方面是人活动的结果，另一方面又是人的现实活动得以展开的物质的、精神的现实基础。

其一，对于一定历史阶段上的人类整体与个体来说，他是在一定的物质条件和基础上进行活动、表现自己的自由的。"历史的每一阶段都遇到有一定的物质结果，一定的生产力总和，人和自然以及个人之间历史地形成的关系，都遇到有前一代传给后一代的大量生产力、资金和环境，尽管一方面这些生产力、资金和环境为新的一代所改变，但另一方面它们也预先规定新一代本身的生活条件，使它得到一定的发展和具有特殊的性质……人创造环境，同样，环境也创造人。每个个人和每一代所遇到的现成的东西：生产力，资金和社会交往形式的总和，是哲学家们想象为'实体'和'人的本质'的东西的现实基础……"①

其二，对于特定历史阶段的人类与个体来说，人类在历史上积淀而成的精神成果也是他的精神活动及其自由创造得以进行与展开的现实基础。一定历史阶段的人，不仅生活在一定的物质关系中，以一定的物质成果为其活动基础和出发点；而且生活于一定的精神环境与精神关系之中，以一定的精神成果作为自己的活动出发点，哲学、道德、文学、艺术乃至于宗教……作为人类历史上形成的一定的思想关系与精神成果，都在一定的程度上制约着人的现实的物质活动与精神活动，起着积极的

① 《马克思恩格斯文集》第 1 卷，人民出版社 2009 年版，第 544—555 页。

与消极的作用。

其三，人的活动与自由创造还有着民族心理结构和文化传统的基础。不同的民族和国家，虽然在其总体上要遵循历史发展的共同规律，在其基本发展趋势上具有普遍性与共同性，但也应承认，由于各个民族与国家在地理环境和生活条件上的差异，由于各个具体的民族与国家历史发展的不平衡性，因此，在历史发展的总过程中也呈现出各自的特殊性或个性。不同民族存在着风俗习惯、文化传统、价值观念、民族心理结构上的差异，各自有着相对的独立性。而这些在历史上积淀下来的传统也会在一定的程度上作用于人们的活动，对其自由的发展起着积极的与消极的反作用。

社会、历史环境与条件作为人的现实的活动得以展开的物质基础与精神基础，对人的自由的发展的制约作用是明显的。但在过去的研究中，常常只是从受动的意义上去理解这种作用，其实，人们赖以作为活动基础的社会、历史环境与条件对于人的活动及其自由的发展不仅仅具有受动与规定的意义，同时它也是人的自由发展的基础、条件与杠杆。"历史不外是各个世代的依次交替。每一代都利用以前各代遗留下来的材料，资金和生产力，由于这个缘故，每一代一方面在完全改变了的条件下继续从事先辈的活动，另一方面又通过完全改变了的活动来改变旧的条件。"人们的物质关系与精神关系，是人们自主活动借以实现的现实形式，人们对自己的物质关系与精神关系的改变与革新，实质上不过是在追求一种更加适合自己的自主活动的有效的可能的形式。

当然，"人类学的自然"，人的社会与人的历史，作为人的自主活动的现实基础，对人的自主活动及其自由确有规定与制约的作用，每一时代的人类总体及其个人，只能在历史给他提供的现实的基础上进行活动，而不能脱离这个基础随心所欲地行动。正是由于"人的世界"对人的自由发展具有这种作用与规定，人的自由对"人的世界"的关系具有能动与受动的双重性质，决定了人的自由发展的过程是一个绝对与相对、无限与有限的辩证统一过程。就人类的总体及人类总体自由发展的可能性而言，人的自由发展的前景是无限的，不可能有一个形而上学的极点，只要人类不因地球的毁灭而灭亡，就不可能停止其迈向新的自由的步伐。但相对于每一具体时代的人类总体，尤其是个人来说，他们达到的自由度又是定在的、有限的；他只是在前人的基础上向自由的更高程度的发展迈进了一步，但这一步又不过是人类整体自由无限发展的一个具体环节。"人的世界"是一个不断扩张的过程，人的自由也是一个不断拓展的过程，在这个过程中，两者携手共进，比肩而立，相互创造着对方前进的基础，为对方的发展提供着条件与动力。

马克思自由观的再解读[*]

一

　　人是从动物界进化、分离、提升出来的，但人一经完成从动物到人的进化、分离、提升的过程，使人作为人存在时，便不能再还原为自然界中的人了。这正如物质世界的运动，较高的运动形式是从较低的运动形式发展而来的，较低的运动形式是较高的运动形式的基础，但不能将较高的运动形式还原为较低的运动形式。人作为人存在时，尽管在人身上动物性自然特征仍然依稀可见，但人已不是纯粹的自然存在物，而是双重的存在物，既是一种自然的存在物，同时也是一种族类的存在物。人作为一种族类存在物，其特性与本质较之纯粹的自然物有着本质的区别。

　　谈到人与动物的区别，人们可以从人和动物的比较中列出，例如，人有意识，动物没有意识；人有语言，动物没有语言；人是社会存在物与历史存在物，动物没有社会性与历史性；人有宗教，动物没有宗教；人有信仰，动物没有信仰；人会使用符号，动物不会使用符号……而且

＊　本文原发表于《天津社会科学》2003 年第 6 期。

随着人类告别动物界的历史愈久，进化程度愈高，人与动物的区别便愈多与愈大。对人的本质的认识，对人与动物之间差别的经验性与直观性的比较是必要的，但也容易使人误入歧途。人类思想史上就曾有不少不乏智慧的思想家，凭着直观性的比较，试图给人进行明确的界定。普罗泰戈拉认为："人是万物的尺度。"亚里士多德认为："人是政治动物。"拉美特利认为："人是机器。"尼采认为："人是能够允诺的动物。"然而，人究竟是什么？似乎成了一个可以无限界说的范畴。实际上，人与动物的区别尽管很多，就其进化的趋势看，还有日趋增加的可能。但在这许许多多的区别中，有的是本质性的区别，有的则是派生性的，本质性的区别是根本性的区别，派生性的区别则是次要性的区别。本质性的区别是唯一的，抓住了它，就抓住了问题的实质和根本。

那么，人作为一个族类存在物的本质究竟是什么？怎样才能将人与动物真正地区别开来？马克思如下的论述无疑是具有启发性与指导性的："一个种的整体特性、种的类特性就在于生命活动的性质，而自由的有意识的活动恰恰就是人的类特性。"[①]"可以根据意识、宗教或随便别的什么来区别人和动物。一当人开始生产自己的生活资料，即迈出由他们的肉体组织所决定的这一步的时候，人本身就开始把自己和动物区别开来。"[②] 在马克思主义哲学的视野里，种与种的区别在于各自"生命活动的性质"，一个种的生命活动性质体现着种的类特性，即种的类本质，人的生命活动的性质是劳动，劳动是人作为人存在的方式，这是人与动物之间最根本的区别，人与动物之间的其他区别都是由此而生。而体现人的类特性的劳动就其本然的维度看，具有自由的自觉的性质与特性。因此，从马克思的"人的类特性恰恰就是自由的自觉的活动"话语中，人们既可以将人的劳动、实践视作是人的本质的解读，也可以将自由视作是人的本质的解读。不同的话语表达的却是相同的意蕴。世界上

---

① 《马克思恩格斯文集》第 1 卷，人民出版社 2009 年版，第 162 页。
② 《马克思恩格斯文集》第 1 卷，人民出版社 2009 年版，第 519 页。

的一切存在物中，唯有人是以实践、劳动的方式存在，也唯有人是一种自由的存在物，人的自由是人成为"万物之灵"的本质性根据。

二

自由不仅是人作为族类存在物存在的本质，同时也是人作为个体存在物存在的本质。人既以族类的形态存在，也以个体、群体的形态存在，人是人的各种存在形态的统一。离开人的现实的、具体的、感性的个体存在，人的族类存在就是一个空洞的抽象。同样，离开人的族类存在，人的个体存在也是一种空洞的抽象，人的族类存在与个体存在的统一性与不可分离性，也就决定了二者所具有的本质的一致性。任何将人的族类本质与个体本质相分离的观点，在思维的逻辑运行中都是无法圆融的。

马克思主义经典作家在论及人的本质时曾指出："一个种的全部特性、种的类特性就在于生命活动的性质，而人的类特性恰恰就是自由的自觉的活动。"又说："人是人的最高本质。"①马克思的上述两个论断决不是彼此分离的，更不是相互矛盾的，并且在逻辑上是极为顺畅与通达的。从"人是人的最高本质"的话语逻辑看，这里的两个"人"字，显然有着不同的指向，第一个"人"指向的是大写的人，即作为族类存在物的人，第二个"人"指向的则是小写的人，即作为个体存在物的人。如果上述话语中的两个"人"字的含义诠释不错的话，那么，"人是人的最高本质"这个论断似可诠释为：作为族类存在物存在的大写的人是作为个体存在物存在的小写的人的最高本质，小写的人要作为人存在，他必须具有作为族类存在物存在的大写的人的一般本质；否则，便不能作为人存在，或不能称作是真正的人。如果我们将马克思的上述两个论

---

① 《马克思恩格斯文集》第 1 卷，人民出版社 2009 年版，第 11 页。

断联系起来加以思考和推断的话，有关人的个体本质似可作如下的理解：作为人的族类本质的自由，也即是作为个体存在物的人所应具有的特性与本质。

在马克思主义自由观中，无论是对于族类存在物的人来说，还是对于个体存在物的人来说，自由都具有根本性或本体性的价值与意义。对于人的个体来说，当他或由于自身的原因，或由于社会的原因，其思想与行为不能自我决定、自我选择时，即不能享有自由时，就不能真正的称之为人，至多只能算是一种生物学意义上的人。

马克思还指出："人的本质不是单个人所固有的抽象物，在其现实性上，它是一切社会关系的总和。"① 对于马克思的这段话不能简单地视作是对人的个体本质的规定，从马克思的实践唯物主义与自由观的总体思路看，与其说它是一种关于人的本质的科学界定，不如说它是提供了一种如何认识与把握人的本质问题的方法与路径更为确切。现实的社会关系是在人的实践活动基础上生成的，因而是人的本质的对象化。对人的本质的认识，不能通过对人自身的直观去获得，而只能以反思的方式通过考察人的实践所创造的社会关系的总和去加以把握。人的本质发展到何种程度，与他们所创造的并生活于其中的社会关系总和的发展程度是一致的。

三

人作为人存在，他的本质是自由。那么，何谓人的自由？换言之，人的自由指向什么？

在马克思实践唯物主义的视野里，实践是人的存在方式，当人以实践的方式存在时，也就意味着人的存在是自定的，不是天定与他定的，

① 《马克思恩格斯文集》第 1 卷，人民出版社 2009 年版，第 501 页。

人自己即是自己存在的缘由。如果我们认定了人是一种自由的存在物，也就意味着认定了人是一种能进行自我选择、自我发展、自我创造、自我解放的存在物。在自由的范畴中，容纳着生命活动主体的自觉性、自愿性、自主性、自立性和超越性等诸多意蕴。其中自觉性、自愿性、自立性是自由范畴的最本质的规定。无论是在本体论的维度上，还是在认识论与实践论的维度上，如上述本质性规定缺失，其活动便不能称之为自由的活动。一个不是自觉自愿，而是在外在力量强制与驱使下进行的活动，不论其活动的结果如何，都不具有自由的性质。自由从最一般的意义上看，是相对于限制和束缚而言的。自由的对立面是不自由或他由，不自由是由于受到了束缚和限制。当人们打破和克服了外界对他的思想和言行的束缚与限制时，便会具有一种自由的感觉。从人的自由是对外在束缚与限制的打破的意义上看，人的自由又蕴含着一种解脱、解放之意。自由和解放是两个极为相近，并可相互阐释的概念，也可以是对同一种境况的两种表达，自由意味着从限制和束缚中解放出来。

弗罗姆认为，人的自由存在着两种不同的指向，一是指"自由地做什么"，一是指"解脱了什么"，前者是积极的自由，后者是消极的自由。弗罗姆对自由的这种区分曾经产生了很大的影响，但倘若我们循着马克思实践唯物主义的思维理路进行思考时，便会发现这种区分是不合理的。人之所以被称之为自由的存在物，深刻的原因在于：他是以实践的方式存在的存在物，实践与自由在马克思实践唯物主义中是相互阐释的。自由既是人的实践所具有的特征，也是人的实践所导致的可能性结果。人的实践是人打破与摆脱外部世界与自身本能的限制束缚的前提与方式，人如果从事现实的实践活动，在什么也不做的情况下，那就什么也解脱不了，任何解脱都是伴随着人的实践而发生的，并表现为实践的结果。"自由就在于根据对自然界的必然性的认识来支配我们自己和外部自然。"①

---

① 《马克思恩格斯文集》第 9 卷，人民出版社 2009 年版，第 120 页。

四

人的本质是自由，这意味着人类的存在和自由自始至终都是不可分割的。但这一认定只是从可能性而言才成立的，而不能做任何预定意义上的解读。无论是从人的自由的能力的获得方面看，还是从人的自由的实现方面看，都是人的劳动、实践的结果。因此，人的自由的能力不是天赋的而是自赋的，人的自由的实现不是给予的而是争得的。

从人的自由自觉的类特性的获得方面来看，它并不全是自然进化的产物，是人的劳动导致了语言和意识的产生，才使人获得了自由自觉的类特性，从而使自己的生命活动的性质发生了改变，使自由成了人的本质。从人的自由的实现方面看，主要表现在三个方面：人与自然关系中的自由、人与社会关系中的自由、人与自身关系中的自由。人在自然领域中的自由最主要表现在人对自然对象和自然环境的认识、改造、超越等方面。人在社会历史领域中的自由，是指人对旧的社会历史条件的限制与束缚的突破。人在自身关系中的自由，既包括人对自己的本能、欲望与情感等自发性因素的自我控制与协调，对自己的某些缺陷与惰性的自觉克服与弥补，也包括从旧的观念、旧的思想、旧的知识结构和旧的思维方式中解放出来。但不论是在哪个领域中，自由的获得都不是无条件的，都需要人的努力争取。在马克思实践唯物主义的历史观与自由观中，自由不是一个形而上学的概念，它不是恒定不变的，而是一个历史的概念，是历史地发生变化的。诚然，人作为人存在，其本质是自由的。就这一点来说，它是不变的，但伴随人类的实践在广度与深度上的拓展，人的自由度也在发生着变化。一般来说，人类在"文化上的每一个进步，都是迈向自由的一步"①。从一定意义上看，野蛮人与文明人、古代人与现代人的区别，主要表现在他们所拥有的自由度的区别。

---

① 《马克思恩格斯文集》第9卷，人民出版社2009年版，第120页。

在对待人的自由的问题上，天赋论与预定论的理解不仅缺乏根据，而且还会导致人们追求自由的价值与意义的消解。如果像某些存在主义者那样，断定"人就是自由"，自由对人来说是必然性的，那么，人追求自由的一切努力都会变得毫无意义与价值。自由对于人来说具有价值，而且是最高价值，不仅在于它是人之为人的根据，还在于它是通过人的实践活动努力争取的。正因为人的自由是自我争得的，人才是自我诞生、自我塑造、自己成为自己缘由的存在物。

<h1 style="text-align:center">五</h1>

人的自由蕴含着人的自主性与选择性，离开人的自主性与选择性谈人的自由是不可思议的。但人的自主性与选择性不能视之为随心所欲。我们讨论人的自由问题，不能不涉及自由与必然的关系。

必然性即是规律性。世界上的一切事物及其运动都有其自身的必然性与规律性。自然界的运动与变化，是按照它自身固有的客观规律性自发地进行的。社会历史规律虽然没有既成的性质，而是在人类实践活动基础上生成的，但社会历史规律一经在人类的社会实践中生成，便具有不以人的意志为转移的客观性质。客观的外部世界有自己的规律，人自身的世界也有自己的规律。因为客观世界的规律同时也是支配人自身的规律，人自身的规律也是客观的。客观规律是既不能创造也不能随意取消的。

在论及自由与必然的关系问题时，对于外部世界以及人自身世界的必然性和规律性与人的自由活动的关系，我们不能仅仅从消极的否定性方面去理解，还应从积极的肯定性方面去理解，充分认识必然性对于人的自由的前提与基础的意义。必然性对于人的自由的意义，首先表现在正是存在着必然性对人们活动的制约作用，人们才能产生追求自由的渴望。其次，正是由于客观必然性的存在，才使人们争取自由的活动的实现成为可能。假如人们所面对的世界杂乱无章，毫无规律可循，人们便会因参照坐标的缺失而产生一种无从选择、无所适从的感觉，人对世界的改造也就成为不可能。再次，也正是存在着必然性对人们活动的制约作用，所以才赋予人们争取自由的活动以价值和意义。没有限制，就不存在对限制的打破问题。离开必然性谈人的自由，自由就成为一个多余的问题。必然性既构成了人的自由的限制和约束，又构成了人的自由成为可能的基础和条件。

六

在不少的哲学教科书中以及不少人的理解中，"必然王国"与"自由王国"被解读成两种社会形态，认为马克思所说的"自由王国"指的是共产主义社会，而"必然王国"指的是共产主义以前的社会。到目前为止，人们生活的世界仍然是一个"必然王国"，真正的"自由王国"只有到了共产主义社会才有可能实现。因为，只有共产主义社会才是"每个人的自由发展是一切人的自由发展的条件"[①] 的联合体；也只有在共产主义社会中才能"以每一个个人的全面而自由的发展为基本原则"[②]。但这并不意味着"自由王国"是一种社会形态，更不意味着可以在共产主义与"自由王国"之间画上等号。

实际上，马克思所阐述的"必然王国"与"自由王国"所指向的是人生存和发展的两种不同的领域，以及两种不同状态下人的自由的不同性质。马克思在谈到"必然王国"与"自由王国"的区别时曾经写道："自由王国只是在必要性和外在目的规定要做的劳动终止的地方才开始；因而按照事物的本性来说，它存在于真正物质生产领域的彼岸。像野蛮人

[①] 《马克思恩格斯文集》第 2 卷，人民出版社 2009 年版，第 53 页。

[②] 《马克思恩格斯文集》第 5 卷，人民出版社 2009 年版，第 683 页。

134 · 林剑文集·人学和政治哲学研究卷

为了满足自己的需要，为了维持和再生产自己的生命，必须与自然搏斗一样，文明人也必须这样做；而且在一切社会形式中，在一切可能的生产方式中，他都必须这样做。这个自然必然性的王国会随着人的发展而扩大，因为需要会扩大；但是，满足这种需要的生产力同时也会扩大。这个领域内的自由只能是：社会化的人，联合起来的生产者，将合理地调节他们和自然之间的物质变换，把它置于他们的共同控制之下，而不让它作为一种盲目的力量来统治自己；靠消耗最小的力量，在最无愧于和最适合于他们的人类本性的条件下来进行这种物质变换。但是，这个领域始终是一个必然王国。在这个必然王国的彼岸，作为目的本身的人类能力的发挥，真正的自由王国，就开始了。但是，这个自由王国只有建立在必然王国的基础上，才能繁荣起来。"① 从马克思的上述关于"必然王国"与"自由王国"的阐述中，我们似可做如下的解读，其一，"必然王国"与"自由王国"是人的生存和发展的两个不同领域，"必然王国"是人为了满足自身谋生需要与某种外在目的规定从事的物质生产活动的领域，而"自由王国"则是以作为目的的本身的人类能力的发展为活动目标的领域。其二，无论是在"必然王国"领域，还是在"自由王国"领域，人的自由都是存在的，不能将"必然王国"视作是人的自由的敌人，但两个领域的自由具有不同的性质，在"必然王国"领域中，人的自由表现在对物的支配与控制，在"自由王国"的领域中，人的自由表现为人本身的才能的发展。其三，马克思曾经给我们提供了一个划分"必然王国"与"自由王国"的边界的坐标，但在共产主义社会里，"必然王国"仍然会存在，不仅如此，它还是"自由王国"得以产生并繁荣起来的基础。人的自由从"必然王国"领域的自由向"自由王国"领域的自由的演进与提升，是人的自由发展的必然进程。

---

① 《马克思恩格斯文集》第 7 卷，人民出版社 2009 年版，第 928、929 页。

人的自由的多重意蕴 *

一

在世界上的所有存在物中，唯有人才有自由，自由是属于人类的专利，因而唯有人才能配称为自由的存在物。人原本也是一种纯粹的自然存在物，当人还是作为一种纯粹的自然存在物存在时，或者说当人还没有从自然界分离与提升出来，而只是自然界的一部分时，他并不比其他类型的自然存在物有何优越性，而只是当人有了自由的意识与能力时，还仅将自己从自然界中分离与提升了出来，人也改变了自己存在的性质。人与动物之间的区别有很多，而且伴随着人在人的历史之路上走得愈远，他与动物之间的差别便愈大，鸿沟的裂缝便愈深，这是一个没有止境的过程。人们可以从不同的维度，以人与动物之间的任何差别为坐标或尺度去界分人与动物的不同，但真正将人与动物区分开来的则是人与动物之间的生命活动的性质。因为"一个种的整体特性、种的类特性就在于生命活动的性质……"①。所

---

* 本文原发表于《学术界》2016 年第 12 期。
① 《马克思恩格斯文集》第 1 卷，人民出版社 2009 年版，第 162 页。

谓种的生命活动，即是种的维持自己肉体生存的活动。种的生命活动，是一个种的类特性的基础，种的生命活动的性质是决定种的其他特性的基因，种的一切其他的特性都是由种的生命活动的性质所决定与派生出来的。人和动物一样，都需要一定的生活资料来维持自己的肉体生存，在这一点上，人与动物没有什么不同，如果说有什么不同的话，那也只是在于，人维持自己肉体生存的生活资料具有多样性与广泛性的特征。人和动物根本性的不同在于二者在获取维持自己肉体生存所需的生活资料的方式，或者说生命活动方式上，存在着本质性差别。动物维持自己肉体所需的生活资料来自于自然界的天然供给，动物的需求不能超越这个天然的界限，虽然动物所需的生活资料也需要依靠自己的活动去获得满足，但动物的活动方式与活动能力都产生于对自然环境与条件的适应，具有本能的性质，从根本上说，动物的生命活动的能力与方式纯属于自然的给予。人的生命活动则是"自由的自觉的活动"，因为当人从自然界中分离与提升出来，成为一种有别于纯粹的自然存在物存在时，人即一方面成为自然界的弃子，另一方面也成为自然界中的娇子。所谓弃子，意味着他的肉体存在所需的生活资料再也不能依赖于大自然界的天然供给，必须依靠自己的努力自己解决自己的肉体存在所需的一切。所谓娇子，即是说在自然界中的所有存在物中，唯有人有能力依靠自己的劳动解决自己肉体生存所需的一切。劳动是动物向着人的生成的生成方式，人作为人存在是自己劳动的结果。劳动是人的生命活动，因而是人的存在方式，是人的存在区别于动物存在的本质，是人的种的类特性的本源性体现，人与动物之间的一切区别都源自于各自生命活动的性质与特性的不同。劳动也是人作为人存在的根本性标志与自我确证。人什么时候才从自然界中分离与提升出来作为人存在？或者说人类的历史始点在哪里？从历史科学的方面看，这或许是一个难于甚至无法回答的问题，因为历史科学所依据的考古证据充其量只能证明人类存在的最短时间，却不能确切地标明人类历史的始点，但在哲学历史观的维度上，标定人类历史的起点不仅是必需的，而且是可能的，即人什么时候依靠自己的劳动来解决自己肉体存在所需的生活资料的那一天，便是人作为人存在的历史开端。

作为属人的生命活动的劳动如何表现为一种自由自觉的类特性或类本质呢？"诚然，动物也生产。"动物的肉体生存也需要食物，即需要吃喝；需要住所，用来抵御自然界的酷暑和严寒；需要防备自然界的天敌，确保自身及其幼仔的安全，以维持种的生存与延续。动物"为自己营造巢穴或住所，如蜜蜂、海狸、蚂蚁等"。① 不仅如此，动物建造与构筑自己巢穴的本领在某些情况下甚至连人类高明的建筑师也自叹不如。但尽管如此，动物的生产与人的生产在本质上是不同的，这种不同主要表现在："动物只生产它自己或它的幼仔所直接需要的东西；动物的生产是片面的，而人的生产是全面的；动物只是在直接的肉体需要的支配下生产，而人甚至不受肉体需要的影响也进行生产，并且只有不受这种需要的影响才进行真正的生产；动物只生产自身，而人再生产整个自然界；动物的产品直接属于它的肉体，而人则自由地面对自己的产品。动物只是按照它所属的那个种的尺度和需要来构造，而人却懂得按照任何一个种的尺度来进行生产，并且懂得处处都把固有的尺度运用于对象；因此，人也按照美的规律来构造。"② 这即是说，虽然动物也进行生产，但动物的生产是片面的，它的片面性表现在它的生产尺度的狭隘性与唯一性，即它"只是按照它所属的那个种的尺度和需要来建造"，不能超出这个限制与限度。而这个种的尺度与需要纯粹是一种自然性的规定，不论蜜蜂的窝、海狸的穴、蚂蚁的巢有多么的精美绝伦，如何的巧夺天工，但其性质仍然属于自然的本能。人的生产或劳动具有全面的性质，这种全面性首要地表现在活动尺度的多维性与全面性上，他不仅能够按照任何一个种的尺度包括对象尺度进行生产，懂得将自己的尺度运用到对象上去，对对象按照人的需要进行改造，还能按照美的规律进行

---

① 《马克思恩格斯文集》第 1 卷，人民出版社 2009 年版，第 162 页。
② 《马克思恩格斯文集》第 1 卷，人民出版社 2009 年版，第 162、163 页。

建造，使自己生产出来的产品满足自己审美情感的需要。正因为人的生产或劳动具有全面的性质，人的生产或劳动才具有自由自觉的性质。

那么，是什么原因导致或形成了人的生产与动物生产之间的这种本质性差别呢？合理性的解释在于，动物的存在是一种纯粹的自然存在物，"动物和自己的生命活动是直接同一的。动物不把自己同自己的生命活动区别开来。它就是自己的生命活动"。① 而人的存在则是一种具有双重性质的存在。首先，人也是一种对象性存在物，非对象性的存在物是非存在物。其次，人不仅是一种对象性存在物，人同时还是一种类存在物。所谓类存在物即是一种有意识的存在物，即是说"他的生命活动是有意识的"。正是由于人的存在具有双重的性质，因而人的生命活动也就具有双重的特性：受动性与能动性。人作为对象性存在物存在，对象的存在是他的存在的前提，因而他的活动不可能不受到对象存在的制约，使它的活动具有受动的性质。另一方面，由于人有意识，是有意识的类存在物，因而他有能力超越外部对象的束缚，对外部对象进行能动的改造。"正是在改造对象世界的过程中，人才真正地证明自己是类存在物。这种生产是人的能动的类生活。"② 人的存在是一种双重性的存在，这种双重性的存在决定着人的双重特征：受动性与能动性。正因为人是一种有意识，具有能动性的类存在物，人才是一种具有自由自觉特性的存在物。这是一条清晰的逻辑链接，这种逻辑链接无疑符合于对客观事实的真实图景的描述。然而，人为什么是一种有意识的类存在，人的能动性从何而来？是天赋的，还是神赋的？抑或是人的自赋？科学性的诠释是后者。人的能动性既不是来自于自然性的造化，也不是来自于神的赐予，而是来自于人的劳动。人不是因为吃了伊甸园的智慧果而有了意识与自我意识，也不是用伊壁鸠鲁的原子偏斜理论可以获得合理性解释的。人之所以具有意识与自我意识的能力，因而具有自由自觉的类

① 《马克思恩格斯文集》第 1 卷，人民出版社 2009 年版，第 162 页。
② 《马克思恩格斯文集》第 1 卷，人民出版社 2009 年版，第 163 页。

特性，根本性的原因在于劳动的需要与劳动的作用。劳动不仅是人的世界的生成的基础，同时也是人本身生成的基础，人是依靠自己的劳动将自己从自然界中分离与提升出来的，这是人的自我生成、自我创造的过程，也是人的自由自觉的类特性的生成与获得的过程。

二

人作为人存在，具有自由自觉的类特性，这是人之为人以及人区别于动物的本质性规定，这种本质性规定是构成人的劳动与活动具有自由的可能性的自然的或生物性的基础。然而，人的自由的这种自然的或生物性的基础只是人的自由产生的必要条件，而不是充分条件。所谓必要条件，即是说，倘若人不是作为类存在物存在，没有自由自觉的类特性的规定，人的自由的可能性是无从谈起的。但这也不意味着，人作为人存在，人的活动就自然而然地具有自由的性质，或者说人的活动在现实性上就是自由的。实际上，人的自由的生物性基础只是为人的自由提供着可能性，而不必然地提供现实性，要使人的自由可能性转变为现实性，还需具备其他的各种条件，其中最主要的是社会历史条件。深刻的原因不仅在于人的自由的可能性的能力不是一次性的获得与完成，需要人们的不断的努力与争取，更为重要的是，人的自由既具有社会的性质，也具有历史的性质，是社会与历史中的自由。人不是孤立存在的原子，人的类生活在本质上是社会性与历史的，人的活动与生活只有在社会中才成为可能，因而人的活动与生活不可避免地要受到社会历史环境的规定与限制。人与社会历史间的关系，是一种双重性的关系，人在社会历史面前，既是剧作者，也是演员。作为剧作者，他是社会历史的创造者，社会历史的剧本是他的作品。作为社会历史剧中的演员，他的演出是受到规范与限制的。虽然人与社会历史间的关系是具有内在统一性的，但这种统一是包含着矛盾的统一，社会历史的发展并不总与个人的发展在方向与趋势上保持一致。在人类社会历史发展的一定阶段上，具体地说，在私有制社会中或在人类历史的自然必然性王国阶段，人类作为一个种族的自由能力的发展，通常是以个体的能力与自由的压抑与牺牲作为代价的。人的自由的重要含义之一是人的言和行，所思和所做要由人的意志做出自愿的选择，自由的活动是一种主体性与能动性的活动，当个人的活动属于一种被迫的与被限制的活动时，其活动是不能被视作是自由的活动。因此，人作为类存在物，具有自由自觉的类特性，即具有自由的可能性与能力是一回事，而社会历史的环境与条件不允许人们有权利进行自己活动的选择则是另一回事。实际上，人们进行行为活动的权利通常要受到社会历史条件的制约，因此，在社会历史活动中的人们在许多情况下，其活动是不自由的，因为人们并不拥护自由选择的权利。也正因为如此，在人类历史上谈论自由的话语中，自由更多地指向的是人们活动选择的权利；人们争取自由的斗争，多半也是指向个人活动选择权利的争取上。

在人类历史演进的过程中，将人的自由表达视为人的一种权利的历史最初应追溯到古希腊的雅典。熟习古希腊历史的人们都知道，在古希腊雅典的历史中有一个极为重要的阶段与极为重要的历史性概念，即"自由民"的概念。在古希腊的历史上，曾经存在着数目不详的城邦小国，其中有两个最有代表性的城邦，一个是专制政体的斯巴达，另一个则是民主政体的雅典。在雅典三十六万的城邦人口中，基本上是由两个相互对立的阶级或身份不同的人群构成，一部分是奴隶，这些人要么是战争中的俘虏，要么是其他城邦流落到雅典的外邦人，或是雅典内部破产的债务奴隶；另一部分则是被称作是"自由民"的雅典人。雅典的"自由民"不是一种职业身份，而是一种阶级身份与政治身份，他们是雅典城邦国家的公民。在雅典的奴隶制民主政体中，并不是所有在雅典居住与生活的人都具有公民身份，奴隶是没有公民身份的，只有具有"自由民"身份的人才属于雅典公民。雅典的民主制实质上是一种"自由民"或奴隶主的民主，因为只有拥有"自由民"身份的人才享有选举权与被选举权，享有对城邦事务表达赞成与反对的参与权利。因此，所谓"自由民"的"自由"表征的不过是一种权利，其中最主要的表征是一种政治权利。在古希腊的雅典，人们之所以将拥有选举权与被选举权，拥有参与城邦治理和事务决策权利的人称之为"自由民"，无疑是与人们将自由视之为是一种权利的观念分不开的。

需要指出的是，雅典式的民主制在农耕文明社会中不过是一个特例，无论是在西方还是在东方的农耕文明中，独此一例。因此，古希腊雅典人的这种民主政体的基础，视自由为一种权利的自由观念，在资本主义以前的前资本主义时代中既不普遍，亦非典型。雅典的"自由民"概念与雅典的民主制一样，只是存在于一个狭小的地域空间与一个短暂的历史时段里。那么，是什么原因使雅典的民主制只是成为一颗闪耀星空的流星？又是什么原因使雅典"自由民"的概念并没有随着希腊文化在欧洲世界的拓展而普遍化呢？深刻的原因在于，在农耕的生产方式与交换方式的基础上，所生成的必然是以贵族为主的生产关系及其社会关系，而在贵族为主的生产关系与社会关系中，等级必然是它的典型特征，这种等级制不仅存在于社会的各阶级之间，同时也存在于各个阶级的内部，包括贵族阶级的内部。等级制的生产关系与社会关系必然产生的是维护等级制存在需要的等级观念，而不是以权利与权利平等为价值诉求的自由的观念。雅典的民主制与雅典的"自由民"的概念，在它们被瓦解与消失之后，之所以在随后的近两千年的农耕社会中没得到仿效与复活，合理性的解释只能是它们缺乏生存的土壤，不具有历史的必然性。

将自由视之为一种权利，将争取自由的努力赋予行为选择权利的意蕴的自由观念，只是到了自文艺复兴以后的近代西方社会才真正得到普遍性的确认。如果说，在农耕文明以及以农耕文明为基础的所有等级制社会中占统治地位的价值观念是"忠诚"与"荣誉"，那么，在商品经济以及以商品经济为基础的资本家为主的社会中占统治地位的价值观念则是"自由"与"平等"，这是一种普遍性的经验性的存在与历史事实。

在西方近代以来的社会中，自由的观念与平等的观念构成了社会意识形态与价值观念系统的两根顶梁支柱，它们既是社会思想解放运动的旗帜，也是社会革命的旗帜。资本主义之所以也被称之为自由主义，根本性的原因在于，自由是它的拱心石与第一原则。那么，西方近代以来的人们为何如此地看重自由与平等的观念？原因其实很简单：社会存在决定社会意识。倘若个人的身份不是自由的，人们不能自由地决定自己的行为，不能进行自主的选择，商品的生产也好，商品的交换也好，都将成为不可能，倘若在商品交换时，买卖双方的地位是不平等的，商品经济的基本规律即等价交换的规律便不可能获得实现，从而商品经济的存在与发展便成为不可能。西方近代以来"自由""平等"的观念在社会思想价值观念系统中主导地位的确立，根本性的原因在于商品经济存在与发展的必然性使然。正如马克思在《资本论》第一卷中所指出的："劳动力的买和卖是在流通领域或商品交换领域的界限以内进行的，这个领域确实是天赋人权的真正伊甸园。那里占统治地位的只是自由、平等、所有权和边沁。自由！因为商品例如劳动力的买者和卖者，只取决于自己的自由意志。他们是作为自由的、在法律上平等的人缔结契约的。"①对于熟悉马克思主义历史观的人们来说，关于商品经济统治地位的确立与自由的观念在西方社会意识形态领域主导地位确立的关系是无须多加申说的，因为它不过是社会存在决定社会意识的历史规律的正常重复或重演，而且对这种规律重演的描述与诠释也不是本文的主旨与目的。此处需要指出的是，近代西方的人们所看重的自由的观念或天赋人权理论中所表达的自由的观念，在其实质上，总体指向的是一种人的权利，即人有权决定自己的行为与活动，也即意志自由的权利。比较近代西方对自由的诉求与古希腊人对自由的诉求，并从中寻求到一些内在性的联系，人们似乎在某种程度上可以视作它是对古代希腊自由观的继承与复活，但这种继承与复活不是在伊壁鸠鲁意义上的复活，更大程度上是对

---

① 《马克思恩格斯文集》第 5 卷，人民出版社 2009 年版，第 204 页。

希腊雅典"自由民"意义上的自由概念的复活。当然，近代西方对人的自由的权利的理解与诉求也不是对雅典"自由民"概念的简单继承与复活，在如下的两点上它大大地越出了雅典"自由民"的范畴：其一，近代西方并不仅仅将意志自由的权利授予社会中的一部分人，而是授予国家中的所有公民，将"自由民"的自由扩展到了普遍性的人的自由。其二，近代西方大大扩展了人的自由的权利边界，雅典"自由民"的自由权利仅限于选举权与被选举权，以及参与城邦治理的权利，或者说政治事务领域，而近代的自由权利观念则扩展到了公民生活的一切领域，公民不仅有参加政治事务的自由权利，而且还应享有集会、结社、出版、自由发表意见的权利，即是说人们自由的权利既存在于公共生活领域，也存在于私人生活领域。

三

思考人的自由问题，不能不探讨自由与必然的关系问题。因为，如前所述，自由虽然表现为人的类特性，但人的类特性只是在自然的或生物学的意义上提供了人的活动自由的可能性，这种可能性对人的自由来说尽管极其重要，但它并不等于人的自由的现实性，要使人的自由从可能性转变自由的现实性，人还必须有表达与表现意志的权利，正如奴隶作为人存在，他是具有人的类特性的，即具有自由的可能性与能力，但奴隶之所以是奴隶，在于他的活动与意识是不自由的。那么，当人们享有活动的权利，或者说他的行为或活动完全遵循了自己的意志的决定，是否意味着其活动的性质是属于自由的？从形式上看似乎应该是肯定的，但从实质上看则并不一定，因为人的行为的意志与行为的结果之间并不总是相符的，行为的实际结果与行为的目的或意志相悖离的情况并不少见。人的活动是否是自由的，不仅应该视其活动是否受到自己意志的支配，即意志是否是自由的，更重要的是活动的结果与效果是否对人的生存与发展具有肯定性的价值与意义。人的行为与活动，即使是由自己的意志做出的选择，通常也会产生与活动主体的目的与实际结果之间存在着一致与不一致、成功与失败、正效应与负效应等不同情况，甚至是更为复杂的情况。只有当人们的活动结果与人们的活动目的完全相符，并且活动的结果对于活动者来说具有肯定性的意义与价值的情况下，此种活动才能称之为自由的活动，人们获得与享有的自由才属于真实的自由。一般来说，一种真正或真实的自由，通常包括三个基本性的要素：其一，是意志自由，即个人活动或行为必然是自主选择的结果，奴隶劳动、工人劳动不属于自由的劳动，因为它们是服从奴隶主与资本家的意志的；其二，是活动结果与活动目的相一致，即活动是成功的活动，失败的活动不具有真实自由的性质；其三，活动所达成的目的与效果应对活动主体与社会具有肯定性的价值与意义，一个不争的问题是，一个盗贼偷窃或抢劫的成功，是不能视之为是一种自由的活动的。

人的活动是否属于自由的活动之所以牵涉着必然性的问题，深刻的原因在于，必然性制约着人们的活动的成功与失败，并最终地决定着人的意志是否具有自由的性质与属性。谈到自然与必然的关系问题，人们无疑不能忽视黑格尔曾经的思考与所做的努力。尽管黑格尔并不是对自由与必然的关系作过思索和论述的唯一的思想家，但他无疑是一位最不可忽视的思想家。在黑格尔的思维认知中，人的自由并不表现为人的随心所欲，随心所欲的行为属于人的主观任意，而人的主观任意并不是真正的自由。人的真正的自由表现为对必然性的认识，人们只有在达到了对必然性的认识的情况下，才有可能获得自由并使自己的行为或活动表现为自由。何谓必然？黑格尔认为："世界历史无非是'自由'意识的进展，这一种进展是我们必须在它的必然性中加以认识的。"①在黑格尔思辨的历史哲学的理论逻辑中，世界历史不过是"绝对精神""绝对理念""绝对理性"的异化、外化、对象化或现实化。而"'精神'的实

---

① ［德］黑格尔：《历史哲学》，王造时译，上海世纪出版集团 2005 年版，第 17 页。

体或'本质'就是'自由'"。"'自由'是'精神'的唯一的真理，乃是思辨哲学的一种结论。"① 即是说，所谓必然性指向的是"绝对精神"或"绝对理性"的本性。黑格尔认为，世界历史虽然是"绝对理性"或"绝对精神"的外化与对象化，但这种外化与对象化并不是由"理性"或精神自动实现的，在"精神"或"理性"与世界历史中间还存在着一个中间环节，即人的活动。因为那些体现"精神""理性"本质的"所谓原则，最后的目的、使命，或者'精神'的本性和概念，都只是普遍的、抽象的东西。'原则'——'公理'——'法律'——是一种内在的东西，唯其如此，无论它本身是怎样地真实，终究不能完全是现实的……它们仅仅是为自己而存在的东西，是一种可能性，一种潜伏性，但是还没有从它的内在达到'生存'"。② "绝对精神"或"绝对理性"只有通过人的活动的作用才能外化与对象化为世界历史。而使人们行动的动力"便是人类的需要、本能、兴趣和热忱"。③ 但人的"热忱"是个体性的，不同的个人有不同的活动目的，因而具有个别性与特殊性，当具有个别性与特殊性的个人热情不能实现与具有普遍性、必然性的精神相结合时，个人的热忱与意志是不具有自由性质的，而是一种主观的任意，只有当个人的活动目的与精神的本性相符时，人才在道德的意义上达到了自由。在黑格尔的思维逻辑中，当人们达到了对"绝对精神"的认识与理解，也就达到了对自由的认识与理解，因为精神的本质即是自由，只有人们认识了精神的本质，实现了自己活动的与精神的本性的契合与一致，人们才达到了真正的自由。

黑格尔关于自由与必然关系的观点显然具有唯心主义的性质，因为他所讲的必然并不是指向客观存在的规律，而是指向神秘的"绝对精神"，尽管如此，在黑格尔的思维逻辑的范围内，他关于自由与必然关系的观点在逻辑上自洽的，其中不乏其深刻性与启发性。也正因为如

---

① [德] 黑格尔：《历史哲学》，王造时译，上海世纪出版集团 2005 年版，第 16 页。
② [德] 黑格尔：《历史哲学》，王造时译，上海世纪出版集团 2005 年版，第 20 页。
③ [德] 黑格尔：《历史哲学》，王造时译，上海世纪出版集团 2005 年版，第 20 页。

此，黑格尔的上述思想不仅受到马克思主义创始人的重视，同时也在一定程度上受到他们的肯定。在马克思主义历史观与自由观中，人的自由不仅表现为人的一种类特性，表现为人的一种权利要求，同时也表现在人与世界之间的认识关系与实践关系上。在自由与必然的关系上，马克思主义自由观不仅受到黑格尔自由观的启发，同时也以扬弃的形式继承了黑格尔自由观的积极性成果。因而在自由与必然关系的认知上，马克思主义自由观与黑格尔自由观之间也不是一种简单的继承关系，甚至不是一种扬弃的关系，而是一种继承与改造、扬弃与超越的关系。因为，在黑格尔"对自由与必然"的关系的认知中，对必然的认识实际上就是对"绝对精神"的认识，但在马克思主义的历史观与自由观中，所谓必然即是客观存在的各种规律。"自由不在于幻想中摆脱自然规律而独立，而在于认识这些规律，从而能够有计划地使自然规律为一定的目的服务。"①

①《马克思恩格斯文集》第9卷，人民出版社2009年版，第120页。

论人工智能的发展对人的劳动解放与社会解放的意义 *

一

当人类的历史进入到 21 世纪的第二个十年，在遭受了由美国次贷危机引发的全球性金融危机与经济危机的深重打击之后，世界各国，尤其是一些对世界经济发展具有重要影响力与较大影响力的国家经济体，都对自己的经济发展与产业发展的原有战略与路径选择进行着不同程度与维度的思考、谋划与定位，对产业发展路径与产业政策进行着不同程度的修正与调整。由于世界各国的经济发展阶段有高有低，经济实力有大有小，对世界经济发展的影响力各不相同，且各个国家的经济特色与竞争优势也存在着差异，因而不同国家的经济发展与产业发展的战略计划、方案、路线图并不完全一样。但在一个重要的关键点上，几乎所有的计划、方案、路线图都表现出相似性或趋同性，即无不关注以互联网、物联网、云计算、大数据、机器人、传感器等为代表的当代科技发展的新成果对工业与产业发展的革命性

---

* 本文原发表于《人文杂志》2019 年第 11 期。

影响，无不将人工智能与智能制造作为未来产业与工业制造的发展方向与争取竞争力优势的重要领域与主要努力方向。

人工智能与智能制造的物质基础与科技支撑是20世纪后半叶发展起来的以计算机为核心的信息科学与技术。互联网、物联网、云计算、大数据、机器人、传感器既是它的重要成果，也是它的重要表现形态，它对产业尤其是工业的影响是广泛与重大的，其中最重要的作用与影响是使数量日趋增加，质量不断提高，日益信息化与智能化的机器人、传感器进入到生产过程中，使社会生产过程日益智能化、自动化、无人化。近年来，人工智能与智能制造已成为全球范围内流行的热词与热语，不仅高频度地出现在以报纸、电视等为代表的新闻舆论媒体上，出现在各国政府的产业规划与产业政策中，更是高频度地流行于各类企业家的日常话语中，甚至是在普通平凡的百姓中，对人工智能与智能制造等具有浓厚科技色彩的话语也不感陌生。更需注意的是，人工智能与智能制造在当下的世界中，已不仅仅是作为一种话语、一种理念、一种愿景存在于人们的头脑中与口头上，而是逐渐地并且以日趋加快的速度转变为工业与产业的实践行为或实际的行动，经验性地表现为一种气势汹涌的浪潮、一种不可阻遏的历史性趋势。无人售票与无人收费，无人售货与无人商店，无人车间与无人工厂，无人码头与无人港口，无人驾驶的飞机与无人驾驶的车辆，无人照看的蔬菜大棚，无人指挥的城市交通……无人化的奇事越出越多，无人活动的领域越变越大，人工智能与智能制造不仅扩展到工业、农业、交通、运输等产业领域，扩展的触角也日益伸向服务与管理领域，甚至渗透到人们的社会生产、社会交往、社会生活的方方面面。诚然，以人工智能与智能制造为基础的产业的无人化、生产的智能化与自动化、管理与服务的智慧化还处于起步方兴的阶段，离到达高度智能化与无人化的彼岸或许还有很远很远的路程，但它的趋势是明确与不可逆转的，前景是灿烂与诱人的。

那么，是什么原因推动着人工智能与智能制造成为当今世界无论是像德国那样发达的经济体与制造强国，还是像中国这样的处于发展中的经济体与虽属制造业大国但不属于制造业强国的国家都选择的经济转型升级与产业发展的未来发展方向呢？从直接的原因看，首先，它与 2008 年爆发的规模空前的金融与经济危机不无关系。人工智能与智能制造的计划与方案紧随经济危机之后纷纷出场，这种时间上的前后相继不能视之为是一种没有内在联系的纯粹偶然。在一定的意义上可将人工智能与智能制造趋势的形成与经济危机之间的时间相继关系视作是人们应对危机、摆脱困境与治疗创伤的一种常态性反应。因为，每一次大的周期性的经济危机之后，充分利用已有市场，开拓新的市场，消灭过剩的旧有形态的生产力，代之以新形态的生产力，是商品经济社会中人们应对与摆脱经济衰退贯常性的选择与做法。其次，从更深层次的原因看，人工智能与智能制造浪潮与趋势的形成则是经济全球化与当代科技发展趋势的必然结果。传统的经济增长方式主要依赖的是自然资源与人力资源的投入，科技的发展着眼的主要是如何提高自然资源与人力资源的利用效益。然而，无论是自然资源也好，还是人力资源也好，并非是一个可以无限挖掘与开发的变量，其必然性的结果是，依赖于自然资源与人力资源加大投入促进生产力发展与经济增长的方式最终会达到饱和与极限水平。在非经济全球化的时代，经济发展处于领先水平的国家可以凭借自己享有的科技优势获取经济发展的竞争优势，而在经济全球化与一体化的今天，原本属于经济发达国家资源来源与产品市场的落后国家，有相当一部分在经济全球化的作用与影响下进入到发展中国家的行列。处于发展中的国家虽然其科技发展的总体水平不及先进与发达国家，但由于资源与劳动力成本的丰裕与低廉的优势，反而成为发达国家强有力的竞争对手，使发达国家依赖传统的生产方式获取丰厚利润与竞争优势的时代渐行渐远，不得不另谋出路。对于发展中国家来说，随着经济发展水平的提高，工人工资会不断上涨，依赖于低工资的成本优势不可避免地会逐渐丧失，因而也必须逐渐地摆脱依靠资源投入发展经济的模式或方式。

从一个更广阔的历史维度看，人工智能、智能制造浪潮与趋势的生成则是生产力发展的内在逻辑演进与发展的必然性使然。从手工劳动到机器劳动，从机器体系到生产过程自动化，这是生产力发展的必然性逻辑。亚当·斯密与马克思都对生产力的发展必然是从机器、机器体系发展到生产过程的自动化进行过富有说服力的预测。尽管，亚当·斯密在作出上述预测时，英国还处在工业革命的过程中，马克思在作出上述预测时，生产过程的自动化也只是初露端倪，因而，他们并没有阐述生产过程的自动化的具体样式，但有一点却是确定的，即随着生产过程的自动化，人必将从生产过程中剥离出来。应该说，人工智能与智能制造的出现与趋势的生成，不过是生产过程自动化的一种实现形式与表现形式。

二

人工智能与智能制造的新浪潮或新趋势的出现与生成，有人将之称为第三次产业革命，也有人称之为第四次产业革命。但本文想强调的是，根据人工智能与智能制造所显露出来的特点及它对社会经济发展所起的作用与影响的端倪，有一点似乎是可以确认的，它确实是一次具有世界历史意义的革命性变革，这是无需争辩的。只不过，它并不仅仅是一次深刻的产业革命，也是一次深刻的科技革命，同时也是一次具有深远社会意义的革命。因此，对人工智能与智能制造意义的认识与评价，人们的眼光与视野不能仅仅聚焦在人的活动效率与经济效益提高的直观上，更不能将其仅仅视为一种应对目前面临的经济危机与摆脱目前困境的被动性举措与无奈性选择，而是应站在历史观的高度上，科学与正确地揭示出它对人们的社会生产方式与社会生活方式的变革，以及这种变革对人类的劳动解放与社会解放的重大而深远的意义。

人工智能与智能制造在社会生产与制造领域的大力发展与广泛应用导致的不仅仅是经济产业结构的转型升级、生产效率与经济效益的提高，更重要的意义还在于，它将革命性地改变着人们的劳动方式，将是人类劳动发展史上的一次深刻革命，也将是人类劳动活动或生产活动的一次具有重大意义的解放。在以机器与机器体系为基础的生产过程中，劳动者、生产工具即机器、劳动对象，通常是构成劳动过程或生产过程的三个基本要素，而这三个要素当中，又可以简要地区分为人的要素与物的要素。人作为生产过程的承担者，是生产过程中的能动性的主体性因素，本应具有无可怀疑的主体性地位。然而，在以机器与机器体系为基础的劳动或生产过程中，实际的生产过程通常发生了颠倒，在表象上似乎是人在控制与操作着机器与机器体系，人相对于机器与机器体系具有无可怀疑的主体地位，实际上当机器与机器体系开始转动起来时，人如何行动，行动的频率与节奏的快与慢，非但不是由劳动者自己所决定与掌握的，反而是由机器与机器体系控制与决定的。因此，在以机器与机器体系为基础的生产或劳动过程中，当劳动者作为劳动过程中的一个要素置身于生产过程中时，也即意味着劳动者深陷于机器与机器体系的控制、束缚，或是奴役之下。正如马克思曾经指出的："由于推广机器和分工，无产者的劳动已经失去了任何独立的性质，因而对工人也失去了任何吸引力。工人变成了机器的单纯的附属品，要求他做的只是极其简单、极其单调和极容易学会的操作。"[①]在传统的机器与机器体系为基础的劳动或生产过程中，当劳动者深陷于生产过程中时，其必然性的结果与其说是劳动者控制与操纵着机器与机器体系，不如说是机器与机器体系控制甚至是奴役着人；与其说劳动者是控制机器与机器体系的主体，不如说劳动者是受机器与机器体系控制的客体。因为在传统的机器与机器体系为基础的生产过程中，真正具有独立性的是机器与机器体系，而不是劳动者。发展人工智能，实现生产过程的智能化，以智能

---

① 《马克思恩格斯文集》第2卷，人民出版社2009年版，第38页。

化的机器人代替人工进行生产操作与对生产过程进行管理与控制，使生产过程变成自动化与无人化，其意义不仅仅在于人力资源的节省与生产效率的提高，更深刻的意义在于劳动者从生产过程的退出。而人一旦从生产过程中退出，站在生产过程的外面或旁边对整个生产过程进行管理与控制时，它改变的不仅仅是劳动者的劳动方式的样态，还在更深层的意义上改变的是劳动者的劳动性质。因为，人一旦从生产过程退出来站在生产过程的旁边时，它意味的是人从机器与机器体系中的解放，意味着的是机器与机器体系对人的奴役状态的历史终结，意味着人在社会生产中的真正主体性地位的确立。它是一场深刻的产业革命，更是一次人的劳动解放。在马克思的历史观与科学社会主义理论的视野中，人的劳动解放虽然不是人的解放的全部内容，但它构成人的解放的重要内容，在这个意义上说，没有人的劳动解放，也不可能有真正意义上的人的解放。

人工智能的发展，智能化的机器人日趋增多地进入到社会的制造领域、服务领域、管理领域，以及家务劳务领域，使社会的生产、服务、管理及家庭劳动变得日趋智能化、自动化、无人化，使人从这些领域的束缚下解放出来，从而推动与促进着人的劳动解放，更为重要的是，它同时为人的自由而全面的发展，为人类从"必然王国"向"自由王国"的迈进与飞跃创造与准备着客观的物质条件。机器人的劳动取代人的劳动，社会的生产、服务、管理、家务的日益智能化、自动化、无人化虽然在市场经济的条件下，直观性的结果与效果是社会生产效率的提高，人力资源的节约，产品成本的降低与竞争力的增强，是社会的生产方式、管理方式与人们生活方式的改变，但在客观上也促进着整个人类的社会必要劳动时间的缩短与减少，社会闲暇时间或自由时间的延长与增加。在马克思历史观的视野与理论逻辑中，"自由时间"是个极其重要的概念。自由时间是相对于社会必要劳动时间而言的。人作为人存在，劳动是他的存在方式，劳动既是人作为人存在的本质证明与确证，也是人作为人存在的基础与条件。但人的劳动又区分为社会必要劳动与自由劳动两种存在形态。所谓社会必要劳动即是人为维持自己肉体生命存在所需进行的劳动，即人们为解决自己的吃、喝、住、穿等所需的物质生活资料所需的劳动；所谓自由劳动，即是人为表现与发展自己本质与本质力量的劳动或活动。与人的劳动区分为必要劳动与自由劳动相对应与相关联，人的时间也必须区分为自由时间与非自由时间。当人的劳动主要表现为一种谋生的性质时，人的劳动仍然留有动物性的印迹，因为它仍然受到自然必然性的支配，其劳动或活动是不自由的，只有当人的劳动失去其谋生的性质，属于一种表现与发展人自己的本质与本质力量时，才表现为自由的或属人的劳动或活动。人作为人存在，不论他处在何种阶段上，其劳动都必须分解为必要劳动与自由劳动两个部分，其时间区分为自由时间与非自由时间。然而，从历史的维度与趋势上看，越往过去回溯，其用于谋生的非自由时间越长，越往后发展，其拥有的自由时间越增加。尽管人们用于谋生的时间永远不可能趋近于零，但会越来越缩短，这应是一个不可逆转的趋势。人的自由时间对人的劳动或活动性质的改变，对人自由而全面的发展，乃至于对人从自然必然性支配中的解放都具有极重要的意义与价值，因为没有充裕的自由时间，人的自由与全面发展是不可能实现的。当人的劳动仍然表现为谋生的劳动，人的时间仍然主要用作谋生时，他的发展就既不可能是自由的，也不可能是全面的。人工智能的发展，智能性的机器人的劳动代替人的劳动，使人从社会的生产过程、管理领域与家庭劳务领域趋势性退出，其意义不仅仅在于社会生产效率的提高与生产成本的降低，更大与更深远的意义还在于它意味的是人们用于谋生的必要劳动时间的缩短与人们闲暇时间或自由时间的增多与延长。虽然人工智能的发展并不能无条件地导致人自由而全面发展目标的实现，但有一点是可以确认的，即它在客观上为人的自由而全面发展创造与准备着物质性的基础与条件，向人类展示出了实现人的自由与全面发展可能性的光辉前景。

三

　　当然，本文的上述观点是根据马克思的唯物主义历史观中有关生产力发展的历史逻辑所作的一种理论诠释，从生产力发展的历史逻辑方面看，人工智能的发展、社会生产过程、社会管理与服务过程、家庭劳动的智能化、自动化、无人化必将在客观上为人的劳动解放、人的自由而全面发展创造着条件，但这只是就其历史趋势而言的，要将这种历史趋势转化为一种历史现实并不是无条件的，因为，生产力的运动与发展并不是独立实现的，而是在一定的生产关系的范围内实现的，生产关系是生产力运动与发展的形式。因而，要将人工智能的发展所形成的这种历史趋势转化为历史现实，还需变革现存的生产关系，创造出符合人工智能发展的生产关系。

　　对于时下的人们来说，并不是所有的人对人工智能的发展，机器人的劳动取代人的劳动的这一历史现象与历史趋势的前景都抱有乐观态度与情绪，不少人甚至表现出深深的疑问、忧虑与担心。不少人常常会问，大工业与机器的发展曾经导致了机器对人的奴役，智能化的机器人的发展会不会导致机器人的智能超过人的智力，从而发生机器人反对人、统治人、奴役人，甚至是杀死人的现象？机器人大量进入到社会的生产、管理、服务的领域，原先由人占据的工作岗位，将来有可能被智能化的机器人所取代，会不会导致工人的大量失业以及劳动者地位的降低与生活状况的恶化？从资本主义发展的历史与现实发展的经验事实、资本主义运行与演进的基本逻辑方面看，人们的疑问、忧虑与担心无疑是不无根据与道理的。

　　从技术方面看人工智能与智能化机器人的发展，人们是无需忧虑机器人超过人、反对人、统治人、奴役人的情况发生的。诚然，就人工智能与智能化机器人的发展趋势与逻辑看，相对于单个的个体而言，智能化机器人的智能超过单个个体，或者说比单个个体更聪明、更能干，不仅是可能的，而且是必然的。国际象棋大师、围棋大师比不过用电脑武装起来的机器人，不仅已经出现，而且还会越来越多地出现。如果说，今天人比不过智能化的机器人的经验现象还只是出现在棋类竞赛的领域，但可以确信的是，随着智能化机器人的发展，智能化机器人超过人的经验事实也会逐渐地、日益增多地出现在其他领域。这种现象的产生既非神秘，也非是难以思议的，道理其实很简单，智能化机器人的大脑是电脑，计算机可以将人类以往的全部知识与经验搜集与储存起来，并利用计算机的高速计算的功能，所作出判断的正确率与出错率无疑会远远地高于个人。单个人与单个机器人之间的任何竞赛，在本质上不是个体与个体之间的竞争，而是作为个体存在的个体与作为整体存在的人类之间的竞争。尽管如此，我们并不能得出人将成为智能化机器人奴隶的结论。一个不争的事实与根据是，不论人工智能有多发达，其在本质上是人工的，机器人的智能是人给予的。就整个人类的智慧与智能而言，人工智能与智能机器人的智能永远也不会超过人，人既然能够创造出人工智能，就其可能性上看，也一定能控制与防止它对人自身的危害与伤害。需要指出的是，人工智能与机器人的发展，并不仅仅是个技术的问题，人工智能与机器人发展的目的、方向，以及它与人的发展之间的关系，在更大程度上并不是由人工智能本身决定的，而是受制于社会生产关系的作用与影响。正如大工业与机器本身并不必然性地产生对人的压迫与奴役问题，但机器的资本主义使用，却使机器成了资本压迫与奴役人的手段一样，在资本逻辑的运行轨道上，人工智能与机器人的发展能否避免像机器一样，充当压迫、奴役人的手段？人工智能的发展所导致的生产过程的自动化与无人化，客观上使人从生产过程中解放了出来，但能否避免从生产过程中解放出来的劳动者又会陷入新的困境？这确实是一个不得不引人深思的问题。机器人排挤人，使工人的社会地位与生活状况下降与恶化的忧虑与担心则更是不无理由。资本逻辑运行的起点或出发点是利润，对于资本的占有者来说，他究竟是使用工人还是使用机器人来从事商品的生产，决定性的原因在于，是哪种方式更能节约产品的成本与增加利润，而不是其他的。因此，只要社会生产仍然处于资本的统治或支配下，人们就有充分的理由得出一个肯定性的结论，由人工智能与智能化的机器人的使用所产生的社会必要劳动时间的缩短，增加的自由时间不仅决不会转化成社会成员的闲暇时间或自由时间，不是可能，而是必然性地转化为工人的失业时间。不仅如此，人工智能与机器人的发展还有可能增强资本奴役劳动者的力量，削弱劳动者反抗资本统治的力量，使劳动者的社会地位变得更低，生活状况更加恶化。马克思在谈到机器的发展对工人的消极影响时指出："一切新发明几乎都是工人同千方百计地力求贬低工人特长的企业主发生冲突的结果。在每一次多少有一点重要性的新罢工之后，总要出现一种新机器。而工人则很少在机器的应用中看到他们的权威的恢复。"① 即是说，只要在资本逻辑的支配下，科学技术与生产力的发展所取得的任何进展与成果，增强的只是资本的力量，而不是劳动者的力量。这是科学技术与生产力在资本统治下的基本规律，人工智能的发展也不会是一种特殊的例外。

然而，我们也需看到：其一，人工智能的发展，作为科学技术与生产力发展的表现形态，与人工智能在社会生产领域与其他领域的实际应用并不是一回事，我们应将二者严格地区分开，就人工智能与机器人发展的本身来看，它并非必然导致人工智能与机器人对人的奴役与劳动者的失业，导致这种消极负面作用产生的原因是人工智能的资本的控制和支配，或者说是资本主义的使用。其二，从一种历史发展的维度上，人们也应看到："一种历史生产形式的矛盾的发展，是这种形式瓦解和新形式形成的唯一的历史道路。"② 正如当资本主义生产关系容纳不了它用法术呼唤出来的生产力时，就意味着资本主义生产关系已趋近于它的历史终点一样，当人工智能与机器人的发展，社会劳动、管理、服务的智能化、自动化、无人化，带来的不是人的劳动解放与自由时间的增加，

---

① 《马克思恩格斯文集》第 1 卷，人民出版社 2009 年版，第 627、628 页。

② 《马克思恩格斯文集》第 5 卷，人民出版社 2009 年版，第 562 页。

而是人受奴役程度的加深与劳动者的失业时，人们也必然会提出变革人工智能的使用方式，即变革社会的生产关系。人工智能与机器人，作为一种生产工具或生产力，它既是一种人的能力发展的测量器，同时也是社会生产关系的指示器。如果说"没有蒸汽机和珍妮走锭精纺机就不能消灭奴隶制；没有改良的农业就不能消灭农奴制"①——蒸汽机与珍妮走锭精纺机，改良的农业是消灭奴隶制与农奴制的武器与奠定资本主义生产关系的物质基础——我们似乎也有根据与理由作以下推论：当人工智能与机器人以及社会生产、管理、服务的智能化、自动化、无人化的高度发展，带来的一方面是社会生产力的日趋发达，社会物质财富的日趋增加；另一方面却是劳动者失业程度的加剧、社会地位的降低与生活状况的恶化时，我们离资本主义生产关系的历史终结，实现人的劳动解放、社会解放，以及人的自由而全面发展的社会形态的时间距离便不会太遥远了。

---

① 《马克思恩格斯文集》第 1 卷，人民出版社 2009 年版，第 526 页。

关于马克思主义政治经济学研究的
若干问题 *

一

时下的中国马克思主义研究领域中，有一种观点的声音很大，这种观点认为马克思主义的理论在实质上是一种革命的批判理论，马克思主义理论的全部内容可以归结为三大批判：即哲学上的对形而上学的批判，在政治经济学上的对资本的批判，在思想领域的意识形态的批判。将马克思主义政治经济学理论首先诠释为一种政治经济学批判的理论，以马克思对政治经济学批判代替马克思主义政治经济学，并进而以马克思的《政治经济学批判》与《资本论》这两部著作之间在时间上的前后联系，以及《资本论》曾冠有政治经济学批判的副标题为根据与理由，将政治经济学批判演绎为对资本的批判，应该说，这是马克思主义政治经济学研究领域获得不少人认同的观点，甚至是一种流行性的认知。有人认为，马克思的《资本论》是以马克思的《政治经济学批判》为基础的，《资本论》不过是《政治经济学批判》

---

* 本文原发表于《广东社会科学》2017 年第 6 期。

的续篇，而且马克思还曾以政治学批判作为《资本论》的副标题，因而主张应从政治经济学批判的维度去把握与诠释《资本论》的精神实质。认为马克思对政治经济学的批判，实质上即是对资本的批判。那么，能否将马克思主义的政治经济学理论诠释为对政治经济学的批判？能否将马克思对政治经济学的批判演绎成是对资本的批判？对于马克思主义者来说，它关涉着马克思主义政治经济学究竟是一种什么性质的理论，也关涉着马克思主义思想体系的科学把握与诠释的问题。能否将马克思的政治经济学视作是一种对政治经济学的批判理论，或者说能否认为可以用马克思对政治经济学批判来指称马克思的政治经济学？要回答这个问题，首要的问题是要弄清楚马克思的政治经济学批判指向的是什么。马克思的政治经济学批判当然不是对政治经济学学科的否定，从马克思的《政治经济学批判》的内容不难判断，它主要是从政治经济学思想史的维度，对先前的政治经济学理论，尤其是以亚当·斯密、大卫·李嘉图为主要代表的英国古典经济学，以及对这一学说的各种庸俗化的批判。不可否认，马克思主义政治经济学的创立与马克思对以亚当·斯密、大卫·李嘉图等人为代表的英国古典经济学派的政治经济学理论的扬弃是分不开的。英国是人类历史上第一个资本主义生产方式与交换方式发育较为成熟且具有典型意义的国家，英国古典政治经济学作为英国资本主义的发展在理论上的表现，不仅奠定了资产阶级政治经济学的理论基础，同时由于它诞生的时代是英国资本主义处于蓬勃发展，英国资产阶级处于上升阶段，英国的资产阶级与无产阶级的矛盾与斗争还处于一种"潜伏状态"的时代，这种特殊的历史环境与条件，使英国古典政治经济学家们"能够不偏不倚地研究政治经济学"，① 从而也使英国古典政治经济学相对于其他资产阶级政治经济学及其他阶级的政治经济学来说具有较大或较多的革命性与科学性。正因为如此，在马克思主义政治经济学创立的过程中，英国古典政治经济学不仅是马克思主义政治经济学重

---

① 《马克思恩格斯文集》第 5 卷，人民出版社 2009 年版，第 16 页。

要的资料来源，同时也是重要的理论来源，对马克思主义政治经济学的创立有着不可忽视的借鉴与启发性的作用与影响。然而，马克思主义政治经济学不是英国古典政治经济学的简单继承与延续，更不是后者的理论翻版。马克思主义政治经济学与英国古典政治经济学的关系，有如恩格斯所指出的，它类似于化学发展史上的"拉瓦锡与普利斯特列和舍勒的关系"。"普利斯特列和舍勒析出了氧气，但不知道他们所析出的是什么。他们为'既有的'燃素说'范畴所束缚'。这种本来可以推翻全部燃素说观点并使化学发生革命的元素，在他们手中没有能结出果实。"①拉瓦锡对氧气的发现虽然是依据于普利斯特列与舍勒所发现的事实，但发现氧气的功劳应归功于拉瓦锡。恩格斯认为，英国古典政治经济学家类似于化学史上的普利斯特列与舍勒，只有马克思才是政治经济学发展史上的拉瓦锡，前者虽然提出了不少有价值的观点，但并没有引起"整个经济学发生变革"。马克思主义政治经济学的创立，是政治经济学史上的一次壮丽日出，是一场深刻的革命，它使"整个经济学发生变革"，这种革命性变革无疑与马克思对以英国古典政治经济学的批判与改造有着密切性的关系，但不能将马克思对政治经济学批判等于马克思主义政治经济学，不能认为马克思主义政治经济学的创立纯粹是对资产阶级政治经济学批判的产物。"政治经济学是现代资产阶级社会的理论分析"，"阐述资产阶级生产和资产阶级交换的规律为目的"②。从根本上说马克思主义政治经济学是马克思对资产阶级生产方式与交换方式及其运动规律解剖与认识的产物。不能否认《政治经济学批判》与《资本论》之间存在着时间上的先后关系，也不否认前者是后者在理论上的必要准备，以及后者之中容纳着前者的思想，但一个必须确认的事实是：《资本论》不仅具有相对独立的理论价值，而且只有它才是马克思主义政治经济学理论的大厦。我们不否认马克思的政治经济学批判对于理解马克思主义

---

① 《马克思恩格斯文集》第 6 卷，人民出版社 2009 年版，第 20 页。
② 《马克思恩格斯文集》第 2 卷，人民出版社 2009 年版，第 600 页。

政治经济学理论的价值，但不能苟同将马克思主义政治经济学的主题与副题、主线与副线关系相互颠倒的做法。

在马克思主义政治经济学的把握与诠释上，更不能认同将马克思的政治经济学批判演绎为对资本的批判。深刻的原因在于二者是属于两个不同的问题。马克思主义政治经济学研究的对象是资本，更确切些说是以资本为基础的资本主义生产方式与交换方式的本质及其运动规律，核心的问题是生产关系。马克思主义政治经济学与马克思的资本观不能仅仅概括或归结为对资本的批判。马克思主义政治经济学与马克思主义资本观既是历史唯物主义的，也是辩证法的。在马克思历史观与政治经济学的视野中，资本是资本主义生产关系的基石，也是一种"普照的光"，以资本为基础的资本主义生产方式与交换方式不仅是社会生产力发展的一定历史阶段上的必然产物，同时相对于先前时代的生产方式与交换方式来说也是一个巨大的历史进步。诚然，资本主义生产关系不仅没有消除私有制社会固有的对抗性质，反而使社会内部的对抗进一步激化，但另一方面，资产阶级在历史上也起过"非常革命的作用"，这样"非常革命的作用"既表现在社会物质文明的发展上，也表现在社会精神文明的发展上。

总之，在对马克思主义政治经济学的理解与诠释上，既不能将马克思对政治经济学的批判等同于马克思主义政治经济学，更不能将马克思对政治经济学的批判误读与误释为对资本的批判，马克思主义政治经济学是一种以社会生产关系为研究对象的经济科学，《资本论》是关于资产阶级生产方式与交换方式运动规律的科学。马克思主义政治经济学虽然包含着对资产阶级政治经济学以及对资本主义生产关系的批判，但它首先是一种科学的理论，它揭示的是资本与雇佣劳动之间相互依存与相互对抗的关系是如何产生的，资本家所占有的财富是从哪里来的，而不仅是一种对资本主义所造成的各种灾难的道德性的批判与抗议。

二

近些年来，在我们的经济学研究的领域中，一个倾向日渐明显，即在经济学的研究应与国际接轨，应去政治化与意识形态化口号的鼓动下，我们的经济学研究越来越西方化，在一些人的思维认知中，经济分析若不能模型化与数学化，便不能称之为科学。这种经济学研究传统的去政治化与去马克思主义化，经济学语言的数学化，经济分析的工程学与工艺化的倾向，应引起我们的重视与警惕，因为，任何经济学都是一种政治经济学，而不应是一种经济的工艺学，将经济学非政治化与工艺学化将使经济学不可能具有科学性质，也不可能科学地解释与解决社会经济发展的规律与矛盾。

经济学无疑是不能偏离对社会经济现象的分析与社会经济运行规律进行研究的方向，离开这个主题，经济学也就不能称之为经济学。然而，任何经济现象的发生与经济规律的生成都是以一定的生产方式与交换方式为基础的，经济现象具有历史的性质，经济规律也具有历史的性质，不同的生产方式与交换方式基础上发生与生成的经济规律是各不相同的，社会经济运动是有规律的，这是经济规律的普遍性，但不同的生产方式与交换方式基础上生成的经济规律是不同的，这是经济规律表现的特殊性。经济学研究的价值取向与目的虽然追求的是各种经济资源，包括自然性资源与社会性资源的优化配置，并通过资源配置的优化，使经济效率与效益最大化，但经济资源的配置问题并不是一个纯技术性的问题，决不是可以通过数学公式加以直观表达的。经济资源如何配置的问题，归根到底，是由社会的生产方式与交换方式决定的。"经济学研究的不是物，而是人和人之间的关系，归根到底是阶级和阶级之间的关系；可是这些关系总是同物结合着，并且作为物出现。"① 即是说经济学

---

① 《马克思恩格斯文集》第 2 卷，人民出版社 2009 年版，第 604 页。

所要研究的不是物的性质，而是物的背后的人与人之间的关系，这种关系即是生产关系，因此，经济学研究的真正对象是物的生产过程中形成的生产关系，这种生产关系通常由产品的生产、交换、消费、分配等方面构成。不能离开人们的生产关系去阐释社会经济现象与社会经济运动的规律，也不能用纯粹的数学公式去表达社会经济的运行，数学公式是无法准确地表达人们之间的生产关系的。在对资本主义经济的分析中，如果我们不了解什么是资本、什么是雇佣劳动，我们就不能说明在社会生产中，占据主导地位的是资本家而不是工人，也不能说明在社会财富的分配中，工人始终会处于不利地位，更不能说明社会财富向资本所有者手中集中是一个不可逆转的趋势，以及资本主义经济为何消除不了周期性的经济危机。经济学具有政治的属性，是一种政治经济学，深刻的原因在于一切经济关系在本质上都是一种生产关系，在私有制的条件下，生产关系通常都会表现为利益关系与阶级关系。

将经济学视之为是一种政治经济学，这是否意味着经济学不具有科学性或不属于科学？在时下的中国学术界确有不少人持有这样的认知。有人之所以拒斥马克思的政治经济学，并拒绝使用政治经济学的概念，而对以数量分析与数学建模为基础与特征的西方经济学产生崇拜，其中的一个重要认知即是，马克思主义经济学是一种政治经济学，它是一种意识形态，而不是一种科学，只有以精确的数量分析，并以数学方式加以表达的西方经济学才是科学的。这样的认知既是肤浅的，也是错误的。如前所述，经济学不应是经济工艺学，而应是政治经济学，马克思之所以反对将经济学视作是与弄成是一种经济工艺学，思考的逻辑性恰恰在于，经济关系反映的是社会的生产关系，而生产关系也是一种阶级关系，离开了社会生产关系与阶级关系，将经济学变成一种纯粹的经济工艺学，是不可能使社会的经济现象与经济运行规律得到科学的把握与说明的。相反，离开社会的生产方式与交换方式，离开了社会的生产关系与阶级关系，将经济学弄成为一种经济工艺学，这种经济工艺学既不能科学地说明社会的经济现象，也不能解释客观的经济矛盾，不论在形式上与逻辑上表现得如何的漂亮与精致，都不具有科学的属性。一切经济学都是政治经济学，因为经济学家们都是生活在社会的生产关系之中的，因而不可能不具有自己的立场。政治经济学这个名词不是马克思、恩格斯的创造，它来自英国古典经济学。英国古典经济学是一种政治经济学，马克思的经济学也是一种政治经济学，现代西方经济学同样是一种政治经济学，因为，一切资产阶级经济学，无论是古典的，还是现代的，其出发点都是一样的，即都将资本主义制度"看作是社会生产的绝对的最后的形式"。① 资本主义的生产方式与交换方式是资产阶级经济学的陀螺丝，只要资产阶级经济学家们将资本主义视作是无需怀疑与不容否定的"绝对的最后的形式"，它就只能在这个陀螺丝上跳舞，从而这种经济学就不可能不带有资产阶级政治的烙印。所以，问题不在于经济学是否是一种政治经济学，也不在于经济学家们在经济学的研究与书写的过程中是否应持有自己的立场，问题的关键在于他们持有的是什么样的立场，或者说是什么样的阶级的立场。

在时下的中国经济学研究领域中，存在着一种对诺贝尔经济学获奖者理论崇拜的倾向与模仿诺贝尔经济学获奖者的理论与论证风格的时尚。在不少人的论文与论著中，诺贝尔经济学获奖者的理论似乎成为论证自己的观点与为自己观点辩护的最高根据。笔者不否定诺贝尔经济学获奖者是一些杰出的经济学家，也不否定他们的经济学理论对于解决和缓和资本主义生产方式与交换方式中某些领域的矛盾确有贡献。但我们也不应忽视以下两个基本性的事实：其一，所有的诺贝尔经济学获奖者的经济学理论在价值取向上都是以肯认资本主义制度具有合理性与永恒性为基础与前提的，其理论活动的目的也是为了改善资本主义而不是否定资本主义，其作用仅止于为缓和资本主义经济运行的矛盾与为提高资本的利润率支招。他们仍属于在资本主义陀螺线上跳舞的资产阶级经济学家。其二，诺贝尔经济学获奖者的理论对于资本主义经济运行中的个

---

① 《马克思恩格斯文集》第 5 卷，人民出版社 2009 年版，第 16 页。

别或局部领域的问题的改善与解决也许是有启发性的，但对于解决资本主义社会存在的许多带有根本性、全面性的矛盾与困境，诸如，社会财富日益向少数人手上集中，社会两极分化日益扩大，周期性的经济危机一次比一次更猛烈等问题却束手无策，毫无办法，不能使当代资本主义社会与资本主义经济所面临的根本性矛盾与总体性困局得到摆脱与解决。

三

在过去的马克思主义研究与教学中，存在着一个不可忽视的现象，马克思主义政治经济学的研究与马克思主义历史观的研究之间大都是分离的与阻隔的，在从事马克思主义政治经济学研究与教学的人的视野里，通常将唯物史观的研究视作是哲学研究者的事情；在从事马克思主义哲学研究与教学的人的视野里，通常将政治经济学的研究视作是经济学研究者的事情。从事马克思主义政治经济学研究与教学的人不懂马克思主义哲学，尤其是马克思的历史观，从事马克思主义哲学研究的人不懂马克思主义政治经济学，正是由于马克思主义政治经济学研究与马克思主义哲学研究之间的这种分离与阻隔，不仅影响着人们对马克思科学思想体系的整体性把握，同时也不利于人们对马克思主义政治经济学与马克思主义哲学的科学性诠释。

在马克思主义视野中，经济学不仅具有政治的性质，是一种政治经济学，同时经济现象也是一种历史现象，具有历史的性质，"政治经济学本质上是一门历史的科学"。[①] 政治经济学之所以在本质上也是一门"历史的科学"，深刻的原因在于："它所涉及的是历史性的即经常变化的材料；它首先研究生产和交换的每个个别发展阶段的特殊规律，而

---

① 《马克思恩格斯文集》第 9 卷，人民出版社 2009 年版，第 153 页。

且只有在完成这种研究以后，它才能确立为数不多的、适用于生产一般和交换一般的、完全普遍的规律。同时，不言而喻，适用于一定的生产方式和交换形式的规律，对于具有这种生产方式和交换形式的一切历史时期也是适用的。"① 虽然"政治经济学，从最广的意义上说，是研究人类社会中支配物质生活的生产和交换的规律的科学"②，即是说政治经济学是一门"以社会物质生活资料的生产和交换的规律"作为自己研究对象的科学，并不涉及社会历史的其他方面，虽然并不是所有的历史现象都能从社会经济的演进的逻辑中获得因果性意义上的解释，但一个不可否认的事实是，政治经济学研究赖以进行与所需的经验材料是由社会历史的发展提供的，更为重要的是，社会历史的演进逻辑与社会经济的演进逻辑之间不仅存在着密不可分的内在联系，而且从归根到底的意义上看，社会的生产方式与交换方式是构成一个社会的历史演进的最深刻的基础。正是由于政治经济学所具有的这种历史科学的属性，也就内在地决定着二者之间的不可分离的关系，任何一种历史观都蕴含有自己对社会经济本质的理解，同样，任何一种政治经济学都具有一定的历史观作为自己的理论基础。对于马克思主义的科学思想体系来说，马克思主义政治经济学与马克思主义历史观都是构成科学思想体系的有机部分，虽然，在学科研究的维度上二者分属于相对独立的学科，但在本质上却具有不可分离的内在联系。这种内在联系不仅体现在马克思主义政治经济学与马克思历史观形成过程中，也在表现在二者在内容的联结上。

从马克思主义政治经济学与马克思历史观形成的过程方面看，二者之间既互相依赖，又相互促进。熟悉马克思思想发展史的人都清楚，马克思在大学时期关注的主要是历史与哲学，政治经济学还处于他的视野之外，正因如此，他初时的哲学观与历史观在总体上是属于青年黑格尔主义的。是主持《莱茵报》时期要对"物质利益发表意见的难事"与要

---

① 《马克思恩格斯文集》第9卷，人民出版社2009年版，第153、154页。
② 《马克思恩格斯文集》第9卷，人民出版社2009年版，第153页。

解决使他产生苦恼的疑问，牵引着他从历史与哲学领域进入到经济领域。马克思是从政治经济学的研究中告别了黑格尔唯心主义历史观与形成自己的唯物主义历史观的。关于这一点，马克思本人是有明确论述的。

"为了解决使我苦恼的疑问，我写的第一部著作是对黑格尔法哲学批判性的分析，这部著作的导言曾发表在 1844 年巴黎出版的《德法年鉴》上，我的研究得出这样一个结果：法的关系正像国家的形式一样，既不能从它们本身来理解，也不能从所谓人类精神的一般发展来理解，相反它们根源于物质的生活关系，这种物质生活关系的总和，黑格尔按照 18 世纪的英国人和法国人的先例，概括为'市民社会'，而对市民社会的解剖应该到政治经济学中去寻找。"① 根据上述话语，我们可以作出这样的推论，马克思是在政治经济学中找到了解剖市民社会的钥匙，又从市民社会的解剖中找到了理解法的问题与国家问题的基础，从而告别了黑格尔主义的历史观，形成了自己的唯物主义历史观。1843—1844 年是马克思思想发展史上具有拐点性质的年份，马克思开始他的研究重心从历史与哲学向政治经济学的转移，这种转移所取得的重要成果不仅仅表现在《1844 年经济学哲学手稿》上，更重要的是表现在其后的《德意志意识形态》上，没有马克思从 1843—1844 年时政治经济学的研究，也就不会有以《德意志意识形态》为标志的马克思新的唯物主义历史观的诞生。然而，从另一方面看，马克思历史观的形成又反过来促进和指导着马克思政治经济学的研究。从 1843—1883 年，马克思对政治经济学的研究，或者说对以资本为基础的资本主义生产方式与交换方式运动规律的研究前后延续了近四十年的时间跨度，最后完成了《资本论》这部不朽的科学著作，可以说，《资本论》是马克思运用唯物主义历史观的基本原理与方法所取得的最辉煌的理论成果。《资本论》既是一部解剖资本的政治经济学著作，也是一部运用唯物主义历史观的典范性著

---

① 《马克思恩格斯文集》第 2 卷，人民出版社 2009 年版，第 591 页。

作，或者说是一部哲学著作。在一定的意义上说，没有唯物主义历史观的指导与运用，也就不可能有《资本论》的诞生。

从马克思主义政治经济学与马克思主义历史观之间的内容联结上看，二者在理论的逻辑上也是互为贯通与相互支撑的。虽然政治经济学研究的是"生产和交换的每个个别发展阶段的特殊规律"，唯物主义历史观关注的是人类社会历史发展的一般规律，但一般规律、普遍规律是以个别规律、特殊规律为基础的，前者不过是对后者的一种概括与抽象。那些"适用于一定的生产方式和交换形式的规律，对于具有这种生产方式和交换形式的一切历史时期也是适用的"，即是说，在相同的历史条件下，必然会产生相同的生产方式与交换形式，在相同的生产方式与交换形式的情况下必然会生成相同的经济现象与经济规律。不能离开马克思主义政治经济学对资本主义这个特殊的生产方式与交换形式的运动规律的揭示去理解马克思对人类社会历史一般规律的揭示。但同时对马克思主义政治经济学的把握也不能离开马克思主义历史观，马克思主义政治经济学之所以不同于英国古典政治经济学，更不同于其他的形形色色的庸俗的政治经济学，一个根本性的原因在于：以马克思主义政治经济学为代表的"德国的经济学本质上建立在唯物主义历史观的基础上的"。① 在马克思主义经典作家的视野里，"下面这个原理，不仅对于经济学，而且对于一切历史科学（凡不是自然科学的科学都是历史科学）都是一个具有革命意义的发现：'物质生活的生产方式制约着整个社会生活、政治生活和精神生活的过程。'在历史上出现的一切社会关系和国家关系，一切宗教制度和法律制度，一切理论观点，只有理解了每一个与之相应的时代的物质生活条件，并且从这些物质条件中被引申出来的时候，才能理解"②。

总之，政治经济学作为一门"历史科学"，不可避免地要受到一定

---

① 《马克思恩格斯文集》第 2 卷，人民出版社 2009 年版，第 597 页。
② 《马克思恩格斯文集》第 2 卷，人民出版社 2009 年版，第 597 页。

的社会历史观的影响，不同的历史观决定着不同的政治经济学的走向与最后归宿，同样是以资本主义生产方式与交换形式作为研究对象的英国古典政治经济学与马克思主义政治经济学，二者对资本主义生产方式与交换方式发展趋势的判断都是完全相反的，唯一可能的解释是二者有全然不同的历史观。因为，英国古典政治经济学是建立在如下的一个信念的教条之上的：资本主义是一种符合人性需求的完美形式，资本主义生产形式既是绝对的，也是最后的形式，而不是将资本主义制度看作是过渡的发展阶段，正是这样一种历史观阻止了英国古典政治经济学从劳动价值论向剩余价值论的前进。

四

资本主义社会有资本主义经济运动的规律，社会主义社会也有社会主义经济运动的规律，不同的生产方式与交换形式会生成不同的社会经济运动规律，研究不同的社会经济运动的特殊规律，就会形成不同的政治经济学，在理论的逻辑上，这应是无需申述的。社会主义的生产方式与交换方式尽管在某些方面与资本主义生产方式与交换形式之间存在着共同点和相似点，但由于二者是建立在不同的所有制基础上的，资本主义生产方式与交换形式赖以存在的基础是资本，资本是资本主义生产方式与交换方式的运动旋转的轴心，也是它的"普照的光"，社会主义生产方式与交换形式赖以存在的基础是公有制，正是由于二者赖以存在的基础不同，不仅决定着构建社会主义政治经济学成为必要，同时也决定着社会主义政治经济学与资产阶级政治经济学之间的本质性区别。我们不否认资本主义生产与社会生产之间存在共同点与相似点，正如马克思所指出的"生产的一切时代有某些共同标志，共同规定"，这些"共同标志，共同规定"，"其中有些属于一切时代，另一些是几个时代共有的。［有些］规定是最新时代和最古时代共有的"。① 然而，将一种生产与另一种生产区别开来的不是它们之间所具有的共同点与相似点，而恰恰是二者之间的差别或个性与特殊性。正是由于社会主义与资本生产方式与交换形式的不同，以及社会主义政治经济学与资产阶级政治经济学在研究对象上的差异，因此，我们不能以社会主义经济与资本主义经济之间存在共同点与相似点为由，在经济学的研究与教学上，片面甚至一味地强调所谓的与西方经济学的接轨。

一切经济运动规律都是建立在一定生产方式与交换方式基础上的规律，或者是建立在一定经济制度基础上的规律，社会的生产方式与交换形式不同，或者是社会制度不同，其社会经济运动规律的表现形式也不同。中国特色社会主义建设是中国特色社会主义政治经济学赖以生成的基础，也是它为之服务的对象，有中国特色的社会主义政治经济学必须符合有中国特色社会主义市场经济发展的要求。具体地说，中国特色社会主义政治经济学的建构与建设应遵循以下两条基本的逻辑，其一，中国特色社会主义政治经济学也反映市场经济发展规律的要求。社会主义社会要不要搞市场经济？这在时下的中国已不再成为问题了，这一问题不仅在理论上获得了解决，同时也在实践中获得了解决。历史的教训与成功的实践经济已证明了，在世界经济的发展还处于资本主义的支配与主导之下，在社会主义初级阶段，市场经济是不可避免的选择；不是要不要搞市场经济的问题，而是如何搞市场经济的问题。政治经济学是以生产方式与交换方式的运动规律作为研究对象的，毫无疑问社会主义政治经济学也必须把市场经济及其运动规律纳入自己的研究视野之中，社会主义政治经济学理论体系的构建应把握与遵循市场经济的规律与内在发展逻辑，深入地分析市场经济运行各种矛盾，揭示其内在运行机制，促进市场经济健康、有序的运行和发展，以促进社会生产力的提高与社会经济的发展。其二，中国特色社会主义政治经济学应以社会主义生产

---

① 《马克思恩格斯文集》第 8 卷，人民出版社 2009 年版，第 9 页。

关系的研究为思维辐射的轴心。虽然，社会主义的历史实践已经证明了市场经济在社会主义历史阶段中存在的必然性与合理性，市场经济作为一种经济发展形式，它本身既不姓"社"，也不姓"资"，既可以为资本主义所用，也可以为社会主义所用。但市场经济一旦与特定的社会经济制度相结合，就存在着姓"社"或姓"资"的问题。社会主义市场经济是以公有制为主体，它与以资本为根本性基础的资本主义市场经济不仅在性质上是不同的，而且在运行方式上也不可相互复制的。社会主义市场经济由于是以公有制为主体，它不仅在社会经济发展的目的与价值取向上与资本主义市场经济存在着性质上的区别，同时在社会生产的生产、消费、交换、分配等各个环节上也存在着本质性的差别。在资产阶级政治经济学中，资本是一种"普照的光"，它赋予资产阶级政治经济学中的各种概念、范畴以资本的色彩；在社会主义政治经济学中，公有制是一种"普照的光"，它赋予各种经济学概念、范畴以社会主义的色彩。社会主义政治经济学存在的独立价值在于它要姓"社"，它不仅研究与把握市场经济的发展规律，追求社会生产力的发展与社会物质财富的增加，同时更关注人民创造的物质财富是否能为全体人民所占有与共享，社会财富分配的公平与正义问题。即是说，社会主义政治学不仅关注社会经济的发展与社会物质财富的增加问题，还要关注社会物质财富能否用来满足人民群众日益增长的现实需要，以及如何实现全体社会成员的共同富裕的问题。

当然，要建立一门成熟的社会主义政治经济学并不是一件容易的事情，因为，学科体系的成熟程度通常是与学科研究对象的发展程度相适应的。构建一门科学的社会主义政治学体系，是一项前无古人的事业，马克思主义政治经济学对资本主义生产方式与交换形式及其发展规律的分析与解剖，虽然为我们探索社会主义生产方式与交换形式的规律提供了很好的方法论指导，留下了极为重要的宝贵财富，但那毕竟是对资本主义生产方式与交换形式的解剖与分析，对于我们建构社会主义政治经济学只具有指导与借鉴的意义，不能照抄照搬。更为重要的是，我国现在还处于社会主义初级阶段，并且在今后的相当长的时期内仍将处于社会主义初级阶段，这种社会主义初级形态的或不发展形态的经济关系也为我们构建具有科学形态的社会主义政治经济学增加了难度。中国特色的社会主义市场经济的发展还在路上，中国特色的社会主义政治经济学的探索与建构同样也在路上，但我们应树立坚定的信心，只要我们坚持以马克思的历史观作指导，持续不断地探索，建构中国特色社会主义政治经济学的努力就一定会成功。

关于市场经济负作用问题的若干思考 *

一

市场经济属于发达的商品经济，作为一种经济运行方式，是人类社会历史发展的一种必然形式，任何国家与民族虽然有可能跨越所有制演进的某些阶段，却不可能超越市场经济的发展阶段。应该说，马克思的历史观所揭示的这一重要理论，已被今天的大多数中国人所理解与接受。市场经济作为一种经济运行方式，既可以为资本主义所利用，也可以为社会主义所利用，市场既是推动社会生产力发展的强大杠杆，也是人自身发展与演进的一个不可或缺的环节。然而市场经济在推动社会发展的同时，也给我们带来了某些负作用。

从经济发展的方面看，促进社会生产力的迅速发展与社会物质财富的增加是市场经济的主要历史作用，但也存在着一些消极作用。

首先，市场经济具有破坏生产力发展的一面。市场经济对社会生产力的推动主要是通过竞争实现的。但在市场经济的条件下，竞争主要是

* 本文原发表于《华中师范大学学报（人文社会科学版）》1998 年第 6 期。

以等价的商品交换关系为基础的。追求自身利益的最大化是一切从事市场经济活动主体的基本出发点。资金的流向、资源的开发配置、产业结构的形成与转换，都受制于这种利益机制的驱动，因而具有一定的自发性与盲目性。这种自发性与盲目性难免会导致经济运行中产、供、销关系的脱节与产业结构的失衡，并由此导致危机与生产力发展的破坏。其次，市场经济竞争容易导致自然资源的掠夺性开发利用，使一些品位较低、商业价值不高的自然资源被人为地弃置与浪费，损害了生产力的潜在发展能力。再次，市场经济的发展，容易刺激人们需求的过分膨胀与消费的过度增长。这种过分膨胀与增长的需求与消费虽然刺激着社会经济的发展，但也会导致资源的浪费。

从人的发展方面看，市场经济的负作用也是明显的。首先，它在使个人获得相对独立的同时，又使个人掉进对物的依赖关系的陷阱。屈从于市场经济竞争的压力，受追求自身利益最大化的驱使，这既是市场经济提供个人活动的动力，也是强加给个人的压力。这种动力与压力，既促进着劳动效率的提高，同时也会诱使个人利己欲与物质财富占有欲的膨胀，导致商品拜物教与货币拜物教的泛滥，将个人置于物的统治之下。其次，市场经济竞争是导致个人发展片面化的深刻经济根源。一方面，市场经济必然导致社会劳动分工的发展；另一方面，屈从于市场竞争的压力，受追求自身利益最大化的驱使，任何个人都不得不将自己的活动范围作相对性的限制，将自己的职业相对地固定化，以便通过提高自己的劳动技能与劳动的熟练程度而达到提高效益，取得竞争优势的目的。而个人活动范围的狭小与职业的固定化，不可避免地会阻碍个人的全面发展，使个人的能力与生理器官的发展产生片面化与畸形。再次，市场经济竞争不可避免地导致一些人的发展要以另一些人的发展的牺牲为代价。在市场经济的活动中，尽管每个人都抱有获胜的企图，但现实是残酷的，竞争的结果决不可能使每个人获胜。有竞争就有分化，有胜者就有败者，优胜劣汰的法则必然会使一些人的发展要以另一些人的发展的牺牲为代价。最后，市场竞争还可能导致人的道德发展的某些退步与某些人精神发展的沙化。在以等价的商品交换为基础的市场经济条件下，人与人的关系通常以物与物的联系形式表现出来，货币充当着人与人之间联系的纽带，这就难免使人与人之间的关系表现为赤裸裸的现金交换关系，使人与人之间产生分离感、冷漠感，甚至是彼此之间的敌对感。市场经济的发展也容易使人的追求目标过分地向物质利益方面倾斜，忽视自身精神方面的发展，甚至是精神领域的沙化。

二

市场经济的负作用植根于市场经济的基本规律之中，具有客观的必然性，虽然在不同的社会制度下，市场经济负作用在其表现形式与表现程度上是不同的，不同的社会制度对市场经济的负作用有可能起着一定的加剧与限制的作用。但市场经济本身是属于社会经济发展的运行方式，因此，从发生学的角度看，市场经济的负作用并不与社会制度发生本质的联系。市场经济作为一种经济运行方式，虽然资本主义可以利用，社会主义也可以利用，而且只要社会生产力没有达到社会物质财富的充分涌流，这种经济运行方式对任何民族与国家来说是不可超越的历史阶段。但资本主义也好，社会主义也好，只要社会经济的发展纳入市场经济运行机制的轨道，其负面作用就不可避免地会表现出来。在过去，我们曾错误地认为，市场经济是资本主义的代名词，市场经济的负作用是资本主义制度的必然产物。在今天，将市场经济与资本主义画等号的观点虽然已被大多数人所抛弃，但仍然有些人习惯性地把市场经济的负作用只与资本主义相联系。一些人不厌烦地反复论证资本主义市场经济与社会主义市场经济的区别，竭力宣传社会主义制度对市场经济负作用的限制功能，并对社会主义市场经济发展中诱发出来的某些负作用表示极大的愤慨、困惑与忧虑。其实，这种论证并没有多大的实际价值。即使是在社会主义市场经济中，其负面作用也是不可能从根本上消除的，深刻的原因在于，市场经济的负作用植根于市场经济的基本规律中。

在对待市场经济负作用的问题上，许多人的思想上存在着一种浪漫主义倾向，只想利用它的好的方面，而不想承受它的负作用，常常费尽神思地去试图寻找消除市场经济负作用的各种良方。人们的这种愿望虽是良好的，但实践上却是行不通的。世界上没有十全十美的事物，市场经济也是一样。市场经济的积极作用与消极作用不仅具有共生的性质，都是从市场经济基本规律中衍生出来的必然现象，而且与市场经济所共生的两方面的作用相互依存，各以对方存在为条件。如果它的负作用被彻底消除了，不仅市场经济的积极作用不可能存在了，市场经济本身也不可能存在。

市场经济的负作用与市场经济基本规律共存，与市场经济积极作用共生的这种特性，决定着要消除市场经济的负作用，只有消灭市场经济本身。而要消灭市场经济则需要具备客观的历史条件，而不决定于人们的任意选择。不仅相对于没有经历市场经济阶段的国家与民族来说市场经济是其不可逾越的历史阶段，而且，即使是相对于市场经济发展已有很高程度的国家与民族来说，只要市场经济这种运行方式仍没有过时，仍促进着社会生产力的发展，它也是不可能随便消灭的。

在对待市场经济作用的问题上，浪漫主义的态度不仅是注定要碰壁的，而且也是有害的，它容易强化人们对市场经济负作用的恐惧心理，消减人们发展市场经济的热情。在对待市场经济的问题上，唯一冷静的态度应是比较利害，权衡得失，通过大力发展市场经济的途径去创造消灭市场经济的客观基础。这是一个伴有痛苦的历史过程，但我们必须接受这种痛苦的炼狱，别无选择。企图越过这一痛苦的历史过程，最终不得不承受更大的痛苦，这既是历史的必然性，也是社会主义历史实践已向我们显现过的经验事实。抱有浪漫主义想法，幻想依靠社会主义制度或人们的主观努力就能够消除市场经济的负作用，其结果只能使我们在心理上承受更大的困惑与痛苦。

三

在对待市场经济的负作用的问题上，我们不仅要克服浪漫主义倾向，以冷静的态度对待它的历史必然性，还应有深沉的历史眼光，从积极的方面去把握它的作用。

市场经济的负作用，相对于人与社会历史来说，无疑是一种否定性的价值，然而，我们也应看到，市场经济的积极作用与负作用不仅繁衍于相同的母体，是市场经济规律运动所表现出的不同形式，更应看到市场经济的负作用同时也是市场经济的巨大的积极作用得以表现的条件，在一定的意义上也可以说，它是以消极的形式为社会经济的发展与人自身的发展提供着发展的动力。在对待市场经济的积极作用与消极作用关系上，人们常常这样强调，决不能因市场经济的积极的历史作用而忽视它的消极作用，显然还是从纯粹消极的意义上去对待市场经济的负作用。但如果我们转换一下思维视角，沿着上述思路进行逆向性思考的话，我们就会看到市场经济的负作用中蕴含着一定的积极意义。

市场经济是以个体利益为本位的，追求个人自身利益的最大化是个人从事市场经济活动的出发点。虽然不可避免地会刺激个人物欲与利己欲的膨胀，但个人在追求自身利益的同时，也会不自觉地推动着社会利益的发展。英国古典经济学家亚当·斯密曾经提出过一个著名的"看不见的手"的原理，他认为，在市场经济的活动中，虽然每个人都是在力图运用他的资本来使其生产的产品得到最大的价值，个人活动的出发点并不是公共福利，而追求的仅仅是个人的利益，但当个人这样做时，有一只"看不见的手"引导他去促进社会的利益，其效果要比个人真正想要促进社会利益时的效果还要大。应该说，亚当·斯密的这一原理颇有见地，假如没有个人对自身利益的看重，也就不会有整个社会利益的发展。市场经济的发展，导致个人物欲膨胀的同时，也就在客观上为社会经济，尤其是社会生产力的发展提供了强大的动力。

市场经济是以等价的商品交换关系为基础的，这种等价的商品交换关系虽然将一切个人无一例外地置于物的力量的统治之下，使个人处于对物的依赖之中，但它同时也使个人从对人的依赖关系中解放出来，使个人获得独立化的客观前提。如果没有金钱权力取代人身权利，人身依附关系就不可能被打破，个人活动的自主性、个人的人格平等关系就无从谈起，更不可能有个人主体的形成。

　　市场经济的发展导致了个人发展的片面化，这对于个人来说是不幸的，它意味着个人多方面的潜能、能力与素质的被压抑、被埋没。但同时，通过这种个人发展片面化的方式，促进着由一个一个充分放大与发展的零件组装起来的社会生产这台机器系统的完善，从而大大地促进着社会生产力的发展。并且，个人发展的片面化与异质化还导致了人与人之间在其能力发展上的"自然等同状态"的打破，形成了具有不同能力特征、不同性格风采的个人，使人朝着个体化的方向发展与生成。如果没有因分工所引起的个人发展和片面化这个历史环节，个人就不可能从原始的"自然等同状态"中解脱出来，不可能有个体独立与个体化生成的历史进程的开始。

　　总之，对市场经济的负作用的把握，我们不能离开它的积极作用简单地直观，而应该具有历史的眼光，看到市场经济的积极作用与消极作用的共生性，它的积极作用通常是寓于它的负作用之中的。

四

　　对市场经济负作用作积极方面的把握，揭示它的必然性，以及它的正负作用的共生性是必然的，但还不够。市场经济的负作用虽然是自然经济的否定，具有瓦解自然经济社会状态的功能，但同时也具有促使市场经济超越自身的功能。从人类社会的历史演进的整个过程看，它具有为人到达全面而又自由发展的新阶段创造客观条件的作用。

首先，市场经济推动社会分工与人的活动的片面化，这种片面化的活动虽然必然性地导致人的个体生理器官的畸形放大，人的能力片面发展，但同时它则使由这些畸形放大的生理器官的零件综合与组装起来的社会生产的机器体系日趋完美，使得由人的片面发展的个体能力结合而成的社会总体的生产力获得巨大的发展。

其次，市场经济的优胜劣汰的竞争法则，虽然使个人处于物的依赖关系的统治之下，导致人们之间的利益的分离与对立，出现一部分人的发展以另一部分人的牺牲为代价的不幸现象，但这种残酷的竞争，则使整个社会经济的运行系统获得强大的动力。

社会经济与社会生产力的巨大发展，以及必然由此而导致的社会物质财富的极大增长，既创造着否定市场经济自身存在的基础与条件，从而为扬弃市场经济的负作用创造着条件，另一方面，它也为人自由而全面发展的历史阶段的到来，创造着客观的基础与前提。正如马克思曾经指出的："只有通过最大的损害个人的发展，才能在作为人类社会主义结构的序幕的历史时期，取得一般人的发展。"[1]"'人'类的才能的这种发展，虽然在开始时要靠牺牲多数的个人，甚至靠牺牲整个阶级，但最终会克服这种对抗，而同每个个人的发展相一致；因此，个性的比较高级的发展，只有以牺牲个人的历史过程为代价。"[2]

五

市场经济的负作用衍生于市场经济基本规律本身，具有必然性，对待市场经济的负作用不应采取浪漫主义态度，那么这是否意味着市场经济无需规范与无法规范？当然不是。无规范必然导致无序，无序必然导

---

[1] 《马克思恩格斯全集》第 4/ 卷，人民出版社 1979 年版，第 190 页。
[2] 《马克思恩格斯全集》第 26 卷（Ⅱ），人民出版社 1973 年版，第 124、125 页。

致混乱。对市场经济的发展采取放任自流的自由主义态度，通常会引起市场经济负作用的恶性膨胀与发展。而市场经济负作用的恶性膨胀与发展不仅有可能导致社会的公正危机与社会矛盾的加剧，还会危及市场经济本身的健康发展。

在关于市场经济要不要进行规范的问题上，在市场经济发展的历史上曾经有过自由主义与凯恩斯主义的对峙，但在今天的情况下，对市场经济进行规范的必要性应该说已成为人们的普遍性共识。然而，应如何对市场进行规范呢？对市场经济进行规范的目标是什么呢？这既是时下理论界存在着重大分歧的问题，也是我们思考市场经济发展时需要关注的问题。

有人认为，对市场经济的发展进行规范的目的就是要遵循趋利避害的原则，具体地说就是要充分发挥市场经济的积极作用，限制并消除市场经济的负作用。笔者认为，这种观点似乎颇有道理，但实际上值得推敲。我们姑且不论真正衍生于市场经济基本规律的负作用能否被限制与消除，假设能够被限制与消除的话，那么市场经济的积极作用与市场经济本身还能存在吗？笔者认为对市场经济的发展进行规范是必要的，但这规范不能笼统视作是对市场经济负作用的限制与消除。市场经济发展中所表现出来的负面影响，有些是衍生于市场经济规律本身的，是市场经济发展的必然产物，有些则是在市场经济规律的诱导下恶性膨胀的产物，并不是市场经济的必然产物，并且通常是市场经济发展的否定与背离。例如，在市场经济的活动中，追求个人利益的最大化是个人活动的出发点，但个人在追求个人利益时却有一个合理不合理的问题，对于那些通过自己的劳动致富的人来说，他的行为具有合理性，而对于那些采取坑蒙拐骗、巧取豪夺手段而致富的人来说，他的行为则不具有正当性。市场经济的竞争不可避免地会导致一定程度的两极分化，对于具有不同能力的人来说，即使大家都严格地遵循市场经济的活动规则，这种分化也具有必然性。然而，对于这种基于市场经济规律的必然性所产生的一定程度的两极分化，我们却不能轻易地采取限制与消除的作法。采取非经济的手段进行人为地拉平贫富差别的做法，不仅不符合市场经济的需求，而且是对市场经济规律的否定与破坏。但对于那种违背市场经济的等价交换原则，采取垄断、欺诈等手段致富，以及由此引发的两极分化则应采取限制甚至是消除的措施。笔者认为，对市场经济进行规范的目的，不应视作是对市场经济负面作用的限制与消除，而应理解为防止市场经济负作用的过度膨胀与泛滥。

所谓规范，最一般的含义就是确定界限，它既包含着允许，又包含着限制，是允许与限制的统一。在允许的范围内，人们的行为就具有正当性、合理性，在被允许的范围之外，人们的活动就具有不正当性与非合理性。问题是，规范必须有一个合理的标准。有人主张，对市场经济的规范应以是否有利于物质文明与精神文明的建设为坐标来确定。有人主张市场经济的规范应以"是否有利于发展生产力，是否有利于增强社会主义的综合国力，是否有利于提高人民的生活水平"，即邓小平同志关于判断改革开放是否成功的"三个有利于"的标准作为规范的坐标。但笔者认为，上述意见不仅过于笼统，而且还没有包含着对市场经济负面作用存在的合理性的明确肯认。笔者认为，对市场经济规范的坐标应是市场经济规律本身。具体地说，符合市场经济运行规律，有利于促进市场经济健康的行为，就具有正当性与合理性；违背市场经济运行的规律，破坏市场经济健康发展的行为就不具有正当性。不能离开市场经济的基本规律与要求来谈市场经济的活动规则，更不能用理想化的道德标准作为规范市场经济的坐标。

论市场经济意识的基本要素 *

从传统的以计划为主的经济转向以市场调节为主的经济，这是我国当前经济领域中的一个重大变革。要完成这一重大变革，使社会主义市场经济沿着健康的方向发展，继续坚定不移地推进经济体制改革，逐步地建立和完善一套适合中国国情的、行之有效的市场经济运行机制是必要的，但另一方面，努力培育全体国民的市场经济意识也是一个不容忽视的问题。一定的经济发展形式和经济运行机制，要求一定的经济意识或精神与之相适应，这既是唯物史观的一条基本原理，也是市场经济发展的必然要求。那么，所谓的市场经济意识包括哪些基本要素或内容呢？笔者认为大致可以概括为以下七个互相联系的方面：

（一）主体意识。市场经济实质上是商品经济的发达形态。市场经济与传统的计划经济的一个首要区别在于：在计划经济运行机制条件下，企业的主要任务是生产。至于生产什么？生产多少？生产出来的产品应如何销售？这是政府职能部门的事情。企业既不是真正的生产主体，也不是产品交换的主体，只不过是上级政府主管

＊　本文原发表于《学习与实践》1993 年第 8 期。

部门的附属物：它无需对自己的生产与经营活动承担实质性的义务与责任。在这种情况下，企业不可能具有主体意识，也无需具有主体意识。在市场经济的条件下，企业作为独立的经济活动的法人，再也不是政府或上级主管部门的附属物。企业在市场经济运行机制下，不仅要自行解决怎样生产的问题，还要自行地确定生产什么、生产多少、如何销售的问题。企业的一切经济活动都必须接受市场机制的制约和调节。在这种条件下，企业作为独立的经营法人和利益主体，必须对自己的一切经营活动承担全部责任，因此，市场经济对商品生产者与经营者的首要要求是：作为商品生产与商品交换的主体，必须具有高度的、自觉的主体意识。从宏观上讲，国民整体的主体意识的强与弱，关系到市场经济发展的快与慢；从微观上讲，单个的商品生产经营者或企业的主体意识的强与弱，关系到他在市场竞争中的成功与失败。

（二）开放意识。市场经济是社会化大生产的必然结果与要求。因此，市场经济具有高度开放性的特征。这种高度的开放性不仅表现在它必须打破地区之间、行业之间的自我封闭、条块分割的状态，使整个国内市场形成一种互相联系、相互依赖的统一大市场；而且还要求国内市场与国际市场相互接轨，将国内经济与国际经济相互融合，这种高度开放的经济迫使商品生产经营者必须面对国际、国内两个大市场的挑战，这就必须要求商品生产经营者应具有自觉的开放意识与心态。一方面，商品生产经营者应勇敢地接受国际国内市场的挑战，积极地参与市场的竞争；另一方面，也要善于学习国际国内的一切先进的科学技术和管理经验，有不怕别人竞争和挤进来的胸怀。有没有高度开放的意识与心态，是一个民族与国家是否成熟的重要标志，也是市场经济在宏观上获得发展的必备条件。

（三）效率意识。任何经济活动都不可能完全忽视效率。但在市场经济的情况下，效率是人们经济活动的重要目标。可以这样说，效率优先的原则是市场经济的一个最根本的原则。市场经济的基本要求是商品的交换遵循等价交换的价值规律，而不服从违背这一规律的其他要求与强制。作为商品生产经营者，要想在激烈的市场竞争中立于不败之地，就必须力争以最小的投入，求得最大的产出，以便使自己生产的产品所包含的劳动或成本等于或低于社会平均必要劳动量或成本，否则就难免在市场竞争中遭受失败。

（四）竞争意识。市场经济是一种以追求高效率与高收益为目标的经济，而这种高效率是在参与市场经济活动主体之间的激烈竞争中实现的。在市场经济中，各生产经营主体之间的竞争是多方面、全方位的竞争，它包括：原材料的竞争；科学技术的竞争；人才的竞争；管理的竞争；国际国内销售市场的竞争；信息的竞争；劳动生产率的竞争；产品质量的竞争；甚至包括广告、商标、企业知名度等宣传上的竞争。在市场经济中，商品生产经营者之间的竞争不仅是激烈的，而且是残酷的，任何怯懦与失误，都要品尝失败的苦果。因此，在市场经济中，参与市场经济活动的主体必须具备竞争意识，努力提高自己的竞争能力。

（五）风险意识。市场经济是一种以市场运行机制调节经济活动的经济。这种经济运行机制，既为各个经济活动主体之间的竞争提供了平等的条件，从而增强了经济发展的活力，也增加了竞争的自发性与风险性。因为，在市场经济活动中，起调节作用的除了价值决定机制外，还要受市场供求机制的制约。价值规律是在市场供求波动不定的状态中实现的，商品的价值与价格并不总是一致的，发生偏离和波动是正常的。价值决定机制与市场供求机制彼此相互作用，调节着社会的资源与劳动力的分配；制约着投资结构以及与此相适应的产业结构的变化。因此，市场经济带有明显的自发性质，政府的宏观调控虽能降低它的自发性的程度，但不可能从根本上消除自发性。这就要求一切市场经济活动的参加者具有自觉的风险意识。一方面，在投资决策和生产经营的过程中，不要陷入盲目性，必须科学预测和科学论证，防止因盲目行动而招致不应有的失败；另一方面，又要敢于冒风险，在进行科学预测与科学论证的基础上，勇于进行风险投资和风险经营，以获取风险利润与收入。

（六）创新意识。在市场经济的活动中，由于竞争激烈，它以一种自发性的外部压力，强制性地促进着产业结构的经常调整和产品的更新换代。常常是今天还是属于新兴的产业，过不了几年就变成了夕阳产业；昨天还是抢手的产品，今天则有可能变成滞销的产品。因此，要在市场经济中立于不败之地，必须要求从事市场经济活动的主体，除了有着善于学习和借鉴别人的成功经验的素质之外，还应具备开拓和创新的意识。一是应具有产品的创新意识，二是应有经营战略与策略的创新意识，以新的产品、新的经营招数出奇制胜。

（七）规则意识。市场经济不同于传统的计划经济。计划经济在本质上具有权力经济的特征，企业必须向政府主管部门负责，上级政府的指令是企业从事经济活动的依据，完成上级政府下达的生产或经营任务是企业活动的基本目标。市场经济在本质上则是一种法制性经济，从事市场经济活动的主体必须面对市场，积极参加市场的竞争。然而市场经济的竞争并不是一种无序的、没有规则的竞争，而是一种有着严格的规则的有序竞争。这就要求在市场经济中，立法与行政机关必须根据市场经济的规律与要求，制定出较为健全和完善的法律、法令作为市场经济运行和竞争的规则，并监督其规则的实施，做到违规者必究与受罚；另一方面，要求所有参加市场经济活动的主体有着自觉的规则意识，做到按规行事，不违规，避免不正当的无序竞争，以保证市场经济的有序发展。

市场经济与人的发展若干问题刍议 *

一

市场经济发展与人的发展间的关系究竟是一种什么样的关系：这是时下中国理论界的一个热门话题。围绕这一话题，形成了两种似乎完全相反的思路：一种思路主张，应以市场经济为立足点去思考人的发展与现代化的问题，认为没有市场经济的现代化，就不可能有人的发展与现代化，人是社会发展的产物，在市场经济与人的发展关系上，市场经济应是我们思维为之旋转的轴心；与此相反的一种思路则主张，社会的发展、经济的发展，终归取决于人的发展，没有人的全面发展与现代化，是不可能实现市场经济的健全与充分发展的，认为在市场与人的发展的关系上；人的发展应是我们思维为之旋转的轴心。

上述两种意见的对立，不免使人们想起了曾经困扰过 18 世纪法国唯物主义哲学家们的一个古老的难题：人与社会环境的关系问题。人在其历史发展的不同阶段上通常会展现出不同的形象，那么是什么原因导致着历史发展的不同阶段

---

* 本文原发表于《华中师范大学学报（人文社会科学）》1997 年第 2 期。

上的人的不同形象及彼此间的差别？18世纪的法国唯物主义哲学家们曾试图对此加以直观唯物主义的解释，认为这是社会历史变化使然，提出了人是环境与教育的产物的命题。然而，社会环境又何以会发生历史性的变化？换句话问，是什么力量推动着它的变化？这一困惑又迫使他们引出了"人创造环境"的命题。谈到人的发展、变化试图用环境的发展、变化去加以解释，而谈到社会环境的发展、变化时又试图以人的发展、变化去加以解释，在逻辑上陷入一种循环论证的怪圈。时下，当一些人试图以市场经济的发展为立足点去论证人的发展，认为只有随着市场经济的发展才能实现人的现代化与重塑；而另一些人则试图以人的发展为立足点去论证市场经济的发展，认为只有实现人的现代化与重塑才能实现市场经济健全而充分的发展时，人们似乎再次陷入18世纪法国唯物主义哲学家们曾经陷入过的循环论证的逻辑泥坑。

对于18世纪法国唯物主义哲学家们在环境与人的发展关系上所陷入的循环论证的逻辑困境，马克思主义经典作家曾进行过深刻的分析，认为他们不懂得社会生活在本质上是实践的，更不懂得"环境的改变和人的活动或自我改变的一致，只能被看做是并合理地理解为革命的实践"是其陷入困境不能自拔的原因①。笔者认为，马克思主义经典作家对18世纪法国唯物主义哲学家们的上述分析与批评，对我们思考市场经济发展与人的发展相互间的关系仍有启发意义，根据马克思实践唯物主义历史观所提供的思路，在思考市场经济与人的发展关系上，我们应以人的实践活动为思维辐射的轴心，进行辩证的思考，力戒线性因果式的思考。实际上，市场经济与人的发展之间的关系，不是一种单向度的因果关系，而是一种双向作用与互动的关系，我们不可能在二者之间真正找到一个谁先谁后的起点；市场经济的发展与人的发展都是在人的市场经济实践的基础上实现的，人通过自己的市场经济实践活动推动着市场经济发展的同时，也在推动着人自身的发展，而在推动着人的发展的

---

① 《马克思恩格斯文集》第1卷，人民出版社2009年版，第500页。

同时，也推动着市场经济的发展，市场经济重塑着人，而人也重塑着市场经济的发展，这是一个以人的实践活动为轴心的辩证统一过程。

二

人在社会主义市场经济中发展的主要趋势与目标是什么？这是个需要认真思考与澄清的问题。时下，不少人以马克思主义经典作家关于社会主义社会人的发展的论述为根据，认为在思考我国的社会主义现代化发展战略时，"就要以人为本或以人的全面发展为轴心"。笔者以为，对这种意见不宜随声附和。

不错，马克思主义经典作家在谈到社会主义社会的本质时，确实是将"人的全面而又自由的发展"视作是社会主义的本质规定之一，但我们在思考社会主义社会市场经济条件下人的发展问题时，对马克思主义经典作家的有关社会主义社会"人的全面发展"的思想不应以教条主义的方式不加思考地简单照搬与套用。首先我们目前正在努力建设的社会主义与马克思主义创始人早中期所设想的社会主义有着明显的差别。熟悉马克思思想发展史的人都知道，马克思主义创始人思想发展的早中期所设想的社会主义社会是以生产力的较高发展与人们的社会交往普遍化与世界化为基础的，马克思思想发展的后期在探索东方社会发展道路时，虽然提出过经济发展落后的民族与国家有可能跳过人类社会发展的某一个甚至是几个发展阶段而跨入社会主义发展阶段的思想，但在经济上落后的民族与国家跨入社会主义发展阶段后人的发展状况究竟如何？马克思还没作过（或许是还没来得及）探讨。我们目前正在建设的社会主义还只是社会主义的初级阶段，能否将马克思所设想的那种建立在生产力的较高发展与人们的社会交往普遍化与世界化基础上的社会发展的目标，作为处在初级阶段的社会主义追求的目标，这应是值得我们深思的问题。其次，由于马克思思想发展的早中期所设想的社会主义是建立在生产力的较高发展与人们的社会交往普遍化与世界化基础上的社会主义，因此，这种完全意义上的社会主义是扬弃了市场经济的社会主义，这与我们目前所处的初级阶段的社会主义也有明显的不同，扬弃了市场经济的完全意义上的社会主义的发展目标，能否作为仍处在市场经济发展阶段的社会主义的发展目标，也应是值得我们深思的问题。

笔者认为，探讨社会主义市场经济条件下的人的发展问题，不应抽象地从马克思主义经典作家有关社会主义本质的一般原则出发，而应从社会主义市场经济的具体实际出发，社会主义市场经济的发展离不开人的发展，但社会主义市场经济的发展也制约着人的发展，这是一个问题的两个方面，市场经济作为一种经济形式，有它自己的运行规律与要求，这规律与要求既制约着人的活动，也制约着人的发展。我们不否认市场经济是人的全面而自由发展的一个不可逾越的阶段，也不否认市场经济所确立的个人独立的原则、自由的原则、平等的原则、等价交换的原则以及开放的原则确为人的自由而全面的发展提供着一定程度的可能性。但从根本上说，却又为人的自由而全面的发展设置障碍。市场经济作为一种经济形式是奠基于价值规律基础上的，价值规律像一只看不见的手迫使人们以追求利益的最大化为自己活动的出发点，对于个人来说，要使自己在市场竞争中取胜或不败，就必须尽可能地限制自己的活动范围，干自己最拿手的工作，以提高劳动的熟练程度与劳动效率。市场经济既以分工为基础，也是推动社会分工朝着扩大化与细微化两个方面发展的强大杠杆。在市场经济条件下，将人的全面发展作为社会发展战略的目标，既不可能，也不利于市场经济的发展。资本主义市场经济也好，社会主义市场经济也好，只要市场经济这种经济形式还不能被人的实践所扬弃，人的发展就不可能是全面的。

笔者认为，时下的中国理论界，在探讨社会主义市场经济条件下人的发展问题时存在着一种浪漫主义倾向，误把属于社会主义发达阶段的目标当成了社会主义初级阶段的实践原则。

三

人究竟是目的，还是手段？这既是马克思主义人学研究中经常凸现出来的一个难题，也是人们在探讨社会主义市场经济条件下人的发展问题时遇到的一个意见不一的问题。

其实，这一问题的分歧在西方哲学发展史上由来已久。康德曾明确地首倡"人是目的"的主张，反对将人看作是神实现自己的目的的手段，或人实现自己的外在目的的工具或手段。康德之后的黑格尔却与之背道而驰。黑格尔从人类社会不过是绝对观念在一定发展阶段上的外在化这一思路出发，注重伦理的社会而看轻经验的个人，认为经验性存在的个人不过是伦理精神的物质承担者，而作为伦理精神的物质承担者，他不过是充当伦理精神实现自己的工具与手段。在20世纪西方哲学与伦理学的主潮中，康德的"人是目的"的思想较之黑格尔的经验的个人不过是充当伦理精神实现自己的工具与手段的思想受到更大的尊敬。

时下，人们在探讨社会主义市场经济与人的发展的关系的过程中，为了防止以单纯的物质财富的增长为唯一目标，忽视人自身的存在与发展的价值，经常发出"人是目的"的提醒与强调，笔者认为这种提醒与强调是有价值的，但同时认为，我们也不可能将这种提醒与强调推向极端与绝对化。首先我们在作上述的提醒与强调时不应将社会物质财富的增长、生产力的发展同人的发展作外在性的理解，将二者绝对地对立起来，因为生产力作为一种属人的存在与为人的存在，是人的本质力量的对象化。马克思曾经明确地指出："生产力和社会关系——这二者是社会个人的发展的不同方面。"[①] 其次，在作上述的提醒与强调时我们不应忘记市场经济这个基本前提。在市场经济的条件下，相对于个人来

---

① 《马克思恩格斯文集》第8卷，人民出版社2009年版，第197页。

说，他既不可能是作为单纯的手段而存在，也不可能作为单纯的目的而存在；而是既作为目的而存在，又作为手段而存在，是目的与手段的辩证统一。深刻的原因在于：市场经济是以社会分工的存在为前提与基础的，个人劳动转化为社会劳动是以商品交换为中介形式实现的。在商品生产与商品交换中，个人活动的目的虽然是为自己，但要使自己的活动得以实现，他必须首先为别人提供服务，充当他人实现自己活动目的的手段。正如马克思在谈到商品经济时曾指出的："每一个人为另一个人服务，目的是为自己服务；每一个人都把另一个人当作自己的手段互相利用。这两种情况在两个个人的意识中是这样出现的：（1）每个人只有作为另一个人的手段才能达到自己的目的；（2）每个人只有作为自我目的（自为的存在）才能成为另一个人的手段（为他的存在）；（3）每个人是手段同时又是目的，而且只有成为手段才能达到自己的目的，只有把自己当作自我目的的才能成为手段，也就是说，这个人只有为自己而存在才把自己变成为那个人而存在，而那个人只有为自己而存在才能把自己变成为这个人而存在，——这种相互关联是一个必然的事实，它作为交换的自然条件是交换的前提……"①

四

在市场经济条件下，人作为市场经济的主体应确立什么样的价值观念？这也是时下的中国理论界较为关注的一个问题。在近年来的有关社会主义市场经济与人的发展的研究中，有的同志提出了一个颇有新意，并为不少人所肯定的观点，认为在社会主义计划经济的条件下，人们奉行的是"权本位观念"，而在社会主义市场经济条件下，人们应树立"能力本位"的价值观念，对这种颇有新意的观点，笔者却不以为然。

---

① 《马克思恩格斯全集》第 46 卷（上），人民出版社 1979 年版，第 196 页。

为了弄清社会主义市场经济中的人应树立什么样的价值观念的问题，笔者以为我们首先要弄清人们"是"或者"会"以什么作为自己追求的价值目标的问题。虽然价值问题直接涉及的是"应该"的问题，但对于马克思主义哲学来说，应该的问题首先应以"是"的问题为基础，离开"是"的问题去谈"应该"便有陷入主观设定的危险。价值观应以科学观为基础，这是马克思主义哲学的一个基本原则。那么在市场经济活动中从事经济活动的主体究竟是以什么作为自己的活动目的或目标呢？要弄清这个问题，首先阐释一下马克思主义经典作家的有关论述也许是有益的。马克思在谈到人类社会发展的形态变化时曾以社会经济形式的不同为坐标，将人类社会经济形式的演进划分为三个大的阶段：自然经济阶段、商品经济阶段、时间经济阶段。并以此为基础将人的发展也相应地划分为三个发展阶段："人的依赖关系"阶段、"以物的依赖为基础的人的独立性"阶段、"自由个性"阶段。认为在上述第一个阶段中，人作为个体仍没有割断与社会共同体的脐带，共同体的利益高于一切，个人必须无条件地服从共同体利益的要求。因为共同体的存在，是所有个人存在的前提与基础，而个人对共同利益的服从，实际上是对保存自身生命存在需要的服从，因此，人们追求的是自己的生命价值。在商品经济或"人对物的依赖"阶段，个人割断了与共同体的脐带，获得了个体的独立性，但由于商品生产与交换的目的不是直接地表现为满足人们生活的需要，不是物的使用价值，而是为了交换价值，对物本身的拥有成为人们一切活动的出发点。在这个阶段上，不仅财富的尺度是对物的占有，而且，对物质财富的拥有成为人们追求的主要价值目标。只有在时间经济或人的自由个性的发展阶段上，由于生产力的高度发展，社会物质财富充分涌流，人们衡量财富的尺度发生了根本性的转换，不是对物质资料的拥有，而是对自由时间的拥有成为财富的尺度，并将自身全面而又自由的发展作为追求的最高价值目标。用马克思的另一句话说只有在"必然王国的彼岸"，即在"真正的自由王国"中"作为目的本身的人类能力的发挥"才能成为可能①。根据马克思所提供的思路，在人类发展的"自然必然性王国"阶段只能是以利益的追求作为价值本位，在"自然必然性王国"的自然经济阶段是以共同体的利益作为价值本位，在"自然必然性王国"的商品经济阶段是个人利益为本位，只有在"自由王国"的发展阶段上人们才有可能将人类自身能力的发展"作为目的本身"，即作为价值追求的本位。

诚然，我们的探讨不能单纯地从经典著作出发，更重要地应是从客观实际出发。但我们目前仍处于市场经济阶段，尽管我们努力建设的是社会主义市场经济，而不是一般的市场经济。然而，只要我们的社会经济的发展纳入市场经济运行的轨道，它就必须遵循市场经济的基本规律与要求。而人们在市场经济活动中的出发点是谋求自身利益的最大化，而不是以自身的能力的发展作为直接的价值目标。在市场经济中，个人从社会中索取的利益的份额，应取决于他的能力及贡献的大小，但能力只是人们追求利益的手段，而不是目的本身。在市场经济活动中，是利益作为一只"看不见的手"操纵着人们的活动，而不是能力的发展作为一只"看不见的手"在操纵着人们的活动。笔者无意看轻人的能力的发展对人的意义，但在市场经济条件下，个人的能力的发展既服从于个人的利益的追求，也是为个人对利益的追求服务的。

---

① 《马克思恩格斯文集》第 7 卷，人民出版社 2009 年版，第 929 页。

关于国家治理现代化的几个理念和几个观念 *

关于国家治理现代化问题，笔者想谈几个问题。

第一，国家治理现代化的问题。国家是一个政治概念，因此治理也是一个政治概念，在马克思主义的历史观里面这是一个无需争辩的问题，不能把国家治理跟国家管理混为一谈，管理带有技术性，治理是一个政治概念。

第二，现代化。国家治理的现代化，在这个现代化问题的理解上，我们重要的是要越过自由主义关于现代化的话语体系，在自由主义对现代化、现代性的理解中，它主要包括三个要素：现代资本主义、工业化、商品经济，这三个因素构成了自由主义的现代化和现代体系的基本含义，而我们讲的现代化就应该越过自由主义这个话语体系的陷阱，有的人也谈现代化，但是他谈的现代化，表达的是与资本主义接轨的一种思想，这就是一种陷阱。所谓现代化、现代性就是要符合时代的要求，用我们今天的话来说，我们要探究的现代化和现代性就是必须与中国特色社会主义道路联系在一起，这应该是我们对现代化、现代

---

* 本文原发表于《华中科技大学学报》2018 年第 4 期。

性的一种定义。现阶段发展的社会性质，有人认为，我们是一种新的文明，这种新的文明是多种因素的包容，或者是一种复合型的，这种说法是有一定道理，但是还不够准确。虽然我们今天所走的道路既吸收了西方资本主义的一些优秀因素，也吸收了中国传统文化中的因素，但是我们不能把今天的中国特色社会主义道路看成是各种因素的简单相加，看做是一个大杂烩。中国特色社会主义是一种普照的光，虽然我们吸收了西方文明，也吸收了中国古代文明，但是中国特色社会主义赋予了这些因素以中国特色社会主义的颜色。国家治理现代化是一个政治范畴，一定要和中国特色社会主义联系在一起。

国家治理现代化应贯彻一个什么样的理念？要贯彻科学性与正义性相统一、相平衡的理念。国家治理要实现现代化必须要有效率，这就涉及科学性的问题。科学性包括三个层面，一是要符合历史发展的必然性。不能离开中国的具体条件、当前的国情，换言之，必须从当代中国的国情出发，从当代中国发展的历史要求出发；二是治理的方法要具有科学性；三是国家治理的手段也要具有科学性，要尽量采用现代科学技术来为我们提供物质手段。我们在强调科学性的同时，还应该强调正义性，将科学性与正义性相统一、相平衡起来。科学并不一定导致正义，我们不要认为具有了科学性就具有了正义性，科学和正义之间有时也会发生矛盾，比如说运用现代科学技术手段对城市进行治理的时候，会不会涉及对个人权利的侵蚀呢？我们在治理的时候，强调规范性的时候会不会损害某些群众的利益呢？这就涉及正义性的问题。

在国家治理现代化的背景下，我们应将人民群众视为国家治理的主体，而不仅仅是治理的对象。国家治理现代化的目的，不仅仅是社会的稳定、人民群众的服从，更应该是通过治理现代化调动人民群众的积极性。

国家治理现代化是一个历史性的概念，现代化永远在路上，一方面要实现国家治理现代化就必须坚持实践创新的观点，没有创新就没有实践；另一方面，我们强调实践创新，这个创新的成果必须以法律的形式来加以表达，既强调实践创新，又要强调依法治国。

构建人类命运共同体 *

一

第二次世界大战以后，世界资本主义的发展进入到一个新的转折阶段，布雷顿森林体系的建立，美国马歇尔计划的实施，使美国取代英国成为资本主义头号强国。美国不仅凭借二战战胜国的地位以及强大军事实力，确立起军事霸权的地位，而且也凭借经济实力与金融实力确立了在世界资本主义体系中以美元为储备与结算货币的美元霸权地位。从20世纪40年代末到20世纪末，世界资本主义获得了一个相对稳定的和平与扩张时期。这一时期，在美国的引领与推动下，以美国为首的资本主义世界不仅从惨遭破坏的状态下恢复过来并获得了长足的发展，而且使资本主义世界各国的经济联系呈现出紧密化、一体化、有机化的态势与趋势。但在柏林墙倒塌、苏东剧变之前，经济发展的紧密化、一体化、有机化的态势与趋势仅限于资本主义世界范围内，并不存在真正意义上的全球化。冷战结束后，在市场经济和以信息技术为核心的当代科学技术革命的双重

---

* 本文原发表于《理伦与现代化》2017 年第 4 期。

推动下，反映贸易自由化、便利化要求的贸易规则的建立与世界贸易体系的形成，以及中国加入关贸总协定与市场经济体系的建立和不断发展、完善，世界才迎来了一个真正意义上的经济全球化时代。当今世界，全球化不仅是各民族语言中使用频率最高的语词，更是当前世界历史发展的现实。

经济全球化给世界带来的改变是明显与深刻的。其一，这种改变首先表现在经济的发展上。经济全球化使经济发展所需的人流、物流、资金流、信息流不仅在全世界的范围流动，而且流动的速度与频率不断加快；分工、投资、资源配置呈现出全球化的趋势；贸易自由化、便利化的程度不断提高，商品生产与商品交换日益失去其地域性的特点与性质。推动与促进经济全球化的基础与动力是市场经济与当代新科学技术革命，而经济全球化的发展又反过来成为推动市场经济与科学技术发展的强大动力与杠杆。其二，经济全球化对世界的改变还表现在对世界历史性质的改变上。在经济全球化的条件下，由于商品生产与商品交换日益打破民族与地域的限制与局限性，逐渐失去了它的地域性特点，因而也就在实质上使各个国家与民族的历史由一种地域的历史转变为一种世界性的历史。其三，经济全球化对世界的改变还表现在对世界格局的改变上。从历史经验事实的维度上看，以美国为首的西方发达资本主义国家既是经济全球化的始作俑者，也是经济全球化的主要主导者与推动者。西方发达国家推动经济全球化发展的初心，虽然一方面是出于资本追求利润的本能，正如马克思、恩格斯在《共产党宣言》曾经指出的：“不断扩大产品销路的需要，驱使资产阶级奔走于全球各地。它必须到处落户，到处开发，到处建立联系。”[①]另一方面，发达资本主义国家也试图借助经济全球化的发展，输出它们的经济政治制度，以及与资本主义经济政治制度相一致的文化、价值观念，将整个世界纳入资本主义发展的轨道。然而，经济全球化在推动世界经济一体化、市场世界化，将

---

① 《马克思恩格斯文集》第 2 卷，人民出版社 2009 年版，第 35 页。

越来越多的国家与地域卷入全球化范围的同时，也带来了西方发达国家在推动经济全球化初心中没有想到或预测到的后果。经济全球化的一个重要并具有积极意义的成果，是使一些原本属于贫穷落后的国家与民族转变为发展中的国家与民族，并使发展中国家原本只是作为资源的供应地与产品的倾销地转变为发达国家的竞争者。可以说，"发展中国家"是经济全球化生产出来的一个特殊名词或概念。

正因为西方发达资本主义国家是当代经济全球化的始作俑者，游戏规则的主要制定者，全球化过程的推动者与主导者，因而，它也就不可避免地使全球化打上了鲜明的资本主义印迹。经济的全球化虽然推动与加速了世界经济一体化进程，促进了贸易的自由化与便利化，使世界各民族与国家间的经济联系日益密切，各民族与国家的历史越来越呈现出世界历史的特点与性质，然而经济的全球化带给世界的并不全是礼物，它同时也产生了一些消极的负面影响与效应。

一个不争的事实是经济的全球化不仅没有使资本主义经济本身所固有的各种内在性矛盾得以消除，反而使之更加激化与尖锐化。经济全球化发展的成果不仅没有为大多数人，更不用说为所有人所共享，反而加快了社会财富日益向少数人手中聚集的速度，社会贫富差距与分化的鸿沟日趋扩大。在经济全球化的条件下，资本主义经济固有的资本与财富日益向少数人手中集中的趋势呈现出几何级数扩张的态势。如果说在资本主义先前的发展阶段上，资本与财富是日益向少数人手上集中，到今天，这个社会中的少数则变成了社会中的1%。前几年，美国爆发的"占领华尔街"运动，关于1%与99%人群的区分，便是资本与财富向少数人手中加速集中的真实例证。更为重要的是，经济全球化进一步加剧了资本主义经济所固有的内在矛盾与周期性的经济危机，使危机的范围更广，震动的幅度更大，应对危机的办法越来越少。本来，发达资本主义国家推动经济全球化的本意与初心是为了扩展资本与商品的市场，为增加的资本与过剩的商品寻找出路，但在经济全球化的实际过程中，由于发达资本主义国家人工成本高，产品缺乏成本的比较优势与竞争力，其实际结果是，随着资本的输出带来的是自身产业的空心化与就业岗位的流失，资本的脱实向虚。爆发于 2008 年，由美国的次贷危机引发的，继而席卷全球的金融危机，在本质上，不过是资本主义所固有的周期性的经济危机在经济全球化条件下的一种新的表现形式。这次危机波及的范围之广、危害之大前所未见，它不仅重创了美国，重创了欧洲，而且重创了整个世界。

二

经济全球化的历史表明，由发达资本主义国家主导的经济全球化，确实存在着许多不容忽视的问题或者消极的效应，对这些问题或消极效应进行理性的反思，以求经济全球化沿着正确的方向与轨道行稳致远，不仅是应该的，更是必须的。应该说人们对经济全球化各种维度的反思，就其反思本身而言是无可厚非的，并是值得肯定的。但需指出与强调的是，在时下对经济全球化各种维度的反思中，也产生与存在一些令人担忧，并应警惕的情况或现象：其一，是民粹主义的兴起；其二，是反全球化与逆全球化思潮的暗流涌动与蔓延。在当下的世界中，尤其是在西方发达资本主义国家中产生与出现的诸如美国特朗普当选总统、英国脱欧、欧洲极右翼政党的崛起与活跃，以及此起彼伏、日渐成势的反移民、反全球化的游行、集会之类的所谓抗议活动，在本质上，都不过是民粹主义思潮与逆全球化思潮在政治与经济上的一种反应与表达。

不可否认，民粹主义与逆全球化或反全球思潮在当下的产生与蔓延并不是无缘无故的，而是有其客观存在的经济与政治的原因与基础。但问题是，对于那些具有民粹主义与反全球化思想倾向的人们来说，他们只是看到了事物的现象，缺乏对事物本质的洞察与认知。确切地说，他们看到的只是经济全球化过程中呈现出的负面效应，却没有找到导致这些病态产生的真实病因，以至于开出了治疗疾病不对症的错误药方。一些人因直观的错觉，简单地将自身状况的恶化归因于经济全球化；还有一些人因其半是无知半是偏见地将自身状况恶化归罪于以中国为代表的发展中国家的崛起，错觉性地认为，他们的失业是中国人的竞争抢走了他们的工作岗位，他们的生活水平的降低与生存状况的恶化是全球化的原因使资本与财富流向了以中国为代表的发展中国家。他们没有认识到，或因长期形成与积淀的认知的思维定势使他们也不可能认识到，经济全球化所产生的种种弊端与负面效应，只是资本主导下的经济全球化的必然结果，而不是经济全球化本身所带来的必然结果。经济全球化在本质上，有利于世界各国的经济体系之间的互联互通与优势互补，有利于各种经济要素与经济资源更加有效率的配置，尤其是贸易的自由化、便利化、全球化有利于经济效率与效益以及社会物质财富总量的提高与增加。至于经济全球化所带来的社会物质财富在社会成员中如何进行分配，是否能为所有的社会成员共享，则是由社会生产方式和生产关系性质决定的，而不是由经济全球化过程本身决定的。在当下的经济全球化过程中，之所以会出现资本与财富加速向1%的人的手中集中，出现社会相对贫困化日趋加剧的现象，根本性的原因在于当下的全球化是由发达的资本主义国家主导的。社会贫富分化是资本逻辑运行的必然结果，而不是经济全球化的必然结果。因此，要走出当前经济全球化所陷入的困境，避免与消除经济全球化所带来的负面效应，需要改变的是资本的力量对经济全球化的主导与支配，而不是将婴儿与洗澡水一起倒掉。

如前所述，经济全球化的基础与推动力是市场经济与当代科学技术革命，而且其结果在总体上是有利于社会生产力的发展与社会历史进步的，因而，只要经济全球化的客观基础没有改变与消失，经济全球化的总体发展趋势就不会改变，这是历史发展的必然性。各种各样的以孤立主义、贸易保护主义为表现形式的反全球化的思潮与运动，或许可以使经济全球化的进程受到某种程度的暂时干扰与威胁，甚至会使经济全球化速度放慢，但它的总体趋势是不可逆转的。正像生活于现代文明社会中的人们，有时也会怀念原始社会的自然状态，但真正愿意从楼房搬进窑洞与草屋的却极其鲜见一样，对于享受了经济全球化红利和好处的绝大多数的人们来说，再让他们回到孤立封闭状态中也几乎是不可能的。人们对经济全球化应抱有坚定的信念与信心。另一方面，时下的民粹主义与反全球化思潮的兴起，也并不是毫无积极意义。因为它们揭露的经济全球化过程中所存在的种种弊端，毕竟是客观存在的经验事实。在一定意义上说，时下的民粹主义与全球化思潮的兴起，客观上为我们提供了一个重要启示，经济全球化究竟应沿着什么样的方向与道路前进，确实是一个重要与重大的问题。经济全球化如果继续由发达资本主义国家支配与主导，继续遵循资本的逻辑运行确实是不可持续的。有人将特朗普视作是西方世界的另类，将他提出的"美国优先"的口号视作是一种孤立主义与贸易保护主义口号，这样的评价与解读是有失公允的，也是一种误读。个人优先，追求个人利益的最大化，这是自由主义理论的基本原则，也是资本逐性本性的自然表达。"美国优先"的口号不过是个人优先口号的放大版。特朗普本人是一个典型的且成功的资本家，是一个既典型也传统的自由主义者。如果说他与其他自由主义者有什么不同的话，那也只是他对自由主义的表达过于直白和露骨了些，缺乏一些打扮与包装。回顾到目前为止的经济全球化的历史，西方发达国家什么时候优先考虑的不是资本的利益，而是社会弱势群体的利益？在他们主导制定的维持经济运行的规则中，有多少优先考虑的不是自己的优先，而是发展中国家的优先？即使有也少得可怜，而且也是迫于发展中国家的压力，或是最终为了实现自己的利益。2008 年爆发的、时下还在延续的人类历史上最大也最深刻的金融经济危机表明，要使经济全球化进程不中断与逆转，行稳致远，就必须改变经济全球化的主导力量、价值取向与发展方向。"构建人类命运共同体"，是习近平同志于 2013 年在莫斯科国际关系学院首次提出的，并在以后几年里反复强调与阐释的应对反全球化思潮的挑战、引领经济全球化沿着正确方向正确轨道健康发展行稳致远的新理念新思想，它是就经济全球化如何摆脱目前的困境，如何科学正确地发展问题所发出的中国声音，所提出的中国主张与中国方案，是建立在马克思主义世界观与方法论基础上的新理念新思想，既符合历史趋势也符合人类整体利益。

三

在人类社会发展的历史上曾经存在过各种各样的共同体，有基于经济利益、政治利益一致的共同体；有基于文化与价值观大致相似而形成的共同体；有基于共同的文字与语言、种族的血缘联系、相似的风俗与习惯而形成的共同体；还有的是基于职业的相似、生活方式的相似、兴趣与爱好的相似，基于规则的认同而形成的共同体。有些共同体是真实的，但也有些共同体是虚幻的。"人类命运共同体"不同于人类历史曾经存在过的绝大多数共同体，后者通常是属于特殊人群、特殊集团构成的共同体。这种共同体不仅通常具有圈子与集团的性质，而且在价值诉求上，通常具有排他性，追求的是圈子与集团的利益，而不是所有人的共同利益。"人类命运共同体"的主体是整个人类，所谓整个人类既包括现实世界中的人类，也包括未来世界中的人类，不是指某些圈子和集团。"人类命运共同体"追求的是涉及人类命运前途上的，诸如，相互关系、安全格局、经济发展、文明交流、生态文明等根本利益的共同发展、合作共赢、可持续发展与包容性发展。"构建人类命运共同体"的思想理念是符合市场经济与经济全球化本质要求的思想理念。市场经济是经济全球化的基础，也是推动经济全球化发展的动力与杠杆，经济全球化既是市场经济的必然要求，也是其发展的产物与结果。市场经济与经济全球化是互相依存与互相促进的，没有市场经济的存在，就没有经济全球化的生成与发生，没有经济的全球化也不会有市场经济的充分发展。在一定意义上说，经济全球化的发展程度也是衡量市场经济发展程度的标尺。要真正实现市场经济与经济全球化的良性互动、协调发展，就必须抛弃自己利益优先或"美国优先"等一类的自由主义思想理念，走"构建人类命运共同体"的道路。具体地说就是走共同发展与合作共赢之路，使每一个国家与民族都能在经济全球化中获得发展，每一个社会成员都能分享到经济全球化带来的利益与好处。只强调自己的利益优先，自己国家的利益优先，以牺牲别人利益与别的国家的利益来实现自己的利益与自己国家的利益，诉诸一种你败我胜、零和博弈的思维方式，其最终的结果必然是谁都无法实现自己的优先。资本主义市场经济的历史已经充分暴露出，无论是从自己的利益出发，还是自己国家的利益出发，无论是强调个人利益优先，还是强调"美国优先"，走的都是一条周期性的经济危机一次比一次更剧烈，应对危机的办法与手段越来越少的死路。道理其实很简单，自己要发展，也必然让别人发展，想自己获利，也必须让别人有利。当谁都想自己优先，并诉诸零和博弈的方式确保自己优先地位的情况下，最终的结果是谁也无法实现真正的优先。即使是暂时性的获得优先，最终还是会失败。因此，"构建人类命运共同体"的新思想新理念决不是毫无根据仅凭理想与愿望虚构出来的"乌托邦"，而是基于对市场经济与经济全球化本质要求与发展规律的深刻把握所作出的一个科学判断。

"构建人类命运共同体"虽然是以习近平同志为核心的中国共产党为摆脱经济全球化带来的困境与挑战所开出的有效药方，是引领经济全球化健康发展、行稳致远的新思想新理念，但这个新思想新理念的理论基础却是马克思主义的世界观与方法论。是"美国优先"，还是走"构建人类命运共同体"的道路，二者之间的差异从理论基础的维度上看，反映与表达的也是一种世界观与方法论或历史观与价值观的差异，正如特朗普提出的"美国优先"的思想与主张，不过是自由主义的基本原则——个人利益优先——的放大版一样，而"构建人类命运共同体"的思想，无疑贯彻着马克思主义历史观与价值观的基本原则。在马克思历史观的理论逻辑中，人类的历史必然是从地域性的历史转变为世界性的历史，个人的命运、阶级的命运、民族与国家的命运最终是与人类社会历史，与整个人类命运联系在一起的，无产阶级如果不首先解放全人类，最终也不能实现自己阶级的解放。

诚然，我们也应该看到与承认，由于历史与现实的原因，不仅同一社会中的个人之间存在差异，而且各个民族与国家之间也存在着差异，就民族与国家间的差异而言，既有社会制度不同的差异，也有经济发展程度不平衡与文明发展阶段上的差异，同时还有文化传统上的差异，并且某些方面的差异还是明显与巨大的。这些差异的存在，也就必然地使经济全球化的过程出现各种各样的矛盾与分歧。但这些矛盾与分歧不仅不应成为否定"构建人类命运共同体"的可能性的理由与根据，恰恰相反，正因为差异、矛盾、分歧的存在，人类社会才需要用"构建人类命运共同体"的思想与方法，去化解矛盾、减少分歧、缩小差异。在推进经济全球化的过程中，应彻底地抛弃"不是东风压倒西风就是西风压倒东风""美国优先"、零和博弈的思维方式，走共商、共建、共享，"不冲突，不对抗"，合作共赢，包容性发展之路。唯有如此，人类才能沿着正确方向前进，才能赢得一个美好的未来。

道德误读的若干辨析 *

一

人类作为一种族类存在物的存在，其现实性的生活呈现出的是一种规范性的生活，规范对于人类的存在与历史延续的作用是无需争辩与申述的。在一定的意义上说，社会规范既是人们之间的社会联系与社会关系生成的黏合剂，同时也是人们的社会生活得以可能的基础与保障。不论人类社会如何发展，历史如何进步，也不论人的素质有多高与多好，有一点应是确立的，一切社会生活都不能缺少社会规范的约束。深刻的原因在于，社会是由个人组成的，而在社会中生活的个人，不仅在兴趣、爱好、性格与认识水平上存在着差别与差异，更为重要的是彼此之间还存在着各种各样利益的差异与冲突。社会规范的作用在于：一方面它为个人行为或活动的选择提供一个禁止与允许的参照性坐标，另一方面也为不同个人之间的各种矛盾与冲突提供一个化解与缓和的参照性尺度。在不同的社会形态中，在不同的历史发展阶段上，社会规范在内容与形式上无疑会

---

* 本文原发表于《马克思主义研究》2015 年第 9 期。

发生变化，虽然任何社会规范都具有历史的性质，但任何社会都不可缺少社会规范，这一点恐怕是不变的。

社会规范在形式上可以大致区分为下列五种不同的类型：风俗习惯、规章制度、法律、道德、文化。从发生学的维度看，风俗与习俗是一切社会规范产生的历史源头，也是一切社会规范生成的基础。人类学的历史证明，在人类历史的初期阶段，人类共同体中存在的唯一规范便是风俗与习惯，在那个阶段上，风俗与习惯既是人们行为的唯一准则，也是共同体得以维系的唯一基石。只是随着私有制阶段出现后国家的产生，社会规范才形成了分化与多样化，虽然风俗与习惯在人们的社会生活中得以保留与存在着，但在作用上逐渐地退居于次要地位，而制度、法律、道德日益成为主要的规范形式。在一个存在着利益冲突与矛盾的社会中，人们的社会生活的可能性，不仅需要规章制度与法律等具有唯一性的、排他性的、强制性的与硬约束性的社会规范，同时也需要具有教化性、劝导性与软约束性的道德与文化等类型的社会规范。因为，社会越发展，文明进化的程度越高，社会生活就越复杂，社会的矛盾与冲突愈具有多样性与复杂性的特征。在一个存在着利益多元与矛盾冲突的社会中，没有制度、法律等硬性约束的社会规范的存在，社会难保不因某些人的任意而陷于混乱与无序。但一个有序与健全的社会，也不能将一切社会规范刚性化，社会规范的刚性化，通常会压缩个人自由的空间，给人一种严酷压抑的感受。放任与混乱的社会与严酷与感受压抑的社会生活，无疑都不是人们所希望的生活，这样的生活即便是可能的，也不是有序与健全的。

社会的治理不能允许道德的缺位，人应该做一个有道德的人，过一种符合道德要求的生活，即使是极端的制度主义者与法治主义者，也不会否定道德在维系社会生活正常运行与延续中的价值。然而，何谓道德？什么样的行为才可配称道德？评价与衡量人们的行为是否道德的标准或尺度是什么？每当人们直面这一问题时，不仅共识不再，而且讼争不断。一部伦理学思想史在一定的意义上可以简约地视之为一部不同的伦理学派的讼争史，而在道德的认知上之所以存在不同的伦理学派，直接原因首先在于，不同的伦理学派对评价或衡量道德的标准与尺度诉诸着不同的理解与诠释。深层的或根本性的原因则在于，道德作为一种历史现象，对它的本质、功能、生成基础与演变规律把握与阐释通常要受到历史观的制约。不同的历史观决定着不同的道德观，不同的道德观决定着对道德的不同理解与诠释，这不仅表现为一种逻辑的演绎，更是历史的经验事实的反映与表达。

道德是一种属人的存在，也是一种为人的存在，用一句类似于康德式的话语加以表达的话，可将其表达为人为自己的立法。道德作为一种人为自己的立法，其目的是为人们的行为选择确立一个准则或参照坐标，使人的社会生活得以可能。在通常的意义上，个人的行为是否具有德性价值，是由其个人行为与社会的道德规范的要求之间的关系加以确认与判定的，更确切些说个人的行为必须符合社会的道德规范的要求才具有德性价值，相反的情况是不具有道德价值的。然而，道德规范作为一种道德立法，它的立法基础与根据又是什么呢？换句话问，道德规范是如何形成的？它的合理性或正当性又应如何加以确认与判定呢？是否存在着普遍同意与永恒不变的道德规范或道德标准呢？在马克思主义历史观与道德观诞生之前，尽管历史上的思想家们对此进行过不懈的思索，有过激烈的争辩与竞争，遗留下各种各样的道德体系，但有一点却是相似的，即都试图为人们的德性行为寻找到或确立一个普遍有效与具有永恒真理性质的道德标准。无论是各种形式的经验主义道德观也好，还是各种形式的理性主义的道德观也好，由于没有真正弄清道德的本质及其生成的客观基础，对道德的本质、目的与衡量的标准，要么诉诸人的"幸福""快乐""人的自我实现""人的种族的自我保存""最大多数人的最大利益或最大幸福"等功利性价值的理解，要么诉诸"理性""良心""善良意志""完满性与崇高性"等至善性价值的理解，因而，从根本性质上看，都具有抽象的性质。

在马克思历史观与道德观的视野里，道德是属于社会的上层建筑领域的范畴，道德规范同其他社会规范的生成与演变一样，从归根到底的意义上看，是由社会的经济基础决定的，这是马克思唯物主义历史观的最基本的原理。在《德意志意识形态》中，马克思恩格斯曾明确地写道："这种历史观就在于：从直接生活的物质生产出发阐述现实的生产过程，把同这种生产方式相联系的、它所产生的交往形式即各个不同阶段上的市民社会理解为整个历史的基础，从市民社会作为国家的活动描述市民社会，同时从市民社会出发阐明意识的所有各种不同的理论产物和形式，如宗教、哲学、道德等等，而且追溯它们产生的过程。"① 马克思还指出："人们在自己生活的社会生产中发生一定的、必然的、不以他们的意志为转移的关系，即同他们的物质生产力的一定发展阶段相适合的生产关系。这些生产关系的总和构成社会的经济结构，即有法律的和政治的上层建筑竖立其上并有一定的社会意识形式与之相适应的现实基础。"② 道德作为社会意识的一种意识形式之所以是由社会的经济基础决定的，深层的原因在于："人们自觉地或不自觉地，归根到底总是从他们阶级地位所依据的实际关系中——从他们进行生产和交换的经济关系中，获得自己的伦理观念。"③ 即是说社会的伦理观念以及以伦理观念为基础形成的道德规范从归根到底的意义上反映与表达的是生产方式与交换方式的要求，并为其服务。不同的阶级有不同的道德观与伦理观念，因为不同的阶级在社会的生产方式与交换方式中处于不同的地位与具有不同的利益诉求，社会中占主导地位的伦理观念，通常是在社会的生产方式与交换方式中占主导的阶级或统治阶级的伦理观念。即是说，有什么样的生产方式与交换方式，就会生成与之相适应的道德观念与道德规范，社会的生产方式与交换方式发生了变更，社会的伦理观念与道德规范也会或快或慢地发生改变与变更，这是道德发展与演进的基本规律，这个基本性的规律可以在无数的历史经验事实中得到证明。

---

① 《马克思恩格斯文集》第 1 卷，人民出版社 2009 年版，第 544 页。
② 《马克思恩格斯文集》第 2 卷，人民出版社 2009 年版，第 591 页。
③ 《马克思恩格斯文集》第 9 卷，人民出版社 2009 年版，第 99 页。

道德是历史的，不存在永恒不变的伦理观念与道德规范。在私有制存在的社会里，禁止抢劫与偷盗就会成为一种道德规范，所有民族的历史都不可能有特殊性的例外，因为如果抢劫与偷盗不被禁止而被允许，私有制与私有财产的存在就会成为不可能。当私有财产不再存在时，"切勿偷盗"的道德命令就会成为多余的了。在市场经济的社会中，诚信之所以被确认为一种不可违反的道德规范，是因为没有诚信，契约便不会得到遵守，假如契约只是一纸空文，市场经济的存在便成为不可能。在农耕社会与等级制社会中，所有的民族都会将保持忠诚、尊崇荣誉视作是一种伦理观念与道德规范，那是因为"忠诚"与"荣誉"的观念都有利于等级制社会关系的维持与巩固。在资本主义社会，自由的观念、平等的观念之所以被看重与获得推崇，根本性的原因在于，没有人的自由与人们之间的相互人格与地位上的某种平等，商品生产与商品交换的存在就会成为不可能。社会的伦理观念与道德规范之所以是历史的、变动的，并且其改变与演进是有规律的，深刻的原因在于，道德生成的基础，尤其是社会的生产方式与交换方式是历史的、变动与发展的，并且其变动与发展是按一定的规律性进行的。

二

　　法律是他律的，也是自律的，这在于法律与道德有着不同的生成方式与存在形式。首先，法律的生成是以权力的意志为基础的，道德的生成具有自发性的性质。其次，法律是以条文与文字的形式刻在纸上的，道德是以非文字的形式刻在人们心上的。更为重要的是，法律与道德的贯彻与被遵守依赖于不同的条件与基础，法律的被遵守依赖于外在力量的强制与人们对刑罚的敬畏与恐惧，而道德的被遵守依赖于人们的良心与自觉。自康德、黑格尔以降，这似乎是绝大多数思想家们在论及法律与道德间的区别时所表达的一个类似于经典与教条式的共识。即使在时下的许多伦理学的著作与论文中，人们依然能频频见到上述观点或思想的反复性重述与重申。那么，法律规范的形成与被遵守是否完全具有他律的性质，而不依赖于人们的自觉与自律？道德规范的形成与被遵守是否意味着完全依赖于人们的主观意向与良心的自律，而不反映社会生活的需要与外部力量的约束或强制？本人认为，无论是从思考的理论逻辑的维度看，还是从人们的社会生活的实践的维度看，上述观点都是成疑的。

道德规范的形成与被遵守仅仅依赖于人们精神的自觉与良心的自律，而不受外部社会与历史因素的制约和外部力量的强制吗？如果是的话，那不禁要问，作为人们行为应该的参照坐标或衡量人们的行为是否正当与是否具有德性价值的道德规范是如何形成的以及在什么基础上形成的？在所有规范伦理学的理论逻辑中，人的行为的德性价值是由其道德规范加以核准的，具体地说，人的行为契合社会确认的道德规范的要求即具有德性价值，否则就不具有道德价值。然而社会的道德规范又是在什么样的基础上形成的？所有存在的道德规范是否都是合理的？存不存在着是否合理的问题？如果存在着合理与不合理的问题，那判别其合理与否的尺度与坐标又是什么？如前所述，尽管不同的历史观与道德观对上述问题会有不同的回答，但在马克思的历史观与道德观的理论逻辑中，道德作为一种思想上层建筑，从根本上说，它反映的是社会经济基础的要求，并为社会经济基础服务。不同的生产方式与交换方式的基础上生成不同的道德观念与形成不同的道德规范，随着社会的生产方式与交换方式的改变，从而使社会的经济基础发生改变，从而使社会的道德观念与道德规范也或快或慢地发生改变。在特定的历史阶段上与在特定社会形态中，占主导地位的道德观念与道德规范通常是占主导地位的生产方式与交换方式客观要求的反映，这是人类社会历史中一再重复的现象，是无可争辩的经验性事实。而从这一重复性的历史现象与无可争辩的经验性事实中，是不难得出如下的无可争辩的合乎逻辑的结论：人们的道德观念与社会道德规范的形成，并不是人们主观意志任意的结果，而是由社会的经济基础的性质，归根到底，是由社会的生产方式与交换方式的性质决定的。一切社会历史性的规范都有其生成的基础，都要反映社会发展的历史必然性要求，因而都具有他律的特点，道德规范的生成也不例外。从道德规范的贯彻与被遵守的方面看，道德规范转化为人们的德性行为，也不是完全依赖于人们的自觉与自律，而实际上也有外在的强制与他律的作用。社会的道德规范通常反映的是社会占主导地位的经济基础的要求，维护的是社会整体的利益，而个人利益与社会整体的利益并不总是一致的，尤其在私有制与阶级存在的社会里，个人利益与社会整体利益的矛盾与冲突几乎是不可避免的。在社会利益多元的情况下，社会中的个人所持的道德观通常也是多元的，而在社会道德观多元的情况下，为了确保社会的主流道德观的贯彻与社会道德规范的被遵守，不仅需要对个人进行持久性的道德教育与宣传，同时也需要必要的道德监督与道德制裁。

道德不是绝对的自律，无论是道德规范的确立，还是人的德性品格的形成，都离不开他律的作用。同样，法律也不是绝对的他律，无论是法律规范的确立，还是法律的被遵守，也都离不开社会成员的自觉与自律。虽然，相对于道德而言，法律规范的强制力更为刚性，因为法律作为政治上层建筑，它与社会经济基础的关系更为直接，也更为直接地反映着社会经济基础的要求。但法律是人制定的，法律精神与规范的确立是否符合社会经济基础的要求，既与人们对社会历史发展的必然性的认知分不开，也与人们对法治意识与法律精神的自觉程度分不开。不是所有的法律都是好的，法律也存在着优与劣、良与恶的比较与区分，而良法的形成与恶法的革弃都与人们对法律精神的认知与自觉和自律分不开的。不仅法律规范的生成离不开人们的法治意识与法律精神的自觉与自律，法律的贯彻与法律价值的实现同样离不开人们的法治意识与法律精神的自觉与自律。法律的贯彻与实施虽然伴随着刑罚的保障，但刑罚只是保障法治实现的手段，而不是目的，完全依赖于人们对刑罚制裁的恐惧，而不依赖于人们对法律价值的信念与守法的自觉与自律的法治秩序是难以想象的。

作为社会规范存在的法律与作为社会规范存在的道德之间无疑是存在差别的。这种差别表现在：首先，二者与社会经济基础间的关系不同。法律属于政治上层建筑，道德属于思想上层建筑，法律与经济基础的关系较为直接，道德与经济基础的关系较为间接。其次，二者发生作用的范围存在着差别。一般说来，道德发生作用的领域比法律发生作用的领域要宽广得多，法律价值发生作用的领域，道德价值也会发生作用，但道德价值发生作用的领域并不一定需要法律的管辖与干预。再次，法律规范与道德规范在约束力与强制性上也存在着强弱的差别。法律的约束通常是硬约束与强约束，道德的约束通常较为柔性，这是因为法律作为一种政治上层建筑直接由经济基础决定并直接地为经济基础服务的。正因为各种不同的社会性规范与社会经济基础的关系的联系的紧密程度存在着差别，从而使它们呈现出不同的特点与具有不同的价值和功能，社会规范才表现为多样形式并立但在功能上形成差异与互补的规范性系统。然而，人们也应看到，尽管不同的社会规范有不同的表现形式，具有不同的作用与功能，但就其属性而言，又具有无可争辩的同质性与特点的相似性。法律也好，道德也好，既不可能完全是他律的，也不可能完全是自律的，一切形式的社会规范都是既具有他律性的特点，也具有自律性的特点，是他律与自律的统一，如是说有差别的话，那也只能说，在对人们行为的约束力上与约束的方式上存在着程度不同的区分。

三

在对道德的认知上，另一个需要澄清的误读是，道德究竟意味的是什么？在我们的日常生活中，几乎所有的人都对道德诉诸一种正面的、肯定的理解。一个不争的事实是，人人都想为自己的行为寻求到一个合理性的道德辩护，而不愿意领受别人对自己的负面性的道德评价。因为在人们对道德的通常认知中，道德代表的既是一种良知，更是一种完美，因此，人们通常赋予道德以一种崇高与神圣的意蕴。在许多人对道德的认知中，人的道德德性是与崇高和完美同义的，一个有德性的即是一个完美与崇高的人，这种完美与高尚的人也被视作贤人与圣人，反之，则被视之为不道德的人。然而，对道德仅赋予崇高与完美性的理解，是对道德的本质与功能的严重误读与误释，它或许符合卢梭与康德一类的思想家对道德所做的抽象性的理解，但却不符合黑格尔与马克思等具有深刻历史感的思想家对道德诉诸的历史性理解。

伦理学作为一门实践的科学，其存在的使命与功能是为人的实践服务的，具体地说是指导或引导人们在社会生活中如何正确地选择与约束自己的行为，使自己的行为具有好的或善的意义。那么，什么样的行为是属于好的或善的行为？在规范伦理学的理论逻辑中，一种属于好的行为或善的行为应该是一种合乎道德的行为。人作为人存在，应该过一种有道德的生活，做一个有道德的人，因此，使每一个人成为一个有道德的人几乎是一切规范性伦理学所要达成的主要目的或目标。为何一个好的或善的行为应该或必须是一种合乎道德的行为？其原因在于，个人的行为是否属于好的或善的行为，不能依赖于行为主体的自我确认与判定，而需有一个客观性参照尺度与坐标，这个客观性的参照尺度与坐标即是社会确认或制定的行为规范，这个行为规范在伦理学中通常被称为道。在规范伦理学的理论体系中，道德是一个由双重语义构成的合成词，道和德虽然各自的所指不同，但二者间又存在着相互依存的关系。几乎所有的伦理学体系都是由两部分构成的，即道论与德论。道论通常论述的是人们行为的合理性根据，即伦理规范；德论探讨的是人们行为的德性价值，即什么样的行为才是属好的或善的。在规范伦理学的视野里，人的行为是否具有德性价值，是由其伦理规范加以确认或核准的，具体地说，个人的行为是否具有德性价值，其衡量的尺度或评价的参照坐标应看其是否符合社会认同的伦理规范的要求。在规范伦理学的理论逻辑中，道是德的基础与根据，德是道的实现与体现，人的行为只有在依道而行，并符合道的要求时才具有道德的属性，或具有好的与善的价值。在马克思历史观与道德观的理论体系中，社会的伦理规范是不可能以完美与完满一类的概念为基础与根据确立起来的，社会的伦理规范也不可能是完美与完满概念的体现，深刻的原因在于，社会的伦理规范作为一种历史性的存在，它的根本性的属性与特征在于它的历史性。完美的与完满的伦理规范同完美的社会、完美的国家一样，是"只有在幻想中才能存在的东西"①。道德的功能与使命是通过对社会历史中活动的个人的行为进行规范，以实现对人们之间的社会关系进行调节与协调，从而达到社会经济基础的巩固与社会关系的有序运行。道德的生成受制于社会经济基础的必然性要求并服务于社会的经济基础，因此，社会伦理规范是否合理与是否正当不在于它是否符合完美与完满性的要求，而在于它是否符合具有历史必然性与合理性的社会经济基础的要求。

正因为道德的生活诉求虽然具有神圣与崇高性，但更是一种符合历史必然性、合理性与可能性的生活，所以道德意味的是一种应该，而不是一种神圣与崇高。道德不意味着就是神圣与崇高，一个有道德的人也并不意味着就是贤人、圣人，充其量也只能视作是一个正常与合格的人。首先，道德是历史的，具有历史性与时代性的属性与特征。道德是受社会经济基础，从归根到底的意义上是受社会的生产方式与交换方式决定的，而社会的生产方式与交换方式、社会的经济基础不是固定不变的，而是发展与进步的，因而建立在社会的生产方式与交换方式，以及社会经济基础上的道德也不具有"永恒真理"的性质，不存在适合一切历史时代、一切社会形态的道德。道德是历史的与发展的，也即意味着道德是可比较的。一定的道德，即使是属于合理性与进步性的道德也只

---

① 《马克思恩格斯文集》第 4 卷，人民出版社 2009 年版，第 240 页。

是适合于特定的历史时代与特定的社会形态，随着社会生产方式与交换方式的更替与进步，也会由合理的变成不合理的，由先进变成落后的。对于那些过时的、落后的道德，不仅不具有神圣与崇高的属性，反而应给予负面与否定的评价。其次，道德不仅具有历史性，在阶级社会中还具有不可否认的阶级性。在私有制社会中，由于不同的个人在社会生产中处于不同的地位，因而他们与社会经济基础的关系也不同，从而不同的阶级对什么是道德的问题也会有不同的理解与认同。在私有制社会中，多元性的经济关系、多样性的社会生活方式不可避免地会生成出多元性的道德观念。而在多元性的道德观念中，是否每一种道德观念的存在都有获得肯定的理由与权利？正确的回答应该是否定的，否则就会陷入道德相对主义的泥坑。在每一个具体的社会形态中，道德存在的形态虽然是多元的，但应给予肯定的道德应是一元的，只有那种在符合社会历史发展必然性的社会经济基础上生成的道德才应给予合理性的肯定。对于那些丧失了历史必然性的过时的旧道德或属于保守性的道德，不仅不应给予肯定，还应给予否定。再次，即使是在那种具有历史必然性与合理性的生产方式与交换方式基础上生成的、具有历史必然性与合理性的道德并不具有纯粹的崇高性，它只是规定了人们应该做的事情。

总之，道德是历史的，在历史中演进的道德存在着先进与落后之分，在每一个社会形态中，道德的存在形态是多元的，在多元存在的道德形态中存在着合理与否之别，不是任何一种道德都会对社会历史的发展以及人们的现实生活起着积极与正面的作用，过时的、落后的道德不仅对社会历史的发展不会起促进作用，反面会起阻碍作用，甚至是负面的作用。即使是属于先进的、合理的道德也只是社会根据社会经济基础的性质以及协调人们的社会关系的现实需要对个人提出的要求。人作为人存在，他应该是一个有道德的人，这是社会对每一个个人的要求，这种要求对社会来说，它是一种权力，对个人来说，它是一种应该。但道德的应该是一种符合历史必然性与合理性要求的应该，而不是符合完美与完满的应该。做一个有道德的人，实际上就是要求做一个正常的、普通的人，而不是圣人、贤人、杰出的人、伟大的人，后者属于道德顶层的范畴。社会不能要求每一个人都成为贤人与圣人，但它有权要求每一个人成为有道德的人。人们有权选择做一个圣人还是普通的常人，但没有权利选择做一个没有道德的人。人们有权选择做一个圣人还是普通的常人，但没有权利选择做一个没有道德的坏人或恶人，当人们的选择缺乏德性价值时，他就会受到社会的负面评价的惩罚与制裁。

不可否认，道德在其历史演进的过程中是存在着进步的可能性的。道德在总趋势上是沿着上升的趋势运行的。但需要强调的是，其一，推动社会道德进步的杠杆不是源自人们对完美、圆满、至善一类良好愿望的追求，而是来自于适合历史必然性与先进的生产方式与交换方式的推动，而推动社会伦理价值观念演进或进步的是人们的实践与社会生活的需要。其二，衡量一种伦理观念与道德规范是否具有进步的性质与属性，其衡量的标准与参照坐标应看这种伦理观念与道德规范与之适应和与之服务的经济基础是否具有先进和进步的性质，而不在于它是否符合完美、圆满、至善的要求。社会中生活的人们是有自己的道德理想的，马克思主义历史观与道德观既不否认人们道德理想的存在，也不否认道德理想对道德发展与道德进步的意义，这不仅在于，马克思主义历史观并不仅仅强调经济基础对道德的决定作用，同时也强调道德对于经济基础的反作用，而且还在于，马克思主义历史观也极为重视道德的理想与信念对于个人道德观形成的意义。但问题是，不仅不同的历史时代的人们有不同的道德理想，同一社会中处于不同社会地位的人们之间其各自的道德理想也是存在着巨大差异的，甚至是完全对立的。不是所有的道德理想都应给予肯定，道德理想也有一个合理与否的问题，具有合理性与值得肯定的道德理想不应是具有空想性质与乌托邦色彩的东西，真正的道德理想应是符合历史必然要求、具有现实性品格的道德理想。因为道德是产生于并服务于人们的现实生活的需要，而不是远离人们的现实生活的需要，合理性的道德理想应是可实现的理想，而不是看起来很美，实际上却永远无法实现的乌托邦式的美丽图画。

四

社会规范对个人生活的影响是双重性的，它既为人们的社会生活的可能性提供相对性的保障，也对人们的行为或活动进行约束；它既以一种肯定性的方式为个人的自由提供一种可能性的空间，也以否定性的方式为个人的自由设定范围与边界；社会规范对于个人来说，既意味着是一种权利，同时也意味着是一种责任与义务。道德规范对于个人生活的影响也一样。每一个人都应该过一种有道德的生活，都应该成为一个有道德德性的人，这是社会对每一个社会成员的要求，无论是作为一种要求，还是作为一种应该，都蕴含有义务或责任的规定。然而，道德的义务或责任是一种有限的义务，还是无限的义务？是一种相对性的义务，还是一种绝对性的义务？不少人通常将个人应该承担的道德义务无限化、绝对化，将道德命令视作超越一切时代／没有任何边界约束的绝对命令，将道德的义务无限扩大成一种绝对性的义务，这无疑是对道德义务的一种严重误读。

道德的义务为何只是一种有限的、相对性的义务，而不应是一种无限的、绝对性的义务，或者说道德的应该为何是一种有条件的应该，而不是一种无条件的绝对的应该？深刻的原因在于：道德的义务虽然是以道德规范的形式确定与规定的，但道德规范与其他类型的社会规范一样，它的生成也是被决定与被规定的，在一个社会形态中，究竟需要什么样的道德规范，什么样的道德规范才具有合理性与可行性，既不取决于某些个人的意愿，也不取决于某些阶级的意愿，而是由社会的经济基础，从归根到底的意义上说，是由社会的生产方式与交换方式决定与规定的。人类的实践能力以及作为人的实践能力对象化的生产力在其总趋势上是不断进步的。人的实践能力发展到什么程度，就会产生出什么样的生产方式与交换方式，有什么样的生产方式与交换方式就会产生什么样的经济基础；有什么样的经济基础，就会有什么样的经济关系与社会关系；而有什么样的经济关系与社会关系，就需要什么样的社会规范与道德规范，在马克思历史观的理论逻辑中，这是一个无缝连接的理论链条。道德规范具有历史的性质，也即意味着道德规范所确定与规定的道德义务也是历史的。而道德规范与道德义务的历史性质，也就内在性地决定了道德义务的有限性与相对性。所谓有限性与相对性的义务意味它是一种有条件的，并不断变化的义务。

那么，道德的义务作为一种历史性的，因而是有限的、相对性的义务，其有限性与相对性应如何确定？换句话说，我们根据什么去确定人们的行为以及区分人们所承担义务的应该与不应该？在通常的意义上讲，道德的义务是由道德规范规定的，人们行为的应该与不应该是否具有德性价值，应以道德规范为尺度或参照坐标进行评判。然而，道德规范也有一个合理与否的问题，不是所有的道德规范都具有无条件的合理性，即使社会中占主导地位的道德规范也不是无条件地具有合理的性质。道德规范的合理性与道德义务的合理性虽然是由社会的生产方式与交换方式，以及在生产方式与交换方式基础上生成的社会经济基础的必然性与合理性决定的，但道德规范的制定与道德义务的规定也应遵循一个基本性的原则，即要保持义务与权利的对等与平衡。在社会规范的领域中，所有的社会规范都应贯彻权利与义务相对等与平衡的原则，在道德领域也一样。"没有无义务的权利，也没有无权利的义务。"① 义务是相对于权利而言的，权利也是相对于义务而言的，个人在社会关系中究竟应承担什么样的义务，应看他在社会中享有什么样的权利，反过来也一样，个人在社会关系中应享有什么样的权利，也应看他在社会关系中承担了什么样的义务。更概括或简要地说，应以个人享有的权利为参照坐标去规定人们应承担的义务，以个人承担的义务情况为参照坐标去确定人们享有的权利。

义务作为义务存在，之所以对于人们来说是一种应该，根本性的

----

① 《马克思恩格斯文集》第 3 卷，人民出版社 2009 年版，第 227 页。

原因在于，个人所享有的权利不是免费的，在一定的意义上讲，义务是对权利的付费。因此，个人所享有的权利的情况，既是个人所应承担义务的参照坐标，也是评价人们行为的应该与否的尺度。超出权利的付出，不属于应该，而属于贡献与崇高；与权利对等与平衡的付出，属于义务与应该；只愿享有权利，而不愿承担义务的行为，应属于不应该，道德上的不应该也即是无德与不德。举例来说，一个人孝顺与赡养自己的父母通常被视为是一种道德的应该，而不能把赡养他人的父母也视作是一种道德的应该，对其合理性的解释只能是，作为子女曾经享有了父母关爱与抚养的权利，对父母所承担的孝顺与赡养的义务，实质上是子女曾经享有权利的回报。对他人父母的关照与赡养不是义务，是崇高；不是应该，是奉献，如果要说是应该的话，那也不是道德意义上的应该，而应是崇高意义上的应该。一切义务，包括道德义务，都应是以权利为基础与根据的义务，因而表现为一种应该，脱离权利谈义务，义务就会成一个说不清、道不明的东西。在权利与义务失衡的情况下，道德的义务能否被人们自觉自愿地履行也会成为问题。

当然，权利也是历史的，具有历史的性质，权利绝不具有天赋的性质，一切所谓天赋权利的神话，都不过是人为的有意编造，并无任何经验性的历史根据。个人在社会中究竟应享有什么权利，虽然在形式上是由社会赋予或规定的，但社会对个人权利的规定，并不是完全任意的，最终还是要受到社会的生产方式与交换方式发展状况与性质的决定与制约。在马克思历史观的理论逻辑中，权利也好，义务也好，都不是抽象的，而是历史的，因而权利与义务的平衡与统一，也不是抽象的，而是历史性的平衡与统一。而作为历史性的权利与作为历史的义务都是一种有限的权利与有限的义务，而不是一种无限的权利与无限的义务，是一种不断变化的权利与义务，而不是一种永恒不变的权利与义务。对此，我们不妨以下面的例证试作说明：在私有制社会中，每一个人都在法律上享有私有制财产的权利与自己的私有制财产神圣不可侵犯的权利，只要私有制存在，这个权利就不可废除与剥夺，这是私有制存在的历史必然性的要求，否则私有制的存在就会成为不可能，但这种权利的存在不能超出私有制的范围，当私有制丧失了历史存在的根据，被社会扬弃与消灭时，人们所享有的上述权利也会归于消失。而当人们享有私有制财产的权利与自己的私有制财产神圣不可侵犯的权利时，"切勿偷盗"就应是人们必须遵守的道德律令与承担的道德义务，因为，倘若偷盗是被允许的，私有财产的存在就会成为不可能的。从"切勿偷盗"这一道德律令或道德规范成为私有制社会人们应承担的普遍性的道德义务这一例证中，人们不难得出如下的结论：其一，"切勿偷盗"这一道德规范所要求的道德义务赖以成立的前提与根据是私有财产与私有制存在的历史必然性与历史合理性，其出发点是对私有制的肯定与保护，而不是出于完满与崇高的要求，其义务是有限的，只限于对私有财产的保护与不受到侵犯。其二，"切勿偷盗"作为道德规范与义务，其普遍适用性仅限于私有制社会，当私有制社会不再存在，人们丧失了对私有财产的占有权利时，也就丧失了作为道德规范存在的意义。

不能将道德的义务任意的扩大与延伸，脱离与超出人们所享有的权利的义务，既不正义与合理，也难于被人们有效地履行。当一种道德不能被人们遵守时，不仅丧失了它的意义与价值，而且还会导致人们产生负罪感。

论不德、道德、美德的区分与判别 *

　　不德、道德、美德这三个范畴，大凡对伦理学稍有兴趣与涉猎的人都是熟悉的。但不德、道德、美德之间的区别是什么？三者之间的界域如何划分？其判别的坐标又是什么？从伦理学的教学与研究的实际情况看，并非人人都十分清楚。尤其是在道德与美德的关系上，视道德即美德，美德即道德者恐怕不在少数。笔者认为，厘清上述三者之间的关系，既具有一定的理论价值，更具有实践上的价值。本文将以马克思主义伦理学有关道德本质观以及道德的判别坐标为思考轴心，试对伦理学中的不德、道德、美德三个范畴的确切含义进行澄清。

一

　　何谓道德？换句话说，人们什么样的行为才能配称道德？这似乎是个简单而无疑的话题。然而，追溯一下伦理思想史，无论是在西方，还是在中国，人们便会发现，它却是一个众说纷纭的话题。

---

* 　本文原发表于《江汉论坛》2001 年第 6 期。

在古希腊的伦理思想中，以普罗塔戈拉为代表的智者学派认为，人性在于人的感性欲望，个人感觉既是万物的尺度，也是衡量人的行为是否具有道德价值的尺度。人们的行为是否道德，或是善抑或恶，完全取决于它对个人感性欲望和利益的满足。古希腊智者学派的这种以个人感性欲望和利益的满足作为衡量人的行为是否道德的思维路径，通常被西方伦理学史视为是幸福主义道德观的先河。

与古希腊智者学派的这种以人的感性欲望与利益的满足为基础的幸福主义道德观相对立的是苏格拉底与柏拉图的道德观。苏格拉底与柏拉图认为，人的本性不是他的感性欲望，而是他的理性。人只有弘扬理性，才能达到绝对的善本性的最高道德境界。而人的最高道德境界的达到不是靠感性欲望的满足，而在于对美德理念的领悟，他们提出了一个著名的论断："知识即美德。"其基本含义是，谁掌握了道德知识，谁便拥有了道德。在古希腊的伦理学中，德谟克利特在解决人的什么样的行为才是合乎道德的问题上，虽然同样遵循了一条理性主义的思维路径，认为人的本性在于他的理性，但是他与苏格拉底和柏拉图不同的是，他认为通过人的理性去认识外部世界的客观必然性，并用以指导自己的行为，使人的行为符合外部的客观必然性，其行为才是道德的善。

康德认为，探求在"善良意志"中体现的作为绝对命令的道德准则，就是伦理学的实质。在康德的伦理思想中，判别人的行为是否具有道德价值，不能以人的行为是否可以带来幸福和利益作为标准，因为是否幸福取决于个人对幸福的理解与体验，而任何理解与体验都属于经验的范围，是没有普遍必然性的。也不能以神的意志作为判别标准，因为人的理性是先于独立于神，因而神是不能作为道德来源的。道德原则只能从人的意志或人的理性本身中引出，唯有从人的理性本身中引出的道德原则才既具有客观性，又具有普通性，人的行为只有遵从了作为绝对命令的道德准则，其行为才具有道德价值。

黑格尔对道德的理解是与他对法的理解相联系的，在他看来，道德也是法的一种，一种具有特殊规定的内心的法，或者是"主观意志的法"。道德和法的区别在于：道德是由扬弃抽象形式的法发展而来的成果，道德是法的真理。黑格尔认为：法和道德单就它们本身而言都是没有现实性的，它们需以社会性的、客观的伦理实体为依归，为真理。即是说，作为主观意志的道德必须以社会国家生活为内容，适应它们的要求才具有现实性。

道德一词在汉语中则是道和德组合构成的一个合成词。在中国古典文化中，"道"通常表示事物运动变化的规律和规则，它的基本含义类似于古希腊哲学中的"逻各斯"的概念。"德"通常指人的善行、善性，人们认识了"道"，内得于己，外施于人，便被称之为"德"。在中国伦理思想发展史上，道和德最初是分离的，例如老子的《道德经》是分别由两个部分构成的，即《道经》和《德经》。《道经》讲的即是"道论"，《德经》讲的即是"德论"。道是德的根据与依归，德是道的实现。只是在后来的历史发展中，道和德才合成一词，具有比较广泛的含义。在中国伦理思想发展史上，道德概念既指向调整人们之间的相互关系的行为准则和规范，有时也指向人的思想品质或德行修养，以及对人们行为的善恶评价。

纵观中西方伦理学的发展，尽管人们对何谓道德及究竟什么样的行为才具有道德价值等问题的看法众说纷纭，但在这旨趣相异的不同思维路径中，仍然存在着相同的方面。无论是在西方道德哲学中，还是在中国道德哲学中；无论是从道德概念的最初指向上看，还是从它的后来发展看，大都是把道德视作是为调整人们之间的相互关系以及个人与社会之间的相互关系而存在的。道德概念中涵盖着互相联系的两个方面的内容：其一是道德规范与准则，其二是指人们的行为中所体现出的德性价值。前一方面内容通常是"道论"所探讨的对象，后一方面内容通常是德论所探讨的对象。道德的规范和准则是人们行为的依归，也是评价人们行为善恶的坐标或标准。即是说，人们的行为是否具有道德价值，不能孤立地就其行为本身去加以判断，人们通常是以道德规范与准则作为参照坐标而作出评价的。

二

人们是根据道德规范与准则去评判人们行为的善恶价值的。道德规范与准则在道德哲学家们的视野中，通常被视作是道德律，例如在康德的哲学中，它被视作是道德律令或称作是"绝对命令"。然而，这被视作是道德律的道德规范与准则是从哪里来的？或者说，道德规范与准则赖以确立的基础和根据是什么？幸福主义伦理学认为，它来自于人性中的感性欲望。因为人的本质在于它的感性欲望，人追求自己感性欲望的满足，即追求过一种幸福的生活，因此，人的行为必须为自己带来感性欲望与利益的满足，这是道德的绝对要求，人的行为要具有道德价值就必须服从这个要求。康德从他对人的本质的理解出发，认为人的本质，不在于他的感性欲望，而在于他的理性。因此，他认为道德原则既不能从外部经验世界中引出，也不能从神意中引出，而只能从人的意志或理性中引出。人作为一种理性存在物，他具有一种意志自律或意志自决的能力，这即是实践理性，道德法则就是从中而来的。不难看出，在道德规范与准则从何而来的问题上，康德伦理学与幸福主义伦理学所赖以解决的出发前提并没有什么不同，即都是从分析人的本质入手，所不同的是他们对人的本质的理解，一个是沿着经验主义的路径发展，另一个是沿着理性主义的路径发展。

相对于形形色色幸福主义伦理学与康德伦理学有关道德原则从何而来的解决思路而言，黑格尔的解决思路留给人们的启发性似乎要更多一些或合理一些。黑格尔认为，道德是人们"内心的法"，或"主观意志的法"。这种"内心的法"或"主观意志的法"是属于纯主观的东西，因而是没有现实性的。无论是作为纯客观的"法"的法律，还是作为纯主观的"内心法"的道德，都是主客观相分离的。一个是脱离主观的纯客观的东西，一个是脱离客观的纯主观的东西，二者都没有现实性。道德的现实性与真理性是伦理，"伦理就是成为现在世界和自我意识本性的那种自由的概念"。自由精神是理论精神与客观精神的统一，而这种统一即是绝对精神，只有绝对精神才具有现实性。黑格尔将道德、伦理看作为绝对精神发展的环节、产物的观点虽然具有抽象思辨的性质与客观唯心主义的性质，但在这种唯心主义的抽象思辨中却表达了一个较有启发性的思想：法和道德从它们本身讲是没有现实性的，都必须以伦理作为基础，作为伦理的体现者而存在。这也即是说，道德规范与准则就应从家庭、市民社会、国家等伦理实体，尤其是应从国家中牵引出来。个人的行为只有遵循伦理精神的要求，服从伦理的调节才具有道德价值。

黑格尔从家庭、市民社会、国家等伦理实体中引申出道德原则的思路虽然较之于从人的感性欲望与从人的理性中引申出道德原则的思路有较多的启发性，但一个不容忽视的事实是，黑格尔也同样不懂得法、道德作为上层建筑，它们本身都是经济基础的反映，也应当从经济基础去说明。

在伦理学中，判断人们行为道德价值的坐标是道德规范与准则，这种道德规范与准则即是道德哲学中所讲的伦理法则。但这种伦理法则是如何形成与确立的？在马克思的历史观与道德观的视野里，一定的道德规范与准则是以一定的道德观念为指导的，然而，人们的道德观念并不是先天具有的，而是后天生成的。它是从人们的生产和交换的经济关系中发展出来的，正如恩格斯所曾经指出的：人们自觉地或不自觉地，归根到底总是从他们阶级地位所依据的国际关系中，从他们进行生产和交换的经济关系中，获得自己的伦理观念。道德是一种为人的存在，具体地说是协调人们之间的相互关系而存在的，它既不具有独立自存的性质，也不具有永恒不变的性质，随着它赖以产生与确立的基础——人们进行生产与交换的经济关系的变更，它也便随之发生或快或慢的历史嬗变。因此，道德首先具有历史的性质，即不同的时代具有不同的道德，即使是在同一时代中，不同的阶级、国家和民族也具有不同的道德，即具有不同的道德观念以及以此为基础而发展起来的道德规范与准则。在一个特定的时代与社会中，占统治地位的道德通常是那些在经济关系中占统治地位的阶级的道德。

道德规范与准则显然是以人们一定的道德观念为基础而确立的，但由于道德观念是从人们进行生产和交换的经济关系中吸取的，它的功能与使命即是维护人们的经济关系得以维持与有序发展，不至因无序而遭到破坏。因此，任何道德规范与准则相对于在其中生活的个人来说，无异于说是一种应当履行的义务。过一种有道德的生活，实际指向是过一种符合道德规范与准则的生活，也即是过一种负责任的生活。对于在社会中生活的个人来说，他的行为是否有道德价值以及道德价值的大小，取决于他对由社会道德规范与准则所赋予的义务与责任的履行。但是一个不容否认的必然性事实是，只要过一种有道德的生活还成为必要，人们就应当承担一定的义务与责任。这种义务与责任既是社会对个人的要求，也是个人生活对自己的要求。深刻的原因在于，个人健全与有序的生活是以社会的健全与有序的运行与发展为基础和前提的。当社会在一个合理性的规则指导下获得健全与有序的运行与发展的情况下，个人的生活才有可能是健全与正常的；当社会生活处于非规则的混乱情况下，个人的健全与正常的生活也即成为不可能。

三

道德即意味着义务与责任，人们的行为要具有道德价值，意味着应当对由社会的道德规范与准则所体现的义务与责任要求进行承诺与履行。但道德所要求的应当承担的义务，是一种合理的应当，而不是一种绝对的应当，换句话说，道德的义务是一种有限的义务，而不是一种无限的义务。

那么，道德的应当应如何确定？或者说道德的义务应如何界分？在伦理学中，它历来就是个较为困难的问题。马克思的历史观与道德观为我们解决这一伦理学的难题提供了一条合理的思路。世界上"没有无义务的权利，也没有无权利的义务"。循着这一思路，关于道德应当的确定或道德义务的界分，我们拟应做如下的把握：任何义务都是相对于权利而言的，反之亦然，权利也是相对于义务而言的，无论是从法律角度看，还是从道德的角度看都是如此。个人要拥有某种权利，必然应尽某种义务；个人应当履行某种义务，也应当享有某种权利。人们在道德上应尽的义务与道德上所享受的权利应保持相对的对应与平衡，一方面，个人在道德上的应当应以个人在道德上所享受的权利作为参照坐标去加以确定；另一方面，个人在道德上所享有的权利也应以他在道德上所应承担的义务与责任为坐标去加以确定。离开义务的权利要求与离开权利的义务要求，都是一种非道德意义上的要求。

人们的行为是否具有道德价值之所以要以是否符合道德规范与准则作为判别的坐标，是因为道德规范与准则相对于个人来说，通常具有双重的意蕴。它既是社会与他人对个人自己的要求，但同时也是个人自己对社会与他人的一种要求。从个人对社会与他人的要求满足方面看，它表现为对道德义务的履行；从个人对社会与他人的要求方面看，它表现为个人对自己权利的拥有与捍卫。例如，在人们的社会交往生活中，每个人都应当诚实，不欺骗别人，这通常成为一条人们必须遵守的道德准则。人们在社会的交往活动中何以需要承担诚实与不欺骗的义务，深刻的原因在于：人们在社会交往活动中通常也希望享有不被他人欺骗与愚弄的权利。当个人被别人欺骗时，也即意味着他享有的不被欺骗的权利被他人剥夺与践踏了，他便会也有权对他人的欺骗行为作道德上的抗议与谴责。正因为个人在道德上享有不被欺骗的权利，个人也就因此应当承担诚实与不欺骗他人的义务。在私有制社会中"切勿偷盗"之所以是一条人们需普遍遵守的道德戒律，也是因为在私有制社会中，确保私有财产不被侵犯是每个人神圣不可侵犯的权利。假如偷盗成为一种合法的经常性普通行为，个人拥有财产的权利就会成为一句空话。每个人都负有赡养与孝敬自己父母的义务，遗弃或恶待自己的父母的行为会受到社会的道德谴责，关键的原因还是在于作为子女的个人曾经享有了接受父母的哺育与关爱的恩惠与权利。

上述例证表明，个人在道德上所应履行的义务，实际上是他所享有的权利的一种相对应的付出，而不是一种超越所享有的权利的额外付出。正因为如此，我们有充足的理由断言，按照符合社会发展正常需要的道德规范与准则行事，履行或承担道德规范与准则所赋予的义务，这是社会对个人的一种基本要求。不符合社会道德规范与准则的行为是一种不德的行为，符合社会道德规范与准则的行为是一种道德行为，但道德行为仍属于一种应当的行为，而不属于一种崇高的行为。不德或缺德的人是指没有履行与他享有的权利相对应的义务的人，甚至是对社会发展起负面作用的人。这样的人由于他没有履行应当履行的义务，因而，通常需要在人字的前面附加上恶人、坏人等一类的称谓。一个有道德的人是指那些履行了与他们所享有的权利相对应的义务的人，也即是一个符合社会要求的普通人。

四

正因为道德的要求是社会发展的基本要求，道德的义务相对于每一个社会成员来说是一种应当承担的义务，做一个有道德的人是社会对每一个社会成员的要求。因此，即使当个人很好履行了道德赋予的义务，算得上是一个有道德的人，也只是尽了他应当尽的义务，仍属于普通人的范围，仍不能在人字的前面冠以贤人、圣人、杰出的人、伟大的人的称谓，只有那些超出了应当的范围，具有美德德行与德性的人才有资格拥有如此的称谓。

道德与美德之间具有一定的联系，任何德性都意味着一种付出、一种善，美德是以道德作为基础的，一个连社会的基本道德规范与准则都不遵守的人，无法想象他会具有美德德性的。但道德与美德之间也有着不容忽视的差别。道德是与义务相联系的，而任何义务都意味一种责任，是一种应当，这种义务之所以是一种应当，是因为它们是以一定的权利为坐标作出规定的。美德则不是与义务相联系的，而是对义务的一种超出或超越。一个人当他享有某种权利时，他也就应当承担相应的义务；而当个人不享有某种权利，而作出了相对于他人或社会的行为时，这不能简单地理解为是一种对道德义务的承担，而应视作是一种高尚的奉献。当一个人的行为不属于应当履行的义务，而属于奉献时，其行为就不仅仅具有道德的价值，而是具有美德的价值。一个人关爱自己的子女与孝敬自己的父母这是他应尽的义务，但救济别人的子女与孝敬别人的父母不能看作是他的义务与责任。自己的子女与父母不仅与自己本人有血缘的纽带，更为重要的是，关爱自己的子女是日后获得子女孝敬的基础，孝敬自己的父母是对自己曾经获得父母关爱的回报。一个不孝敬与侍奉自己父母的人之所以通常被社会或他人斥之为不道德的不肖子孙，深刻的原因在于，他曾经享有了作为子女应当享有的权利，但却没有承担与这种权利相应的义务。父母与子女之间的关系除了是一种血缘的关系外，还是一种权利与义务的关系。正因为存在着这种权利与义务的关系，因此，父母关爱自己的子女，子女孝敬父母，是每个为人父母者或为人子女者天经地义的行为，具有道德价值，却不具有美德价值。但关爱他人的子女与关怀和赡养他人的父母的行为则不同，这种行为不是在尽一种道德上的义务，而是在做一种无私的奉献，因为他不是依据他曾经享有的某种权利作为参照做出的行为，而是出自于一种博大的爱心的行为。一个人必须对自己的父母尽抚养与照顾的义务，没有尽义务则是不道德的。一个人对他人的父母则没有尽抚养与照顾的义务，没有照顾与赡养他人的父母不存在什么不道德的问题，因为他没有这种义务，而当他将别人的子女与父母当作自己的子女与父母加以关爱与照顾时，他们表现的是一种美德。因而这是一种应当受到社会褒奖与倡导的行为。

五

厘清道德与美德的界限，不仅在伦理学的理论研究上是必要的，更重要的是它具有不可忽视的实践意义。

如前所述，道德的本质和功能是协调人们相互之间的社会关系，使人们相互之间的社会关系保持在一个相对有序的与协调的范围之内，而不至于使人们在社会交往活动中因缺乏相应的行为参照坐标而导致无序与混乱。道德与法律一样，其存在都源于人们的社会关系的存在与发展需要。黑格尔认为道德在本质上也是一种法，是一种特殊的法律，所不同的是，法律是一种"外在的法"，道德是一种"主观内心的法"。应该说黑格尔的这种看法是有其合理性的，法律与道德都是一种规范，二者的区别在于一个是刚性的规范，以强力的形式强制人们执行；一个是弹性的规范，以劝戒的形式促使人们去执行。说得更具体一点，对法律所规定的义务的履行具有较强的他律性特征，对道德所规定的义务的履行具有较强的自律性特征。他律也好，自律也好，都蕴含着某种强制的惩戒，一个要受到刑罚的惩戒，一个要受到社会舆论谴责或自我良心谴责的惩戒。由于美德不是一种应当的义务，它是完全建立在人们思想自觉与境界基础上的，因此，美德德性与德行并不能被视作是在社会关系中生活的个人的一种必然性要求，而只能作为是一种倡导性要求。一个人的行为不具美德德性不应受到社会与他人的非难，具有美德德性的行为应受到社会的褒扬。道德行为与美德行为虽然都具有善的性质，但道德之善与美德之善属于不同层次，我们可以将道德之善视作是一种普通的善，将美德之善视作是一种至善。具有道德之善的行为是一个合格的社会人的道德行为，具有美德之善的行为是一个属于圣贤之人的至善行为。混淆了道德与美德、善与至善之间的区别，普通人与圣人、贤人、伟人在德性上就充其量只有量上的区别，而没有质上的区别。

将道德与美德相混淆，将二者看作是同一个东西，道德即美德，美德即道德，在实践上会导致如下的问题：将判断道德的尺度无限地抬高，将道德义务的有限性无限化。而这样做的直接后果是，将社会上的大多数置于一种深深的负罪感的状态下。因为美德之所以为美德，就在于它高于一般的德性，即高于普通人达到的德性。我们可以，而且应当要求每一个人符合道德要求，做一个有道德的人，却不能要求社会中的每一个人都成为具有美德的圣人与贤人，这是一个没有可能性与现实性的要求。因为相对于社会中大多数普通人而言，假如社会中的大多数人都具有美德德性，圣人与贤人就不可能存在了。例如，在市场经济活动中，我们可以要求在交换时，每一个人都应遵循公平交换的道德原则，贯彻这一原则是市场经济的价值规律的要求，但不能要求每一个都无偿地为他人提供捐献。公平买卖是一种义务，无偿捐献却不是一种义务。捐献是一种奉献爱心的美德，不是每一个人都有能力做得到的，这种能力除了经济能力之外，主要的是思想境界。假如捐献是一种普遍性的道德义务与要求，无疑会使社会中的大多数人因不能做到而陷于道德良心的自我谴责之中。

当然，道德不仅是变化的，而且是发展和进步的，道德发展与进步的重要表现就是美德会不断地向道德转化。过去属于少数人的美德行为，今天可能变为社会的普遍道德行为；今天属于倡导的美德行为，将来也许会成为人人都自觉遵守的社会公德行为。美德引导着道德发展与进步的方向，为促进社会道德发展与进步提供强大的推动力。任何一个社会都需要对美德的宣传与倡导，这既符合社会从低级到高级演进的历史规律，也符合人类不断追求完善与至善的终极关怀的要求。问题是，对于一个社会来说，其道德建设的坐标，应该是该社会生产与交换的关系的客观需要，以及该社会大多数社会成员的觉悟程度，道德建设既要贯彻一定的价值理想，又要考虑到现实的可能。

论道德律令的相对性与
绝对性的统一 *

一

　　自然界的发展有自然界的规律，道德的发展
自然也有其道德的规律，否则，伦理学作为一门
学问便不能存在。自然规律与道德规律在理论上
的表现通常被人们称作是自然律与道德律。对于
自然律来说，它常常用一些定理、定律或符号化
的公式加以表达；对于道德律来说，则常常由一些
伦理规范与原则加以表达与体现。自然律与道德
律间的区别当然不仅仅体现在表达形式上的不同，
更明显的相异还在于：自然律通常指称的是什么，
而道德律通常宣称的应当是什么。是什么的问题，
蕴含着对事实的一种肯认，而应当是什么的问题，
则表达的是一种价值取向与规范。由伦理规范与原
则表达的道德由于是一种应当，因此，道德律便自
然被人们视作，是一种道德律令或道德命令。这种
道德律令通常被视作既是人们行为依赖的准则，也
是判别人们行为善恶的参照坐标。然而，伦理规范
与原则究竟是以什么为基础确立起来的？它的适用

---

* 　本文原发表于《学术界》2002 年第 5 期。

性与有效性是相对的，还是绝对的？历史上的道德相对主义与道德绝对主义对此各有不同的解读与诠释。

二

在西方伦理学发展史上，对道德持一种相对主义的观点的人恐怕要追溯到古希腊时代的普罗塔戈拉。普罗塔戈拉认为："人是万物的尺度，是存在的事物存在的尺度，也是不存在的事物不存在的尺度。"[1]普罗塔戈拉的这一命题中的人是指有感觉的个人，即是有感性欲望和追求利益的个人。普罗塔戈拉的上述命题既是他的哲学观的基础，也是他的道德观的基础。从这一命题的思维理路出发，无疑是蕴含着应当以个人的欲望和利益作为道德的来源和道德行为的标准。由于个人的感性欲望和利益存在着差异，那么不同的个人对什么样的行为才是合乎道德的问题，自然而然便存在着分歧。普罗塔戈拉的这一具有相对主义色彩的道德观对后世的人们曾有过较深的影响。文艺复兴时期的德国思想家米谢尔·德·蒙台涅，在道德善恶的评价上所持的相对主义思维理路便明显地打上普氏思维理路的烙印。蒙台涅认为"事物底价值是人们的意见给它们的"。[2]因此"善恶的评价，大部分依赖我们的意见"。[3]蒙台涅认为，同样是死，有的人能视死如归，有的人则视死为最大恶；同样是痛苦，有的人能够忍受，并视这种忍受是一种道德，有的人却不愿忍受，把痛苦视作是恶……这说明，道德的善与恶并不存在着一个人们普遍同意的标准，完全取决于人们感官的感受，取决于人们的意见。

同普罗塔戈拉与蒙台涅以人们的感性欲望、利益与人的意见的不同

---

[1]　北京大学哲学系外国哲学史教研室：《古希腊罗马哲学》，生活·读书·新知三联书店1957年版，第138页。

[2]　周辅成主编：《西方伦理学名著选辑》上卷，商务印书馆1996年版，第417页。

[3]　周辅成主编：《西方伦理学名著选辑》上卷，商务印书馆1996年版，第407页。

必然导致人们对道德善恶评价标准各异的思维理路不同，法国启蒙思想家孟德斯鸠则循着另一条思路，表达了相同的道德相对主义的倾向。孟德斯鸠认为一个社会就犹如一个系统，在这个系统中起决定性的是该民族的"一般精神"。这个"一般精神"在他看来是由各种地理、气候、宗教、法律、施政的原则、先例、风俗、习惯等诸多因素融合而成的。正因如此，孟德斯鸠主张，人们应放弃对追求理想社会的努力，认为世界上不存在着一种普适性的社会理想模式，不仅各民族的制度因各民族的一般精神不同而会有所不同，而且因各个民族的民族精神也不是一成不变的，而是历史变化的，因此在历史发展的过程中也不可能存在着一个永远适合于该民族的永恒不变的理想的社会制度。从这一思路出发，他认为："法律应该和国家的自然状态有关系；和寒、热、温的气候有关系；和土地的质量形式与面积有关系；和农、牧各种人民的生活方式有关系。法律应该和政制所能容忍的自然程度有关系；和居民的宗教、性癖、财富、人口、贸易、风俗、习惯相适应。"① 在他看来，构成一个民族的"一般精神"的各种因素不同，它的法律也应各有特色，法律是相对的。在《论法的精神》一书中，孟德斯鸠不仅向人们表达一种具有浓厚相对主义的法律观，而且在谈到宗教和道德时，也表达了相同思想路向，他在《论法的精神》一书的序言中曾明确地宣称："我的著作，没有意思非难任何国家已经建立了的东西，每个国家将在这本书里找到自己的准则所以建立的理由"。②

　　在 20 世纪的西方，道德相对主义思潮呈现出渐趋张扬之势，并且在与道德绝对主义或普遍主义的相互竞争与对垒中趋占上风，以至于有人将 20 世纪称为"道德相对主义的时代"。③ 20 世纪的道德相对主义以文化的相对主义为基础。这种以文化相对主义为基础的道德相对主义与西方历史上的道德主义不同，西方历史上的道德相对主义或以人的感觉

---

① ［法］孟德斯鸠：《论法的精神》上册，商务印书馆 1982 年版，第 7 页。
② ［法］孟德斯鸠：《论法的精神》上册，商务印书馆 1982 年版，第 38 页。
③ ［美］宾克莱：《理想的冲突》，商务印书馆 1983 年版，第 6 页。

不同为基础，或以人的主观意见不同为基础，或以地理环境与风俗习惯的不同为基础而做出道德相对主义的结论。而现代西方的道德相对主义的一个基本思路是：在现实世界中生活的各民族的文化是不同的，具有多元性的特点，并且各个民族的文化在历史的发展过程中是不断变化的，这种文化的多样性必然地决定着人们的社会和心理特征的多样性，从而也就不可避免地导致现实世界道德的多样性。现代西方道德相对主义的一个基础观点是："不同的文化信奉截然不同的价值。"①"不同的时代和不同的文化之间，道德标准不太相同。"②

三

道德绝对主义也即道德普遍主义。它是一种与道德相对主义相对立的伦理学说，基本的思维理路是肯认道德之善具有一种普遍的、绝对不变的性质，强调道德规范的客观性与普遍有效性，追求建立一种能够适用于一切民族与一切时代的所谓普遍性的道德标准。

道德绝对主义的历史在西方最早可追溯到古希腊的苏格拉底和柏拉图。苏格拉底从理念论的基本思路出发，反对以普罗塔戈拉为代表的智者对道德作相对主义的解释的倾向，否定感性欲望和物质利益在道德中的作用，主张应以人的理性作为道德的标准。苏格拉底认为，道德虽然是相对的，但这种相对性中却存在着一个不变的善本身。人的具体德行与善本身的关系，就像各种事物与共同概念的关系一样，其中具体事物是变化的，而事物的概念是不变与永恒的。善本身先于且独立于人的道德行为，是道德的本源，因而具有永恒不变的性质。柏拉图作为苏格拉底的学生，在道德来源与道德标准等问题上不仅秉承了苏格拉底的思维

---

① ［美］宾克莱：《理想的冲突》，商务印书馆 1983 年版，第 7 页。
② ［美］宾克莱：《理想的冲突》，商务印书馆 1983 年版，第 7 页。

理路，而且还加以发展了。同苏格拉底一样，柏拉图的道德学说首先也是指向智者的，他不同意智者关于道德是相对的，只存在个别具体的善，不存在一个普遍的绝对的善的观点；认为现实世界具体事物的善恶虽然是相对的，但在具体个别的相对善中存在着一个不变的普遍的善，具体事物的善源于理念世界中的善本体。具体事物要成为善的，只有"分有"了善的本体才成为可能。在柏拉图的道德学说中，善本体既是道德和道德观念的来源，也是万物的来源。

苏格拉底与柏拉图以人的理性作为道德的标准，将道德绝对化，认为存在着绝对不变的普遍的善的观点，对后世西方伦理思想的发展有着极其深刻的影响。西方近代以来的格劳秀斯、霍布斯以及18世纪的一些重要启蒙思想家的道德理论，都深深地打上了道德绝对主义的烙印。

格劳秀斯，荷兰著名的资产阶级思想先驱者，是一位对西方资产阶级思想有着重要影响的思想家。他的法学思想与伦理思想奠定在他的自然法思想之上。格劳秀斯认为，世界上存在着两种法，即意志法与自然法。法律是根据意志法制订的。意志法具有普遍适用性，适用于整个人类，但它具有历史变化的性质，意志法应当符合自然法。自然法来自于人的本性，而人的本性也即是人的理性，因此，自然法是以人的理性为根据。人的本性即理性是不变的，自然法也是永恒不变的，它普适于一切历史时代和一切民族。格劳秀斯从自然法的永恒不变性和普适性出发，论证了道德的永恒性与普遍性。在格劳秀斯那里，自然法以人类理性为根据，人类理性是人生来就有的，这是人不同于动物的地方。人类理性使人趋向和平，彼此发生交往，从而使人类组织成为社会。基于此，人类社会的一切生活包括道德生活都是由自然法规定的，自然法规定道德生活的内容。自然法不仅规定人类道德的内容，同时也规定道德准则，因为自然法规定自然权利，自然权利规定人们行为的正当性，人的道德上的善与恶、正当与不正当最终要以自然法为坐标进行判别。"自然权利是正当理性的命令，它依据行为是否合理的自然相结合，而判断其为道德上的卑鄙，或道德上的必要。"① 在格劳秀斯的思维理路中，人的理性是生而具有的，以人的理性为基础的自然法也自然是永恒不变的，受自然法决定的生活内容与道德规则也必然具有适合一切时代与民族的特性。格劳秀斯的这种建立在人的理性与自然法基础上的道德绝对主义观点，在英国哲学家霍布斯那里也得到了类似的表达，后者甚至可看作是前者的再版。霍布斯认为："所谓自然法，乃是理性所发现的一种箴言，或普遍的规则。这自然法是用来禁止人去做伤害他自己生命的事情，或禁止人放弃保全生命的手段；并且命令他去做他所认为最可以保全生命的事情。"② 在霍布斯那里，自然法不仅具有箴言和普遍的性质，同样也构成道德的基础，他曾经明确地指出："关于这些自然法的科学，乃是真正仅有的道德哲学。因为道德哲学不外是人类社会和生活中关于善与恶的意义的科学。"③

如果说格劳秀斯与霍布斯之间有什么不同的话，不同只是在于：在前者那里，人的理性是引导人趋向和平，而在后者的思路，中人的理性则引导人们自我保存与利己。同时二者其基本理论表达上则是一致的，即人的本性是不变的，建立在人的理性基础上的自然法也具有永恒不变的性质，因此，以自然法为基础的道德也具有普适的特点。

道德相对主义与绝对主义的对立在18世纪法国启蒙思想家中也相当尖锐，如果说培尔、孟德斯鸠与爱尔维修等人是道德相对主义的代表，那么，卢梭、霍尔巴赫等人则是道德绝对主义的积极支持者。在卢梭的伦理学说中，良心是一个极其重要的核心范畴，在他的伦理学视野中，良心既是构成道德的核心，也是判断道德行为的标准。他曾对良心歌颂道："良心呀！良心！您是圣洁的本能，永不消逝的天国的声音，是您要妥当地引导一个虽然是蒙昧无知然而是聪明和自由的人，是您在不差不错地判断善恶，使人形同上帝！是您使人的天性善良和行为合

---

① 周辅成主编：《西方伦理学名著选辑》上卷，商务印书馆1996年版，第582页。

② 周辅成主编：《西方伦理学名著选辑》上卷，商务印书馆1996年版，第66页。

③ 周辅成主编：《西方伦理学名著选辑》上卷，商务印书馆1996年版，第671页。

乎道德。"①何谓良心？在卢梭那里，良心既不能是人的感觉，也不是人的理性，它是关于人的理性的，与外界事物无涉，"得天赋"又"独立于理智"的天生的自然情感。这种由上帝赋予人的天生的自然情感，是一切时代一切民族所共有的道德原则。同卢梭相类似，霍尔巴赫也极为重视人的理性和良心在道德中的作用，并以理性与良心为核心建立了一种自然道德论。他认为自然道德论是建立在人的自然本性基础上的，人作为自然的产物与自然的一部分，不能远离自然必然性，自然道德必须建立在自然的客观规律上。他认为："支配物理世界的种种运动的必然，也同样支配着道德世界的种种运动，因而在道德世界内一切都服从于定命。"②正因如此，自然道德具有超越一切时代与民族的限制，具有适用于一切时代、一切民族、一切环境和普遍性的特性。

道德绝对主义或道德普遍主义在康德那里发展到极端，以至于人们在谈到道德绝对主义时都是无一例外地不能不谈及康德及其伦理学说。康德认为，人的价值在于道德法则，即人为自己立法，这是人区别于动物的根本所在，康德为自己提出的一个任务是，要建立一个纯粹的道德哲学。而这个所谓纯粹的道德哲学的根本任务则是，要找出一个具有普遍性和必然性的道德法则。这种具有普遍必然性的道德法则既不能从经验中得出，因为任何经验都不具有普遍必然的性质，它是因人而异的，常常具有主观和偶然的性质；也不能从神的意志中得出，因此那些把神意作为道德来源的人，也无非是要求得到个人的幸福，所以从神意引出的道德原则同样是没有普遍必然性的。道德原则既不能从人的经验中引出，也不能从神的意志中引出，那么它究竟从何处得来？康德的回答是只能从人的意志（理性）本身引出。只有从人的理性中引出的道德原则才具有普遍必然性。康德认为这种具有普遍必然性的道德原则或道德律具有先验的性质，因为它是从纯粹理性即人类精神意识中来。这种来自

① ［法］卢梭：《爱弥儿》下卷，李平沤译，商务印书馆1978年版，第417页。
② ［法］霍尔巴赫：《自然体系》上卷，商务印书馆1964年版，第191—192页。

于纯粹理性的先验的普通道德律是适用于一切时代、一切民族的，对于一切人类的个体来说，都是一个必须无条件遵守和服从的绝对命令。

四

道德律令究竟是相对的？还是绝对的？从伦理学发展史的视角看，这显然不是一个非此即彼的问题，否则，道德相对主义与道德绝对主义也不会久争不决并延至今日。人们日常生活的常识通常告诉我们，一种毫无根据的理论是不会长久的。反思道德相对主义与道德绝对主义相互竞争与对垒的悠久历史，我们至少可以从中受到如下的启发：其一，道德相对主义与道德绝对主义各自经受了来自对方的批判，并能维持自己的存在，这足以表明它们并不完全荒谬，其中无疑各自包含着一些合理性的因素，因此我们不能对它们采取简单否定的态度。其二，道德相对主义与道德绝对主义虽然长久地相互对立并久竞不胜这一事实本身表明，除了竞争的双方各自包含着某些合理性的因素之外，它们各自本身无疑是存在着缺陷与不彻底性，这种缺陷与不彻底性正是对立存在与延续的活动空间。这也启示着我们对道德律令特性的把握不能延循相对主义与绝对主义的非此即彼的旧有思路，而须另辟蹊径。

我们之所以应走出道德相对主义与道德绝对主义的误区，深刻的原因在于，无论是道德相对主义，还是道德绝对主义，虽然各自包含着一些合理因素，但从根本上说都是错误的。我们即使撇开关于道德的本质、道德的起源、道德的功能等问题暂且不谈，仅从思维方式的视角上看，它们也难以立足。从辩证思维的视角看，个别与一般、特殊与普遍、相对与绝对都是对立统一的，它们相互依赖，各以对方的存在为前提，一般、普遍、绝对是存在于个别、特殊和相对之中的，同样，有个别就有一般、有特殊就有普遍，有相对就有绝对。无论是只承认个别、特殊、相对，而否认一般、普遍、绝对存在的相对主义，还是离开个别特殊、相对，强调一般、普遍、绝对的绝对主义，从思维方式上看，都是一种形而上学的片面。道德相对主义的片面在于它将道德律令的相对性方面推向了极端，道德绝对主义的片面性在于它将道德律令的绝对方面推向了极端。

道德律令是一种属于人的存在，用马克思的话讲，它是"人类精神的自律"，用康德的话讲，它是人为自己所立的法。它产生于社会生活中的人们处理个人与他人、个人与社会相互关系，以维持社会存在与延续的需要。道德律令作为一种社会规范，就其本质看，它是人类社会生活客观要求在理论上的反映，就其功能看，其作用是对人们的活动行为进行规范，以达到人们社会生活的有序与健全，使人类的自下而上的发展成为可能。而人类的社会生活不是一个恒久不动的点，而是一个变动不居的过程，在时间上是延续的，在空间上是拓展的。因此，作为人类社会生活要求的反映并为人类社会生活服务的道德与道德律令也必须具有社会历史的性质。道德律令具有社会历史的性质，不仅是一个在逻辑上有着充分自然理由作支撑的结论，更重要地在于大量历史性的经验事实作根据。人类道德演进的历史向我们表明，道德律令首先具有时效性特征，例如，在原始社会，由于人们没有私有制与私有观念，所以也没有"切勿偷盗"的道德戒律。

"切勿偷盗"的道德戒律是私有制社会的产物，它产生于确保私有财产不受侵犯的需要。在将来的共产主义社会中，随社会生产力的高度发达，社会物质财富充分涌现，私有财产与私有观念消失以后，"切勿偷盗"的道德戒律在道德上也将会是多余的。多妻制这一现象历史在道德上曾被普遍允许，但在文明社会尤其是现代社会则为道德所普遍否定。禁欲在基督教的道德中是一个普遍性的律令，而在文艺复兴时期则受到了尖锐的批判。实际上，几乎所有的道德律令都程度不同地打上了时代的烙印。其次道德不仅在时间上是延续的，而且在空间上是拓展的。因此，在各个不同的民族中道德各有特点，即使是同一时代的各个不同的民族也各有自己的不同的道德。这是因为各个不同的具体国家与民族由于社会经济发展水平、历史文化传统以及地理气候环境的不同，不可避免地导致对道德善恶理解上的差异。

以上的分析表明，道德是历史的，随着人类历史的向前演进，道德规范也会随之发生或快或慢的历史嬗变；道德也是多元的，不仅同一个时代中的不同民族有不同的道德，在阶级社会中，同一个国家和民族内部也存在着相互竞争与对立的多个阶级道德。不存在着一个适合于一切时代、一切民族、一切阶级的永恒不变的所谓"绝对命令"。任何试图将道德律令绝对化与永恒化的努力是徒劳和无效的。正如恩格斯在批判费尔巴哈的道德论时所指出的："费尔巴哈的道德论是和它的一切前驱者一样的。它是为一切时代、一切民族、一切情况而设计出来的；正因为如此，它在任何时候和任何地方都是不适用的，而在现实世界面前，是和康德的绝对命令一样软弱无力的。"①

道德律令是历史的、多元的，具有相对的性质，那么，这是否意味着任何道德都能获得合理性的辩护，在道德领域是一个公说公有理、婆说婆有理的领域呢？当然不是。道德律令的相对性也是相对的，相对之中存在着绝对的一面，马克思主义伦理学虽然将道德看作是历史的与相对的，但反对道德相对主义。道德相对主义将道德相对性的一面绝对化了，因此，就其实质讲，同样是一种绝对主义。道德律令之所以具有绝对性的一面，深刻的原因在于，道德律虽然不同于自然律，它蕴含着一种价值取向与价值判断，追求一种应当的状态。但道德律也并不是与自然律毫无共同之处，任何道德律不仅向人们昭示应当是什么，而且表达为是什么。道德律不能背离自然律，相反，从归根到底的意义上看，自然律构成道德的基础。道德律所宣称的应当，并不是某人或某一部分人的主观任意，而应是有其客观的根据，应是人类客观生活内存规律的表现。道德律作为一种社会规范，其目的是给生活于社会中的人们的行为确定一个坐标，以便社会生活获得一个相对性的统一，使人们的社会生

---

① 《马克思恩格斯文集》第4卷，人民出版社2009年版，第294页。

活成为可能。一个各自为政，各行其是，缺乏相对而言统一性的社会生活在任何情况下都是不可想象的。每一时代都有自己的道德，不存在一个适合于一切时代的道德标准，但每一时代道德相对于该时代来说却是合理的，具有客观和绝对的性质。"切勿偷盗"的道德戒律虽然不是一个永恒真理，但对于私有制社会来说却是绝对必需的，假如偷盗被允许成为普遍行为的话，私有财产的存在就是一种奇迹。在一个社会中，各阶级也各有自己的道德，同一件事，各个阶级会各自依照自己的道德标准作出不同的道德评判，这是一个无可否认的经验事实。但在一个存在着多元道德竞争的情况下，并不是每一种道德都有理由和权利获得肯定性的辩护，它有一个合理与不合理的问题。道德不仅有一个阶级标准，更为重要的是还存在着一个历史标准，这是马克思主义伦理学的一条基本原理。只有那些在历史上的存在具有必然性，其存在和发展与社会历史发展规律所要求的发展趋势相吻合的阶级的道德才能获得合理性与正当性的肯认。在阶级社会中道德既是多元的，也是一元的，是多元与一元的辩证统一。这种多元与一元的辩证统一即是相对和绝对的辩证统一。

五

　　道德律令为何既不纯粹是相对的，又不纯粹是绝对的，而是相对与绝对的统一呢？除了对道德本身的特点进行分析之外，还有必要追寻到道德的来源问题，这不仅在于无论是道德相对主义，还是道德绝对主义，其理论上的误区都衍生于它们对道德来源的误解，更为深刻的原因还在于，道德律本身所具有的相对性与绝对性相统一的特点，必须从道德律赖以确立与存在的基础和前提，即从道德律生成的来源才能得到合理性的诠释。

　　道德相对主义有着多种不同的形式，在涉及道德来源与道德标准的问题上，或是指向人的感性欲望和利益的差异；或是指向人的主观意见的不同；或是强调气候、地理条件、环境、风俗、习惯以及在此基础上形成的不同的民族精神；或是强调文化发展上的多样性与差异性。然而，又是什么原因导致人们的感性欲望和利益与人的主观意志、民族精神、文化发展的多样性和差异性？换句话说，上述诸种情况是在什么基础上产生的？这个基础在历史发展过程中有没有客观性与必然性？对于这些更深层的问题，道德相对主义几乎没有，也不愿作出进一步的追思与回答。在道德来源与基础的问题上，道德绝对主义的错误更是显而易见的。他们要么像柏拉图那样，从唯心主义的理念论出发，将所谓理念世界中的善本体看作是道德与道德观念的来源；要么像格劳秀斯、卢梭、霍尔巴赫等人那样，用自然法、天赋良心与自然规律一类的东西去解释道德的来源；要么像康德那样，将普遍的道德律看作是先验的，这种先验的道德来自于人的实践理性，即人的意志自律和意志自决。道德绝对主义不论采取何种形式，却有一个共同的理论基石，这就是理性主义原则。柏拉图的理念论、康德的先验主义、格劳秀斯为代表的自然法学派、霍尔巴赫为代表的自然道德论，其理论大多都是以人有理性为根据的。人的本性在人的理性，人的理性是人的道德生存的基础，人的理性是共同的，因此，从这种共同理性引发出来的道德律就具有普遍性与必然性，它能够适用于一切时代与一切民族，这就是道德绝对主义所共有的基本的思维理路。但是，人的理性又是如何生成的？人的理性是否一经拥有便会成为一个永恒不变的恒量，还是一个历史发展中的变量？能否保持各个不同民族在理性和发展的道路上步调整齐一致地前进？如果承认人的理性是发展的，那么适合于一切时代的具有普遍性与必然性的道德律令的存在如何可能？如果各民族在理性发展的过程中存在差异，那适合于一切民族和国家的道德律令的存在又何以可能？对于道德绝对主义者来说，这是他们拒绝进一步追问，但却应该追问的问题。实际上，人的道德与道德观念并不是从人的理性中引出的。人所具有的理性只能提供人们进行道德立法与道德行为选择的可能即能力，却不能提供道德的内容。人们在道德上作意志自律和意志自决时还存在着一个更为深刻的东西决定着它。

人的道德观念究竟来自何处？对于困扰人们的这一千古难题，只有马克思主义伦理说，从历史唯物主义的基本思路才给予了合理性的解答。恩格斯曾经明确地指出："人们自觉地或不自觉地，归根到底总是从他们阶级地位所依据的实际关系中——从他们进行生产和交换的经济关系中，获得自己的伦理观念。"①"一切以往的道德论归根到底都是当时的社会经济状况的产物。"②在马克思主义历史观的视野中，道德作为一种社会意识形式，属于思想上层建筑的范围，而一定的上层建筑是受一定的经济基础所决定的。具体地说，人们是从生活于其中的生产和交换的经济关系中，从它们所处的社会经济状况中获得自己的伦理观念的。正因为以道德律令形式出现的道德规范是人们以一定的道德观念为基础而形成的"人类精神自律"的产物，而人们的道德观念来源于人们对一定的生产和交换的经济关系现实需要的把握，所以，道德律令或道德规范就不可避免地具有历史的性质。人们的"生产和交换的经济关系""社会经济状况"，受生产力发展规律的决定，它们是处于运动状态的，表现发展和进步的。当人们的"生产和交换的经济关系""社会经济状况"发展与进步了，以它为基础生成起来，并为它服务的道德规范也必然或早或迟、或快或慢地发生改变，以适应它的需要。这是一个合乎逻辑的过程，更是一个历史的经验事实。道德律令是历史的，因而是相对的最深层的根据。

人们的"生产和交换的经济关系""社会经济状况"与人们的道德观念之间的因果关系，不仅提供着道德律令具有历史的、相对性的最深层根据，它也提供着道德律令具有绝对性的最深层根据。诚然，受生产力发展规律的制约，任何生产方式或交换方式在历史发展的无限进程中

---

① 《马克思恩格斯文集》第 9 卷，人民出版社 2009 年版，第 99 页。
② 《马克思恩格斯文集》第 9 卷，人民出版社 2009 年版，第 99 页。

只具有暂时的性质，随着社会生产力的发展都不可避免地会被淘汰，但相对于社会生产力发展的一个特定的阶段来说，它既是客观的，更是必然的，具有存在的合理性。这种一定的生活方式与交换方式在历史发展进程中存在的客观性、必然性与合理性，支撑着一定时代与一定社会的道德规范，相对于它生成的历史条件来说，也具有客观性、必然性或不可替代的根据。例如，从我们今天的视野看，奴隶社会的道德、封建的道德和资产阶级道德都已过时或显得过时了，应给予否定性评价，但相对于它们各自存在的社会经济状况或条件来说，却有其存在的根据和理由。不这样看便是一种道德虚无主义。

论道德的多元化与一元化的矛盾统一 *
——兼论社会主义市场经济条件下道德建设的合理思路

一

　　道德作为一种社会价值规范，无疑首先是指向个人的，它的本质与功能是对个人的活动和行为进行规范与约束，以协调人们的社会关系的有序发展。但道德关系本质上是一种社会关系，它并不对个人的任何行为都赋予道德的意义。当个人的行为不涉及他人与社会，与他人和社会不构成一定的彼此关联的关系时，并不存在所谓道德与不道德的问题。凡是个人的行为关涉着他人与社会，与他人和社会构成一定的彼此关联的关系时，他的行为就不可避免地蕴含着一定的道德价值或意义，存在着道德与不道德的分野。

　　所谓道德的行为，即是合善性的行为；所谓非道德的或不道德的行为，即是属恶性的行为，在这一点上，古今中外并无分歧。然而，究竟什么是善？什么是恶？这却是个众说纷纭、很难达成共识的问题。不仅在历时态上，不同的时代对善恶的含义有不同的理解，而且即使是在共时态

---

* 本文原发表于《江议论坛》1997 年第 4 期。

上，同一时代的人们，同一社会形态中的各个不同的阶级、阶层，各个不同的社会集团，甚至是不同的职业群体，对善恶概念的含义通常也有不同的理解。同一件事或同一行为，不同时代的人们有时会作出彼此相异，甚至是绝然相反的道德评判；同一时代，同一民族和国家的人们通常也有表现出不同态度的可能。正是由于这种在善恶理解上的不同与对立，一方面牵引着不同的道德学派在历史上的更替，另一方面也引发出同一社会形态中道德的多元性的存在与竞争。虽然，在特定的社会历史时代与特定的民族与国家中，占主导或统治地位的道德只有一个，但这种占主导地位决不意味着它一统天下。在利益存在着差别与阶级对立的社会中，不同的个人与不同的阶级的价值取向是多元的，以这种不同的价值取向为基础形成的社会道德价值准则也是多元的。这种多元性的道德价值观之间的相互竞争与相互作用，通常以合力的形式共同地决定着该社会的道德面貌与道德发展水平。

在利益分裂的社会中，道德的多元存在是一个无可争辩的客观事实，并曾为马克思的历史观所肯认。马克思主义经典作家们曾坚决地否认有那种"适用于一切时代，一切民族，一切情况"的抽象性、普适性道德的存在，坦率地承认"每一个阶级，甚至每一个行业，都各有各的道德"①。不仅如此，马克思主义经典作家还曾以资本主义社会的道德状况为例，对道德的多元性存在这一事实作过令人无可怀疑的分析。他曾明确地指出，在资本主义社会的道德结构中，"首先是由过去信教时代传下来的基督教的封建的道德，这种道德主要又分成天主教的和新教的道德，其中又不乏不同分支，从耶稣会天主教的和正统新教的道德，直到松弛的启蒙的道德……所以仅仅在欧洲最先进的国家中，过去、现在和将来就提供了三大类同时和并存的起作用的道德论"。②

无论是从社会历史的纵向延伸看，还是从社会历史的横断面看，道

---

① 《马克思恩格斯文集》第 4 卷，人民出版社 2009 年版，第 294 页。
② 《马克思恩格斯文集》第 9 卷，人民出版社 2009 年版，第 98 页。

德的存在都不可避免地会有一种多元并立的性质，其深刻的原因在于："人们自觉地或不自觉地，归根到底总是从他们阶级地位所依据的实际关系中——从他们进行生产和交换的经济关系中，获得自己的伦理观念。"①诚然，马克思的历史观在道德的生成与演进原因的理解上，并不把经济与道德之间的关系机械性与直观性地理解成简单与直接性的因果关系，认为社会经济与社会道德之间的统一并不是一种绝对的统一，而是一种包含着矛盾的统一，经济关系对道德关系的制约作用也不是以直接方式实现的，而是以一系列的中介条件或环节而间接实现的。道德的生成与演进与一定的文化传统、环境、社会的风俗、习惯、社会成员的整体文化水平与素质也有着不可忽视的联系。

　　然而，马克思的历史观却坚决地认为，道德的生成与演进在归根到底的意义上是由社会经济关系的演进与变动决定的。对于每一特定时代、特定民族的人们来说，他们最终还是从自己所处的生产与交换的经济关系中获得自己的伦理观念，并继而使之升华，凝结为一定的道德原则的。生产关系及其由此决定的社会经济关系的更替与演进，最终会决定着道德价值系统的更替与演进，这是社会道德价值系统多元性历时态存在的深刻根据。而在私有制与社会分工存在的条件下，任何生产方式产生的利益结构都不可能是单一的，而是不可避免地要导致人们之间利益的分化，形成多元性的利益主体并存的结构，这种多元性的利益主体并存的结构，是导致一定社会形态中多元性的道德价值观共时态并存与冲突的深刻根据。

二

　　社会道德价值系统的存在是多元性的，不同的时代，同一时代的不

---

① 《马克思恩格斯文集》第 9 卷，人民出版社 2009 年版，第 99 页。

同阶级与社会集团都有自己的道德价值系统；个人对道德价值的理解及其道德行为的选择也是多元的，对同一现象与同一行为通常会有不同的态度并给予不同的价值评价。但这并不意味着社会中并存的道德价值系统之间具有等价的性质，更不意味着对人们的任何道德行为的选择都应给予肯定性的评价与合理性的道德辩护。在社会多元性并存与竞争的道德价值系统之间有着进步与落后的区分，在人们道德行为的不同选择之间有着合理与不合理的区分。马克思的历史观与道德观不同于形形色色的道德绝对主义，不承认在人们的道德活动领域中有什么终极的、绝对的真理存在，认为人们对善恶观念的理解是历史的、变化的，具有相对的性质。但马克思的历史观与道德观也不同于道德相对主义，肯认人们对善恶观念的理解，以及道德价值规范的合理性与真理性的相对性，并不意味着马克思主义的道德观是一种相对主义道德观，更不意味着对人们的道德活动无需评价与无法评价。社会道德价值系统是一个多元并立的复杂结构，人们的道德价值的取向也是多元的，但道德价值系统进步与落后，个人道德价值取向与道德行为的选择的正当与非正当、合理与不合理却有一个相对确定、客观的评判标准。道德价值系统的存在是多元的，人们的道德价值取向也是多元的，但对多元性存在的道德价值系统及人们不同的道德价值取向是否进步与是否具有合理性的评价标准则是一元的。即是说，在道德领域中，存在着公说公有理、婆说婆有理的现象，但真正有理的却只能是一个，不能肯认大家都有理。

人们的道德价值观的生成与演进为之旋转的轴心是人们的需要与利益，任何道德价值规范都是为人而存在的，人们不是为道德规范而存在的。一定的道德价值规范总是以人们的一定利益与需要为基础生成与确立起来的，并为人们的一定利益与需要服务。在存在着利益分化与冲突的社会中，超功利的所谓普适性的道德，不过是那些缺乏历史感的道德理想主义思想家们制造的神话，在社会历史中并不存在。而在存在着利益分化与冲突的社会中，个人的存在又总是从属于一定的阶级的。因此，不管人们愿意不愿意承认，在阶级社会中，一定的道德价值系统中的道德价值规范既是一定的阶级按照自己的利益与意志规范人们行为的价值准则，同时也是评价人们行为善恶或是否合理的价值坐标。相对于一定的道德价值系统来说，个人的行为选择符合它的道德价值的准则，就会被视为善行，反之则会被评判为恶行或不德。这即是道德评价的阶级标准。

然而，不同阶级利益的本身也有一个是否合理的问题。有的阶级与社会集团的利益与社会历史发展的方向相一致；有的则与社会历史发展的方向不一致，甚至是背道而驰；有的虽然与社会历史的现实暂时有矛盾，但它代表着社会现状的变革，代表着社会历史发展的未来方向。在马克思历史观的视野里，只有那些符合社会历史发展的现实要求与代表着社会历史发展方向的阶级利益才具有正当性与合理性，而那些阻碍或与社会历史发展方向背道而驰的阶级利益则不具有正当性与合理性。以一定的阶级利益为基础生成的一定的阶级的道德价值系统本身也有一个是否合理的问题。有的道德价值系统有利于促进社会历史进步，有的则阻滞社会历史进步。因此，道德价值系统的合理性还需以是否有利于促进社会历史进步作为价值坐标来加以确定。这种以是否有利于促进社会历史进步作为评价社会不同的道德价值系统优劣和人们的道德价值取向是否合理的标准，即是道德评价的社会历史标准。

道德评价的阶级标准与道德评价的社会历史标准之间既具有统一性，也具有矛盾性。在存在着利益分化与冲突的社会中，只有当一定阶级的利益与人类社会历史的整体利益相一致，或它的阶级利益代表着人类社会历史发展的未来发展方向时，作为维护这些阶级利益需要的道德评价的阶级标准才能与道德评价的社会历史标准相统一，与此相反的情况则是相矛盾的。正是由于道德评价的阶级标准与道德评价的社会历史标准之间的这种既矛盾又统一，难免会有这样一种情况出现，个人的道德行为的选择，从道德评价的阶级标准看可能是善的，但从道德评价的社会历史标准去审视则是不善的，或是恶的；从道德评价的阶级标准看可能是不善或恶的，但以道德评价的社会历史标准去审视则可能是善的。所以，善有真善与伪善之分，恶也有真恶与假恶之别，只有以道德评价的社会历史标准作为评判个人行为的根本性坐标，才能对人们行为的善恶作出合理性的区分。

如果以是否有利于社会历史进步作为评判道德价值观的根本标准，则可以将一定社会中多元性并立与竞争的道德价值观大致地区分为否定性道德、容许性道德、倡导性道德三种类型。否定性道德是指在社会历史发展进程中丧失了历史必然性的过时性的道德，或者说是与社会历史进步的方向背道而驰的道德；容许性道德是指在社会历史发展进程中还没有丧失其必然性与现实性的道德，或者是指与社会历史进步的方向暂时保持着统一性，但在社会道德的总体结构中并不具有先进性质的道德；倡导性道德则是指代表着现状的变革，代表着社会历史发展的未来发展方向的道德。

容许性道德与倡导性道德都属于肯定性道德。二者的区别在于：后者较之于前者拥有更多的"能够长久保持的因素"①，它代表着道德进步的发展方向。容许性道德与倡导性道德的区分源于生产方式的内部矛盾，因为任何一种生产方式内部都包含着肯定该生产方式存在的因素与否定该生产方式的因素的矛盾统一。肯定性因素是使该生产方式得以继续存在的因素，否定性因素是促使该生产方式向新的生产方式转换的因素。在生产方式内部如果没有肯定因素与否定因素的矛盾，也就不可能有生产方式的历史更替与社会历史的进步。只要一种生产方式在社会历史发展的进程中还没有过时，还有存在的现实性，维护这种生产方式正常运行的道德价值规范及符合这种道德价值规范的道德行为选择就应当是容许的。那种代表着社会现状变革，代表着社会未来的道德，虽然在人们社会生活的现实中还不占主导地位，但它代表着社会道德价值演进的方向，故属倡导性道德。

---

① 《马克思恩格斯文集》第 9 卷，人民出版社 2009 年版，第 99 页。

三

　　道德价值规范的多元化与人们的道德价值取向的多元化在社会主义市场经济条件下也是一个不容否认的客观现实。时下，凸现在我们面前的不仅有产生于自然经济社会的道德价值观与市场经济的道德价值观的矛盾与冲突，同时也存在着市场经济的道德价值观与社会主义的道德价值观的统一与矛盾。如何在这种多元性的道德价值观的并立与冲突中，选择与确立一条当前道德建设的合理思路，是摆在我们面前的一道难题。

　　在社会主义市场经济条件下，人们的道德价值取向之所以是多元的，其根源仍然要从社会利益的多元化存在中获得解释。市场经济体制逐渐地取代传统的计划经济体制而占主导地位，这是社会主义的生产与交换方式的重大变革。这场变革一方面促使原有的社会利益结构逐渐解构，另一方面也促进新的社会利益结构的生成。而这种建立在市场经济运行体制基础上的利益结构不可能是单一的，而是必然性地具有多元并立的性质。

　　首先，市场经济是一种社会经济的运行方式，而不是一种社会经济制度，市场经济作为一种社会经济运行方式，既可以为各种非公有制经济所利用，也可以为公有制经济所利用，它可以为多种性质的所有制经济提供生存与发展的空间。诚然，我们当前正在努力建设的市场经济，不是一般的市场经济，而是社会主义市场经济，即社会主义公有制占主导地位的市场经济。然而，由于我们目前还处于社会主义的初级阶段，社会主义公有制既不可能也不应该排斥其他所有制成分的存在。允许一定数量的非公有制经济成分，不仅为处于初级阶段的社会主义社会所必需，也为市场经济的运行方式所容许。

　　其次，多元性的经济活动主体，必然会产生多元性的利益结构。社会主义公有制经济也好，个体私营经济也好，外国资本独资经济也好，只要其经济活动纳入市场经济的运行轨道，就不可避免地要受到市场经济规律的影响和制约。在市场经济的规律系统中，价值规律是最基本的规律，这一规律既以自发的方式决定着社会资源的配置，同时也像一只看不见的魔手操纵着人们的经济活动，迫使所有从事市场经济活动的主体加入到竞争的行列。市场经济竞争归根到底是经济利益的竞争，追求自身利益的最大化，是一切从事市场经济活动主体活动的基本出发点。竞争不仅会导致不同经济活动主体彼此间利益的分化，在一定程度上还会导致经济活动主体彼此间利益的冲突与对立。社会主义市场经济条件下的多元性的经济活动主体结构与利益结构，不可避免地会牵引出多元性的道德价值取向结构与多元性的道德价值规范结构。

在市场经济活动中，追求自身利益的最大化是一切从事市场经济活动主体的基本点，但这并不意味着人们追求自身利益的任何行为在道德上都可以给予正当性的辩护。市场经济作为一种社会经济的运行方式，有它自身的发展规律，以及由它的发展规律衍生出的基本原则，这些基本原则既是维护市场经济有序运行与健全发展的必然要求，也是所有市场经济活动主体必须遵循的最基本的道德行为准则。在市场经济活动中，一切悖逆于市场经济的规律与基本原则的价值取向和行为，如坑蒙拐骗、假冒伪劣、欺诈强夺等行为，都应给予道德上的否定性评价。人们的价值取向与行为如果合乎市场经济规律与基本原则要求，有利于促进市场经济有序运行与健全发展，即使是谋利性的行为，也应给予道德上的正当性的肯认与容许。只要市场经济这种经济运行方式在历史上还没有丧失其存在的必然性与现实性，市场经济的规则就应是人们经济活动的基本的道德行为准则，符合这些价值准则的行为就应给予道德上的肯认与容许。

市场经济条件下的道德价值规范必须符合市场经济发展的客观要求，从马克思的历史观所提供的道德评价的社会历史标准看，这应是无疑的。道德价值规范不仅是在一定的生产与交换的经济关系的基础上生成的，而且是为一定的经济关系服务的。但这是否意味着市场经济的道德价值规范是当前社会主义市场经济条件下唯一合理与最高的价值规范呢？肯认市场经济的道德价值规范的合理性是否意味着可以否定社会主义道德价值规范的导向作用呢？

在时下的有关社会主义市场经济与道德建设关系的探讨中，我们常常看到有两种相互对立的思路与意见存在。一种意见认为，既然我们目前仍然处于市场经济阶段，我们的道德建设就应以市场经济的基本要求作为基本的参考坐标。在市场经济活动中，只能要求从事市场经济活动的主体按照市场经济所要求的规则行事，而不应也不能要求人们遵循诸如毫不利己，专门利人，大公无私，先公后私等社会主义道德价值原则行事；另一种意见则认为，我们是社会主义社会，在社会主义社会中应确立社会主义道德价值规范的主体地位，应将毫不利己，专门利人，大公无私，先公后私，集体主义等道德原则作为社会道德价值的原则，不能听凭个人私欲与贪欲的任意膨胀。

上述两种思路与意见虽然是对立的，但二者却有一个共同点：即都是将市场经济的道德价值规范与社会主义道德价值规范绝对地对立起来。一种是以市场经济的道德价值规范的合理性去否定社会主义道德价值规范的合理性，一种则是以社会主义道德价值规范的合理性去否定市场经济的道德价值规范的合理性。二者的共同缺陷是忽视了市场经济的道德价值规范与社会主义道德价值规范之间的可容性与统一性，而片面地膨胀了它们之间的矛盾性。

市场经济作为一种社会经济的运行方式，既可以为资本主义制度所利用，也可以为社会主义制度所利用这一根本性特点，决定了市场经济形式与社会主义公有制之间的相互制约与规定。一方面市场经济的规律与基本原则不可避免地要制约与规定着社会主义公有制的表现形式及发挥作用的方式；另一方面社会主义公有制在利用市场经济形式为自己服务时，也不可避免地要对市场经济的作用形式产生影响与规定的作用。正是市场经济作为一种社会经济运行方式与社会主义公有制相互结合与相互制约和规定的可能性，也就内在地决定着不应将市场经济的道德价值规范与社会主义的道德价值规范绝对地对立起来。既然我们目前仍需发展市场经济，我们就必须遵循市场经济的运行规则，否则，发展市场经济就是一句空话。但我们的市场经济又不是一般意义的市场经济，而是社会主义市场经济，社会主义市场经济必须倡导社会主义的价值准则，无论是用市场经济的道德价值规范去否定社会主义道德价值规范存在的合理性，还是用社会主义道德价值规范去否定市场经济道德价值规范存在的合理性，都是片面的。

社会主义市场经济条件下的道德建设既要以市场经济的一般原则为参考坐标，又要以社会主义的基本价值原则为参考坐标，这源于市场经济的基本要求与社会主义的基本价值原则的既统一又矛盾的特性。

一方面，市场经济的基本要求与社会主义的基本价值要求在一定程度上具有内在的可容性或相通性。首先，市场经济运行所要求的诸如个人独立、自由、平等、等价交换、资源开放等一般原则，具有价值中立的性质，既能与社会主义的较低纲领相一致，也能为社会主义的价值目标所容纳与利用。其次，市场经济的利益分配机制与社会主义利益分配原则之间也具有一定的相容性与相通性。在市场经济中，不同经济活动主体之间的利益分配是在价值规律杠杆作用的调节下实现的，价值规律作用的基本内涵即是等量劳动与等量劳动间的平等交换。这种等量劳动与等量劳动相交换的利益分配机制与社会主义的按劳分配原则之间并不存在根本性的对立与冲突。在一定的意义上说，以价值规律为基础与杠杆的利益分配机制，也以间接的方式实现着社会主义的按劳分配原则。

另一方面，市场经济的基本原则与社会主义的基本价值目标也具有矛盾的一面。其一，市场经济是以价值规律为基本规律的经济运行方式，在价值规律的作用下，人们从事经济活动的出发点是追求自身利益的最大化，而不是以集体与社会利益作为追求的直接目标，在一定的程度上，这与社会主义所追求的共同富裕的价值目标是相矛盾的。市场经济本身并不能必然导致社会的共同富裕。其二，市场经济所要求的诸如个人独立、自由、平等、等价交换、资源开放等一般要求与原则，由于具有价值中立的性质，它既能为社会主义公有制所利用，并促进社会道德的进步，同时也为某些个人为达到自己的私利所利用，从而有可能导致社会道德的退步与堕落。

社会主义市场经济条件下的道德建设虽然既要以市场经济的道德价值规范为参考坐标，也要以社会主义的道德价值规范为参考坐标，这并不意味着市场经济的道德价值规范与社会主义道德价值规范在社会主义市场经济条件下的道德建设中具有等价的性质。市场经济作为社会经济的一种运行方式毕竟不具有永恒的生命力，随着市场经济的发展，这种经济运行方式必将为它本身的发展与社会主义的历史进程所扬弃。市场经济的道德价值规范也必将为社会主义的道德价值规范所扬弃。因此，相对于市场经济的道德价值规范，社会主义的道德价值规范无疑具有更多的合理性与更大的进步性，因为它代表着社会道德发展的未来方向。

综上所述，在社会主义市场经济条件下，实际上存在着三种不同类型的道德：阻碍市场经济发展的道德、市场经济道德、社会主义道德。依据马克思的历史观所提供的道德评价的社会历史标准，笔者以为，阻碍市场经济发展的道德应属于否定性的道德，市场经济的道德应是时下所容许的道德，社会主义的道德应是我们大力倡导的道德。

人们的行为悖逆市场经济的道德价值规范之所以在道德上应给予否定性评价，是因为它阻碍着市场经济的发展与社会历史的进步。人们的行为符合市场经济的道德价值规范之所以在道德上应给予容许性评价，是因为市场经济仍有存在的客观必然性。人们的行为符合社会主义的道德价值规范之所以在道德上值得倡导，这不仅是因为我们目前建设的是社会主义市场经济，社会主义市场经济应受社会主义的价值目标的引导，更为深刻的原因在于，社会主义道德代表着社会道德发展的未来方向。

试论历史发展过程中的道德进步与
退步现象共存及原因分析 *

一

在西方社会的历史上，特别是西方近代以来，每当社会处于剧烈变动，经济与科技乃至社会文明取得长足进步的时期，人们就不可避免地要经受一次伦理道德危机的炼狱，诱发出一场关于社会历史的发展对伦理道德影响的争论，这似乎已成为一个带有普遍性的历史现象。而争论的焦点通常是围绕着下述问题展开的：社会历史的发展与社会道德演进的进路究竟是一致的，即道德的演进是伴随着社会历史的进步、文明的进展而上升呢，还是二者处于必然的二律背反当中，即社会历史进步与文明的进展不可避免地要以社会道德的沦丧为代价？对于历史上的思想家们来说，至少是对于自卢梭以来的西方思想家们来说，这是一个剪不断、理还乱、欲罢不能又无可奈何的课题。

纵观西方近代思想发展史，可以说在上述问题上占主导地位的是这样一种看法，即社会历史

---

* 本文原发表于《华中师范大学学报（人文社会科学版）》1995 年第 6 期。

的进步与道德演进的进路是充满矛盾的二律背反，科学越发展，社会越向文明迈进，社会道德的发展状况与水准便每况愈下。近代西方思想发展史上两个非同寻常的有名人物——卢梭与黑格尔，是在历史观的视角上明确地表达了这一观点的代表人物。

卢梭在他赖以成名的为法国狄戎学院所作的关于艺术与科学是否给予了人类恩泽的获奖征文中认为，科学、文学、艺术给予人类的与其说是恩泽，不如说是灾难。科学、文学、艺术是道德的最恶的敌人，"科学与美德势不两立"。① 在卢梭看来，不仅一切科学的起源都卑鄙，"天文学出于占星术迷信；雄辩术出于野心；几何学出于贪婪；物理学出于无聊的好奇；连伦理学也发源于人类的自尊"。② 更为重要的是，科学带给人类的是科学的异化，文明带来的是道德的堕落，因为科学的产生与发展使人产生种种欲望，这欲望正是导致人类相互奴役的深层根源。在卢梭的另一篇《论人间不平等的起源和基础》的文章中则更明确地写道："冶金和农业这两种技术的发明，造成了这场大革命。在诗人看来，使人们进于文明同时也毁了人类的是黄金和白银，在哲学家看来，却是铁和谷物。"③ 与卢梭将科学技术、文明的进步视作社会道德堕落的根源不同，黑格尔则从另一个视角探讨了道德的发展与社会文明发展的关系。黑格尔认为："在黑格尔那里，恶是历史发展的动力的表现形式……自从阶级对立产生以来，正是人的恶劣的情欲——贪欲和权势欲成了历史发展的杠杆。"④ 或尽管在外观上，黑格尔的思维进路与卢梭的思维进路有着明显的差别：一个将科技的发展、文明的进步看作是人类道德进步的敌人，甚至是道德堕落的祸根；另一个则将道德的堕落看作是社会历史进步的强大动力与杠杆。然而，卢梭与黑格尔两个从不同的思维进

---

① [英] 罗素：《西方哲学史》下卷，商务印书馆 1986 年版，第 228 页。

② [英] 罗素：《西方哲学史》下卷，商务印书馆 1986 年版，第 228 页。

③ 北大哲学系外国哲学史教研室编译：《西方哲学史原著选读》下册，商务印书馆 1986 年版，第 74 页。

④ 《马克思恩格斯文集》第 4 卷，人民出版社 2009 年版，第 291 页。

路上却表达了一个在归宿上完全一致的思想：都认为在阶级对立的社会中，社会进步与道德进步之间，存在着不可避免的二律背反的关系，二者必须择一，决不可兼得，欲保道德的纯洁与崇高就必须否弃文明，欲求社会文明的进展就需以社会道德的牺牲与堕落为代价。

那么，在社会进步与道德进步之间究竟应选择何者呢？在这一点上，由于卢梭与黑格尔两人对人的本性理解的不同，两人思维的天平才发生了向相反方向的根本倾斜。卢梭作为一个有着浓厚浪漫主义色彩的思想家，他更关注与看重的是人的道德的纯洁性与崇高性。卢梭认为，人性本善，这可以从"野蛮人在吃过饭以后与自然万物和平共处，跟所有族类友好不争"① 得到明证。只是由于人类在文明进展的过程中，人才使自己的本性发生了扭曲。要恢复人的本性，就必须否弃掉社会文明，使人回复到自然，返璞归真。与卢梭所持的人性本善学说相反，在黑格尔看来，"有人以为，当他说人本性是善的这句话时，是说出了一种很伟大的思想；但是他忘记了，当人们说人本性是恶的这句话时，是说出了一种更伟大得多的思想"。② 人的本性何以既善又恶，而且更主要地表现为恶呢？黑格尔回答虽很思辨却很明确："直接意志的各种规定，从它们是内在的从而是肯定的来说，是善的。所以说人性本善。但是由于这些规定是自然规定，一般地与自由和精神的概念相对立的，从而又是否定的，所以必须把它们根除。因此又说人性本恶。"③"恶的根源一般存在于自由的神秘性中，即自由的思辨方面，根据这种神秘性，自由必然从意志的自然性走出，而成为与意志的自然性对比起来是一种内在的东西。"④ 在黑格尔看来，恶作为对人的自然规定的一种否定，它是人的自由的一个重要规定。人作为一种理性存在物，追求自由是一种不可压抑的欲望。人的"精神的本性是自由的"，因此，人的本性必须

① ［英］罗素：《西方哲学史》下卷，商务印书馆 1986 年版，第 229 页。
② 《马克思恩格斯文集》第 4 卷，人民出版社 2009 年版，第 291 页。
③ ［德］黑格尔：《法哲学原理》，商务印书馆 1982 年版，第 28 页。
④ ［德］黑格尔：《法哲学原理》，商务印书馆 1982 年版，第 143 页。

由善向恶地发展。因此，在黑格尔的视野里，从道德的方面看，人的恶劣贪欲的膨胀无疑是对道德之善的一种亵渎，但在社会历史上却是推动发展与进步的强大动力和杠杆。在黑格尔的历史观中，道德的演进与社会历史的演进虽然表现为相互矛盾的不同线图，但他作为一个有着深刻历史感与理智感的思想家，在道德与社会历史进步的关系上，他的思维的天平明显地向后者倾斜。对于卢梭来说，社会历史的进步与文明的进展导致道德的退步与堕落是不幸的与不可接受的。对于黑格尔来说，社会历史发展的动力必须以恶的发展这一形式表现出来，这一点不仅是无可奈何的历史必然，而且对于人的本性的发展也有着值得赞肯的积极意义。

二

历史似乎是魔圈，是陷阱。不管人们愿意不愿意、欢迎不欢迎，当大体相同的历史条件出现时，它也就必然性地使大体相同的问题再次凸现。

时下的中国，随着社会主义经济体制的逐步建立，国民经济保持着持续高速增长，人们的价值观念处于急剧变化的同时，一个既是古老却又非常现实的沉重课题：市场经济的发展对道德的影响究竟是起推动作用，还是起着消极影响的疑问，也以铁的必然性呈现在人们的面前。从学术界的"学人"，到街头巷尾的百姓，无不被市场经济与道德发展的关系问题所吸引、所困扰。人们众说纷纭，莫衷一是。有人认为，市场经济的发展推动了人们的道德水准的提高，并对时下中国道德发展的状况予以乐观与肯定的评价；也有人对此大表异议，认为市场经济带来的客观后果是人们私有观念的膨胀与道德水准的严重下降，并对之表现出深切的焦虑与不安。有人将中国当前的争论大体上归纳为"爬坡论"与"滑坡论"两种意见。上述归纳虽没有全部反映这场争论的内容，却也大体上概括了当前这场争论的基本倾向与焦点。

道德"滑坡论"者认为，较之于我国五六十年代的道德水准与我国几千年以来所形成的优良道德传统，当前的社会道德水准确实下降了。有人还认为，仅仅用下降一词还不足以反映当前道德建设上出现的危机的实质，当前的道德发展状况，与其说是道德水准的下降，不如说是道德秩序的无序与崩溃。这主要表现为：在政治生活中，渗透着浓厚的商业气息，权钱交易之风日盛，贪污腐败呈漫延扩大之势；在经济生活中，金钱崇拜，唯利是图，物欲横流，假冒伪劣，坑蒙拐骗等缺德无义现象肆无忌惮地充斥着社会的各个角落；人们的语言和行为散发着贪婪的气味；人们的价值观极端地向个人本位复归与私利倾斜；在人们日常的社会生活中，人们的行为失范，世风日下，散发着铜臭味；社会犯罪率上升，许多原已绝迹的丑恶现象重新复活与抬头；人与人之间关系冷漠，见死不救，视危不助的现象屡见不鲜……

"滑坡论"者认为，当前的道德水准的下降，虽不能完全归属于市场经济的发展，但它却与市场经济的发展有无法否定的内在联系。深刻的原因在于：商品经济是以承认生产者的私人利益差别为前提，竞争性与功利性是它的主要特征，等价交换为基础的价值规律是它统摄与调节一切经济活动的原则与尺度。这种竞争性与功利性的特点以及等价交换原则一旦渗透到人们的全部社会生活中，就难免诱发出人们恶劣的贪欲膨胀，使人们的价值观由义向利倾斜，导致社会风气毒化。

在"滑坡论"者看来，经济的发展有时会引起道德水准的下降，这不仅是当前中国社会道德发展状况的客观现实，而且也是一定历史发展过程中不可避免的客观现象。这种客观现象不仅卢梭与黑格尔曾提示过，马克思主义经典作家也曾作过类似的描述。一个重要的例证是：马克思主义经典作家在评价奴隶社会、资本主义社会时，就曾一方面对奴隶社会较之于原始社会、资本主义社会较之于前资本主义社会在社会文明方面的巨大进展作用给予过明确的肯定；另一方面也对在道德上的退步与堕落作过深刻的揭露和批判。

应该指出的是，就其基本思想倾向与理论基础来说，中国时下的"滑坡论"者所表达的是在理论上对社会演进与道德演进的二律背反论的认同。所不同的是，在时下的"滑坡论"者中虽然对道德的"滑坡论"现象深表忧虑，但已很少有人像卢梭那样采取一种浪漫主义态度，更多的人则是对黑格尔的历史主义的理智态度表示认同。当然也不是没有人在积极地为寻找一种"鱼和熊掌兼得"的积极方案而探索。

与绝大多数"滑坡论"者的悲观情绪相反，"爬坡论"者对市场经济与道德的关系则表现出一种乐观主义态度。"爬坡论"者认为，中国社会当前的道德发展的主旋律是"爬坡"，而不是"滑坡"。这主要表现在：人们的道德心理和行为由"假"向真，由"虚"向实，由"懒"变勤，由"依赖顺从型"向"独立争取型"，由封闭向开放，由单一向多元变化着。从发展趋势与长远上看，这是新的、现代文明振兴的开始，我们的道德从本质上和趋势上看正在"爬坡"①。"爬坡论"者认为，中国社会当前的道德水准的某些方面的下降与道德秩序的失控只是一种暂时的表面现象，这种暂时的现象与市场经济体制的发展并没有内在的必然联系。

"爬坡论"者在理论上不同意将社会历史进步与道德进步看作是完全不同的两个领域的说法，主张将道德与经济并轨，将马克思的道德观与历史观统一起来，因而否认在历史的发展中存在着社会进步与道德演进之间的绝对的二律背反现象，认为道德作为一种社会意识形态，其发展变化最终还是由社会经济形态的发展所决定的。在"爬坡论"者看来，市场经济所要求的自由原则、平等原则、效率原则、开放原则和理性原则等，都是促进社会主义道德进步的强大杠杆。

---

① 李德顺：《"滑坡"与"爬坡"》，《中国社会科学》1994 年第 3 期。

三

从前面对思想发展史的反思与时下的有关道德的"滑坡"与"爬坡"争论的考察中不难看出，在外观上，中国时下的"滑坡"与"爬坡"的论争较之卢梭、黑格尔等人的思考更为具体，然而，就其争论与思考的问题的实质而言，都有着基本相同的理论与实践的意蕴。从哲学的高度上看，"滑坡"与"爬坡"的论争所涉及的仍是这样一个基本理论问题：社会历史的发展与道德的演进在其进路上究竟是同轨的，还是二律背反的南辕北辙？

"爬坡论"与"滑坡论"虽然是水火难容的两种不同的意见，但无论是"滑坡论"者还是"爬坡论"者，不仅都能寻找出市场经济对道德发展的否定因素与肯定因素，而且各自都宣称自己的观点与唯物主义历史观相吻合，并能从马克思主义经典作家的著作中找到某些经典作为自己观点的支撑。这就牵引出一个理论工作者必须澄清的理论问题：马克思的历史观究竟是如何看待道德在社会历史发展中的进步与退步问题的？更具体地说，在马克思历史观的视野中，社会历史发展中的道德是伴随着社会历史进步的轨迹向前趋进呢，还是与社会历史发展的方向南辕北辙？抑或承认在社会历史的演进中道德的进步与退步现象共存呢？

在笔者看来，如果我们对马克思的历史观与马克思主义经典作家有关论述不是采取实用主义的态度，作既定框架下的为己所需的引证，而是采取科学的态度，作全面的严肃认真的引证与思考，那么就会看到，无论是"滑坡论"还是"爬坡论"，虽然都具有某种程度的理论依据，但又都有不可忽略的疏漏与片面。实际上，马克思的历史观既承认历史与伦理二律背反现象的存在，同时也肯定道德在历史演进中的总趋势是沿着上升的方向趋进的。

关于社会文明与社会道德的冲突与背离，恩格斯在《家庭、私有制和国家的起源》以及《费尔巴哈论》中都有过较为明确的论述。在《家庭、私有制和国家的起源》一书中，恩格斯在谈到原始社会瓦解与文明的阶级社会的产生时曾写道："部落始终是人们的界限，无论对其他部落的人来说或者对他们自己来说都是如此：部落、氏族及其制度，都是神圣而不可侵犯的，都是自然所赋予的最高权力，个人在感情、思想和行动上始终是无条件服从的。这个时代的人们，虽然令我们感到值得赞叹，但他们彼此完全没有差别，他们都还依存于——用马克思的话说——自然形成的共同体的脐带。这种自然形成的共同体的权力必然要被打破，而且也确实被打破了。不过它是被那种使人感到从一开始就是一种退化，一种离开古代氏族社会的纯朴道德高峰的堕落的势力所打破的。最卑下的利益——无耻的贪欲、狂暴的享受、卑劣的名利欲、对公共财产的自私自利的掠夺——揭开了新的、文明的阶级社会；最卑鄙的手段——偷盗、强制、欺诈、背信——毁坏了古老的没有阶级的氏族社会，把它引向崩溃。而这一新社会自身，在其整整两千五百余年的存在期间，只不过是一幅区区少数人靠牺牲被剥削和被压迫的大多数人而求得发展的图画罢了，而这种情形，现在比从前更加厉害了。"① 从恩格斯上面的论述不难看出，在恩格斯的视野中，相对于原始社会人们的那种在感情、思想和行动上无条件地服从共同体的利益来说，文明的阶级社会中人的那种"无耻的贪欲、狂暴的享受、卑劣的名利欲"，以及"偷盗、强制、欺诈、背信"等现象，无疑是一种道德上的退步与堕落。然而，这种道德上的退步不仅是必然的，而且使人脱掉了自然发生的共同体的脐带，使人的个体发生分化，人的个体的独立性与个性的生成成为了可能，从而使人类进入到文明的发展阶段。同样的思想，恩格斯在《路德维希·费尔巴哈和德国古典哲学的终结》中也有过明确的表达。恩格斯在比较费尔巴哈的道德观与黑格尔的道德观时曾写道："在黑格尔那里，恶是历史发展的动力的表现形式。这里有双重意思，一方面，每一种新的进步都必然表现为对某一神圣事物的亵渎，表现为对陈旧的、日渐衰

---

① 《马克思恩格斯文集》第 4 卷，人民出版社 2009 年版，第 112、113 页。

亡的、但为习惯所崇奉的秩序的叛逆；另一方面，自从阶级对立产生以来，正是人的恶劣的情欲——贪欲和权势欲成了历史发展的杠杆，关于这方面，例如封建制度的和资产阶级的历史就是一个独一无二的持续不断的证明。但是，费尔巴哈就没有想到要研究道德上的恶所起的历史作用。"①恩格斯的这段话虽然转述的是黑格尔的思想，但从恩格斯对黑格尔"恶是历史发展的动力的表现形式"的思想的肯定与对费尔巴哈抽象道德观的批评中，不难得出恩格斯确实也肯定历史发展过程中是存在着历史与道德的二律背反现象的。

那么，马克思的历史观是不是仅仅承认在阶级社会中历史与道德的二律背反现象，而否认道德在文明社会中的进步呢？当然不是。恩格斯在《反杜林论》中曾写下过如下的一段论述："在道德方面也和人类认识的所有其他部门一样，总的说是有过进步的。"②不仅如此，恩格斯在评价奴隶制道德时还认为，奴隶制的道德的建立也是一个"巨大的进步"。"成为大批奴隶来源的战俘以前都被杀掉，在更早的时候甚至被吃掉，现在至少能保全生命了。"③从奴隶被杀掉或被吃掉到保全生命，这不仅是人类在道德方面的进步，而且也标志着人类在文明方面的巨大进展。

四

一方面肯定历史与道德二律背反现象的存在，另一方面又肯定道德在历史发展中"总的说是有过进步的"，这是否意味着马克思的历史观与道德观中隐含着一个难于自圆其说的矛盾？如果不是，那又应如何在理论上作出合理的解释？

---

① 《马克思恩格斯文集》第 4 卷，人民出版社 2009 年版，第 291 页。
② 《马克思恩格斯文集》第 9 卷，人民出版社 2009 年版，第 100 页。
③ 《马克思恩格斯文集》第 9 卷，人民出版社 2009 年版，第 189 页。

在过去的讨论中，有人曾试图用社会经济与道德属于不同的领域，各自有着不同的运行规律，因而存在着发生背离的可能来进行解释。例如，有人认为"他律性和功利性是市场经济的重要特点"，而在道德领域，"必须把自律性作为道德的一个重要特征"。① 在笔者看来，这种将经济与道德彻底分离，否认道德也具有他律性特点、是他律与自律的统一的观点，显然与马克思历史观的基本思路相悖。诚然，道德作为社会意识形态的一个重要意识形式，与社会经济的关系并不是物体与影子的关系，有着自己相对独立的特性，然而，从归根到底的意义上看，人们"总是从他们阶级地位所依据的实际关系中——从他们进行生产和交换的经济关系中，获得自己的伦理观念……一切以往的道德论归根到底都是当时的社会经济状况的产物"。②

也有人试图从道德相对于经济关系的独立性去解释历史与道德的二律背反现象，但是用道德具有相对独立性的思路只能解释道德相对于经济基础的滞后性与超前性，至多只能解释道德退步的暂时性，却不能解释历史与伦理的二律背反现象。

其实，如果对马克思的历史观与道德观作全面深层的把握，以马克思主义经典作家所揭示过的关于道德的社会历史标准与"真正人的道德"标准作参照系进行深入地思考，并不难找到一条对上述问题进行合理解释的现实途径。

道德作为社会意识形态的一种基本形式，作为调整人与人之间、个人与群体之间、个人与社会之间的相互关系和行为的价值规范，无疑具有历史变化的性质。各个不同的时代，各个不同时代的阶级，都有自己各自不同的道德规范和各自对善恶的不同理解。恩格斯在《反杜林论》中曾经写道："我们拒绝想把任何道德教条当做永恒的、终极的、从此不变的伦理规律强加给我们的一切无理要求，这种要求的借口是，道德

---

① 何中华：《试谈市场经济与道德的关系问题》，《哲学研究》1994 年第 5 期。

② 《马克思恩格斯文集》第 9 卷，人民出版社 2009 年版，第 99 页。

世界也有凌驾于历史和民族差别之上的不变的原则。相反，我们断定，一切以往的道德论归根到底都是当时的社会经济状况的产物。而社会直到现在是在阶级对立中运动的，所以道德始终是阶级的道德；它或者为统治阶级的统治和利益辩护，或者当被压迫阶级变得足够强大时，代表被压迫者对这个统治的反抗和他们的未来利益。"①善恶观念虽然在不同的时代有不同的理解，在阶级社会中，各个不同的阶级各自又有着自己的道德观念与道德规范，并且各自的道德观念与道德规范都受制于自己阶级的私利和为自己阶级的利益服务和辩护，但这并非意味着历史上各个时代与各个阶级的道德观念与达到的道德水平都是等价与相同的，不能有进步与落后之分。马克思的历史观与道德观反对对善、恶观念与道德作抽象的理解，否认有永恒真理之类的神话，但并不否认道德在其历史发展中也有进步与落后的分野。恩格斯在谈到资本主义时代的道德时曾写过这样一段值得我们深思的话："今天向我们宣扬的是什么样的道德呢？首先是由过去信教时代传下来的基督教的封建的道德，这种道德主要又分成天主教的和新教的道德，其中又不乏不同分支，从耶稣会天主教的和正统新教的道德，直到松弛的启蒙的道德。和这些道德并列的，有现代资产阶级的道德，和资产阶级道德并列的，又有未来的无产阶级道德，所以仅仅在欧洲最先进国家中，过去、现在和将来就提供了三大类同时和并列地起作用的道德论。哪一种是合乎真理的呢？如果就绝对的终极性来说，哪一种也不是；但是，现在代表着现状的变革、代表着未来的那种道德，即无产阶级道德，肯定拥有最多的能够长久保持的因素。"②诚然，恩格斯在上面谈的是评价道德真理性的标准问题，但在笔者看来，上面的评价标准对于解决本文上面的问题也具有方法论的意义。循着马克思历史观的基本思路，就有理由确认"代表着现状的变革、代表着未来"的标准，既是评价道德真理性因素多少的坐标，也

---

① 《马克思恩格斯文集》第 9 卷，人民出版社 2009 年版，第 99、100 页。
② 《马克思恩格斯文集》第 9 卷，人民出版社 2009 年版，第 98、99 页。

是评价道德进步与落后的坐标。深刻的原因在于：道德从归根到底的意义上看，毕竟是由人们的经济关系决定的，并为一定的经济关系服务和随着经济关系的不断变革而变化，这是道德演进的基本规律。新的生产力、生产方式和经济关系代替旧的生产力、生产方式和经济关系，这是社会历史的一种进步，为那种新兴的生产力、生产方式和经济关系所决定并为之服务的道德观念、准则和规范也就必然地具有进步的性质。以对社会发展的作用与意义如何，作为衡量道德的标准，是一种社会历史标准。以道德评价的社会历史标准去审视道德的发展，我们不仅可以对各种不同性质的道德进行合理的评价，每一个阶级虽然都有自己的道德，但并非每一种道德都具有进步的性质，只有那些有利于社会历史发展与文明进展的道德才具有进步与合理的性质。而且还会看到，由于社会历史的演进就其基本趋势而言是一个从低级到高级的拾级而升的过程，所以"在道德方面也和人类知识的其他部门一样，总的说是有过进步的"，这是一个顺理成章的合理性的逻辑。

　　然而，如上所述，用道德评价的社会历史标准虽然可以有效地解释马克思主义经典作家关于道德"总的说是有过进步的"这一论断，但却解释不了历史与道德的二律背反现象。那么，如何使马克思主义经典作家视野里的历史与道德的二律背反现象得到合理的解释呢？这就涉及到马克思主义道德观中的另一个道德标准，即"真正人的道德"标准。关于"真正人的道德"，虽然在马克思主义经典作家的著作中很少提及，也很少对它的含义作出定义式的阐释，但恩格斯在《反杜林论》中却写过如下的一段话："只有在不仅消灭了阶级对立，而且在实际生活中也忘却了这种对立的社会发展阶段上，超越阶级对立和超越对这种对立的回忆的、真正人的道德才成为可能。"①恩格斯的这段话虽然论述的是实现"真正人的道德"的历史条件，但同时也为我们把握"真正人的道德"的含义提供了有益的启发。所谓"真正人的道德"即是那种超越了利益

---

① 《马克思恩格斯文集》第9卷，人民出版社2009年版，第100页。

对立，得到社会所有成员的普遍认同，并符合人的本性发展的道德。

　　"真正人的道德"标准与道德的社会历史标准显然有着质的不同，道德的社会历史标准本质上是一种利益标准，它的基本意蕴是，只有符合人类社会解放与发展，有助于人类社会文明进展的道德才是进步与合理的，否则就是落后的与不合理的。而在阶级的社会里，社会的进步与文明的进展是通过人们的阶级利益的对立与冲突来实现的，那些在历史上推动着社会进步与文明进展的阶级的道德相对于那些阻碍社会与文明进步的阶级的道德也就具有进步的意义。而"真正人的道德"恰恰是对人们利益的对立和冲突的超越与对狭隘私利的忘却，并且是一种符合人的本性的道德。

　　通过上述的考察，我们现在不难明白，在马克思的历史观与道德观中，何以会出现道德"总的说是有过进步的"与文明社会的"任何进步同时也是相对的退步"① 这样两种不同的论断。这两种不同的论断实际上是马克思主义经典作家从两个不同的道德坐标去审视道德发展的结果：一个是道德的社会历史坐标，一个是"真正人的道德"的坐标。从道德的社会历史坐标去审视道德的演进，如前所述，一切推动着社会进步与文明进展的道德都具有相对进步的性质，道德发展的基本趋势是伴随社会形态的拾级而升的更替向前发展的。而从"真正人的道德"坐标去审视道德的演进，在私有制社会里的一切道德都具有利己的性质，都是对"真正人的道德"的一种亵渎。当马克思主义经典作家对原始社会纯朴的道德表示赞许或褒扬，对私有制社会中所获得的文明进展表示肯定，而对道德上的堕落表示愤慨，认为文明社会的"任何进步同时也是相对的退步"时，其参照坐标似乎应是"真正人的道德"，上面的阐释在逻辑上似乎还有一个疑点，马克思主义经典作家说得很明确，"真正人的道德"只能在未来的共产主义社会才有可能，而在阶级社会中，道德都是阶级的道德，不可能有"真正人的道德"，既然未有过，何以能

---

① 《马克思恩格斯文集》第 4 卷，人民出版社 2009 年版，第 78 页。

有道德退步之说呢？在此，笔者想作如下的补正："真正人的道德"作为一个完整的道德形态在阶级社会中确实不可能存在，但道德的发展是具有历史性与继承性的，阶级社会毕竟也是人类社会的一个特殊阶段，因此阶级社会作为人类社会的一个特殊演进阶段，也会或多或少地形成某些为全体社会成员所认同的并符合人的本性的"真正人的道德"的某些因素。

论评价道德善恶的三个标准及其矛盾与统一 *

一

"人类的善就应该是心灵合乎德行的活动，假若德行不止一种，那么人类的善就应该是合乎最好的和最完全的德行的活动。"① 道德追求的价值目标是善，贬斥的是恶，善与恶是道德领域中一对基本矛盾，凡是合善性的行为即是道德的，违背善的恶行则是不道德的。善即是德行，德行即善，这是一个自古希腊以降为古往今来的哲学家与道德家们普遍肯定的共识。然而，什么样的行为是"善"的？什么样的行为是"恶"的？评价道德善恶的标准是如何确立的？这却是一个令历史上众多思想家殚精竭虑进行思考而未获一致的难题。在善恶概念的理解与阐释上，历史上的思想家们通常也是仁者见仁，智者见智，众说纷纭，莫衷一是。

在苏格拉底与柏拉图的见解中，"知识即美

＊　本文原发表于《社会科学研究》1996 年第 1 期。
① 　周辅成主编：《西方伦理学名著选辑》上卷，商务印书馆 1996 年版，第 237 页。

德"①。一个拥有知识的人，也即是具有善性的。谁拥有的知识愈多，谁就愈具有善性或愈道德。苏格拉底与柏拉图看到了人的知识与人的德行的关系，其中自然包含着合理性的因素，因为人的学识状况确实对其自身的道德修养有着重要的影响。但他们也许忽视了，知识的多少并不能作为衡量道德水平的准绳。因为知识与道德并不具有绝对的同一性，不可以任意地在二者之间画等号。实际上，知识既可能使人成为贤德之才，也有可能使人变成恶魔。古希腊晚期的伊壁鸠鲁派、斯多葛派另辟蹊径，试图从主体的视角去阐释善恶概念的含义，动用分析的方法，将人的道德之善与人的幸福予以圆融。伊壁鸠鲁认为："我们为幸福生活是我们天生的最高的善，我们的一切取舍都从快乐出发；我们的最终目的乃是得到快乐，而以感觉为标准来判断一切的善。"②在伊壁鸠鲁看来，从天生的感性的需要出发，自觉到自己的准则可以获得快乐与幸福，即是德性或道德之善。斯多葛派虽然反对伊壁鸠鲁派在道德上的感觉主义原则，却没偏离伊壁鸠鲁派的分析方法。他们把独立于一切感性动机的德性作为自己的原则，认为自觉到自己的德性即是幸福。一个从幸福中推出德性，一个则从德性中推出幸福，看似大相异趣的因果推导思路，但德性或善与幸福之间却都具有无法剥离的关系。

伊壁鸠鲁以人的感觉为基础的幸福主义道德观对西方近代伦理思想的发展，特别是对斯宾诺莎与18世纪法国唯物主义哲学家们的道德观有着极其深刻的影响。在18世纪法国唯物主义哲学家们的道德观中，人之德行与人之幸福仍然是他们思维的视野为主旋转的轴心，幸福的观念起着极其核心的作用。在他们的思维理路中，人的行为是否能给人自身带来愉快与幸福，是衡量人的行为是否合乎道德之善的坐标。霍尔巴赫认为："人从本质上就是爱自己，愿意保存自己，没法使自己的生存

---

① ［英］柏拉图：《拉开斯》，载《西方著名哲学家评传》（第1卷），山东人民出版社1984年版，第496页。

② 周辅成主编《西方伦理学名著选辑》上卷，商务印书馆1996年版，第103页。

幸福。所以，利益或对于幸福的欲求就是人的一切行动的唯一动力。"①
爱尔维修则说得更为坦率与明确："利益支配着我们对于各种行为所下
的判断……把它们看成道德或罪恶的……"② 爱尔维修认为，伦理学也
与实验物理学一样，受严格的因果关系所决定，人的感官生理的感受
性，苦乐、幸福、利益是人类道德原则得以确立的客观基础。

18 世纪法国唯物主义哲学家以人的感官快乐、人的生活中的利益、
幸福作为评判人的行为善恶坐标的经验论幸福主义的道德善恶观，与西
方近代的另一位重要思想家斯宾诺莎的见解显然有着相当程度的趋近与
一致。斯宾诺莎也曾表达过这样的思想："所谓善是指一切的快乐，和
一切足以增进快乐的东西而言，特别是指能够满足愿望的任何东西而
言。所谓恶是指一切痛苦，特别是一切足以障碍愿望的东西而言。"③

斯宾诺莎与法国唯物主义哲学家们以感觉主义为基础的幸福主义道
德观，对后来的以边沁、穆勒为主代表的功利主义伦理学有着重要影
响，并由后者推向了极端。在功利主义伦理学中，快乐、利益、幸福是
人的一切活动的出发点，人的活动的结果是否产生使人快乐、功利与幸
福的功用是评判人的活动是否具有善的价值的尺度或准绳。在边沁的眼
里，所谓善便是快乐和幸福，所谓恶便是痛苦。在人们活动的结果中，
他所获得的快乐超过痛苦，这便具有善的意义，如果一件事使人获得的
快乐相对于痛苦具有最大的盈余，这就是一件最大的善事。穆勒在其
著名的《功用主义》一书中曾这样写道："承认功利的道德基础的信条，
即最大快乐主义，主张行为的是与其增进幸福的倾向成正比；而行为的
非与其产生不幸福的倾向成正比。幸福是指快乐与无痛苦；而不幸福是
指痛苦和丧失快乐。"④

---

① ［法］霍尔巴赫：《自然与体系》（上卷），商务印书馆 1964 年版，第 273 页。
② 北京大学哲学系外国哲学史教研室编译：《十八世纪法国哲学》，商务印书馆 1965 年
版，第 475 页。
③ 周辅成主编：《西方伦理学名著选辑》上卷，商务印书馆 1996 年版，第 629 页。
④ ［英］约翰·穆勒：《功用主义》，商务印书馆 1962 年版，第 7 页。

然而，从古希腊晚期到斯宾诺莎和法国唯物主义英国近代功利主义的幸福道德观，却引起了德国先验论哲学家康德的激烈批评。康德认为快乐、幸福决不能作为评判人的行为是否合善的准绳。其理由在于：首先，幸福本身是没有客观标准的。任何个人的幸福，无论是"低级的"，还是"高级的"，感官的抑或是理智的，作为经验，具有极大的主观随意性。人们对幸福的理解、感受通常与人们的实际需要相联系，因而存在着人各不同、时各不同的可能。张三认为是幸福的，李四的感觉可能恰恰与其相反。幸福、快乐、痛苦没有也不可能具有普遍必然的客观内容和共同标准。而一个本身无法用客观标准去加以衡量的东西，决不可能作为衡量他物的尺度。其次，康德认为，幸福、快乐，说到底不过是动物的求生欲望。无论是何件幸福，都是建筑在动物性的自然感性的经验基础之上的。而人毕竟不是动物。在现实生活中一个劳神苦求的人虽然并不幸福，但比那些浑浑噩噩自得其乐的人可能更加高尚。正因为把追求幸福作为普遍必然的道德律令与伦理本质，没有客观的普遍有效性，所以将人的幸福、快乐、痛苦等经验性的感受作为评判人的道德善恶的标准是不能成立的，也是不能接受的。

　　那么，在康德的道德观中，判断人的行为在道德上的善恶标准是什么呢？康德的回答：道德律令与行为的符合就是善，否则就是恶。康德认为，道德律令与善恶概念的关系是前者决定后者，先有道德律令才有善恶概念，而不能倒过来。在康德看来，对于人来说，道德律令就是"绝对命令"，而这个绝对命令是定言的，而不能是假言的。康德说："那种只是作为达到另外目的手段而成为善良的行为，这种命令最假言的。如若行为自身就被认为是善良的，并且必然地处于一个自身就合乎理性的意志中，作为它的原则，这种命令是定言的。"① 道德律令作为一种定言命令即绝对命令，不仅必须具有普遍的必然有效性，而且是把善行本身看作目的和应该做的，它出自先验的纯粹理性，只体现善良意

---

① ［德］康德：《道德形而上学原理》，上海人民出版社 1986 年版，第 29 页。

志，而不问后果，与任何利益、打算无关。而所谓的善良意志本质上是一个为了"义务"而行事的意志。一个商人在经商时价格公道、态度悦人、童叟无欺，但并不是为了"义务"，而只是为了自己的商品销得快或为了自己的长远利益，这并非是道德的。在康德的视野里，道德的崇高性不仅与人的爱好、愿望、利益、效果无关，反而正在于它的排功利性，在于作为理性存在物的人对自己动物性本能欲望的克制、压抑和战胜。道德是自律的，不是外在的他律，这种自律正是体现在人对自身体能欲望的抑制，体现在对人的理性的服从。道德之善是崇高的，决无任何价钱可讲，唯一服从理性。

诚然，在康德的道德观中，他也并不完全否定人的幸福，在谈到至善的这个概念时，他也把人的幸福作为至善的一个条件，认为理性与幸福的结合才是至善的圆融。遗憾的是，他把至善的实现不是赋予现实的经验世界。在经验世界中，人们为了道德的崇高，常常需要的倒是牺牲自己的幸福，悬设一个超感觉的信仰世界，人如果要达到至善，只有在经验世界的彼岸——信仰世界里才有可能。

对于康德的那种只讲善良意志，不讲效果；只讲义务，不讲权利；只讲崇高，不讲利益；只讲形式，不讲内容；只讲普遍必然的有效性，不顾道德的阶级性、历史规律的抽象性与形式主义道德观，黑格尔曾经给予过辛辣的讽刺。黑格尔认为，康德的道德观是一种"空虚的形式主义"，认为"为义务而不是为某种内容而尽义务，这是形式的同一，正是这种形式的同一排斥一切内容和规定"。① 恩格斯在批判费尔巴哈的道德观时也曾指出："费尔巴哈的道德论是和它的一切前驱者一样的。它是为一切时代、一切民族、一切情况而设计出来的；正因为如此，它在任何时候和任何地方都是不适用的，而在现实世界面前，是和康德的绝对命令一样软弱无力的。"②

---

① 黑格尔：《法哲学原理》，商务印书馆 1961 年版，第 138 页。
② 《马克思恩格斯文集》第 4 卷，人民出版社 2009 年版，第 294 页。

二

先前的思想家们，即使是像康德那样卓有建树的思想家们何以殚精竭虑都不能建立一个为世人所普遍肯定的善恶标准呢？究其所以，其关键之点在于：先前的思想家们或是试图从人的生物本能，或是试图从人的纯粹理性去寻找一个超越一切时代、一切民族，具有所谓普遍、必然有效性的善恶标准。然而，道德作为社会意识形态的一种基本形式，其本身是历史的、变化的，"善恶观念从一个民族到另一个民族、从一个时代到另一个时代变更得这样厉害，以致它们常常是互相直接矛盾的"。[①] 而导致这一现象的深刻原因在于：生活在现实经验世界中的人们，通常是"从他们进行生产和交换的经济关系中，获得自己的伦理观念"。[②] 而人们进行生产和交换的经济关系并不是静止不变的，而是随生产力与人们生产方式的拾级而升的改变而历史变化着的。

原始社会有原始社会的道德，维护原始共同体的生存与稳定，确保共同体的利益不受侵犯这一最高原则是评判人们行为善恶的基本准绳，凡是符合共同体利益的行为，即使是像血亲复仇与对战俘的杀害也被视之为合情合理的善举，凡是违背共同体的利益的行为则被视之为大逆不道的恶行。私有制社会有私有制社会的道德，未来的共产主义社会也会有共产主义的道德。在私有制社会里，确保私有财产不受侵犯是私有制社会道德规范赖以产生与确立的基本依据，因此，像诸如"禁止抢劫""切勿偷盗"这样一些戒律几乎成为所有私有制社会共同的道德规范。然而，在私有制被废除，私有财产不复存在的共产主义社会里，诸如"禁止抢劫""切勿偷盗"这样一些神圣不可亵渎的道德戒律都将失去道德规范的意义。不仅如此，在阶级社会里，各个不同的相互对立的

---

① 《马克思恩格斯文集》第 9 卷，人民出版社 2009 年版，第 98 页。
② 《马克思恩格斯文集》第 9 卷，人民出版社 2009 年版，第 99 页。

阶级，彼此不同的阶层、社会集团，乃至于职业群体也都有着自己评价道德善恶的标准。不仅统治阶级有统治阶级判断道德善恶的标准，被统治阶级也有被统治阶级判断道德善恶的标准，即使是在不同的统治阶级与被统治阶级之间，由于它们各自处于不同的时代，各自与不同的生产与交换的经济关系相联系，因而各自对善恶概念的理解与评价道德善恶的标准也不尽相同。对于各个特定的阶级来说，他们对善恶概念的理解通常是与他们所处的阶级地位和各自不同的阶级利益相联系的。在他们的眼里，符合他们利益的道德规范就是合理的，否则就是不合理的。在一个阶级看来是善行的东西，在另一个阶级看来很可能是恶的东西。

善恶概念是历史的、变化的，评价道德善恶的标准也是历史的、变化着的，不存在着一种抽象的、永恒不变的善恶标准。这是马克思的历史观从经济基础与上层建筑相互关系及其运动规律中演绎出来的一个必然性的逻辑结论，也是马克思的历史观与道德观与先前的思想家们的历史观与道德观的一个基本分歧。但这是否意味着，在对人们行为的善恶判断上不存在着一个评价的客观标准，而是存在着一种你说善它就是善、你说恶它就是恶，抑或是公说公有理、婆说婆有理的现象呢？当然不是，如果是那样的话，所谓善恶区分的本身就会成为一种毫无意义的事情了，而且还会在道德观上陷入一种道德相对主义。在马克思的历史观与道德观的视野里，善恶概念的含义虽然是历史变化着的，各个不同的时代，各个不同的阶级，受各个不同时代的经济关系和不同的阶级地位与利益制约的人们对评价道德善恶标准的理解虽然不同，但并不是每一个人按他所理解的善所进行的活动都必然地具有善的性质。善也有真善与假善或"伪善"之分。而判断真善与"假善"或"伪善"的标准，并不是以某一特殊阶级的个别利益为坐标，而是整个人类的族类总体利益为坐标。这个族类总体利益的标准即是我们通常讲的社会历史标准。在马克思的历史观与道德观的视野里，只有符合社会历史的发展，有利于推动社会历史进步的行为真正具有善的价值或意义，而那些与社会历史发展基本方向相背离，阻碍社会进步与文明进展的行为都是在道德上应予否定的恶行。

　　然而，无论是评价道德善恶的阶级标准也好，还是社会历史标准也好，都是一种利益标准。这种利益标准反映的只是某些阶级与部分个人的利益，即使是社会历史标准也只是对在社会历史发展进程中那些起着进步作用的阶级与个人行为的肯定，并不意味着为所有社会成员普遍肯定。这里似乎存在着需要加以追问的疑点，人作为人存在，难道除了各自的阶级私利及其道德观念之外，就没有某些为人的族类本性所决定的共同点吗？难道就没有超越利益之外并为全体社会成员所一致认同的判断善恶的标准吗？在传统的马克思主义教科书中，对这一问题的回答无疑是否定的。然而这种否定却有失偏颇。恩格斯在著名的《反杜林论》中曾经写过这样一段话："在道德方面也和人类知识的所有其他部门一样，总的说是有过进步的。但是我们还没有越出阶级的道德。只有在不仅消灭了阶级对立，而且在实际生活中也忘却了这种对立的社会发展阶段上，超越阶级对立和超越对这种对立的回忆的、真正人的道德才成为可能。"① 恩格斯在这段论述中提出了一个虽为以往许多研究者所忽视，但却是我们完整地把握马克思主义道德观的一个极为重要与不可或缺的重要概念，即"真正人的道德"的概念。根据恩格斯论述的思路看，"真正人的道德"与阶级道德是有本质区别的，"真正人的道德"是一种超越了人们利益的对立，是一种符合人的本性，代表了社会所有成员共同要求并为所有社会成员普遍认同的道德。也许人们会觉得，笔者在这里提请对恩格斯关于"真正人的道德"概念的关注，对于消解上面的疑点无补，因为恩格斯曾经说得很明确，所谓"真正人的道德"只有在不仅消灭了阶级对立，而且在实际生活中也忘却了这种对立的发展阶段上，即在共产主义社会的发展阶段上才有可能。但笔者认为，如果考虑到道德的发展是具有历史性与继承性的特点，阶级社会毕竟也是人类社会的一个特殊阶段这一点，对上面引证的恩格斯的论述似乎作这样的把握更

―――――――――

① 《马克思恩格斯文集》第 9 卷，人民出版社 2009 年版，第 100 页。

为合理："真正人的道德"作为一个完整的道德形态，在阶级社会中不可能存在，更不可能占主导地位，但不能排除阶级社会作为人类社会的一个特殊演进阶段，也会或多或少地形成某些为全人类所认同的具有普遍性的"真正人的道德"因素。所需强调地应是，从马克思历史观与道德观的基本思路看，在阶级社会中，占主导地位的仍然是阶级的道德，不可将阶级社会中存在的某些作为"真正人的道德"存在的某些因素作为不适当的夸大。"真正人的道德"作为一种完整形态的道德只有在共产主义才有可能。深刻的原因在于：在阶级差别与阶级对立消灭的情况下，每个人的要求与发展不仅与他人、与族类总体的要求与发展完全和谐一致，而且那时生产力高度发展，社会物质财富涌流，人们对物质利益的追求必然让位于自身能力的自由而全面发展的追求。

三

评价道德善恶的阶级标准与社会历史标准既有矛盾的一面，也有统一的一面。如上所述，在阶级社会中，道德是有阶级性的，不同的阶级对道德善恶有不同的理解，在各不相同的理解中不仅存在着明显的差别，甚至存在着矛盾与对立。在人类社会历史演进的过程中，并不是每一个阶级对道德善恶的理解及其对道德善恶的评价标准都与评价道德善恶的社会历史标准相吻合。对于特定阶级的成员来说，他的行为从他所属的那个阶级的道德善恶标准来说，可能是善的甚至是至善的，而从评价道德善恶的社会历史标准去审视，也许恰恰是不善的甚至是大逆不道的恶行。在历史发展的过程中常常存在着这样一种现象，某些被特定阶级奉为圣人的人物，实际上却是阻碍社会历史进步的绊脚石、小丑与罪人。相反，历史上的革命者与改革者常常被统治阶级与习惯势力骂为"贼""寇""匪"或"叛逆"，但这些人的行为从社会历史的视角看恰恰是应予褒扬的善行。但在阶级社会中，社会历史的发展与进步又是通过相互对立的各阶级的活动及其各阶级的矛盾与冲突实现的。所以评价道德善恶的阶级标准与社会历史标准也有统一的一面。那些在历史上起着进步作用的阶级，由于他们的阶级要求与社会历史发展的要求趋向一致，具有内在的统一性，因而在一定程度上他们评价道德善恶的标准与社会历史标准具有相容性。当特定阶级的道德标准与社会历史发展的要求趋近与相容的情况下，在一定的意义上也可以说，评价道德善恶的阶级标准与评价道德善恶的社会历史标准具有相通性。对于历史上起着进步作用的阶级的个人来说，当自己的行为符合自己阶级的道德要求时，也必然为社会历史的发展所肯定。

正因为评价道德善恶的阶级标准与社会历史标准的统一是一种包含着矛盾的统一，所以在马克思主义历史观的视野里，相对于评价道德善恶的阶级标准而言，评价道德善恶的社会历史标准是一种更为根本、更高标准。在阶级社会中，任何阶级、任何个人的行为究竟属善还是属恶，最终还是要以社会历史的发展作为参考坐标而加以判断。只有那些有利于社会历史进步的阶级及其个人的行为才具有真正善的意义，与之相反的行为则是落后的、不合理的行为。

尽管评价道德善恶的社会历史标准高于评价道德善恶的阶级标准，但这一标准仍只适用于阶级社会，而随着私有制的废除与阶级差别、阶级对立消灭，完全意义上的"真正人的道德"形态形成时，人们的价值坐标与评价道德善恶的坐标也必然要发生革命性的转换。评价道德善恶的社会历史标准其参考系虽然是人类作为族类总体存在的要求，但在阶级社会中，社会历史的进步是在阶级对立与冲突中实现的，个体与社会、族类的统一是一种包含着内在矛盾的统一，因此，评价道德善恶的社会历史标准在其现实性上反映与肯定的仍是社会中部分阶级与个人的要求与行为，而不可能是所有社会个体的要求与行为，它不可避免地要以某些社会成员甚至某些阶级的要求与利益的否定和牺牲为代价。但另一方面，在评价道德的社会历史标准与"真正人的道德"标准之间又存在着一个由此达彼的桥梁。在社会历史的演进过程中，只有以社会历史的进步与文明的进展为坐标规范人们的行为，才能保证社会历史的不断进步与文明的拾级而升的进展，从而为"真正人的道德"最终成为现实创造出现实的物质与精神的基础与前提。其深刻的原因在于：只有在社会生产力高度发展，社会物质财富充分涌流之时，社会才能不仅消除人与人之间的相互冲突，达到所有社会成员之间的和谐与一致，而且还使人们有可能发生价值坐标的转换，摆脱物欲的奴役，代之以人本身的才能与本性的发展为其追求的价值目标。

论道德生成与演进的基础及他律
与自律的统一 *

　　道德生成与发展的基础是什么，道德的基本
特征是什么，从伦理学发展史的视角上看，这似
乎是些老生常谈的古老问题。然而，从时下有关
市场经济与道德建设关系问题的讨论看，尤其是
从近来在这一问题的讨论中所凸现出的所谓"划
界论"及其所得到的认同度看，这些看似古老的
问题并没有得到真正的解决。

一

　　市场经济与道德之间究竟是一种什么样的关
系，这是我国近年来从街头巷尾的百姓，到哲
学、伦理学界的学人所普遍关注的问题。学术界
曾有过所谓的"外灌说"与"内引说"的激烈争
论与尖锐对立。持"外灌说"者认为，道德的发
展有其自己的一般规律，道德规范与基本价值原
则具有普遍性的特征。市场经济的道德规范应是
一般的社会道德规范在经济领域的延伸，应该用
一般的社会道德规范对人们在市场经济活动中的

＊　本文原发表于《哲学研究》1996 年第 7 期。

行为进行约束，只有这样才能避免人们在市场经济的活动中掉进物欲膨胀的"陷阱"，摆脱私利与金钱的"奴役和统治"，从而保证市场经济有序、健全地发展，而不至于产生社会经济的发展以道德的牺牲为代价的不幸。持"内引说"者则认为，社会主义市场经济的确是需要一定的道德规范加以约束的，没有一定的道德规范对人们的经济活动进行约束，就会导致市场经济发展的无序化甚至混乱。但这些道德规范应是从社会主义市场本身引发出来的，是源于发展社会主义市场经济的客观需要，并为社会主义市场经济发展的需要服务的。社会主义市场经济的道德规范并不是"一般的社会道德规范"延伸到经济领域的，并不存在着一个所谓的"一般的社会道德规范"。

不难看出，无论是"外灌说"还是"内引说"，二者都强调市场经济发展与道德发展之间有着不可分割的内在联系，在这一点上，彼此之间有着一致性的共识。所不同的是，在市场经济活动中的道德规范究竟是从哪里来的问题上，二者意见不一。比较"外灌说"与"内引说"的思维理路，在市场经济发展与道德建设的关系问题上，对于持"外灌说"者来说，其思维为之旋转的轴心是道德；对于持"内引说"者来说，其思维为之旋转的轴心则是经济。但无论是所谓的"外灌说"，还是所谓的"内引说"，在理论上都各自存在着某些难以令人苟同的重大疑点。首先，如果认为存在着一个所谓的"一般的社会道德规范"，市场经济的道德规范不过是由"一般的社会道德规范"延伸到市场经济领域的，那么，这个所谓的"一般的社会道德规范"是从哪里来的？这无疑是一个难于回答的问题。如果认为市场经济的道德规范是从市场经济发展的规律中直接引申出来的，市场经济的发展必然性地会塑造出一套新的道德规范与之相适应，并为它服务，这又似乎有些过于天真烂漫与简单化。既然是不可避免的或必然的，那么，我们有关"市场经济与道德建设关系"这一课题的讨论还有什么价值或意义呢？此外，按照"外灌说"的思路，不仅难于回答道德生成与演进的原因与动力的问题，也颇有用抽象的道义去捆绑人的利益的意蕴，难避"道德决定论"之嫌。而按照

"内引说"的思路，又颇有用利去取代义或整合义的韵味，难避"经济决定论"之嫌。理论界有人把"外灌说"称之为"道德决定论"，把"内引说"称之为"经济决定论"，应该说，这并不是毫无根据的牵强附会之说。

在"市场经济与道德建设"的关系上，究竟如何才能正确地把握经济与道德间的关系，摆脱由所谓"外灌说"与"内引说"所引起的"道德决定论"与"经济决定论"等二元对立式的困境呢？继"外灌说"与"内引说"之后，有人又提出了应对经济与道德进行严格划界的所谓"划界论"的主张。

"划界论"者认为，"市场经济和道德，一为他律，一为自律，二者必然表现为互斥甚至冲突，从而构成二律背反关系"。市场经济与道德之间只是在间接的意义上才具有统一的意义，而在直接的意义上，二者则是对立的。经济以追求外在的功利为目的，因而经济活动服从"他律"的规定；道德所要求的行为本身即是目的，而不是达到某种外在目的的手段，因而是"自律"性的。正因为如此，我们在把握"经济与道德"的关系时，应当对二者实行"严格的划界"，采取"对症下药，分而治之"的方针，"当归上帝的归上帝，当归凯撒的归凯撒"，以避免功利与道德的相互混淆，防止金钱尺度与道德尺度的相互僭越。

不可否认，按照"划界论"者所提供的上述思路，即要求人们在市场经济活动中按经济规律及其所要求的原则行事，在道德活动中则按道德规范原则行事，这样确实能使我们在处理市场经济与道德建设的关系时简单多了。但问题是，社会的经济领域与社会的道德领域是否是两个完全相互隔绝、彼此孤立与封闭的领域？人们的经济活动与道德活动是否能做到井水不犯河水？如果是与可能的话，我们似乎不仅对人类历史上的思想家们为何长期为此争论不休难于理解，而且对这一问题何以能成为时下中国的老百姓与学人普遍关注的现象难于理解。此外，在理论上我们同样会遇到市场经济的道德原则从何处而来的难题。而如果不是与不能的话，那么，对人们的经济活动与道德活动实行"严格的划界"

又何以可能？笔者以为，从马克思历史观的视角上看，较之"外灌说"与"内引说"，"划界论"将经济与道德间的关系推向了极端对立的境地，因此，它离马克思历史观的距离也就游离得更为遥远了。

二

"划界论"的理论前提是经济与道德必然地表现为互斥与冲突，或二律背反。应该说，这是一个相当古老的思想的重提。"划界论"者也曾坦率地表白，这一理论前提来自于对康德伦理学的肯定。

在西方哲学史与伦理学发展史上，最早试图在功利与德性之间掘开鸿沟并扬义抑利的思想家可追溯到苏格拉底及其弟子柏拉图。最明确地将历史、经济与道德二者对立起来并视之为二律背反的思想家要算是卢梭。而卢梭的思想曾深深地影响过后世的思想家，也深深地影响了康德。寻找一个具有普遍必然性的道德原则或道德律，构成了康德先验主义伦理学所追求的目标及其理论基础与前提。

在康德伦理学的思维运思中，究竟什么样的道德原则或道德律才具有普遍性与必然性呢？他认为具有普遍必然性的道德原则或道德律应当排除一切经验的内容，并且是不受经验制约的，因为一切经验性的东西都具有偶然的性质，因而不具有普遍必然的有效性。那么，这种具有普遍必然性的道德原则或道德律从何而来，又何以能成为人的个体所必须遵从的绝对命令呢？康德诉诸于文明人的理性。康德认为："自然界的一切事物是按照规律活动的。只有理性动物才能按照规律的表象行动，即按照原则活动，换句话说，就是具有意志。"① 而人的意志有善有恶，有好有坏；意志的善恶、好坏不由外在的功利所决定，也不是出自人的兴趣与爱好，完全取决于人的行为动机的好心，由对义务的绝对尊重所

---

① 《西方哲学原著选读》（下），商务印书馆 1982 年版，第 315 页。

决定。"一件出于义务的行动之所以有道德价值，并不在于它所要达到的目的，而在于它所依据的准则，因此并不取决于行动对象的实现，只是取决于行动所根据的用意原则，与欲望的对象完全无关。"① 在康德的视野里，出于谋利而诚恳，为获快乐或出于爱好而施舍都不具有真正的道德价值。良好的动机，崇高的义务感，这是行为主体确保自己的行为具有道德价值所必须遵从的绝对命令，这种绝对的道德律令不是假言的，不依赖"如果"，而是定言的，只问"应当"。因此，道德的特点不是"他律"的，而是"自律"的，依赖于道德行为主体对普遍必然性的道德原则或道德律令的自觉遵从。

应该说，"划界论"者的思维理路确实是围绕着康德的先验的形式主义伦理学的思维轴心而旋转的。不过，细心地辨析，我们还是可以发现二者之间的某些差别。在功利与德性的关系上，康德思维的天平明显地向德性倾斜，坚决地否认有"鱼和熊掌兼得"的可能，唯有摆脱物欲的纠缠，压抑物欲的膨胀，才能获得道德上的"善"与"至善"的价值。而在"划界论"者的底蕴中，经济与道德虽然各自遵循不同的规律发展，经济的发展遵循"他律"的规定演进，道德的发展遵循"自律"的规律演进，但这并不必然地要求人们在行为上二者择一，可以通过对二者进行划界的途径，消解二者相互否定、相互限制的难题。在经济活动中，人们尽可遵循经济规律，理直气壮地追求自己的功利，而不必顾及道德不道德的问题。只是在道德活动的领地里，人们应服从道德原则的命令，以心灵的纯洁与德性的崇高作为追求的目标。通过这种"经济人"与"道德人"的角色的彻底分离与适时合理的角色转换，消除经济与道德的相互僭越，是有可能兼得"鱼和熊掌"的。

尽管"划界论"的思维理路与康德伦理学在最后的归宿上有着上述的不同，然而，这种不同并不具有原则性的意义。关键的问题在于：人类社会的历史中究竟有没有可能存在着一个普遍有效性的道德原则，道

---

① 《西方哲学原著选读》（下），商务印书馆 1982 年版，第 314 页。

德是否只具有单纯自律性的特点，人们在其道德活动中是否能够完全地摆脱所谓外在性功利目的的纠缠。

三

将人的理性设定为伦理学逻辑运思的起点，从人的理性自身中引出具有普遍必然性的道德原则，然后，又把这种所谓的具有普遍性的道德原则看作是人们必须遵循与求达"善"与"致善"的绝对命令与路径，这就是康德伦理学的基本思维理路。然而，这种为时下的"划界论"者所基本肯定的思维理路本身却是错误的。熟习马克思历史观的人们都知道，康德的这种先验主义伦理学曾受到过马克思主义经典作家们的无情嘲讽与批判。

在马克思历史观的视野里，人作为人存在，他确实是有理性的，但人的理性并不是人类道德生成与演进的客观基础。世界上也根本不可能存在着所谓永恒不变的道德原则，道德是历史的，其生成与演进都具有历史的性质。正如恩格斯在批判费尔巴哈的抽象道德理论时所指出的那样："费尔巴哈的道德论是和它的一切前驱者一样的。它是为一切时代、一切民族、一切情况而设计出来的；正因为如此，它在任何时候和任何地方都是不适用的，而在现实世界面前，是和康德的绝对命令一样软弱无力的。"①

马克思历史观之所以具有这种视野，其深刻的理由在于："人们自觉地或不自觉地，归根到底总是从他们阶级地位所依据的实际关系中——从他们进行生产和交换的经济关系中，获得自己的伦理观念。""一切以往的道德论归根到底都是当时的社会经济状况的产物。"②

---

① 《马克思恩格斯文集》第 4 卷，人民出版社 2009 年版，第 294 页。
② 《马克思恩格斯文集》第 9 卷，人民出版社 2009 年版，第 99 页。

人们不可能凭空制造出一套抽象的、具有永恒价值的道德规范原则，更不可能为那种抽象的道德规范原则而存在。道德也是一种属人的存在与为人的存在，它植根于人们实际生活的需要，在终极的意义上，它植根于人们进行生产与交换的经济关系得以存在及其发展的需要。

然而，马克思的历史观不是庸俗的"经济决定论"，并不简单地认为道德的生成与演进表现为人们的经济关系变动的直接结果；也不认为经济因素是影响与决定道德变动的唯一因素。正如恩格斯在谈到历史发展进程中的经济因素作用时曾经指出过的："根据唯物史观，历史过程中的决定性因素归根到底是现实生活的生产和再生产。无论马克思或我都从来没有肯定过比这更多的东西。如果有人在这里加以歪曲，说经济因素是唯一决定性的因素，那么他就是把这个命题变成毫无内容的、抽象的、荒诞无稽的空话。"① 马克思的历史观既是唯物的，又是辩证的。在经济与道德的关系上，一方面，它坚持唯物论的原则，拒绝将人的"自然感情"、人的理性、"绝对观念"或神的意志等作为阐释社会道德生成与演进的原点，肯定道德的生成与演进的终极性原因与动力应从人的物质感性活动及其在此基础上生成与展开的生产与交换的经济关系中获得最深层的解释；另一方面，它又贯彻辩证思维的原则，否弃一切直观的、机械论的思维方式。

首先，在道德的生成与演进原因与动力的理解上，它并不把经济与道德之间的关系直观性地理解成为物体与物体影子式的直接性的因果关系，认为经济与道德之间的统一并不是一种绝对的统一，而是一种包含着矛盾的统一；经济关系的生成与演进对道德关系生成与演进的制约作用也不是以直接方式实现的，而是以一系列的中介环节而间接实现的。道德的生成与演进除了需以经济关系的生成与演进为物质性基础之外，也有自身的相对独立性与规律。它既有变动革新的一面，也有扬弃继承的一面；它既以扬弃的形式包容着先前的道德价值系统中的某些优

---

① 《马克思恩格斯文集》第 10 卷，人民出版社 2009 年版，第 591 页。

秀的、富有生命力的内容与因素，也以扬弃的形式改造与继承着人类历史上已经沉淀并获普遍认同的道德表达形式与道德评价方式。扬弃在道德的历史生成与演进中起着不可忽视的作用。道德关系的变动与新的道德价值系统的生成，除受人们的经济关系的制约之外，还通常要受到社会的政治、法律制度，以及社会意识的其他形式，诸如哲学、宗教、艺术等形式的制约。社会制度不同，不同的国家与民族的哲学素质和宗教信仰不同，通常会使不同的国家与民族的道德价值系统呈现出不同的特征。恩格斯就曾指出，同是基督教的道德，但"这种道德主要又分成天主教的和新教的道德，其中又不乏不同分支，从耶稣会天主教的和正统新教的道德，直到松弛的启蒙的道德"①。同是市场经济社会，不仅社会主义市场经济的道德与资本主义市场经济的道德具有不同的性质与特点，即使是资本主义市场经济社会中，对东亚与东南亚国家有着重大影响的新儒家的伦理道德，同英、美社会盛行的功利主义、实用主义的伦理道德也具有不同的特征。正如世界上不存在完全相同的两片树叶一样，在不同的国家与民族之间，即使处在相同的经济发展阶段上，也不存在共时态的完全相同的道德价值系统，这一经验性事实不可能直接地从社会经济关系及其演进中获得合理性的解释。道德的发展与一定的文化环境、社会的风俗、习惯、社会成员的文化素质也有着不可忽视的内在联系。除此之外，道德的变动与新的道德价值系统的生成，也不能理解成是一个自然而然的必然性的过程，而是一个包含着冲突、斗争的过程。只要利益不在人们的现实生活中失去其意义，只要一种生产方式导致着人们之间的利益的分化与冲突，就不可避免地会形成多样性的利益主体与多样性的道德价值观。在阶级社会中，"每一个阶级，甚至每一个行业，都各有各的道德……"②；"每个社会集团都有它自己的荣辱观"③。即使在以公有制为主体的社会主义市场经济条件下，由于存在着

① 《马克思恩格斯文集》第 9 卷，人民出版社 2009 年版，第 98 页。
② 《马克思恩格斯文集》第 4 卷，人民出版社 2009 年版，第 294 页。
③ 《马克思恩格斯全集》第 39 卷，人民出版社 1974 年版，第 251 页。

利益的分化与利益主体的多样化，从而也形成了不同的道德价值观。这些不同的道德价值观中，有的是属于过时的旧道德的残余，有的是属于现实的经济形式容许的道德，有的则是代表未来的道德。正是这些不同的道德价值观之间的相互冲突、相互否定，以其合力的形式推动着道德的演进。

其次，在道德作用的理解上，马克思的历史观也并不简单地认为，经济与道德之间只是一种单向度的、线性式的决定与被决定、作用与被作用的关系，而是认为二者之间是以一系列的条件与环节为中介的相互作用的关系。经济作用于道德，道德也反作用于经济。道德对经济的反作用也不仅仅表现为适应和不适应两种情况。道德作为协调人们社会关系的一种特殊的社会意识形式，相对于社会经济来说，它不仅有适应与促进其发展的功能，而且还具有限制、否定等批判性功能。对道德的这种批判性功能，人们过去只是单纯地从消极的意义上去理解，而很少赋予它以积极性与肯定性方面的理解。道德为经济服务，不能消极性地理解为对经济生活中发生的一切都应给予肯定性的道德辩护。实际上，历史上的任何经济形式都并不是完美无缺的，即使是那些具有历史必然性与进步性的经济形式，带给人类的也并不全是值得肯定的正面价值，它通常也给人们带来负面价值。道德对社会经济形式的负面价值起着不可忽视的限制、阻抑作用，而这种限制与阻抑或是促进社会经济沿着健全、合理性方向发展的重要杠杆之一。总之，经济与道德之间的统一是一种包含着矛盾、相互否定、相互批判的统一。经济的发展以其物质性的力量否定着道德中的落后因素，校正着道德的发展，道德的发展则以其能动性的精神力量否定与批判着经济发展的负面作用，校正着经济，使其健全、有序与合理地发展。经济与道德之间的统一如果是一种没有矛盾的绝对统一与和谐，那么社会经济形式的演进与道德的进步就都会成为不可思议的东西了。

因此，马克思的历史观对道德特点的理解既不同于功利主义的道德观，把道德看成是纯粹"他律"性的，也不同于康德主义的道德观，把道德看成是纯粹"自律"性的。循着马克思历史观所提供的思路，道德不仅具有"自律"性的特点，同时也具有"他律"性的特点，人的道德是一种"他律"与"自律"的辩证统一。

说道德具有"他律"性的特点，这是因为，首先从发生学的角度看，道德的生成与发展虽然有着自己的独立性与规律，但道德的规律最终还是要依存于生产方式及其转换与人们的社会经济关系的历史变动的规律。人们并不是为道德而道德，道德生成与演进最深层的动因最终还是来自于人们协调相互间的社会关系，尤其是经济关系的需要，以保证人们的社会生活，尤其是社会经济生活的健全、有序与合理的发展。对于每一特定时代、特定民族的人们来说，他们最终还是要从所处的生产与交换的经济关系中获得自己的伦理观念，并继而使之升华、凝结为道德原则。道德作为一种社会意识形式，其发展并不是自律的，任何道德价值系统的生成都有其客观基础，受客观基础的制约与驱动。当然，如上所述，道德的生成与演进也并不是社会经济发展进程的直接结果，而是通过一系列的中介条件与环节实现的，但这些中介条件与环节也具有"他律"性。此外，从人们的道德实践方面看，人们的道德活动也在一定程度上具有"他律"性的特点。一方面，道德活动主体对一定道德原则的认同不可避免地要受到自己的利益的制约；另一方面，道德虽不像法律那样，具有无条件的强制性，但道德通常也以舆论、善恶评价的方式对人们的心理与行为形成一定程度的外部压力，这种外部压力或多或少地要对人的道德实践产生一种无形的威慑力。

说道德具有"自律"性的特点，这是因为，其一，道德的生成与演进不可缺少人的理性精神的自律。一定的生产与交换关系及这种关系的历史演进虽然为道德的生成与演进提供着客观要求，但并不能直接地导致社会的道德价值系统的生成与演进；这种生成与演进同时还依赖于人们维护与协调自己所处的生产和交换关系的理性自觉。道德作为一种属人的存在与为人的存在，它的规范原则与价值目标都是通过人对经济发展的客观要求的理性把握确立起来的。其二，人们的道德实践活动本身也具有明显的"自律"性的特点。人们的道德实践活动虽然具有"他律"性的特点，但道德原则毕竟不同于法律条文，依赖于严酷的惩罚与制裁来维护，道德的约束通常是一种软约束。因此，一定的道德规范能否成为人们的行为准则与被人们的实践所遵从，在很大程度上既取决于道德活动主体对道德原则的理性认同，也取决于道德活动主体精神上的严格"自律"。"自律"的程度如何是形成道德主体之间的个性差异的极其重要的方面。

四

道德的"自律"与"他律"的这种双重特点的内在统一，必然地决定了不可能对人们的经济活动与道德活动实行彻底"划界"。道德不可能是排功利与超功利的。像康德那样，认为人们的道德活动只能问是否"应当"，而绝对不能问"如果"，这样的道德人们是不可能接受的，也无法接受。深刻的原因在于，"人们奋斗所争取的一切，都同他们的利益有关"①；"'思想'一旦离开'利益'，就一定会使自己出丑"②。

"划界论"者主张，应对人们的经济活动与道德活动实行严格的"划界"，采取"分而治之"的方针，以避免二者之间的相互"僭越"。这样的主张之所以难以令人苟同，原因在于：其一，在人们的一切活动中，经济活动不仅是一种主要的活动，而且还是一种最基础性的活动。人们的其他活动诸如政治活动、精神生产活动……从归根到底的意义上看，无不是在人们的经济活动的基础上游离与衍生出来的，并程度不同地受其制约。在马克思历史观的逻辑系统中，人们物质生活的发展制约着人们的政治生活与精神生活的发展，这是一条具有基石性的原理。其二，

---

① 《马克思恩格斯全集》第1卷，人民出版社1956年版，第82页。
② 《马克思恩格斯文集》第1卷，人民出版社2009年版，第286页。

将道德从人的经济生活中驱逐出去，将从根本上改变道德的本质与功能。一定时代的人们不仅是从自己所处的生产与交换的经济关系中获得自己的伦理观念；而且一定的道德也以它自身所具有的能动性的反作用直接或间接地为经济发展服务，它既以肯定性的方式给人们合理与积极的行为提供道德支撑，也以否定性的方式限制与阻抑经济形式中负面价值的膨胀。道德在本质上是以一定的伦理原则与价值规范对人们的活动进行约束，其中也包含着对人们的经济活动进行约束，以求得一定社会的人们之间的社会关系，尤其是人们的经济关系的有序与健全的发展。如果排除了道德对人们的经济活动进行的约束与干预，道德的主要功能即便不能说从根本上被消解了，至少是被大大地弱化了。其三，如果道德从人们的经济活动领域中被驱逐出去，在实践上难免导致为某些唯利是图的行径在经济活动中的恶性膨胀洞开方便之门的后果。尽管"划界论"者不是有意在为唯利是图的行径进行辩护，主观上还在维护道德的崇高性，然而，按照"划界论"的逻辑，它在制造着金钱尺度失效的领域的同时，也在制造着一个道德尺度失效的领域。既然在经济活动的王国里不存在着所谓道德与不道德的区分，人们无需恐惧对道德与缺德的评判，高悬在人们头上的道德之剑撤走了，人们还怕什么？只要不违法，那就放心大胆地去追求自己的私利吧！不管"划界论"者是否意识到，这是一个暗含在他们思维理路中的必然性结论，也是他们的主张在实践上所必然导致的结果。

实际上，道德与经济之间有着不可分割的内在联系，道德不可能游离于人们的经济活动而独立存在与发展，经济也不可能在缺乏道德约束与干预的情况下获得有序与健全的发展。道德不可能是排功利与超功利性的，人们的道德活动最主要地是寓于人们的经济活动之中。在市场经济活动中，行为主体既应是一个"经济人"，同时也应是一个"道德人"，不应有"经济人"与"道德人"角色的分离。一个在市场经济活动中不按市场经济活动所要求的道德规范行事，强买强卖、巧取豪夺、坑蒙拐骗的人，是很难被健全的市场经济所接纳的。那些在市场经济活动中靠不正当手段而暴发的人，即使是在市场活动之外将他的不义之财全部用于施舍，这种施舍也绝不会有什么道德价值。人们在经济活动中虽然以追求一定的功利为目的，但人们对功利的追求却有一个合理与不合理、道德与不道德的问题。马克思主义道德观既不同于康德形式主义的道德观，也不同于狭隘功利主义的道德观。它并不是对人们的任何形式的追求功利的行为都加以无条件的肯定与辩护，而是只赋予人们合理的经济行为以肯定性的道德价值评价，对那些不合理的经济行为则给以否定性的道德评价。

然而，马克思的道德观又是奠基于马克思的历史观基础上的，对人们追求功利的活动与行为究竟是合理的还是不合理的、是道德的还是不道德的区分，其判别坐标在于：它是否符合社会经济发展规律的要求，是否与人类的整体利益的发展方向相一致。在市场经济活动中，人们追求功利的行为只要不违反市场经济活动的规则，有利于市场经济有序、健全的发展，就应给予积极性的与容许性的道德价值评价。

论社会主义市场经济条件下的道德系统重构及其合理性思路 *

在发展社会主义市场经济的过程中，应以什么样的思路来发展与加强社会的道德建设？这既是处于转型期的中国社会当前的实践与现实凸现在我们面前的一个需加认真思考和解决的严峻课题，也是时下的中国哲学界与伦理学界普遍关注的理论热点与焦点之一。

概观时下的中国理论界有关这一问题的思考，其基本的主张大致有三：其一，是主张道德规范系统与道德秩序的重建论。持这种主张者认为，时下的中国社会正处于从传统的计划经济向社会主义市场经济的转型，市场经济与计划经济在其运行机制上分属于两种完全不同性质的异质型经济。因此，伴随着社会经济运行机制的这种变轨与转型，社会道德建设的思路不仅应当，而且必然地要发生相应的转变。市场经济条件下的道德应当是崭新的，与以往不同的道德。其二，是主张道德规范系统与道德秩序的重构论。持此种主张者认为，从传统的计划经济模式向社会主义市场经济模式的转变，虽然不是社会制度的改变，只是社会经济运行方式的转轨，但这种改

---

* 本文原发表于《天津社会科学》1996 年第 4 期。

变，不可避免地会导致社会经济结构某种程度的变型。因此，在转型时期，社会道德将会不可避免地要发生某些结构性的变动。其三，是主张道德规范系统与道德秩序的重振论。持此种主张者认为，从计划经济向市场经济的转轨，只是社会经济运行模式的改变，而不是社会主义根本制度的改变，因此，社会经济结构尽管发生了某些变动，但以往建设的社会主义道德体系基本上仍然适合于社会主义市场经济的客观要求，不需要作根本性的修改。当前发展与加强社会道德建设的思路，既不应是道德规范系统与道德秩序的重建，也不应是道德规范系统与道德秩序的重构，而应是我们过去长期建设与形成的社会主义道德规范系统与道德秩序的弘扬与重振。

公正地讲，在上述三种主张中都程度不同地蕴涵着一定的合理性因素。但笔者同时认为，相比较而言，道德重构论的思路较之道德重建论与道德重振论更为合理一些。

主张道德重建论者看到了市场经济模式取代过去的计划经济模式，不可避免地会导致社会经济结构的重大变革；社会经济结构转型后的道德价值系统与道德秩序不可能是过去原有的道德体系的简单延伸，也不可能是原有道德体系的修修补补，新的社会结构必须要求有新的道德规范系统和道德秩序与之相适应。就此而论，道德重建论的主张确实具有一定程度的积极性与启发性的意义。然而，重建在语义上具有重新开始的意蕴，其理论前提意味着对一切原有道德系统的根本性否弃。依重建论者的主张，重建后的市场经济下的道德"应当是崭新的，与以往不同的道德"。那么，这不仅有否定道德的发展具有历史承继性，表现出浓厚的道德虚无主义色彩的一面，而且还从根本上忽视了如下的一个重要事实，即市场经济取代计划经济，只是社会经济运行方式的转轨，而不是社会主义制度的根本改变；我们目前正努力建设的市场经济并不是一般的市场经济，而是社会主义市场经济；社会主义市场经济条件下的道德建设不可能不受到社会主义生产关系的规范与制约。

重振论者强调我们在过去几十年中建立起来的社会主义道德系统在

市场经济条件下仍然有效，其中虽然也不乏某种程度的合理性，但从其主张的总体思路看，此种思路是不可取的。重振，意味着回归与复兴。重振论者在其思维基本运思的走向中，既包含着对先前社会结构下的道德价值系统的肯认，也蕴涵着对当前社会道德状况的深切忧虑。在重振论者看来，当前社会的道德状况确有不尽如人意的地方，但这并不意味着原先的社会主义道德体系与当前正在建设的社会主义市场经济的经济结构发生了矛盾，而是源于人们对原有的社会主义道德价值系统的疏远与背弃。在笔者看来，重振论者对过去道德体系的肯认，以及对当前道德状况堪忧的原因的判断与把握，都有值得质疑的地方。在过去几十年中发展和形成起来的所谓的社会主义道德价值系统，一方面深受过去对社会主义本质的误解与社会主义发展阶段的错误判断的影响，具有浓厚的理想主义色彩；另一方面，也深受计划经济体制的影响，并且是为计划经济服务的。当前社会道德状况与原有的社会主义道德价值系统的矛盾，与其说是人们对过去发展与形成的社会道德价值系统的疏远与背弃所致，不如说是原有的社会道德价值系统与已经变革了的社会结构的现实不相适应所致。重振论者也显然忽视了另一个极其重要的事实：从传统的计划经济体制模式向市场经济体制模式的转轨，尽管不是社会制度的彻底改变，但它不可避免地要引起人们的生产方式与交换方式的重大改变，从而必然引起社会结构某些层面的重大改变，使社会结构发生人们通常所称的转型。这种社会结构的转型也必然要求社会原有的道德价值系统作相应的改变，这既是唯物主义历史观的一条基本原理，也是人类社会在其历史演进过程中所一再呈现出的一个基本规律。在笔者看来，试图通过单纯地重振过去的道德规范与道德秩序的途径，来加强和改善我们当前的道德建设与道德状况，其思路在理论上难以立足，在实践上难以行得通。

笔者以为，在加强与发展社会主义市场经济条件下道德建设的问题上，既不能选择重建论的思路，也不能选择重振论的思路，合理性的选择应是对社会的道德规范系统与道德秩序进行重构。所谓重构，既不意味着对历史上业已形成的道德价值系统的全盘拒斥，也不是向我们过去建立起来的一套所谓社会主义道德价值系统的回归与复兴。重构意味着历史上形成的，但在当前的社会条件下仍然有效的某些道德价值规范与在市场经济条件下衍生的新道德因素之间的重新整合与契接。这种重新整合与契接既是一种辩证的扬弃，也是一种发展与创新，是扬弃与发展、创新的有机统一，或新的综合。

社会结构转型后的社会道德价值系统何以需要重构？换言之，社会转型后的道德价值系统需要重构的必然性根据何在？对这一问题的科学、合理性的解答，关涉着当前的社会道德价值系统何以需要选择重构的基础与前提。然而，要使这一解答具有科学、合理性，道德虚无主义态度与道德理想主义态度都是不可取的，唯有根据马克思的历史观所提供的思路及其方法论，对道德的本质、功能，道德与社会经济结构之间的内在关系，尤其是对当前中国社会经济结构的具体变化诸问题进行科学的分析与把握。

道德作为一种社会意识形式，作为一定社会条件下人们的"生活准则"，它的基本功能或作用是以一定的价值规范去约束人们的行为，协调人与人之间的相互关系，以期达到社会运行与发展的健全性、有序性。道德在本质上正如马克思曾经指出的："以观念形式表现在法律、道德等等中的统治阶级的存在条件，统治阶级的思想家或多或少有意识地从理论上把它们变成某种独立自在的东西，在统治阶级的个人的意识中把它们设想为使命等等；统治阶级为了反对被压迫阶级的个人，把它们提出来作为生活准则，一则是作为对自己统治的粉饰或意识，一则是作为这种统治的道德手段。"[1] 它是"人们用来调节人与人关系的简单原则"[2]。在马克思历史观的视野里，道德从归根到底的意义上看，产生于"统治阶级的存在条件"，并为这种"存在条件"服务。在阶级社

---

[1] 《马克思恩格斯全集》第3卷，人民出版社1960年版，第492页。
[2] 《马克思恩格斯文集》第1卷，人民出版社2009年版，第427页。

会里，"道德始终是阶级的道德；它或者为统治阶级的统治和利益辩护，或者当被压迫阶级变得足够强大时，代表被压迫者对这个统治的反抗和他们的未来利益"①。诚然，马克思的历史观也并不否认有超越阶级对立的"真正人的道德"，即人类作为一个族类总体普遍认同的道德存在的可能性，但在阶级社会中，占主导地位的是阶级的道德，"真正人的道德"充其量也只能表现为某些极少的因素，而不可能有"真正人的道德"体系的存在。"只有在不仅消灭了阶级对立，而且在实际生活中也忘却了这种对立的社会发展阶段上，超越阶级对立和超越对这种对立的回忆的、真正人的道德才成为可能。"② 总之，无论是阶级的道德，还是"真正人的道德"，都产生于特定的社会存在条件，具体地说是从一定的生产与交换方式中引申或衍生出来的。

道德虽然具有独立自存的外观，但这种独立自存性是相对的，不具有绝对的性质。在道德领域内，"最后的终极的真理恰恰是最稀少的"。③ 道德是历史的、流动的，深刻的原因在于，人们总是"自觉地或不自觉地，归根到底总是从他们阶级地位所依据的实际关系中——从他们进行生产和交换的经济关系中，获得自己的伦理观念"。④ 随着人们进行生产和交换的经济关系的改变，人们的道德观念也必然发生或快或慢的改变。任何试图将道德当作适合于一切时代、一切民族、一切情况，变成"凌驾于历史和民族差别之上的不变的原则"的企图 ⑤，必然会陷入这样一个难堪的境地："它在任何时候和任何地方都是不适用的，而在现实世界面前，是和康德的绝对命令一样软弱无力的。"⑥

在对道德的本质、功能及其演进的历史规律作了如上的分析之后，根据本文论题的需要，我们还需对我国当前社会的经济结构作具体的分

---

① 《马克思恩格斯文集》第 9 卷，人民出版社 2009 年版，第 100 页。
② 《马克思恩格斯文集》第 9 卷，人民出版社 2009 年版，第 100 页。
③ 《马克思恩格斯文集》第 9 卷，人民出版社 2009 年版，第 98 页。
④ 《马克思恩格斯文集》第 9 卷，人民出版社 2009 年版，第 99 页。
⑤ 《马克思恩格斯文集》第 9 卷，人民出版社 2009 年版，第 99 页。
⑥ 《马克思恩格斯文集》第 4 卷，人民出版社 2009 年版，第 294 页。

析。从过去的计划经济体制向社会主义市场经济体制的转轨，从社会经济发展的运行机制与运行方式看，这是一场深刻的变革。这种社会经济的运行机制与运行方式的变革，虽然不是社会制度的根本改变，却是社会经济结构的彻底重建与更新，但由于市场经济在本质上是一种通过产权所有关系、价值交换关系、供求关系、竞争关系、契约关系去解决个别劳动与社会劳动的矛盾，协调与规范社会经济发展的秩序，有效地配置自然资源与人力资源的一种体制，这种体制不可避免地要使社会的生产方式、交换方式、分配方式，以及劳动主体间的相互关系发生作用与影响，从而使社会的经济结构乃至整个社会结构发生某些层面与某种程度的转型。随着社会的经济结构乃至全部社会结构的某种程度的变化或转型，人们也必然会自觉地或不自觉地要从这种改变了的社会结构中获得自己的伦理观念。市场经济体制的运作不可避免地要创造出一系列新的道德观念、道德规范原则、道德评价标准，其形成与确立，同时也是市场经济得以健全与有序运行的必要条件，这是一个问题相辅相成的两个方面。

市场经济体制取代计划经济体制，虽然不可避免地要导致社会结构的某些层面与某种程度的转型，但市场经济作为一种社会经济的运行方式或发展模式，并不必然地与某种特定的所有制关系形成不可分割的固定联系，而是可以与不同的所有制关系相结合。市场经济既可以同资本主义所有制关系相结合，被资本主义制度所利用，也可以与社会主义公有制生产关系相结合，被社会主义制度所利用。因此，社会主义市场经济体制取代传统的计划经济体制，并不意味着社会主义生产关系也将随之发生根本性的改变。社会主义市场经济是一种与社会主义公有制相结合的市场经济，或有社会主义特色的市场经济，更准确与具体些说，是一种以公有制为主体与基础，并为社会主义公有制服务的市场经济。据此，我们可以理直气壮地认为，社会主义市场经济的形成与确立，确实使我国当前的社会结构发生着人们称之为"转型"的变化，但这种所谓的转型绝不应理解为社会结构的彻底更新与重建，在转型后的社会结构中，社会主义公有制生产关系仍然是它赖以维系的重要基础与支撑。在社会结构发生转型后的道德建设和精神文明建设中，社会主义生产关系的本质规定必然地起着不可取消的规范与制约作用。

上述关于道德的本质、功能，道德演进与社会结构演变之间的因果互动关系，尤其是对我国当前社会结构变化的具体实际的分析表明：在如何加强与发展社会主义市场经济条件下的道德建设与精神文明建设的思路上，既不应选择彻底重建的思路，也不应选择拒绝创新的重振的思路，唯一科学与合理地应是选择道德价值系统重构与道德秩序重塑的思路，即对我们过去的道德价值系统在辩证扬弃的基础上更新，将我们过去的道德价值系统中那些对于时下仍然有效的道德因素与在市场经济发展过程中孕育和衍生出来的新的道德因素，进行结构性的有机契接与组塑。

那么，应如何对社会主义市场经济条件下的社会道德价值系统与道德秩序进行结构性的重构呢？其重构的参考坐标是什么？重构后的道德价值系统与道德秩序是否具有合理性的判断标准应如何确定？在依据马克思的历史观提供的方法论思路，对社会结构转型后的社会道德价值系统何以需要重构的理论基础与前提作了上述分析论证之后，这是一个需要我们进一步思考的问题。否则，我们便会在探索社会主义市场经济条件下的道德价值系统与道德秩序重构的具体操作中陷入盲目性。

依据本文前面关于社会经济结构与道德演进的相互关系的分析，对社会主义市场经济条件下的社会道德价值系统与社会道德秩序重构与再造的参考：坐标的选择与确定，其根据只能是在社会主义市场经济本身中去寻找。在探讨社会主义市场经济条件下道德建设的合理性的参考坐标时，我们必须抛弃那种抽象的、理想主义道德观的思维方式，应将思维紧紧地围绕着社会经济结构及其变化的客观实际旋转。深刻的原因在于：从马克思历史观提供的思路看，评价一个道德价值系统以及由这种道德价值系统为基础形成的社会道德秩序是否具有合理性的标准，并不在于它是否具有所谓的崇高，而在于它是否能真正适应社会经济结构发展的需要。道德价值系统并不是愈崇高便愈合理，超越社会经济结构发展状况的道德，即便是具有所谓崇高的性质，但在现实中难免因其浪漫主义的空想而失去其实际价值。道德在本质上既产生于社会经济结构发展必然性的需要，同时也是为社会经济结构的发展需要服务的。

市场经济条件下人的经济活动与人的道德活动不可能是绝对分离的，如果承认二者之间绝对分离的可能性的存在，所谓社会主义市场经济条件下的道德建设论题的凸现便成为不可思议的事情，我们对此论题的任何探讨也会全然没有意义。诚然，在市场经济的活动中，人的经济活动都不可避免地具有追求功利的动因，排斥功利性的经济便不是经济，更不是市场经济。但这绝不意味着，在市场经济的活动中，人的一切行为都天然地具有合理性。人们追求功利的活动存在着一个合理与不合理的问题，即是否符合市场经济的伦理道德规范问题。"同样是追求功利的行为，在评价上却存在着道德与不道德的分野，有的人赚了钱后受到人们的敬佩与肯认，有的人赚了钱后受到人们的蔑视与谴责，这便是一个最好的证明。一般说来，适合市场经济伦理道德规范的行为，即使直接以追求功利为动因，也应视为合道德的，否则便是不道德的。市场经济制度下的伦理道德规范既不应看成是外在于市场经济的，更不应看成是对市场经济功能的消解。市场经济条件下的伦理道德规范的功能是通过对从事市场经济活动主体行为的约束，引导该主体成为一个伦理性的"经济人"，以保证和促进市场经济的健全与有序的发展。顺着这样的运思理路，我们应有充分的理由认为，思考社会主义市场经济条件下的道德价值系统与道德秩序重构问题时，我们的视野不能离开市场经济本身发展的基本规律及由其基本规律所必然产生的基本要求和原则，市场经济在其发展过程中所要求贯彻的基本要求和原则应是我们探讨社会主义制度下的道德价值规范系统与道德秩序重构的重要参考坐标之一。具体地说，重构后的道德价值规范系统中的基本道德规范、道德原则、道德评价标准，以及以这些规范、原则、评价标准为基础确立起来的道德秩序必须符合市场经济运行中所要求贯彻的自由、平等、正义、理性、公平交易与诚实服务等原则。从社会方面看，上述诸原则是确保与促进市场经济健全和有序发展的不可或缺的重要条件。从个人方面看，上述诸原则既是他从事正常的市场经济活动的准入证或门票，也是评价他的经济活动是否道德的准绳，任何不按上述市场经济运行中所通行的基本原则去约束自己行为的人，最终必然会因其行为的非道德性而被拒之于健全的市场经济生活的圈子之外。

社会主义市场经济，即社会主义制度与市场经济运行体制相结合的经济。关于这种结合的可能性，完全可从以下两个层次上得到合理性的论证：首先，社会主义作为一种社会制度所追求的根本目标与市场经济作为一种社会经济运行方式所具有的基本功能具有相互沟通的吻合性。社会主义的根本目的是为了解放生产力与发展生产力，并通过社会生产力的这种解放与发展促进社会的物质文明与精神文明的发展。而市场经济作为一种经济运行方式，它的最基本的功能就是通过价值规律的作用，促进各种社会资源配置的优化，激发市场经济活动主体的竞争热情，提高劳动效率，最终为社会经济的发展提供动力源。正是社会主义的根本目的与市场经济所具有的上述功能间的这种可相互沟通的吻合性，提供着市场经济的运行方式可为社会主义制度所利用，从而达到彼此间的相互有机结合的最深刻的基础。其次，从社会主义生产关系所必然衍生出的价值规范原则与健全的市场经济发展所要求贯彻的一些最基本原则方面看，二者间也具有一定的吻合性。市场经济健全发展所要求贯彻的自由、平等、正义、理性、开放、等价交换，以及权利与义务相统一、诚实服务诸项原则，从根本上说并不与社会主义生产关系在生产、交换、分配领域所要求贯彻的基本原则发生互不相容的矛盾。应该说，社会主义制度与市场经济运行方式能否结合，这个曾经困扰过理论界多年的问题，经过我国十几年来的改革开放，特别是最近几年来的社会主义市场经济体制建设的历史实践，在理论上基本上已不成其为问题了。

需要指出的是，市场经济与社会主义制度的统一，并不是一种绝对的统一，而是包含着矛盾的统一。市场经济作为一种经济运行方式，虽然具有以价值规律作为杠杆，促进各种社会资源配置的优化，激发劳动主体的竞争热情，提高劳动效率，从而最终地起到促进社会生产的发展与社会物质财富增长的功能，但劳动主体活动的直接出发点则是以追求自身利益的最大化为目标的，而不是直接地以他人和社会的利益为目标的；社会的利益是以间接的方式，而不是以直接的方式实现的。市场经济活动的这个特点，有可能诱使人们的价值观向个体利益本位畸形倾斜，使劳动主体滋生出商品拜物教与金钱拜物教观念，激发占有欲与私欲的膨胀。

因此，我们在进行社会主义市场经济条件下的道德价值规范系统与社会道德秩序重构的探索中，除了应以市场经济发展的基本规律及其所要求贯彻的基本原则为其参考坐标之外，还应以社会主义生产关系的本质规定及其所必然衍生的价值原则为参考坐标，使重构后的社会道德价值规范系统与新的社会道德秩序既有利于促进市场经济的健全发展，又保持着社会主义的特色。

实现社会主义市场经济条件下的道德建设的上述两个参考坐标之间的有机契接与整合，使重构后的道德价值规范系统以及由此建立起来的道德秩序既有利于促进市场经济的发展，又有利于社会主义物质文明与精神文明的发展与进步，这并不是一件简单的事情，它需要我们不懈地探索与艰苦地努力，但实现二者的统一与整合绝不是浪漫主义的幻想。市场经济作为一种经济运行方式，既可以被资本主义利用，也可以为社会主义所利用，这已经是被社会主义市场经济的历史实践所证明了的事实。既然如此，社会主义制度也就不可避免地要对从事市场经济活动中的人们之间的生产与交换关系发生制约与规范作用，从而对人们的道德观念与道德行为继续发生作用与影响，这与市场经济的崛起必然要导致社会结构发生转型，从而引起我们过去的道德价值系统的改变，属于相同的逻辑。

西方德性与幸福关系之辩及其当代启示 *

一

自伦理学诞生以来，有一个问题似乎像幽灵般地徘徊于伦理学的研究领域中，这个问题即是人的德性与人的幸福的关系问题。这一问题像一块巨大的磁铁，吸引着许多思想家们的目光聚焦，却又像一团乱麻，剪不断，理还乱，讼争不断，却胜负难决。它引诱着许多思想家们，而且是大思想家们深陷其中，饱受痛苦与折磨，却又使许多人欲罢不能，弃之不易。这是一个极其古老的问题，却又是一个并不过时的现代问题。对于当代研究伦理学的许多人来说，面对的困惑与受到的折磨，一点也不比先前时代的人们少。

熟悉与了解古希腊伦理学思想演进史的人应该都知道，早在古希腊、罗马时代，围绕着人的德性与幸福的关系问题，哲学家们便展开了激烈的讼争，形成了两个相互对立、相互竞争的学派，或曰彼此不让与竞争的伦理学路线。一条路线是德性即幸福，另一条路线是幸福即德性。两条路线虽然都是围绕着幸福与德性的关系展开

---

* 本文原发表于《安徽师范大学学报（人文社会科学版）》2018 年第 4 期。

的，并且都确认德性与幸福之间具有内在的一致性与统一性，然而，两条路线在其出发点与理论的归宿点上却有着重大的区别。强调德性即幸福的伦理路线的理论立足点与出发点是人的德性，认为人们虽然都追求过一种幸福的生活，但什么是幸福？幸福不是依据人们的感觉与主观性的判定，不是人们感觉上的快乐，也不是欲望的满足，人的幸福依赖于人的善行，一种真正幸福的生活是一种符合德性要求的生活。不是每一个人都能获得幸福，只有那些能遵循理性而行为，具有德性与善行的人才能获得幸福。在德性即幸福论者的思维理路中，德性既是人们获取幸福的源泉，也是衡量人们的生活是否幸福的尺度。而与德性即幸福相竞争的，即认为幸福即德性的人们的观点则与此相反，在他们的思维理路中，追求快乐与幸福是人生而具有的本性，因此，他们主张人的德性不应与追求幸福的本性相违背，人不是因有德而幸福，而是幸福本身即是德性，幸福即是人们追求的目的，也是衡量人们的行为是否具有德性价值的尺度。倘若一个人的行为为自己带来的不是快乐与幸福，而是不幸与痛苦，这样的行为是不具有德性价值的。

在西方伦理学史上，亚里士多德具有崇高的地位，他不仅是伦理学作为一个规范性的学科的奠基者，也是许多伦理学问题与概念的率先阐发者。亚里士多德认为，伦理学是一门实践的科学，其功能与作用就是教化与训导人们如何正确地实践或行为。他认为人生的目的就是追求至善。什么是至善？至善即是幸福。他区分了快乐与幸福的差别，认为快乐属于幸福，但幸福不能归结为快乐，其中的原因在于，快乐的来源不同，性质不同，快乐有正当与不正当、高尚与卑下、道德与不道德之分，不是所有为自己带来快乐的行为都具有德性价值，在道德上都能获得肯定性评价，因为驱使人们追求快乐的动机是人们的感性欲望，它满足的也是人们的感性欲望。幸福则不同，幸福需以理性为根据，只有根据理性的要求而行动才能获取幸福。不是每一个享有快乐的人都享有幸福，只有具有理性与遵从理性而行为的人才享有幸福。亚里士多德认为，人虽然是一种有激情和欲望的存在物，但人的激情与欲望需接受理性的调解，服从理性的权威，受到理性的约束，人遵从理性而生活，而行为，或是"有为的实践"，就发挥了他作为人存在的目的与功能，这样的行为即是善行，也即是幸福。亚里士多德提倡的过一种遵从理性，具有善性与善行的德性生活，即是一种幸福的生活的观点，对后来的斯多噶派的伦理学思想，以及后来的基督教的伦理思想都有着明显而深刻的影响。虽然，在哲学与伦理学上，斯多葛主义与亚里士多德主义并不完全相同，但在德性与幸福的关系的理解与诠释上，二者的思维理路是大致相似的。人必须依据理性而生活，根据理性的要求，抑制自己的激情与私欲，使自己的行为具有善性的价值，这样的生活才是真正幸福的生活。这种以德性作为衡量幸福标准的路线，虽然其目的在于试图引导人们走向崇高与神圣，但它的结果是使坚持上述路线的人大都变成了神秘主义者与禁欲主义者，将快乐排斥在幸福之外。

在西方伦理学思想史上，以伊壁鸠鲁为代表的快乐主义或幸福主义伦理学派，在幸福与德性关系问题上则持有了一条与德性即幸福的思想路线完全相反与对立的路线：快乐即德性，或幸福即德性的路线。伊壁鸠鲁对幸福与德性关系的理解与他对人生目的的理解密切相关。人生的目的是什么？这样的追问并不始于伊壁鸠鲁，可以说自苏格拉底以来，几乎是希腊哲学与伦理学普遍关注与一再追问的问题，区别在于不同的哲学家给予了不同的回答。伊壁鸠鲁认为，人生的目的就是追求快乐，"快乐是幸福生活的开始和目的。因为我们认为幸福生活是我们天生的最高的善，我们的一切取舍都从快乐出发；我们的最终目的仍是得到快乐"①。在伊壁鸠鲁的思维认知中，快乐与幸福是密不可分的，幸福不仅开始于快乐，快乐更是幸福的目的，没有快乐也即没有幸福。快乐与幸福是天生的最高的善，因此，人的行为是否具有德性价值，关键在于是否为人自己带来快乐与幸福或增进自己的快乐与幸福。在西方伦理学史上，人们通常将伊壁鸠鲁的伦理学称之为快乐主义或幸福主义伦理学，

---

① 周辅成：《西方伦理学名著选辑》（上卷），商务印书馆 1996 年版，第 103 页。

所谓快乐主义或幸福主义伦理学，概括地讲，即是以快乐与幸福作为判断人们行为善恶标准或尺度的伦理学派。需要指出的是，伊壁鸠鲁所讲的快乐与幸福虽然包括着人的肉体与感官的快乐与幸福，他反对一切形式的禁欲主义的道德说教，以为"一切善的根源都是口服的快乐；哪怕是智慧与文化也必须推源于此"①。但伊壁鸠鲁所说的快乐与幸福又不仅限于肉体与感官的感觉，更是指向"身体的无痛苦和灵魂的无纷忧"②。伊壁鸠鲁主张的幸福即德性，即以是否能为人自己带来或促进与增加快乐与幸福作为判别人的行为是否具有德性标准的快乐主义与幸福主义伦理学，同样在西方伦理学史上留下过深刻的印迹，发挥着持续性的影响。尤其是在西方近代的法国唯物主义伦理思想与英国功利主义伦理思想中，人们看到的不仅仅是伊壁鸠鲁伦理思想的印迹与底色，甚至是他的思想的复活与发展。在功利主义主张的以是否增加与促进最大多数人的最大利益与幸福作为评价人们行为德性价值的标准与尺度的学说中，人们看到的显然是伊壁鸠鲁的快乐主义或幸福主义伦理学的放大版或近代版。

二

综上所述，一个不争的与确认的经验性事实是，发源于古希腊哲学与伦理学的西方伦理思想史，直到近代以来的绝大部分时间里，确切些说直到康德伦理学产生之前，人的德性与幸福的关系问题，大都占有伦理学论说与纷争的中心地位，并且形成了一个具有广泛共识的坚定信念，即幸福与德性一致。不同的地方只是在于：主张德性即幸福论者认

---

① [英] 罗素：《西方哲学史》（上卷），何兆武、李约瑟译，商务印书馆 1981 年版，第 309 页。
② 北京大学哲学系外国哲学史教研室：《古希腊罗马哲学》，三联书店 1957 年版，第 368 页。

为，幸福必须符合德性的要求，即幸福必须与德性一致；而主张幸福即德性论者认为，德性必须符合幸福的要求，只有能给人带来或促进与增加人们的快乐与幸福的行为，才具有德性价值，即德性必须与幸福一致。而康德伦理学的诞生，则使幸福与德性关系在伦理学中的中心地位发生根本性颠覆。

在康德的伦理学中，他既不认同德性即幸福的观点，不认为人的德性必然性地会给人带来幸福，更不认同幸福即德性的观点，他的伦理学所探讨与要解决的核心问题是人的义务与责任问题，而不是人的幸福问题。了解康德伦理学的人都会获得这样的认知，他的伦理学的主要著作《实践理性批判》所批判的靶标即是快乐主义、幸福主义、功利主义等以经验为基础的各种学说。康德为何极力反对以人的快乐、幸福、功利等作为衡量与评价德性的标准与尺度呢？显然与康德对理论理性与实践理性的认识密切相关。康德的理论理性也即纯粹理性所关涉的是人的认识问题，所谓《纯粹理性批判》所研究与考察的是认识论问题，即人的认识能力及其限度问题。康德认为，在认识论中，"物自体"是认识的来源，人的认识不能越出经验的范围，而任何经验都是个体性的，对经验的归纳所得出的一切结论都不具有普遍必然的真理性，人们可以认识"物自体"的现象，不可认识"物自体"的本质，"物自体"的本质是人的认识无法到达的彼岸。康德认为认识论考察的是理性与对象的关系，伦理学考察的是理性与意志的关系，正因为存在着这样的区别，因此，对于理论理性来说，它不能脱离经验世界，对于实践理性来说，则必须超越经验世界范围，不受任何经验制约。为何理论理性不能越出经验范围，不能脱离经验？而实践理性必须要超出经验的范围，摆脱经验的制约与束缚？康德的认知是二者的目的不一样，理论理性是从感性到概念再到理性；实践理性是从理性到概念再到感性。即是说理论理性是从感性出发，最后的目的是获得理性即原则，实践理性则是从理性或原则出发，最后的目的是获得感性，即道德情感、实践意志。人的道德情感与实践意志的形成是受制于人们对道德的善恶概念的理解与认知，而对善恶概念的理解与认识则受制于实践理性即道德律令的理解与认知。人的行为或实践是否具有道德价值在于是否遵从了道德律令的要求。在康德的伦理学中，道德律令是人为自己的立法，一个道德律令就是一个绝对命令，命令之所以是绝对的，基本的意蕴在于它是无条件的，道德的命令是直言的，不是假言的。什么样的道德命令才具有绝对命令的性质，在康德看来，只有那些具有普遍必然有效的律令才具有绝对命令的性质。所谓普遍必然的有效性，即是指能超越时空条件的规定，在任何时候、任何条件下都具有普遍性与有效性。正因为如此，道德律令作为一种道德立法，其立法依赖的基础不能是经验，在他看来，任何经验性的存在都不具有普遍必然性，一切依据经验得出的原理都不能作为普遍必然性的道德标准。人的快乐、幸福为何不能作为道德的标准？因为，快乐与幸福都是一种经验的存在，快乐与幸福是与个人的需求与体验相关，因而是因人而异的，一个人感到快乐与幸福，对另外一个人来说可能并不必然如此，甚至可能完全相反。快乐与幸福不仅具有个体的特征，因人而异，还具有历史性的特征，因时而异，不同历史环境中的人们对快乐与幸福的理解与感受也是各不相同的。康德不仅认为快乐与幸福是无关的，而且那些影响与涉及到人的快乐与幸福的因素，如才能、健康、财富、权力等实际上也与道德无关，因为它们不是道德的善本身。富人有可能比穷人快乐，健康的人有可能比有病的人快乐与幸福，有才智与权力的人也有可能享有比平庸的与无权的人更多的快乐与幸福，但前者较之于后者并不必然地更有道德。

正因为道德律令或绝对命令是拒斥经验内容的，因此，康德认为道德律令作为一种道德立法只具有形式的性质与意义。在康德的伦理学中，唯有形式，成为普遍立法形式才是道德律令的最高原理。在伦理学思想史上，人们普遍认同康德的伦理学与道德律令是形式主义的，这样的认知与评价确有其一定的道理。道德律令为何只能是形式的，且须超出经验内容，不依赖于律令的实质，康德的理由是："一个只能以准则的单纯立法形式作为自己律令的意志，就是一个自由意志……一个自由意志既然不依赖于律令的实质，就只有以律令为其动机了，但是在一条律令之中，除了实质，也只含着立法形式，别无他物。"①一条道德律令，就是一个自由意志，服从道德律令，实质上就是服从自由意志，对自由意志的服从，让自己的行为与道德律令的要求相一致，或与自由意志相一致，与纯粹理性相一致，这样的行为本身才是善的。在康德伦理学的理论逻辑中，行为的善来自于决定行为的意志的善，意志即是实践理性，意志或实践理性的善来自于对道德律令所体现的自由意志或纯粹理性的服从。一条道德律令，就是一条绝对命令，命令是绝对的是因为命令对每一个人来说都是一条应该，一种应当的义务，一个为了"义务"而行事而行为的意志就是善的意志。行为的为义务与行为的符合义务不是相互等同的，行为的为义务遵从的是道德律令的命令，是一种绝对命令，行为的符合义务也可能遵守的是一种假言命令的结果，因而并不一定具有道德价值。那么，作为纯粹形式的道德原理或道德律令的确切所指是什么？康德给出的规定是："纯粹实践理性的基本法则：不论做什么，总应该做到使你的意志所遵循的准则永远同时能够成为一条普遍的立法原理。"②需要指出的是，伦理学思想史上的快乐主义、幸福主义大多将追求快乐和幸福视作是人的本性的观点，康德并不对此给予否定，康德反对的是将快乐与幸福视作是道德的标准，认为快乐和幸福与道德是无涉的。康德认为，追求快乐、幸福虽然是人的本性，但道德的根源不在于人性，甚至恰恰相反，道德律令的基础是自由。康德认为，幸福发生的根据是客观的因果规律，道德律令的根据是自由，二者之间并无内在的联系，不能以是否有益于增加人们的幸福作为道德的标准，也不能以道德律令去干预幸福的存亡。在人们感性生活的领域中，福与德并非是彼此相配与携手同行的，彼此背离的情况是经常发生的，有德者未必有福，享福者未必有德，恶徒在有福者中的占比有可能比不幸者中的

---

① [德] 康德：《实践理性批判》，关文运译，商务印书馆 1960 年版，第 28 页。

② [德] 康德：《实践理性批判》，关文运译，商务印书馆 1960 年版，第 30 页。

占比更高。幸福与德行二者在现实世界中是无法联结与统一在一起的，如要把它们统一起来，其结果必然是导致理性中的二律背反。如何消除这种二律背反？康德寄希望于宗教，认为德行与幸福的匹配只有在至善中才能实现。什么是"至善"？"至善"即是一种"至上的""无条件的"善，只有在"至善"中才能包括德行与幸福在内。然而在康德的思想体系中，"至善"概念并不是实践理性所要探讨的核心概念，而是作为伦理学的归宿宗教所探讨的概念，因而"至善"的概念不是伦理学的，而只是作为伦理学归宿的宗教学的概念。"至善"不能在感觉世界中的此岸得到实现，只有在超感觉的彼岸才能得到实现。因为在感觉世界的此岸，幸福是不能导致德行的，德行也不能导致幸福，但在超感觉的本体世界中，德行与幸福的匹配是有可能实现的。因此，达至"至善"，实现德行与幸福的匹配，必须假定有一个超感觉的彼岸世界或本体世界的存在，因而必须有灵魂不死与上帝存在的公设。只有灵魂不朽，追求道德的完满才有可能，只有上帝存在与上帝之手的作用，德行与幸福才能实现匹配，因为只有上帝的手才能将幸福分配给那些有德行的人，让有德行的人配享幸福。

三

康德的伦理学以人的自由为基石，强调人的行为应听从自由的命令，人承担的义务应与理性相一致，试图超越人的感性需求与感性经验，以理性与自由为尺度，构建出适合一切情况，在任何时候、任何情况下都具有普遍必然性与有效性，具有绝对命令性质的道德律令的纯粹形式主义与义务的伦理学，在哲学路线上无疑是属于唯心主义的。不仅如此，虽然康德认为道德律令具有普遍的必然性与有效性，但由于康德的绝对命令只具有纯粹形式的性质，没有任何实质内容的规定，一进入社会实践的领域，绝对命令通常会变成软弱无力的命令，它到处适用，也到处都不适用，甚至是到处无用。尽管如此，康德伦理学作为被许多人称之为的伦理学领域的一次"哥白尼式"的革命，还是提出与包含了一些不应被忽略的思想。康德关于幸福与德性的论述，便是一个富有启发性并应受到我们重视的思想。

康德虽然并不绝对地反对与否定幸福与德性的统一，但他只是将这种统一赋予彼岸的世界，而在现实的此岸世界中，则坚决地认为作为道德立法体现的道德律令不应以人的感性需求与感性经验为基础，认为人对幸福、快乐、利益的追求虽然是人的本性，但道德不是根源于感性的人的本性，而是超越于人的本性的，因而道德与人的快乐与幸福之间并不存在内在的必然性的联系。道德律令既不是以人的幸福与快乐为根据，也不是为人的快乐与幸福服务的存在。道德律令作为一种绝对命令，它的发出者是作为总体的人类社会，表达的是社会对个体的要求、规范与命令。这种要求、规范和命令，就其性质讲，维护的不是个体的利益，而是社会的总体利益，它不仅不必然地与个体的快乐、幸福、利益相一致，有时还会发生背离与冲突。当社会总体的利益与个体的快乐、幸福、利益发生冲突的情况下，道德律令维护的通常是社会利益。康德伦理学的性质是唯心主义的，但他在唯心主义的形态里，却在相当大的程度上触摸到了伦理学所要解决的关键问题，揭示出伦理学的本质特征，即伦理学所要处理的是作为个体存在的人与作为总体存在的人类社会的关系问题。伦理学关注的不是感性存在的个体的快乐与幸福，而是作为总体的人类社会存在的需要。

人的行为要具有德性价值，必须遵从道德律令的命令，一条道德律令就是一个道德义务，人的行为因履行了道德义务而具有德性价值。道德律令作为一种道德立法，其立法的依据是什么？是自由。自由是什么？康德没有给出任何具体的规定，康德认为道德律令是纯形式的，不能有任何实质性的规定，任何有实质性的规定的东西都是经验性的存在，而以经验为根据的道德命令是不具有普遍必然性的，这即是康德形式主义伦理学的逻辑理路。黑格尔认为，康德的自由概念由于没有任何规定，因而是空的，他将康德伦理学称之为"空虚的形式主义"。黑格尔的伦理学也是唯心主义的，因而他肯定了康德的理性的自由是道德律令的基础的观点，但黑格尔认为自由不是无规定的空的东西。什么是自由？自由即是对必然的认识。黑格尔的所谓必然即是绝对理性、绝对精神及其历史性展开，认为唯有绝对精神本身才是自由的，因此，黑格尔认为道德律令必须服从绝对精神的要求与原则。但黑格尔认为对精神和自由的认识与理解不能离开与精神相对立的物质，因为在黑格尔的思想体系中，物质的世界虽然是与精神相对立的现象世界，但它不过是精神的外化、异化、对象化，因而不能脱离现象世界去认识与理解精神。因此，黑格尔在谈道德时，是与家庭、市民社会、国家及其历史发展联系在一起的，更多地是从历史的维度去看伦理道德。因而，较之于康德，黑格尔的道德学说具有更多的历史感。

那么，作为道德规范、道德律令或道德命令生成的基础与根据是什么？或者说作为道德的"道"究竟指的是什么？马克思主义的历史观与道德观对涉及伦理学的这一根本性的问题的探究与诠释，既不像康德那样，诉诸纯逻辑的概念分析与命题推论，也不像黑格尔那样诉诸思辨的抽象，而是从道德生成与演进的历史经验性事实出发，从中归纳与总结出道德生成与演进的客观规律。人们是从哪里获得自己的伦理观念的？全部伦理史的经验事实无可争辩地证明了："人们自觉地或不自觉地，归根到底总是从他们阶级地位所依据的实际关系中——从他们进行生产和交换的经济关系中，获得自己的伦理观念。"① 即是说任何道德观念既不是一种先验性的存在，不是来自于神秘性的客观精神的要求，也不是产生于自然性的良知良能，而是从归根到底的意义上看，来自于人们进行生产与交换的经济关系中。在马克思历史观与道德观的理论逻辑中，道德在社会的结构中是归属于社会的思想上层建筑，上层建筑的基础是经济基础，任何形式的社会规范都是由一定的社会经济基础决定的，社

---

① 《马克思恩格斯文集》第 9 卷，人民出版社 2009 年版，第 99 页。

会的经济关系既决定着社会规范的生成，也决定着社会规范的历史演进与更替，任何社会规范都能并且也只能从社会的经济关系中去获得根源性诠释，道德规范的生成与演进也一样。需要指出的是，道德作为一种社会规范，调节的并不仅仅是人们的经济关系，人们的社会生活与社会关系都需要道德的规范，但由于人们的社会关系都是在经济关系的基础上生成的，因此，所有的伦理观念从归根到底的意义上看，都是从人们进行生产与交换的经济关系中获得的，并从经济关系的性质中去得到合理性诠释。正因为道德规范生成与演进的基础是人们"进行生产和交换的经济关系"，因而，在马克思历史观与道德观的理论逻辑中，道德规范也好，律令也好，或者叫作道德命令也好，其存在的合理性与正当性都具有历史的性质，绝不会具有永恒不变的、适合一切时间与空间的普世与普适的性质。其深刻的原因在于，决定道德生成与演进的基础的生产方式与交换方式及其在此基础上形成的经济关系不是不变的，而是有规律地发生历史性变更。在私有制存在的社会中，"切勿偷盗"就必然成为一个道德规范、律令或命令，否则私有制的存在就会受到威胁；假若，偷盗是被允许的话，私有制与私有财产的存在就会成为不可能。但如果私有制不再存在时，"切勿偷盗"也必将从道德规范的领域中消失，因为它将变得毫无意义。

道德规范、律令、命令不仅是在社会的经济关系的基础上生成与演进的，而且它的功能与使命也是为一定的经济基础服务的。因此，道德规范的价值取向既不是人们的幸福与快乐，也不是追求人的完满、神圣与崇高，而是服务与保障那些在历史发展阶段上必然生成的生产方式与交换方式的正常运行，使人们的经济关系以及以社会经济关系为基础的全部社会关系得以有序的运行，从而使人们过一种符合历史必然性要求的可能性生活，而不至于因社会关系的混乱与无序而使人们的社会生活变得不可能。人作为人存在，追求生活的快乐与幸福是一种近乎于自然性的本能，一个不争的事实是，没有人愿意忍受痛苦与不幸，即使是暂时地愿意忍受痛苦与不幸，在大多数的情况下，人们也是希望这种痛苦与不幸能够换来更大的幸福与快乐。但马克思的历史观与道德观也坚决拒绝将人的德性与人的幸福进行捆绑。马克思的伦理观不同于康德伦理学的地方在于，康德认为人的快乐、幸福是一种经验性的存在，而任何经验性的存在都不具有普遍的必然性与有效性，而马克思的历史观与道德观则认为，任何道德规范反映的都是一定的生产方式与交换方式的要求，道德能够追求与保障的只是一种可能性的生活，而不是一种快乐与幸福的生活。"切勿偷盗"的道德戒律在价值取向上只是要求不要损害他人的利益，以便维护私有制与私有财产的存在。丝毫不含有要求增加自己与他人幸福与快乐的意蕴。道德规范不具有也不应具有神圣与崇高的价值取向。人类社会是需要神圣与崇高的，但神圣与崇高不应成为道德要求，所有的人都应成为有道德的人，大多数人也能够成为有道德的人，但社会不能要求所有的人都成为神圣与崇高的人，大多数人都难于使自己成为崇高与神圣的人，当一个道德律令无法为大多数人所遵守时，这样的命令，只不过是没有实际意义的一纸空文。康德的伦理学赋予道德律令神圣与崇高的性质，所以康德的绝对命令也就必然是软弱无力的。仍以"切勿偷盗"为例，一个没有任何偷盗记录的人，在私有制社会下，道德的评价上无疑属于有道德的好人，但也仅此而已，好人远非是崇高与神圣的人。

论人的荣誉感的道德价值 *

一

无论是从个人的维度看，还是从一个群体社会的维度看，荣誉的问题都是一个极为重要的问题，它对于个人生活与社会生活具有不可忽视的意义或价值。尽管马克思主义经典作家曾说过："在贵族统治时期占统治地位的概念是荣誉、忠诚，等等，而在资产阶级统治时期占统治地位的概念则是自由、平等。"① 但这决不意味着对荣誉的看重是封建贵族统治时代的特有现象，更不意味着荣誉是封建贵族的专利。实际上，在一切时代与一切社会中，对荣誉的看重与追求，都是社会生活与社会发展的不可或缺的动力之一。人作为人存在，不可能绝对地漠视自己的荣誉，在某些人那里，对荣誉的看重，甚至超过了自己的生命。对荣誉的问题，人们可以从不同的维度进行思考与价值评价，但不言而喻的是伦理学的思考与评价无疑是最重要的维度之一。因为，荣誉问题通常与人的内在品性、德性修养、良心观、义

---

* 本文原发表于《江汉论坛》2005 年第 12 期。

① 《马克思恩格斯文集》第 1 卷，人民出版社 2009 年版，第 552 页。

务感，甚至同人的快乐和幸福等道德问题形成内在的、不可分割的联系。

对荣誉的分类，我们可以从不同的视角进行划分。从荣誉主体的角度看，我们可以把它划分成个人的荣誉、集体的荣誉、阶级的荣誉、民族的荣誉与国家的荣誉。从客体的角度看，我们可以把它划分成政治荣誉、社会荣誉、职业荣誉、由业绩和贡献所获得的荣誉、由人的品格和德性所获得的荣誉。一个人可能有各种各样的荣誉：作为国家公民他可能有公民荣誉；作为职业成员，他可能有职业荣誉；作为道德主体，他可能有道德荣誉。

那么，何谓荣誉呢？德国伦理学家弗里德里希·包尔生曾指出："一个人通过他的品质和行为在他的伙伴中唤起某种情感，这些情感是以价值判断的形式来表现的：尊敬和无礼；崇拜和蔑视；敬重和厌恶。这些情感以判断的形式表现自己并为其他的情感所影响、加强和共鸣，因而产生了对于社会中的特定个人的某种总的价值的东西；这就是他的客观荣誉。"① 从一般的或广义的意义上看，任何荣誉都应从下面两个相互联系的方面去思考与考察：一方面，它是我们周围的人们或社会对作为荣誉主体的业绩、贡献、品行与德性所给予的一种积极与肯定性的评价。其表达的形式可以是多种多样的，既可以是物质性的，也可以是精神性的。另一方面，是指荣誉主体对自己的业绩、贡献、品行与德性的社会价值的自我意识。从道德的视野上看，所谓荣誉，一方面是指一定社会和一定阶级、一定社会团体以评价人们的行为德性的价值尺度，即对道德行为主体履行由社会道德规范确定的道德义务的肯定与褒奖；另一方面，是指道德行为主体对自己行为的社会道德价值的自我意识，即蕴含在人们良心中的羞耻心与自尊心。前一方面是荣誉的客观方面，后一方面是荣誉的主观方面。

荣誉作为一个道德范畴，也和其他的道德范畴一样，具有历史的性质，不具有抽象、永恒不变的性质。在阶级社会里，荣誉还具有鲜明的

---

① ［德］包尔生：《伦理学体系》，中国社会科学出版社 1988 年版，第 489 页。

阶级的性质。在不同的时代，人们对荣誉的理解有着明显的差别，有时甚至是正相反的。即使在同一时代，不同的国家和民族中，在同一国家和民族的社会各阶级、阶层甚至是不同的职业群体中，人们对它的认知和理解也会表现出很大的差异和不同。正如恩格斯所说的，"每个社会集团都有它自己的荣辱观"①。同是梁山人物，农民誉之为劫富济贫、替天行道的英雄好汉，统治阶级则贬之为打家劫舍的江洋大盗。其中深刻的原因在于，不同的荣誉观是奠定在不同的道德观点基础上的，而道德作为思想上层建筑本身是历史的，在阶级社会中具有阶级的性质，它是随着人们的生产方式和交换方式的变化而发生变化的。因为"人们自觉地或不自觉地，归根到底总是从他们阶级地位所依据的实际关系中——从他们进行生产和交换的经济关系中，获得自己的伦理观念"。② 每个时代，每个时代的民族和国家、阶级、个人总是依据自己所处的经济地位与利益，以及由此所决定的文化环境、对道德善恶的不同理解，去对人们的行为进行评价的。

尽管荣誉具有历史的性质，在阶级社会中通常打有阶级的烙印，在不同的时代，人们对荣誉的内容的理解与表达具有变化和相对性的一面，但人们决不能从这种历史性与相对性中作出荣誉没有意义的结论，它更不能成为某些厚颜无耻、为非作歹之徒否定荣誉的客观性和价值，为自己的恶行辩护的理由。正如评价人们行为的道德善恶的标准中除了阶级标准之外，还有一个更为根本的社会历史标准一样，人们对荣誉的理解的合理与否，也有一个社会历史的坐标。任何时代都有着自己的时代发展的客观要求，这种发展的客观要求既是判定不同荣誉观点合理性的最终根据，也是社会向行为主体是否应授予荣誉奖品的最终根据。当道德行为主体的活动符合社会历史发展的必然性要求，对社会历史的发展前进起着推动作用时，其所获得的荣誉即具有客观的、合理的性质。

---

① 《马克思恩格斯全集》第 39 卷，人民出版社 1974 年版，第 251 页。
② 《马克思恩格斯文集》第 9 卷，人民出版社 2009 年版，第 99 页。

二

荣誉通常是一定社会对个人行为的社会价值进行评价的价值尺度。每个人作为社会的一分子，他的社会价值通常是以他所获得的荣誉来衡量的。个人的荣誉是社会对个人贡献的一种褒奖。从这个意义上说，个人所获得的荣誉越多、越大，也即意味着他对社会的贡献越多、越大，他的社会价值越大。人们所拥有的道德荣誉也是这样，一个人在道德上所获得的荣誉即是一定社会与社会中的一定阶级依照一定的道德原则与规范作为评判坐标，在对个人行为的道德价值进行评估的基础上所给予的一种褒奖。

一般来说，个人的任何荣誉都依赖于个人的贡献和努力，在这一点上，无论是道德也好，还是其他的荣誉也好，概莫例外。但道德荣誉与其他荣誉之间还是有着明显的差别。首先，在不同的荣誉的获取所依赖的基础上有所不同。运动员、歌唱家以及所有的职业荣誉的获得，除了依赖于荣誉主体个人的努力之外，在很大程度上还依赖于个人本身具有的天赋、社会条件，甚至还包括某些偶然性因素。冠军对运动员来说是一种荣誉，但冠军对于运动员来说，不仅依赖于他勤学苦练，顽强拼搏，也依赖于他的运动天赋，在某些情况下，还取决于一些偶然性因素。军功章对于军人来说是一种荣誉，但军功章对于军人来说，不仅依赖于他的勇敢，更依赖于他的智慧，还依赖于一定的社会条件。一个人的职业荣誉，与他的职业天赋，与他所处的社会地位有着不可分割的联系。但个人对道德荣誉的拥有，则完全依赖于个人的德性及品行，个人的德性及品行是他是否能拥有道德荣誉的主要基础。个人道德荣誉的获得，并不主要依赖于他的天赋、聪明与愚笨，在道德荣誉的拥有上这些因素并不起决定性作用，聪明的小人在现实生活中并不鲜见。无论是聪明人也好，愚笨的人也好，在道德荣誉的拥有上，其权利是平等的。道德的荣誉也不能靠地位和权力去获取。不可否认，对于道德荣誉之外的其他荣誉的拥有上，权力和地位通常是一个不可忽视的因素。一场战争的胜利的荣誉通常是与指挥战争的统帅与将领的名字是分不开的，要获得这样的荣誉，人们就必须拥有一定的权力和地位。但在道德荣誉的拥有上，国王也好，乞丐也好，在道德上是平等的，要获得人们来自内心的，而不是表面的尊敬和崇拜，唯有依靠自己良好的德性和品行，而不能依靠其他，即使是权倾天下的帝王，如果残暴无道，作恶多端，他也不能获得人们的尊敬。道德的荣誉也不能凭金钱而拥有，尽管私有制社会中，拥有财富即意味着拥有一定的身份和地位，也会使财富的拥有者拥有某些荣誉，但在道德上，一个即使富甲一方的财主，假使他为富不仁，强取豪夺，也难以获得人们内心的尊重。不是虚荣，而是真正的道德荣誉，只能属于那些内在品行优良的人。其次，不同的荣誉在其褒奖的形式上通常不同。社会对个人的道德荣誉颁发的奖品，在通常的情况下不是职位和头衔，不是奖励和证书，在更多的情况下是以价值判断的形式表现出来的情感：尊敬或无礼、敬重或厌恶、赞扬或贬抑。正如哲学家洛克所指出的，称赞或惩责，就是决定一般所谓德性或失德的一种尺度。道德的荣誉通常还赋予其他荣誉以高尚的底色。对于社会生活中的个人来说，并不是任何荣誉都能想拥有就能拥有的，某些荣誉只能属于某些特定的社会成员。一个不争的事实是，军功章所蕴含的荣誉只能授予军人，冠军的荣誉只能授予特定的职业人员。但任何人都有可能获得道德的荣誉。不仅如此，道德荣誉还构成其他社会荣誉的基础性底色，这不仅在于，在大多数情况下，一个道德品性不佳的人很难凭借作出非凡的贡献而获得荣誉，而且还在于，某些道德品性不佳的人即使凭借某种特殊的天赋、才能或某些偶然性因素，或某种特殊的地位和身份而获得某种特殊的荣誉，也会因其缺乏道德的底色，减弱人们对它的崇敬。

三

　　个人对道德荣誉的拥有，依赖于个人的品性及其行为，正如莎士比亚曾经说的：品行是一个人的内在，荣誉是一个人的外貌①。一个人的外貌如何，是由他的内在所决定的。但道德荣誉对社会与个人的道德发展也具有极其重要的价值与意义。优良的道德德性与品行会给人带来荣誉，对荣誉的爱也促使着人们去努力获得那些能够给人们带来道德荣誉的品质，这是一个问题的两个方面。社会依照一定的道德原则与标准对贯彻自己对人们的某种行为的肯定与褒奖，实质上是以社会的道德价值尺度而进行的一种导向，其目的是以鼓励的方式，将一定的道德价值尺度渗透到人的意识中，使之转化为个人的道德意向，内化为个人良心中的羞耻心、自尊心、自爱心与荣誉感。而人的良心中的这种羞耻心、自尊心、自爱心、荣誉感通常反过来又会成为促进个人加强自己的道德修养，约束自己的行为的有力杠杆与自控力量。因为荣誉可以使人体验到生活的价值感与意义感，荣誉可以使人增加快乐与幸福感。相反，荣誉的下降或失去会造成人的痛苦，对荣誉的爱或荣誉会推动人们努力去寻找提高荣誉的途径，躲避损害荣誉的事物，去发展人的德性，改正自己的不良品性。因此，在一定的意义上我们甚至可以将个人的道德荣誉感视作是捍卫个人德性的不可缺少的坚强卫士。

　　荣誉感是个人生活的精神支柱，是激励个人奋斗向上与向善的内在动力。一个有着强烈荣誉感的人，对荣誉的尊重与强烈的爱会帮助他无论是别人在场或自己独处的时候，都能自觉地抵制各种诱惑，免至堕落，牵引着他趋向高尚与完善。人作为人存在时，不能没有荣誉感，荣誉感的存在与维持，是人作为一个有道德的人存在的基础与前提，失去了这个基础与前提，人也就不能作为一个有道德的人存在。如果一个人

---

① 薛进官等编：《名言大观》，文化艺术出版社 1983 年版，第 82 页。

对荣誉与耻辱麻木不仁，毫不关心，甚至是是非不清时，他也就不会有良心感与罪恶感，也就会变得厚颜无耻。当一个人对荣誉持一种无所谓的态度时，就会丧失自尊，逐渐地走向堕落的深渊，至少是离堕落的边缘不远了。现实的生活经验通常向我们提示这样一个普遍性的原理，凡是没有什么荣誉可以丧失的人，对耻辱的恐惧也最少，甚至没有。这种人在作恶方面是最自由的，会肆无忌惮，为所欲为，因而他们通常会成为社会中最危险、最堕落的人，道德之剑的威慑力在他们面前完全消失了。当一个妇女第一次卖淫时，她可能还会因自己的失贞而脸红、心跳，甚至是良心上的自责与痛苦，但当她已不再拥有贞洁的名声时，心跳和脸红的事可能不会再发生，卖淫次数的增多，对她来说不仅不会增加她的堕落感，反而会成为她的炫耀资本。当一个官员对廉洁的名声不再看重时，他就会变得贪婪起来。这些经验性的事实，至少能从反面证明着这样一个道理，人不可能绝对地不要名声与荣誉。一个绝对地不顾名声与荣誉的人，在道德上也绝对地是一个无可救药的人。对荣誉感有无的识别，是对一个人进行道德教化与治疗有益还是无益的参考依据。只要一个人的荣誉感还没有彻底消失，他就具有教化从善、改过自新的希望。当人的荣誉感已彻底消失，他就会变成一个无耻之徒，对他的教化的努力就会变成是徒劳，至少会是一件非常困难的事情。

荣誉与荣誉感不仅对个人的道德生活是重要的，对一个集体与民族来说同样具有极其重要的价值与意义。家庭的荣誉对一个家庭的成员具有极大的吸引力与凝聚力，它把一个家庭的成员团结起来，即使是这个家庭处在逆境时也是如此。家庭的某一成员获得荣誉，其他成员感到光彩。某一成员干了不光彩的事，其他成员通常会产生受辱的感觉。在中国历史上，不少家族长盛不衰，英雄辈出，其中一个重要的原因即是家族的成员对家庭所拥有的荣誉的看重与维护。集体的荣誉，是一个集体的宝贵财富，对这个集体的成员起着激励的作用，对集体荣誉的捍卫与发扬光大，是一个集体充满生机与活力，奋发向上的最主要的源泉。正因为如此，聪明的领导人一般都极为注意努力塑造集体成员的集体荣誉感，并把这种集体荣誉感视作是维系集体的精神纽带。一个有着强烈集体荣誉感的集体，通常是一个英雄辈出的集体。相反，如果一个集体是由一些没有荣誉感或由一些无羞耻感的人所组成，这个集体肯定是堕落的。对于一个民族来说，荣誉同样重要，这从每一个民族都极为重视民族的荣誉中可以得到证明。对于一个民族来说，荣誉即意味着他的尊严，是激励它不断进取的精神动力；对于荣誉麻木不仁的民族，它的希望与前途也就不可能太大。

四

个人道德荣誉感是社会道德存在和发展的忠诚卫士，是抵御道德价值系统免于崩溃的一道堤坝。但在对待荣誉的问题上，我们应把对荣誉的爱与对虚荣的奢望区分开来。我们应倡导人们热爱荣誉，追求荣誉，努力培育与保护人们的荣誉感，避免对人们荣誉感的任何伤害，但我们也应倡导人们不慕虚荣，尽力抑制人们虚荣心的膨胀。深刻的原因在于，虚荣是荣誉的一种堕落形式，它与荣誉不仅具有不同的性质，更具有不同的作用。

一般来说，荣誉的基础是道德，荣誉的实质是人们德性与德行的奖品，它的授予的根据是人的德性与德行。因此，人们对荣誉的热爱与追求是以向善性为目标的，荣誉感中蕴含着丰富的道德价值。人们的虚荣心虽然通常也是由人们对荣誉的爱所诱发出来的，但它源于人们对荣誉的一种不恰当态度。追求虚荣的人，其目标不是向善，而是荣誉本身，他通常采取的是一种为荣誉而谋取荣誉，将荣誉视作是一种终极性目标。追求虚荣的人通常为追求荣誉与名望往往会不顾一切，甚至是不择手段，包括不顾自己的人格尊严、幸福、生命和良心。在日常生活中，追求虚荣的人对自己过分自负，对自己的成就过分得意，为了获取别人的尊敬、褒奖，通常会利用一切可能的机会与形式炫耀与包装自己。爱慕虚荣的人，为了沽名钓誉，会不顾自尊去奉承别人，也喜欢别人对自己的奉承，他过于看重自己的某些优势，不厌其烦地向别人推销自己，以满足自己心理上的一种不健康的欲望。爱慕虚荣的人，通常是一种骄傲与狂妄的人，是一种虚伪与自私的人，当然也是一种德性与德行不端的人。

　　荣誉感与虚荣心不仅具有不同的性质，而且具有不同的社会作用。人的荣誉感是一种积极的、向上的价值取向。因此，荣誉感无论是在社会发展中，还是在道德的发展中，都起着一种积极的推动作用，是推动社会历史进步与道德进步的强大杠杆。而人们的虚荣心由于是人们对荣誉所取的一种不健康心理与不恰当态度，因此，在社会历史发展与道德发展中，通常起着一种消极的、负面的作用。一个虚荣心膨胀的社会，必然是一种虚假繁荣与道德堕落的社会，这不仅是一种逻辑的推理，也是一种经验的证明。

　　正因为荣誉与虚荣、荣誉感与虚荣心具有不同的性质与作用。因此，在人们的日常生活中，尤其是在人们的道德生活中，对人类的荣誉感给予的是尊重与肯定，而对人的虚荣心给予的是否定与贬抑。这也是一个社会应努力提倡人们热爱荣誉、追求与捍卫荣誉、反对虚荣与虚荣心的最深刻的根据。

幸福论七题 *

一

　　幸福的概念，在人们日常生活的话语中，即使不是使用频率最高的概念，至少也是使用频率最高的概念之一。人们向往幸福，然而，何为幸福？尽管道德哲学家们一次又一次地对此发问，但真正直面这一问题时，其态度大多是谨慎的，通常采用的是经验性的描述，很少有人愿意作出规范性的界定。即便偶有大胆者，其界定也难免受到他人的诘难。

　　诚然，要对幸福概念给出一个规范性的界定并不是一件易事，深刻的原因在于，任何规范性的界定都意味着一种相对确定性的明确断定，而幸福的内容是历史发展着的，不同时代的人们因其对生活的意义与价值取向不同，对幸福的理解自然也是变化的。但这是否意味着幸福的概念不可界定，抑或是一个公说公有理、婆说婆有理，可任意界说的领域？当然不是。倘若幸福是不可界定的，那即意味着它是无所指或无内容的，这明显地违反了概念生成的规律。任何概念在形式

＊　本文原发表于《哲学研究》2002 年第 4 期。

上是主观的，但主观的形式中却包含着客观的内容。概念只要在人们的生活中生成和出现，也即意味着对它存在着界说的可能。只存在如何界说的问题，不存在能不能界说的问题。幸福的问题也不能视作一个你说是它就是、你说非它即非的问题，倘若真是如此，那即意味着不同的人们对幸福的理解毫无通约性可言，然而一个无通约性的概念是不可能被人们所接受，更不可能在人们的历史性的生活中长久地存在。在有关幸福概念能否界说、如何界说的问题上，绝对主义与相对主义的看法是错误的，唯有依据辩证思维的方法，从主客观相统一、灵活性与确定性相统一、抽象与具体相统一、共性与个性相统一的思路去进行思考和把握。

幸福的概念尽管是一个公认的模糊的概念，但在语义学中，其含义还是相对统一和明确的。幸福的概念在拉丁语中的表达是 beatitudo，基本含义是至福；在英语中的表达是 happy，含有幸运、快乐愉快的意蕴；在德语中是 selgkeit，意思是极乐；在汉语中，幸福通常是一种"使人心情舒畅的境遇和生活"，这种生活能给人一种称心如意的感觉。从上述几种有代表性的语言的语义看，幸福概念的基本含义是幸运、享受、快乐或称心如意，即心理上的满足。在语义的视野上，幸福通常是与不幸、痛苦、悲惨、不惬意相对立的。

从伦理学的视野上看，幸福概念的含义也并非是完全地含糊不清或缺乏丝毫的共识。西方伦理学史上围绕着德性与幸福的关系问题发生过长期和激烈的争论。在德性与幸福的关系问题上，一派认为幸福即道德，另一派认为，道德即幸福。凡是循着幸福即道德的思路去思考德性与幸福关系的学说，通常被归于幸福主义一派。此处暂不去详论上述两种思维理路谁是谁非，而只是想指出，无论哪一派对幸福概念的理解，都大致地与娱乐、惬意、享受等概念相近或差不多。① 例如德谟克利特就认为，人的幸福应是："有必需的物质条件，有节制的享受，而主要

---

① ［德］莫里茨·石里克：《伦理学问题》，华夏出版社 2001 年版，第 100 页。

是求得心灵的宁静淡泊。"① 穆勒认为："幸福是指快乐与免除痛苦，不幸福是痛苦和丧失掉快乐。"②

笔者认为不管幸福的概念多么含糊，但有一点是确定的，即幸福是相对于痛苦而言的；只要人们在肉体上或心灵上感受到痛苦，这种生活便不能判定为好的或幸福的生活。幸福是一种与痛苦相反的体验，离开了痛苦作参照坐标，幸福就是一个捉摸不定的东西了。

二

"人总是追求幸福"，在许多道德哲学的视野里，这一判断似乎具有不证自明的公理性，认为对幸福的追求是人的宿命、人的天性。

如果从人类总体来看，我们能够相信上述命题的真理性。因为追求幸福是人类作为一个族类总体的终极目标，正是这一终极目标，激发出人类改造世界的无限激情，牵引着人类社会从低级到高级的进化与发展。

但倘若关涉到个体时，上述的命题便值得怀疑。个人的追求并不总与社会的追求一致：一方面，个人幸福的获得并不必然地导致人类总体的福利的增加；另一方面，人类总体幸福程度的提高也不意味着生活在社会中的个体的幸福程度必然地提高。在人类历史发展的一定阶段上，尤其是存在着对抗的社会中，个体生活与族类总体生活的和谐与一致只是相对的，个人生活与社会生活的统一是一种包含着矛盾的统一。在人类历史发展的一定阶段上，人类总体福祉的增加，通常是以某些个体的幸福的牺牲作为代价的，这差不多是阶级社会发展的一条基本规律。对于在人类历史发展中的个体而言，其自身幸福的牺牲，通常是人类总体

---

① 章海山：《西方伦理思想史》，辽宁人民出版社 1984 年版，第 78 页。
② [英] 穆勒：《功用主义》，商务印书馆 1957 年版，第 7 页。

历史推进的客观必然性要求。黑格尔就曾深刻地指出："对于世界生存的伟大目的，就不应当要求个人的快乐，或者个人的幸福和幸福的环境，而更应该在世界目的之下要求它促成各种善良公正的目的的实现和获得保障。"① 为了人类总体的幸福或福祉的增进，而使历史发展一定阶段上的个人的某些甚至全部幸福的放弃与牺牲，不仅是历史发展的必然性要求，而且也是可能的。有人认为："幸福是无法放弃的，对于幸福，人别无选择。"② 笔者认为，这种观点难以令人苟同：它既不能从逻辑上获得充分的论证，也缺乏充分的经验事实作支撑，并且不具有不证自明的公理性。在逻辑上，上述看法只有从人的本性是自私自利的这一人所熟知的古老命题出发才是可接受的，然而这并不是一个不证自明的前提，在思想史上早已受到许多的反驳与非议。人作为有理性的族类存在物，在逻辑上为何不能在理性的引导下，为了自己种族的整体利益而放弃和牺牲自己的利益呢？在经验事实上，为了国家、民族乃至人类总体的福祉而自愿主动放弃牺牲自己幸福的人并不鲜见，应该说那些在历史上被人们赞誉的伟大历史人物或多或少地都归属于这类人物。对于那些伟大的历史人物来说："……他们的命运并不是快乐的或者幸福的。他们并没有得到安逸的享受，他们的整个人生是辛劳和困苦，他们整个本性只是他们的热情。当他们的目的达到以后，他们凋谢零落，就像脱却果实的空壳一样。"③ 实际上，伟大的历史人物之所以是伟大的，并不在于他们是一个幸福的人，恰恰相反，完全在于他自身快乐或幸福的放弃与牺牲。

至于谈到追求幸福是人的天性的看法则更是大有疑问的。什么是天性？从哲学史上看，有关天性的解释无非有两种，一种是神学的，一种是哲学自然主义的。在神学上，天性的基本底蕴是上帝给予或神授的；在哲学上，天性指向的是大自然的造化。我们可以同意动物的趋利避害

---

① ［德］黑格尔：《历史哲学》，商务印书馆1999年版，第36页。
② 罗敏：《幸福三论》，《哲学研究》2001年第2期。
③ ［德］黑格尔：《历史哲学》，商务印书馆1999年版，第32页。

与自我保存的倾向为天性，因为那是纯粹自然进化的结果，但却不能同意人对幸福追求的激情为天性。深刻的原因在于，无论是就人的幸福感的获得还是就人追求幸福能力的进化来说，既不能视之为神予的，也不能视之为纯粹的自然进化的结果。动物没有幸福的问题，幸福的问题是专属于人的，只有人才有幸福的问题。动物的趋利避害与自我保存是一种由自然进化所形成的本能，它不关涉价值或意义问题，而人对幸福的追求则蕴含着一种价值取向，且有自由自觉的性质。正如人是从动物界分离与提升出来的，却不能将人归于动物一样，人的幸福感虽然与动物的趋利避害与自我保存的本能有着密切联系，但不能归结为一种自然进化基础上生成的本能。人是在劳动的基础上自我生成、自我塑造的产物，人的幸福感与追求幸福的能力同样是在人的劳动与实践基础上形成的，并随着人的实践活动的发展而变化。

三

"幸福是主观的"，这几乎是伦理学中所有幸福理论都认同的一个经典性命题。也有人将上述命题译为另一种说法："幸福首先是一种主观体验，主观性是幸福的不争前提。"①

幸福作为人们在社会的生活实践中，因感受与理解到目的和理想的实现而得到的一种满足与体验，无疑是有主观性的，但问题是我们能否因幸福离不开个人的感受与体验，就断定幸福是纯粹"主观的"呢？倘若幸福是纯主观的，那么幸福的问题便成了你说是它就是的问题。对于马克思的实践唯物主义哲学来说，这样的理解无疑是不能接受的。我们不能否认幸福的主观成分，但仅仅承认主观性是幸福的前提是不够的，实际上客观性同样是幸福不可或缺的重要前提。我们不能因幸福离不开

---

① 罗敏：《幸福三论》，《哲学研究》2001 年第 2 期。

人的主观体验，就断定幸福是主观的。在马克思实践唯物主义视野里，幸福是一种主客观的统一。这种统一的基础即是人的实践。人的幸福的获得，不是也不可能是某种外在力量的给予，而是人通过自己的实践活动改造外部环境，或通过实践活动过程本身获得的，即是说是人本身创造和争得的。而人的实践活动是一种主体客体化与客体主体化的双向活动。人的幸福在这种双向活动中，客体的变化及其对主体欲望的满足，表现为客体向主体的生成。对幸福的追求是一种欲望，但欲望本身不是幸福，人们只有从欲望的满足中才能感受与体验到幸福。因此，任何幸福的获得不是无条件的，而是有条件的，它离不开追求幸福的"所欲"所指向的对象的刺激或满足。而追求幸福的主体的欲望所指向的对象相对于主体来说，则具有自在与客观的性质。日常生活经验告诉我们，要获得爱情的幸福，不仅要有一个所爱的对象，还需要自身被所爱的人爱。不管人们在体验能力上的差别有多大，从一个不爱自己的人身上是难以获得爱情幸福的。一种饥寒交迫的生活，在绝大多数的情况下，人们感受到的是痛苦，而不是幸福。这些显而易见的事实证明，幸福并不完全是"主观的"，而是有其客观的内容。

四

思考人生幸福，不能不涉及人的快乐问题。这不仅在于在伦理学的视野上，有不少思想家将快乐等同于幸福，更为深刻的原因还在于，快乐与幸福的关系确实比较复杂。

在伦理学史上，幸福主义伦理学通常也被称为快乐主义伦理学。在这种指称上，无论是幸福主义的支持者还是幸福主义的反对者，在认同上并无分歧。存在分歧的地方在于：有的将快乐或幸福指向由物质性或生理性的需要与欲望的满足，有的将快乐或幸福指向心理性或精神性的需要与欲望的满足，有的则同时将快乐或幸福指向上述二者。因此，有的思想家将生理性的快乐视作是幸福；有的思想家则对此表示异议，认为生理性的快乐是粗俗的，强调只有精神的快乐才是真正的幸福；有的思想家则把幸福区分成外在的幸福与内在的幸福，认为生理性的快乐是一种外在的幸福，精神性的快乐是一种内在的幸福。内在的幸福显然高于外在的幸福，但对于人的总体幸福而言，二者都是不可缺少的。

从伦理学的视野上看，我们可以不同意幸福主义道德论提出的"幸福即道德"这一基本命题，却无法绝对否定快乐即幸福这一古老的说法。我们无法将快乐从幸福的范畴中绝对地排斥出去，因为我们不能想象一种毫无快乐感的生活能够称得上是幸福的生活。真正的爱情生活是一种幸福的生活，这是一个由无数经验作基础的普遍性认同，但难道真正的爱情生活不是一种快乐？我们不能绝对地断定快乐感即幸福感，但我们却有充分的理由自信地断言，不快乐肯定不幸福，无论在人们的物质生活领域里还是精神生活领域里都是如此。

幸福的生活必定是一种快乐的生活，但这并不意味着人们可以任意地在快乐与幸福之间画上等号，也不意味着对任何意义上的快乐都给予幸福层面上的肯认。这是因为，快乐问题我们可以在纯生理学与心理学的领域加以讨论，但幸福的问题并不仅仅是个生理学与心理学的问题。由于它关涉着人们的社会经济关系，关涉着人的生活的价值和目的，因此，它首要的是一个哲学与伦理学的问题。幸福对人的生活来说，具有积极性与肯定性的意义，因而是必要的，但对于快乐来说，我们却不能作如是的判断。快乐有好坏之分，有的是人们必需的，有的则不是；只有那些积极的、人所必要的快乐才构成幸福的内容，而那些消极的、颓废的、穷奢极欲的纵乐不仅无益于人们幸福感的产生，相反会导致对人们幸福的伤害。吸毒可以引起人的快感，但我们不能将这样的快乐判定为幸福，这不仅在于吸毒所产生的快感具有虚假的性质，在于它给吸毒者的亲人与社会带来的忧虑与危害，更重要的还在于，它给吸毒者本人带来的健康上的损害与正常理智的丧失，从根本上说是追求幸福的理想与能力的丧失。

五

思考人的幸福问题，还有必要就物质财富与人的幸福的关系问题进行辨析与澄清。有人认为："幸福是主观的，因而不能简单地用外在条件的优劣和多寡来衡量，在这个意义上，不能说阔佬比穷人更幸福……"[1] 应该说，对外在条件与人的幸福之间的关系不能简单化地提示是有启发性的，但问题是，从幸福是主观的这一前提出发，不可避免地会推出，至少会实际上给读者如下的解读：物质财富的多寡与人的幸福是没有任何关系的。我们不能说穷人一生中绝对没有幸福，也不能说富人一生中是绝对幸福的；痛苦与幸福都是人生中不可避免与不可或缺的感受。但人们获得的幸福有一个数量和质量问题，有的人获得的幸福多，有的人获得的幸福少。当我们说某人是一个不幸的人时，并不意味着他的生活中没有幸福，只是意味着他的生活中不幸多于幸福；当我们说某人是幸福的人时，也意味着他的生活中幸福多于不幸。外在条件（包括外在的物质条件与精神条件）虽然不是人的幸福的充分必要条件，但至少是一个必要条件。具有优越外在条件，不一定获得幸福；但缺少一定的外在条件，肯定不能获得幸福。我们不敢断言，每一个富人都能获得幸福，因为物质条件并不是幸福的唯一条件，但我们有理由说，在通常的情况下，富裕的人群相对贫穷的人群来说，所获得的幸福要多要大，至少从可能的情况讲是如此，因为物质条件是人类获得物质性的外在幸福与精神性的内在幸福不可缺少的必要条件。对于读不起书的穷孩子来说，他们不能享受读书教育的幸福；对因贫穷而娶不到老婆的光棍汉来说，他们不能享受到婚姻爱情的幸福；对于奴隶来说，他们享受不到新年节日合家团圆的幸福……这都是一些无可争辩的事实。同样的道理也适用于社会的比较。原始社会的人们与共产主义社会的人们

---

① 罗敏：《幸福三论》，《哲学研究》2001 年第 2 期。

无疑都是幸福的，但我们可以在他们所享受到的幸福程度之间画上等号吗？我们能说共产主义的人们将享受的幸福不比原始社会的人们所享受的幸福更多吗？

我同意"幸福首先是一种主体对客体的对象化关系"的说法①。但客体并不是纯主观的，客体是自在的，因而是外在于主体的，是主体获得幸福的外在条件。否认人的幸福与外在条件的关系在逻辑上是悖理的。如果外在条件与人的幸福问题无关，人们为何要进行改造外部世界的实践活动，要追求生产力的发展与生产关系的变革，要追求社会物质文明与精神文明的进步？这种追求如果不能增进人们的幸福，其价值与意义何在？

不能将幸福的问题搞得玄而又玄。如果让人们在富裕和文明、贫穷和落后之间进行选择的话，我相信绝大多数人会选择前者，而不是后者。"贫穷不是社会主义"的底蕴恐怕应作"贫穷不是幸福"的解读。

认为穷人与富人在获得幸福的权利与实际地享有幸福的多寡和程度上完全平等与等价的说法，与其说是对穷人幸福权利的一种辩护，不如说是开给穷人的一剂麻醉药方。

六

在论及幸福与知识、幸福与智慧的关系时，有人曾作出如下的判断："幸福不是知识，不能在知识论的意义上对不同的幸福观进行比较，不能说一个更多计算、更理智的生活比缺少计算、听任感性支配的生活更幸福；幸福不是智慧，智者和圣人的幸福并不比愚者和俗人的幸福更优越……"② 恕我直言，我们虽然可以接受幸福不是知识、不是智慧的

---

① 罗敏：《幸福三论》，《哲学研究》2001 年第 2 期。
② 罗敏：《幸福三论》，《哲学研究》2001 年第 2 期。

见解，却不能认同人的幸福似乎与人的知识、智慧完全无关的说法，也不能同意似乎所有的人在幸福的享受上都是均质与无差别的说法。

如前所述，人们追求幸福的过程作为一种主客体之间的对象化过程，它本身就包含着一定的客观条件和主观条件。那么，人的主观条件究竟应包括哪些内容？难道仅仅指向人的意志性等通常被人们指称为非理性的因素，而不包括人的知识、理智、智慧等因素在其中？人的任何活动都是一种有目的性的活动，包括人追求幸福的活动，活动目的性的存在是人的活动与动物活动的本质性的区别。人的活动目的即所欲的实现才生成人的幸福。然而，人们活动的建构是全然"听任感性支配"，而无需并不会接受知识、理智的指导和智慧之光的启迪的吗？如果肯认人的知识、理智、智慧在人的活动目的建构及其活动目的实现过程中的影响与作用的存在，就不能专横地否认智者与愚者、圣人与俗人之间，在享有幸福的质和量上有着一定程度的多寡与优劣之分。我们不可以说知识渊博、智慧超群的人，就必然地享受到与更多地享受到幸福，因为知识、智慧也有被滥用或错用的可能。但从统计学的视野看，拥有知识与智慧的智者无疑会比缺乏知识与智慧的愚人拥有更多的达致幸福的条件或手段，并实际地享受更优越的幸福。如果认为幸福是纯主观的，并将这种主观性视之为主要是人的"意志和情感"，是"听任感性支配"的，那么逻辑推导的必然是如下结论：人的幸福并不优越于动物本能性的快感，至少是没有多大的优越。如果一个缺乏理性、完全"听任感性支配"的生活也能称之为幸福的生活的话，幸福便不配受到尊重与尊敬。人作为人存在，不仅意味着从自然界中分离与提升出来，同时也意味着个体特色与差异性的生成。因此，均质性的同一性只可能存在于动物界中，动物只有整体的模型，没有个体性的模型，人告别动物界的距离越远，越是呈现出个体的个人，作为主体存在的个人在本真含意上即是作为个体存在的个人，作为主体存在的个体之间的幸福不可能是均质性的同一。

总之，人的幸福如果不被视作一种恒定不变的内容，而是一种不断超越"此在"的存在物，在逻辑上就不得不承认知识、理性、智慧对人的幸福的增进作用，因为，我们想象不出人除了运用自己的知识与智慧去提高生活质量、增进幸福之外，还有什么其他的途径。

七

人作为人存在，都应享有幸福生活的权利，这种权利应得到每一个人的普遍尊重，这是一个不容任何人加以垄断的领域，其根据在于，我如果不尊重他人追求幸福的权利，他人也有同样的理由否定我追求幸福的权利。但问题是，在一个存在着利益差别性的多元化的社会中，其幸福观也必然是多样的。在一种多元性的幸福观念并存与竞争的情况下，是否意味着每一种幸福观都应获得合理性的辩护？有人对此加以坚定的肯认，表示"每个人的幸福观都是自足的"，"不同'幸福观'的社会评价或比较却是无根的"，"幸福是一个需要倍加宽容和'放任'的领域"。①

面对多元化的幸福观的并立与竞争，一定程度的宽容也许是必要的，这不仅在于究竟何种幸福观更为合理是个需要探讨与谨慎辨别的问题，没有任何人可以垄断对幸福的解读权，而且更在于幸福的问题涉及的只是个人的生活态度问题，一个人按照自己对幸福的理解去安排与选择生活，只要不违法，人们就不能专横地命令他应该怎样生活或不应该怎样生活，只有当人们的选择冒犯了法律的尊严时，这种命令才能发出。但这决不意味着幸福的领域是一个绝对放任的领域，对人们有关幸福观选择的任何形式的干预在逻辑上都具有非法的性质。幸福观的多元并立现象的存在，必然伴随着多元竞争，而幸福观领域的多元竞争本身就否定着它是绝对自由放任的领域。

对多元并立与竞争的"幸福观"的社会评价与比较不仅是不可避免

---

① 罗敏：《幸福三论》，《哲学研究》2001 年第 2 期。

的，而且是必要的。幸福观问题实质上是一个价值取向问题，人们的任何价值取向都有一个是否正当与合理的问题，并不是人们在价值方面的任何取向都能获得无条件或"自足"的合理性辩护。个人与社会有权对不同的幸福观进行审视、比较与评价。决不可以认为："幸福是个人的私事。"① 纯粹个人的私事不可能构成一个真实的伦理学问题。在伦理学中，幸福的问题也像其他的问题一样，关涉个人与他人、个人与社会之间的关系，从归根到底的意义上看，人们对幸福的理解是由他所处的经济关系与利益决定的。因为"人们自觉地或不自觉地，归根到底总是从他们阶级地位所依据的实际关系中——从他们进行生产和交换的经济关系中，获得自己的伦理观念"② 。正因为人们对幸福的理解要受到他们所处的经济关系的制约，所以，人们价值取向的合理性问题，也应从人们的社会关系，尤其是经济关系的视角去加以审视。一个人的幸福不能建立在对他人的伤害与他人痛苦的基础上，个人对幸福的追求不能与社会历史发展的客观必然性悖逆，这应是道德哲学中不争的基础和前提。当个人的幸福损害了他人的幸福，个人幸福与社会历史发展的必然性背道而驰时，社会就有权作出否定性评价，这种否定性评价是合理的，也是应当的。

在"幸福观"的问题上，宽容是需要的，社会的评价与引导也同样是需要的，这就与在一个社会中批评的自由是需要的，反批评的自由也是需要的一样。在伦理学的视野上，假如幸福是一个绝对"放任"的领域，那么正义范畴在伦理学中的存在便没有了价值。有谁能够同意，对一切现象，不管是合理的还是不合理的、积极的还是消极的，都抱一种放任的态度并保持绝对沉默的人，是一个具有正义感的人？

---

① 罗敏：《幸福三论》，《哲学研究》2001 年第 2 期。
② 《马克思恩格斯文集》第 9 卷，人民出版社 2009 年版，第 99 页。

论社会主义市场经济坐标下的公平、公正问题[*]

一

公平与公正问题是一个古老的问题，也是一个常谈不衰的问题。自古以来，公平与公正都是紧密联系的概念，二者都归属于同一性质问题的不同表达，因此，公平概念与公正概念是两个相互支持也可相互解释的概念。在大多数人的思维中，公平的也即意味着是公正的，公正的也意味着是公平的；与此相对应的，不公平也即意味着不公正，不公正也即意味着不公平。公平也好，公正也好，在性质上都属于规范性概念与范畴。公平与公正作为一种规范性范畴所表达的都是一种价值性取向或要求，它们既是社会对个人的一种价值性要求，同时也是社会中的个人对他所处的社会的一种价值性要求。因此，在人类社会的历史中，无论社会也好，还是社会中的个人也好，在大多数的情况下，都不会对公平与公正概念表达出否定性的意见，像哈耶克那样明确反对社会公正概念的，属于极少见的。自古以来，没

---

[*]　本文原发表于《教学与研究》2012 年第 4 期。

有哪一个社会会放弃、拒绝以追求社会的公平与正义的价值目标，也没有哪一个社会不以公平与公正为自己存在与统治的合法性和正当性进行辩护，也没有多少个人愿意公开否定公平与公正。公平与公正作为一种规范性价值取向，既是社会追求的基本价值目标，同时也是人们评价社会历史现象合理与否，以及人们行为应该与否的价值尺度。应该说，只要人类社会存在着利益的对立，社会中存在着公与不公的现象，公平与公正概念就不会从人们的话语中消失。从一定的意义上说，只有当公平与公正问题不再成为一个问题时，公平与公正的概念才会丧失了自己存在的意义，才会从人们的话语中消失。

然而，何为公平与公正？衡量与判别公平与公正的标准或尺度是什么？究竟存不存在人们一致认同的公平与公正的标准与尺度？当人们真正直面现实的问题时，人们便会立即发现，使人们在什么是公平与公正的问题上达成共识要比在追求公平与公正的问题上达成共识困难得多，甚至可以说几乎是不可能的。人们对公平与公正的价值诉求既不是恒定不变的，更不是理解一致的，而是不断地处于变化与改变中，并存在着明显的分歧与对立。人们对公平与公正的诉求与理解从历时态上看，首先具有极其鲜明的历史性质，在人类历史发展的不同阶段上，由于人们所面对的历史环境与条件的不同，人们对公平与公正的诉求与理解通常是不同的，甚至出现完全对立与截然相反的情况。在先前的历史阶段中，人们认为符合公平与公正诉求的做法在新的历史环境与条件下，人们可能不再视为理所当然的事情，可能给予相反的或否定性的评价，相反的情况也偶有发生。正如马克思主义经典作家在论及希腊人与罗马人的公平观同近代西方资产阶级公平观的差异时所指出的那样："希腊人和罗马人的公平认为奴隶制度是公平的；1789 年资产者的公平要求废除封建制度，因为据说它不公平。"[①] 人们对公平与正义的理解与阐释不仅在历时态上是不断变化的，而且在共时态上也存在着差异与对立。在同

---

① 《马克思恩格斯文集》第 3 卷，人民出版社 2009 年版，第 323 页。

一时代中，由于社会生活中的人们是分属于不同的阶级与阶层的，而不同的阶级与阶层之间因其利益上存在着差别与对立，因此，他们对公平与公正的诉求与理解也必然是不同的。在阶级对立的社会中，人们对公平与公正的诉求与理解不仅具有鲜明的历史性，同时也具有鲜明的阶级性。在古希腊社会中，人们围绕着民主制是否是公平与公正的争论，实质上是不同阶级对各自所持公平观的一种鲜明的表达。对于希腊雅典的民主派来说，民主制无疑是一种公平与公正的政治制度，因为在民主制下，凡属于自由民阶级的成员都有选举权与被选举权，既体现了自由民之间平等的地位与权利，也有利于城邦的治理与巩固，因为得到多数自由民拥护的统治，总比少数人的专制要好些。然而，那些反民主派的人们却不这么认为，其中以苏格拉底最具代表性。在苏格拉底看来，民主制通行的是一种多数性的原则，而在社会中穷人与下等人通常是社会人口的大多数，因此，当城邦的统治者是由投票来确定的情况下，这些被选举出来的领导者必然是在社会中占多数的穷人与下等人的代表。在苏格拉底看来，这种民主制既不公正，也不合理。因为那些由穷人与低等级的大多数选举出来的领导者在智慧和才能上通常是平庸的，而那些作为大多数人利益的代表却由平庸的人去治理城邦，既是不公正的，也是不利于城邦的利益的。苏格拉底认为，城邦的治理是需要智慧和才能的，而具有智慧与才能的人是少数的，所以苏格拉底认为贵族制是正义的，而民主制是非正义的。正是从这样的公正与正义观出发，苏格拉底为了维护贵族制的正义，甚至不惜牺牲自己的生命，也不愿向民主派妥协与屈服。作为苏格拉底的学生柏拉图进一步继承与发展了其老师的贵族主义的公平与公正观。柏拉图为了论证贵族专制的合理性，他把社会中的人分成三个不同的部分，即城邦的统治者、城邦的保卫者、城邦的生产者，而这三种人是由三种不同的材质构成的。统治者是由金质材料构成的，保卫者是由银质材料构成的，生产者是由低劣与便宜的铜质或铁质材料构成的。三种不同等级的材料构成三种不同的阶级等级，因而奴隶制是合理的。柏拉图认为社会的公平与公正就在于社会中的各个等级能各就其位，各司其职，各尽其才，不串位，不越位。总之，在希腊社会中，一种占统治地位的公平与公正观即是所谓"公正就是弱者服从强者"。① 人们在公平与公正观上的对立不仅表现在政治上，更突出地表现在经济上。如何对社会的财富进行分配，始终是私有制与阶级对立社会中人们相互斗争与对立的焦点。在私有制社会中，无论是地主阶级也好，还是资本家阶级也好，所有的有产阶级无不将利用自己所占有的生产资料去获取更多财富的行为视作是正当的或天经地义的事情。维护私有财产的不受侵犯，始终是所有有产阶级的公平、公正观中的一项基本诉求。相反，对于封建社会的农民阶级与资本主义社会的工人阶级来说，把"均贫富"与消灭资本的统治和剥削则视作是实现社会的公平与公正的首要条件。在私有制社会中，最能折射出人们在公平与公正观上对立的是人们对"劫富济贫"行为的道德评价。"劫富济贫"的口号与行为在富人与穷人的眼里是不一样的，在穷人眼里，"劫富济贫"通常被视作是反抗社会不公、追求社会公平与公正的正当性行为，并在道德上给予一种肯定性的评价；但在富人眼里，它近乎于是一种邪恶的代名词，并在道德上给予一种否定性评价。公平与公正的价值诉求，在本质上是对社会不公正现象的反抗，这一概念产生与存在的基础是私有制与阶级对立的产生与存在。因此，人们对公平与公正的概念理解既是具有历史性质，也是具有浓厚的阶级性质。在对公平与公正概念理解的问题上，既不存在一种适合一切时代的、具有"永恒真理"性质的理解，更不存在获得所有社会成员一致同意的共识性理解。因此，任何试图寻求或制造出一个适合任何时代，并能得到所有阶级一致认同的抽象的公平与公正的概念，其结果可能会是到处都适用，也都到处是不适用的。正如"人们自觉地或不自觉地，归根到底总是从他们阶级地位所依据的实际关系中——从他们进行生产和交换的经济关系中，获得自己的伦理观

---

① 章海山：《西方伦理思想史》，辽宁人民出版社 1984 年版，第 54 页。

念"一样。① 人们也是自觉不自觉地从自己所进行的"生产和交换的关系"中获得自己的公平与公正观念的。随着自己所进行的生产与交换的关系发生改变，人们对公平与公正的价值诉求也会发生改变。因为，在马克思历史观的视野里，"发展着自己的物质生产和物质交往的人们，在改变自己的这个现实的同时也改变着自己的思维和思维的产物"。②

二

如上所述，在私有制社会中，虽然人们在要不要公平与公正的问题上通常是没有分歧的，对公平与公正的价值诉求持拒绝与否定态度的是极为鲜见的。在常态的情况下，人们都是以公平与公正价值的追求者与捍卫者自居的。但问题涉及什么是公平与公正时，分歧与对立便会凸现出来，人们所持的历史观与公平观的不同，对公平与公正的理解与阐释也会不同，从而使人们对公平与公正的理解与阐释既呈现出鲜明的历史性，也呈现出复杂的多元性。那么，人们在什么是公平与公正问题上所表现出来的这种历史性与多元性特征，是否意味着在公平与公正的领域里是一个公说公有理、婆说婆有理，没有是非与否、合理与否的纯粹相对主义的领域？换句话说，是否意味着在相互竞争的公平与公正观中，每一种观点都有合理性根据并能获得合理性的辩护呢？对于盛行于20世纪的相对主义的历史观与公平观来说，他们的回答无疑是肯定性的，但对于马克思历史观与公平观来说，回答则应是否定性的。

在马克思历史观的视野里，在私有制与阶级对立的社会中，由于人们在社会中所处的地位不同，必然产生利益上的差异，而利益上的差异不可避免地会导致人们的立场的不同，从而也会产生多元竞争甚至对立

---

① 《马克思恩格斯文集》第9卷，人民出版社2009年版，第99页。
② 《马克思恩格斯文集》第1卷，人民出版社2009年版，第525页。

的公平与公正观。而这种多元性的公平与公正观的存在，必然会形成多元性的公平与公正的评价尺度。多元性的公平与公正观是多元性的公平与公正的评价尺度存在的基础与根据，多元性的公平与公正的评价尺度是多元性的公平与公正观的必然表现。在阶级对立的社会中，不同的阶级都是以自己阶级的公平与公正观、自己阶级的公平与公正的评价尺度去对社会现象与人们的行为进行判断与评价的。而正是这种多元性的公平与公正观、多元性的公平与公正的评价尺度的存在，也即是说由于这种不同阶级性质的公平、公正观与公平、公正评价的阶级尺度或阶级标准的存在，才导致了人们在什么是公平与公正问题上的论争与对立，才形成对相同的评价对象会产生大相径庭甚至截然相反的评价。然而，在马克思历史观中，公平、公正观与公平、公正的评价尺度是多元的，但多元性存在有一个合理与否的问题。虽然每一个阶级的公平、公正观都是一种客观存在，但并不是每一个阶级的公平、公正观都能给予合理性的肯定，并有资格或理由获得合理性的辩护，深刻的原因在于，用唯物主义历史观的话说，合理性的事物的根据并不在于事物的现存性中，而在于事物的现实性中，现存的并不无条件是现实的。因而，现存的事物并不都是具有合理性，只有现实性的事物，才具有合理性，因为"现实性这种属性仅仅属于那同时是必然的东西"。"现实性在其展开过程中表明为必然性。"①循着马克思主义经典作家所肯定的这种将现实性、合理性、必然性连接的逻辑链条，人们不难把握到，在什么是公平与公正的问题上，除了存在着阶级的评价标准之外，还存在着一个更为根本的历史必然性的标准。社会历史标准或尺度之所以是一个更为根本性的评价标准或尺度，深刻的原因在于，一个阶级的公平与公正观以及以它为基础所确立的有关什么是公平与公正的评价标准或尺度的合理性，最终还是要由社会历史标准去加以判断和确定的。

---

① 《马克思恩格斯文集》第 4 卷，人民出版社 2009 年版，第 268 页。

公平与正义的阶级评价标准或尺度同社会历史的评价标准或尺度之间，既有矛盾的一面，也有统一的一面。二者之间之所以具有矛盾的一面，是因为在社会历史演进的过程中，并不是任何阶级的利益与社会历史发展的必然性要求之间都具有内在的一致性。因而，也并不是任何阶级的价值取向与诉求都符合社会历史发展的方向。那些在社会历史上属于丧失了存在的必然性或并不代表历史发展方向与趋势的阶级的价值取向与诉求，是同公平与公正的社会历史标准相矛盾的。当然，公平与公正的阶级标准与社会历史标准之间也不是绝对矛盾的，存在统一或一致的一面。社会历史中那些符合社会历史发展必然性、处于上升阶级、具有进步性阶级的价值取向与诉求，通常是与社会历史演进的方向相一致或吻合的。而当一个阶级的价值取向或诉求符合社会历史必然性要求的情况下，这个阶级的公平与公正的评价标准通常是与社会历史的评价标准相统一和一致的，因而也具有现实性和合理性。

正因为公平与公正的阶级标准或尺度与社会历史标准尺度之间既矛盾又统一，因此，当我们对社会历史发展过程中多元存在的公平与公正观进行分析评价时，切不可简单化与抽象化，而应依据社会历史发展的必然性，进行历史的、具体性的分析。例如，我们不能像许多思想史著作那样，将公平与公正观简单地区分成统治阶级的与被统治阶级的、剥削阶级的与被剥削阶级的，然后对前者一概诉诸批判与否定性的评价，对后者一概给予肯定性与辩护性的评价。这是一种简单化的做法，更是一种非历史性的做法。其实，并不是一切被统治、被剥削阶级的公平与公正的价值诉求都具有合理性与真理性，也并非一切统治阶级与剥削阶级的公平与公正的价值诉求都是非合理性与错误的。私有制社会中的奴隶制也好，封建制也好，还是资本主义制度也好，它们都是生产力的发展，从而是生产方式与交换方式演进的一定阶段上的必然性产物，因此，相对于它们存在的历史条件来说，它们是具有现实性与合理性的，因为它们代表了当时的历史必然性。只是随着社会历史的发展，随着历史条件的改变，它们才丧失了存在的现实性与合理性，因为它们已丧失了历史发展的必然性。正如恩格斯曾经指出的："罗马共和国是现实的，但是把它排斥掉的罗马帝国也是现实的。法国的君主制在 1789 年已经变得如此不现实，即如此丧失了任何必然性，如此不合理性，以致必须由大革命来把它消灭。所以，在这里，君主制是不现实的，革命是现实的。"① 而对于历史上的一切被统治、被压迫、被剥削的阶级来说，并不因为它们处于弱势地位，其价值诉求就无条件地具有现实性与合理性。马克思主义经典作家的确曾对无产阶级的平等观与公平观给予过充分的肯定与辩护，因为无产阶级是大工业的生产方式与交换方式的代表，代表着人类社会历史发展的未来方向与趋势。但马克思主义经典作家并没有将对无产阶级平等观与公平观的肯定与辩护推及至其他的在历史上受压迫、受剥削、被统治阶级；相反地，对历史上的农民阶级的公平观、小资产阶级的公平观给予更多的则是否定与批判。在私有制社会里，几乎所有的农民阶级都将平均主义的"均贫富"视作是实现社会公平与公正的一种手段、一种途径，几乎所有的农民起义与农民革命无不打出"均贫富"的旗帜以动员群众。但一个不争的事实是农民阶级的"均贫富"这种公平理想从来没有真正地实现过。历史上也有过农民起义取得过胜利并夺取过政权的范例，但农民政权一旦建立起来，"均贫富"的口号便会无一例外地弃之不用。对农民阶级的这种极端平均主义的公平观，马克思主义经典作家曾经斥之为是一种粗陋的共产主义，并给予过严厉的批判与贬斥，认为粗陋的共产主义不过是"平均化的顶点"，它是"对整个文化和文明的世界的抽象否定，向贫穷的、需求不高的人——他不仅没有超越私有财产的水平，甚至从来没有达到私有财产的水平——的非自然的简单状态的倒退"。② 总之，对社会中存在的公平、公正观的合理性的判断，既不能简单地以一种抽象的理想性的东西作为坐标进行判断，也不能以是否有利于被统治、被剥削的阶级利益为坐标进行判

---

① 《马克思恩格斯文集》第 4 卷，人民出版社 2009 年版，第 268、269 页。
② 《马克思恩格斯文集》第 1 卷，人民出版社 2009 年版，第 184 页。

断，唯一正确的方法是以是否符合历史发展的必然性的坐标进行判断。否则，人们在理论上不可避免地会遭遇到如下的困境：要么是人类虽然始终追求公平与公正，但人类始终是生活在不公平与不公正之中，公平与公正不过是人们向往而不可即的乌托邦；要么是被统治阶级的公平观是合理的，统治阶级的公平观是不合理的，但不合理的价值诉求却能始终占据统治与支配地位。果真如此的话，人们常说的，合理性东西一定会战胜不合理的东西，正义的一定会战胜非正义的说法就会成为不合理的。

当然，对公平与公正的社会历史标准而言，不能作抽象的理解，它同样是一种相对性与绝对性的辩证统一。显然，对于那些符合它所处的历史阶段上的必然性要求的公平与公正观来说，它的现实性与合理性是确定的，因而具有绝对性的一面，否定了这种确定性、绝对性，就会在理论上陷入公说公有理、婆说婆有理的相对主义泥坑。但社会是发展的，历史是进步的，随着社会历史条件的变化，"以前一切现实的东西都会成为不现实的，都会丧失自己的必然性、自己存在的权利、自己的合理性……"①。因而，公平与公正的社会历史标准也有其历史暂时性与历史相对性的一面。在公平与公正的社会历史标准的把握问题上，既应反对相对主义的片面性，也应反对绝对主义的片面性。

三

时下的中国，公平与公正问题无可争辩地成为最具焦点性问题，是人们对市场经济发展过程中的利益变动与利益失衡现象在其思想上的反映与表达。人们对公平与公正问题的关注，既是对社会利益变动与利益失衡状况及趋势的一种不满，又是对社会分化与矛盾加剧的一种深忧，

---

① 《马克思恩格斯文集》第 4 卷，人民出版社 2009 年版，第 269 页。

同时也是对社会本着合理性、正义性、和谐性方向发展的一种期盼。然而，当我们对时下人们有关公平、公正问题的关注与热议稍作冷静的辨察与理性的思考时，人们便不难发现，人们对公平、公正的呼唤与对公平、公正的理解，其出发点与本真的意蕴并不相同，甚至是旨趣相分的。从人们关注的维度与视点上看，有人关注的是社会财富分配的公平与公正的问题；有人关注的是个人的机会与权力的平等问题；有人则更关注制度设计与规则制度的公平、公正问题。从解决公平、公正问题的思维上看，有人诉诸的是自由主义理念；有人诉诸的是传统的儒家文化中的"中庸之道"；有人对计划经济时代公平观念怀有留恋之情。在公平与效率的关系问题上，有人主张：效率优先、兼顾公平；有人则主张：公平与效率相互兼顾、平衡发展；有人主张：公平优先，应以公平求效率。总之，人们都希望有一个公平与公正的社会环境，更希望自己能得到公平的权利与福利，但每个人心目中的公平、公正的图景却不一样。在一个利益多元与价值观多元存在的情况下，试图要求人们在公平与公正观上形成共识是不可能、不现实的，但我们应使社会占主导地位的公平、公正观具有现实性与合理性。而要使社会上占主导地位的公平、公正观具有合理性与现实性，人们应避免使公平、公正问题的探讨与争论陷入一种抽象的、纯粹形而上学性质的思辨，而应以社会主义市场经济为基础和基本参考坐标，探寻出一种符合社会主义市场经济必然性要求的，具有合理性与现实性的公平、公正观。深刻的原因在于，相对于时下中国的生产力发展水平来说，市场经济是一种必然性的选择，这已被 20 世纪下半叶的中国社会主义的实践所证明的结论，是一个无需争论、也不可能再有争论的问题。既然社会主义市场经济是一种必然性的选择，社会的公平、公正原则也必须以社会主义市场经济为参考坐标来加以确定，而不应以一种抽象的、超越社会历史条件的公平、公正理想去束缚社会主义市场经济的发展，应从社会主义市场经济发展的内在必然性去确立合理性、现实性的公平、公正原则，在马克思历史观与公平观的思想逻辑中，这应是顺理成章的。

所谓以社会主义市场经济为参考坐标去确立合理性、现实性的公平与公正原则，其基本的价值取向在于：一方面，公平与公正的原则应反映与符合市场经济运行规律的要求。即是说市场经济条件下的公平与公正原则应有利于市场经济基本规律的实现，有利于参与市场经济活动主体的积极性、能动性、创造性的发挥，使市场经济的发展既健康有序，又充满活力，决不能用一种脱离市场经济实际的抽象的、理想性的原则去束缚与阻碍市场经济的发展。另一方面，公平与公正原则也必须反映与符合社会主义制度本质的要求。市场经济本身不"姓社"，也不"姓资"，但如果与社会主义制度或资本主义制度相结合时就有一个"姓社""姓资"的问题。既然我们发展的是社会主义市场经济，而不是别的什么市场经济，那社会的公平与公正原则理所当然地应反映社会主义制度的本质要求。当然，当我们强调市场经济的社会主义性质时，也应注意社会主义本身也是历史性的，也有从低到高的不同发展阶段，社会主义制度发展的不同阶段也有一个与市场经济发展水平是否相适应的问题。因此，所谓社会主义的价值取向原则也不是抽象的、不变的，而是历史的、具体的。无视社会生产力的水平与社会主义的发展阶段，用一种抽象的社会主义原则作为公平与公正的参考坐标或尺度，是不利于社会主义市场经济的。

在社会主义市场经济的条件下，第一，应确立与贯彻的是自由选择与权利平等的原则。自由与平等虽然在法国资产阶级大革命时就以原则的形式刻印在资产阶级革命的旗帜上了。在自由主义的思想体系中，自由的原则、平等的原则始终是构成自由主义核心价值体系的两块基石。然而，我们并不能因此而否定自由与平等的价值，基本的原因是：自由与平等的原则是商品经济的生产方式与交换方式的内在必然性要求，近代以来的资产阶级自由主义对自由、平等观念的强调与看重，不过是反映与适应了商品经济生成与发展的要求。正如市场经济本身不"姓社"也不"姓资"一样，自由与平等的观念同样既不"姓社"，也不"姓资"，只要社会经济纳入到了市场经济的运行轨道，人们就必须遵循自由与平等的价值原则，否则，市场经济的存在与发展就是不可能的。所谓自由选择，既包括人们生产什么与如何生产的自由，也包括交换的自由。对于从事市场经济活动主体来说，自由选择既是一种权利，也意味着是一种责任，享有自由选择的权利是承担相应责任的前提与基础。如果人们在生产与交换中不能自主地进行选择，不仅商品经济活动无法进行，人们也不能替自己的行为后果承担责任。所谓权利平等，既包括人们在生产与交换过程中的自由选择权利的平等、人们彼此间地位的平等，同时也应包括人们对所有的自然资源与社会资源拥有权利的平等。自由与平等是相互联系、相互支撑的，没有自由即没有平等，没有平等也即没有自由。平等的要求不过是市场经济中等价交换关系在观念上的反映。权利平等是市场经济中公平与公正的一个不可缺少的要求，如果人们在交换中地位是不平等的，就很难避免强买强卖现象的发生；如果自然资源与社会资源不是向所有的社会成员开放，就很难避免垄断现象的发生；在存在着强买强卖与垄断的情况下，公平与公正是不可能存在的。第二，应确立与贯彻权利与义务相平衡的原则。如上所述，在市场经济条件下，平等的权利是市场经济的必然性要求，这是由市场经济的基本规律——价值规律的要求所决定的。但我们也应看到，在市场经济实际的运行过程中，平等的权利通常只具有形式的意义，或者说形式上的意义要大于实质性的意义。这一方面是由于市场经济中活动的主体之间的差异性造成的。这种差异或者是由先天的因素造成的，或者是由后天的社会性质的原因造成的。另一方面是由市场经济自发性因素造成的。从活动主体的向度看，由于主体自身的原因，实际享有的权利是不可能平等的。例如，市场经济社会虽然强调每个人都享有自由选择的平等权利，但受活动主体某些先天性天赋因素的差别与后天性因素如受教育程度、拥有的财富与社会地位等因素差别的影响，人们在选择自己的活动时，其权利是不可能平等的。所有的资源包括自然资源与社会资源即使在理论上或法律上是向社会所有成员平等开放的，但实际能占有与使用这些资源权利的人是社会中的少数。因为，资源尤其是社会性资源是短缺的，在资源短缺的情况下，资源不可避免地会集中在那些具有某种优势与竞争力强的人的手中。正因为平等的权利在社会的现实生活中具有形式的意义，而很少具有实质性的意义，因此，我们在强调权利平等、反对特权的同时，还应强调权利与义务平衡的原则。谁占有权利，谁就应承担相应的义务，占有权利多的人，承担的义务相应的就多，义务在某种意义上说即是权利的价格，否则，就是不公平与不公正的。在马克思历史观的视野里，没有无权利的义务，也没有无义务的权利。在权利与义务的关系上应坚决反对自由主义的权利优先的原则，权利优先实质上优先的是富人与强者。第三，应确立与贯彻规则公平与公正的原则。市场经济具有自发性的一面，市场经济的自发性会导致市场经济的无序性，但市场经济自发性的背后也有其规律性或必然性，市场经济的规律性与必然性决定着市场经济的有序性。市场经济是一种规则的经济，市场经济的有规则性是市场经济的规律性与必然性的内在要求，也是市场经济有序、健全发展的制度保障。然而市场经济规则的形成并不是完全自发的，离不开人的参与。所谓规则的公平与公正应包括两个方面的要求，一方面是规则制度的公平与公正性的要求，另一方面是规则贯彻或实现的公平与公正性。规则本身是否具有公平与公正性的判别标准——既不能是抽象的理性原则，也不是某个阶级的私利，而应是市场经济基本规律的要求，只有符合市场经济发展要求的规则才具有合理性与现实性。即使规则本身具有合理性与现实性，也有一个规则贯彻与实现的公平与公正性问题。规则贯彻与实现的公平与公正性的要求是：规则面前人人平等。无论是对强者，还是弱者，规范与评价的标准或尺度是同一的，双重与多重性的尺度与标准都应该视之为不公平、非公正的现象。第四，应确立与贯彻互利共赢与共同富裕的原则。实现互利共赢与共同富裕是社会主义市场经济应有的公平与公正目标，这样的公平与公正原则，既不能从市场经济运行的逻辑中衍生出来，更不能从自由主义的思想体系的逻辑中衍生出来，而只能是社会主义制度的本质使然。市场经济是一种竞争性经济，竞争遵循的是优胜劣汰的法则，市场经济的自发逻辑所导致的自然结果是两极分化，而不是共赢与共富。自由主义思想体系的核心是个人权利本位与权利优先，追求个人利益的最大化与确保私有财产的不受侵犯的基本原则。虽然，在自由主义者中，也有像罗尔斯那样的思想家，主张在社会财富的分配时，应向在社会上处于最不利地位的人群倾斜，然而，这样的主张在自由主义的理论逻辑中是缺乏根据的，因而他遭到了其他自由主义者的尖锐批评与反对。在大多数自由主义者的思想逻辑中，个人财产是合法取得的，倾斜即意味着国家凭借权力将富人口袋里的钱掏出来放进穷人的口袋里，因而这是非法的，因为它违反了私有财产神圣不可侵犯的原则。而在社会主义市场经济中，资源也好，资本也好，居于主导地位的是社会主义公有制，在公有制占主导地位的情况下，社会创造出来的财富由社会全体成员共享，实现共赢与共富是一种顺理成章的要求。当然，共富不是均富，共富应是一种差别性的富裕，因为社会主义市场经济也是市场经济，它也应遵循竞争的规律，在参与竞争的主体之间存在着由先天的与后天的、历史的与现实的原因形成的差别的情况下，适度性的差别是合理的。

在阐述了社会主义市场经济中的各项公平与公正原则之后，我们应清醒地认识到，第一，上述各项原则只具有相对的合理性，并不具有绝对的性质。第二，上述各项原则之间具有相互联系、相互支撑的性质，不可片面地强调某一方面，应注意各项原则在具体贯彻中的协调与平衡。第三，在贯彻上述各项原则时，同样要强调从实际出发，应根据社会主义市场经济发展的不同情况，灵活地运用上述各项原则。例如，在我国改革开放初始阶段，适度地强调效率与让一部分人先富起来是合理的，而在今天的情况下，由于社会的分化已达到了一种程度，我们则应更多地强调共赢与共富。

论政府调节与补偿在社会公平实现中的作用[*]

一

社会的公平问题，涵盖面既广泛又复杂，从内容方面看，不仅涉及经济领域、政治领域、文化精神领域，甚至可以说，在人们社会生活的一切领域、一切方面都存在着是否合理、是否应当、是否公平的问题。从形式方面看，公平问题又可以区分为起点、过程、程序、规则与结果的公平。然而，尽管社会的公平问题极其复杂，但从问题的实质上看，所有的有关公平问题的思考与讨论，无不涉及两个相互联系的方面：其一，何谓公平的问题；其二，公平的实现问题。就二者的关系而言，前一个问题的解决是后一个问题解决的基础与前提，不弄清什么是公平，或者说在人们不能真正清楚公平为何物的情况下，公平问题的解决就无从谈起；后一个问题的解决是前一个问题的目的。人们关注公平问题，并不仅仅是为了在理论上弄清一个概念，而是要寻找到解决公平问题切实可行的途径与方案，以争取社会

[*] 本文原发表于《江汉论坛》2015 年第 7 期。

的公平理想的实现。

何谓公平？公平作为一个语词，无疑是人人都熟悉的，即使是目不识丁的百姓，对它也并不陌生。但当人们试图对公平概念给出一个能够获得所有人认同的定义时便会发现，这不但不是一件简单而容易的事情，而且还是一件极其困难并使人头痛的事情。不仅不同历史时代的人们对何谓公平的解读各不相同，甚至彼此对立，而且相同的历史时代与相同的社会结构中，有着不同地位与不同利益诉求的个人、集团、阶级对公平的理解与诉求也存在着明显的差异与矛盾。从思想发展史的维度看，人们有关公平问题的思考至少有两千多年的历史，不少思想家曾为此作过努力，也给出了不同的公平的界定，但一个不争的事实是：没有哪一个思想家的界定，即使是那些为人仰视的思想家，可以获得类似于永恒的真理性的认同，并具有长久性的生存力。公平问题是在私有制基础上产生并长久地存在于私有制社会中的问题。在私有制社会中，社会是分裂为阶级的，不同的阶级必然有自己不同的公平观，不同的公平观对何谓公平也必然有不同的理解。不仅如此，私有制社会的阶级关系也会随着社会的生产方式与交换方式的改变而改变，因而，不同的历史时代也会有不同的公平观及对何谓公平的不同解读。尽管如此，这些在社会历史中存在的多元性与竞争性的公平观，其关注与竞争的焦点和主线还是相对确定的，这个焦点与主线即是人们的利益。公平观所关注的利益并不仅仅指向经济上的利益，人们的政治利益、精神利益也包括在其中。就一般意义而言，所谓公平，即是人们得到了他所应得的利益；所谓不公平，即是人们没有得到他应得到的利益，或是人们得到了他不应得到的利益。

那么，什么是人们的应得利益？什么是人们不应得的利益？衡量人们所得利益的应得与不应得的尺度与坐标是什么？这显然都是需要进一步追问与回答的问题。在现实的社会生活中，绝大多数人都会将自己的所得视之为应得，很少有人将自己的所得视之为不应得，即使有，也属于正常的例外。不仅如此，在许多的情况下，人们对自己应得的期望是超出，甚至是远远超出自己拥有的所得的。然而，对于社会生活中的个人来说，他凭什么能够确认自己的所得为应得，并将自己期望的所得也视之为应得呢？对于社会来说，它又凭什么对个人所得及个人期望的所得给予应得与不应得的衡量与判定呢？要解决这些问题，就不能不涉及到人们所享有与承担的权利与义务的关系问题。在通常的情况下，人们的所得只有作为他拥有的不可剥夺的权利存在时，这种所得才能被视为是一种正当的、合理的应得。因此，人们所占有的权利也有一个合法与否的问题。人们的任何权利都不具有天赋的性质，更不具有独立自存的根据，权利是相对义务而言的，只有在与义务的相互关系中，人们占有的权利的合法性才能得到确定与核准。深刻的原因在于："没有无义务的权利，也没有无权利的义务。"① 社会的公平问题，如果不论其形式，而是就其内容与实质而言，在本质上就是一个如何达致人们所享有的权利与承担的义务间关系的统一与平衡的问题。所谓公平，既包括权利的公平，也包括义务的公平，二者的区别在于权利的公平表现为占有的公平，义务的公平表现为付出的公平，但无论是占有的公平还是付出的公平，都不能离开对方独立地获得衡量与判定，应以对方作为尺度与参照坐标。一个人所占有的利益是否是他的应得，不取决于他的占有的多和少，也不取决于他的占有相对于其他人占有的比较，而取决于与这种占有的权利相当的他所承担与付出的义务的情况。当一个人所占有的权利多于或少于他所承担与付出的义务时，就不应评价与判定为是他的应得。因此，一个人所承担的义务与付出，既是他所占有的利益及其占有权是否表现为应得的或合法的根据，也是衡量与判定其所得是否符合公平性要求的参照坐标，离开了个人承担的义务与付出，个人的所得是否表现为应得就是一个无法说清的问题。同样的理由也适用于对义务问题的分析与讨论。对权利的正当性的讨论不能离开义务，义务也存在着是否合理、是否应当的问题，而对义务的应当性问题的讨论也不能离开

---

① 《马克思恩格斯文集》第 3 卷，人民出版社 2009 年版，第 227 页。

人们占有的权利。一个人所承担的义务与付出的多少究竟是应当的还是不应当的，对他来说是公平的还是不公平的，同样需要参照他所占有的实际利益的权利的情况进行评价与判定，而不能依据个人所承担的义务与付出的多少进行评价与判定，也不能从他与其他人所承担的义务与付出的比较中进行评价与判定。离开了人们占有利益的权利的实际状况，人们所承担的义务究竟是应当的还是不应当的，同样是一个纠缠不清的问题。公平的基本意蕴与要求，应是贯彻权利与义务、人们的所得与付出相统一与相互平衡的原则，权利与义务、所得与付出之间的任何失衡都应视为公平的丧失或缺失。一个公平的社会，不能对一部分人只赋予权利，不给予义务的约束，而对另一部分只强调义务，不赋予相应的权利，或者说，不能让一部分人只占有权利，不承担义务，而另一部分人只承担义务与付出，却不给予相应的利益权利的保障与满足。

当然，权利与义务也具有历史的性质，在不同的生产方式与交换方式基础上生成的权利与义务也是不同的，随着社会的生产方式与交换方式的变化与更替，社会的权利与义务的内容也会发生变化，深刻的原因是"权利决不能超出社会的经济结构以及由经济结构制约的社会的文化发展"[①]。同样的原因也适合于对义务的分析。在社会历史演进的过程中，权利也好，义务也好，都不是天赋的，也不是永恒不变的，所谓天赋的自然权利与天赋的自然义务，只不过是近代资产阶级思想家们试图将资本主义制度永恒化而制造出来的美丽神话。正因为如此，从马克思历史观所提供的理论逻辑看，社会的公平所要求的权利与义务的统一与平衡不是抽象的，而是历史的、动态发展的。因此，对于什么是人们的公平的应得，什么是人们的公平的付出，不应作抽象的确认与判定，而应放在具体的社会经济结构与具体的历史文化条件中进行分析考察。

---

① 《马克思恩格斯文集》第 3 卷，人民出版社 2009 年版，第 435 页。

二

如上所述，要真正贯彻公平的原则、实现社会的公平，就应使人们所享有的各种权利与所承担的各种义务之间的关系保持统一与平衡，或者说应使人们的所得与付出之间保持统一与平衡的关系，应防止一部人只享有权利而不承担或少承担义务，另一部分人只承担义务而不享有或少享有权利的情况出现，或者说应防止权利与义务之间的关系倾斜，所得与付出之间的关系背离。然而，要达致人们所享有的权利与所承担的义务之间的关系的统一与平衡，或达至人们的所得与付出间的匹配和一致并非是一件容易的事情。在人们现实的社会生活中，权利与义务分裂、所得与应得背离的情况是经常发生的，其中的原因虽然很复杂，但有一点是确定的，即社会历史的运行并不能自发地导致社会公平的实现。不仅在私有制与阶级对立的社会中，社会公平是难以解决的问题，即使在以公有制为主体的社会主义市场经济条件下，社会公平问题也不能获得自发性的解决。

在以私有制为基础、存在着阶级对立的社会中，一个共同且显著的特征是："它几乎把一切权利赋予一个阶级，另一方面却几乎把一切义务推给另一个阶级。"① 在私有制与阶级社会中，不同的阶级有不同的公平观，不同的历史时代有不同的公平观，尽管这并不是说在私有制与阶级对立的社会中完全是纯粹的黑暗一体，没有任何公平、公正的闪光，但有一点是无疑与确定的，即公平充其量只是表现为一种阶级的公平，这种阶级的公平相对于在社会中占据统治地位的阶级来说表现为统治阶级内部占有权利的公平，相对于被统治阶级来说表现为被统治者之间承担义务的公平，而相对于统治阶级与被统治阶级来说则几乎谈不上有什么实质性的公平，即使有某种意义上的公平，其公平通常也只是表现在

---

① 《马克思恩格斯文集》第 4 卷，人民出版社 2009 年版，第 197 页。

形式上，或者说只是具有形式上的意义，少有实质性的意义。正如恩格斯曾经指出的："由于文明时代的基础是一个阶级对另一阶级的剥削，所以它的全部发展都是在经常的矛盾中进行的。生产的每一进步，同时也就是被压迫阶级即大多数人的生活状况的一个退步。对一些人是好事的，对另一些人必然是坏事，一个阶级的任何新的解放，必然是对另一个阶级的新的压迫。"①

随着私有制与阶级对立等这些导致社会不公平的主要因素的扬弃与消失，在理论的逻辑上，社会主义社会是能够实现社会公平的，至少它为社会公平的实现提供了客观的基础与前提，并为社会公平的逐步实现提供了可能。然而，社会主义的历史实践，尤其是社会主义市场经济的历史实践表明，即使是在社会主义生产关系中，尤其是在社会主义初级阶段的市场经济体制的条件下，社会公平的实现也并不是自然而然的、无需人们的努力便能自发地实现的。深刻的原因在于，在社会主义阶段，尤其是在社会主义初级阶段，由于社会生产力还不够发达，社会物质财富的增长还不能充分地满足人们不断发展的需求，市场经济作为一种经济体制就不可避免地成为社会的一种必然性与合理性的选择。市场经济虽然有社会主义市场经济与资本主义市场经济之分，且二者在性质上是有区别的，但无论是社会主义市场经济还是资本主义市场经济，遵循的基本规律是相同的，即都是要遵循价值规律的要求。市场经济中的价值规律，既表现为商品生产的规律，也表现为商品交换的规律，同时还是决定社会财富分配的规律。而价值规律在市场经济中的决定作用通常不是以显性的方式直接实现的，而是以市场竞争的方式间接实现的。市场经济都具有竞争的特征与属性，消除了竞争，市场经济就不复存在。在市场经济中，以竞争的方式形成的市场力量，既是社会资源配置的决定性力量，也是人们利益分配的决定性力量。正因为如此，在以公有制为主体、多种所有制并存的社会主义市场经济中，人们所享有的权

---

① 《马克思恩格斯文集》第4卷，人民出版社2009年版，第196、197页。

利与所承担的义务、所得与应得之间，也会出现失衡与背离的情况。具体地说，有些人所享有的权利不仅多于其他人，而且也超出了他所承担的义务与付出的配享；而有些人所实际享有的权利不仅明显地少于其他人，更为重要的是与自己所承担的义务与责任不相匹配。或者说，在人们的所得与应得之间，存在着所得多于应得与所得少于应得的情况。在社会主义市场经济中为何也会出现权利与义务的失衡、所得与应得的背离呢？根本原因在于，在社会主义市场经济中，社会资源的配置与利益的分配也是通过市场经济的形式实现的，市场的运行在总体与根本上是受价值规律支配的，但这种支配并不具有理性的特质，而是具有非理性与自发的性质。在市场经济中，尽管每一个参与市场经济活动的个人都是有目的、有理性的，但整个市场的运行及其结果却具有自发性与盲目性的特征。因而，市场并不总是有效的，更不具有直接的合理性。即使在市场有效的情况下，市场也并不能自发地导致社会资源与利益的配置和分配的合理性与公平性。因为，市场是竞争性的，即使市场竞争的规则对所有人都是公平的，就其结果而言，也可能是不公平的，原因很简单，参加市场经济竞争的个人，由于某些历史与自然的原因，其能力是不一样的。对于具有不同能力的人，遵循相同的规则进行竞争，其必然结果不仅是社会的分化，而且是社会的资源与财富向能力强的人手上集中。从效率的方面看，资源向能力强的人手上集中是有一定合理性的，因为社会的资源相对于社会的需求来说通常是有限的，甚至是短缺的，相同的资源在能力不同的人手上所创造的效益是不一样的。在资源短缺和有限的情况下，社会应该将资源交给那些能力强的人使用，而不应是平均地分配给每一个人。但从公平的方面看，上述情况无疑会导致社会一部分人的权利的牺牲与利益的受损，而另一部分人在权利与利益的占有上处于有利的优势地位。

那么，这是否意味着即使是在社会主义市场经济中，实现社会公平也是一个不可解决的难题呢？面对权利与义务的失衡、所得与应得的背离，人们是否只能听之任之、无能为力呢？当然不是也不能。上面的分析只是表明，市场经济本身并不能自发性地保障社会公平的实现，但并不意味着公平是不能实现的。倘若公平是不能实现的，那无异于意味着人们有关公平的理论思考与实践努力都是无价值和无意义的。社会公平的实现，一方面需要人们的努力争取，人们应提高或增强自己的权利与义务意识，与各种不公平现象进行斗争；另一方面，也依赖于国家或政府权力作用的发挥。国家和政府应该而且必须利用自己拥有的权力，通过经济的与非经济的政策工具与手段，采取调节、补偿方式，对由市场自发性产生的权利与义务失衡、所得与应得背离的现象进行校正与纠偏，以达到社会公平的实现。国家或政府的调节与补偿对社会公平的实现具有极其重要的作用，在一定的意义上，没有调节与补偿就不可能有社会公平的真正实现，从这个意义上说，调节与补偿是社会公平实现的必要条件。

三

调节与补偿，二者都具有控制的意蕴，从某种意义上说，补偿虽也可视之为一种调节，或者说调节内蕴含着补偿的含义，但二者之间还是有差别的。补偿从最一般的意义上看，既含有抵消的意蕴，也含有补足的意蕴，但无论是在抵消的意义上，还是在补足的意义上，都是以损失、欠缺为前提的，因而，补偿意味的是对损失的一种赔偿或对欠缺的一种补救。调节从最一般的意义上看，其控制、管理的意味更浓一些，当然也蕴含有纠偏的含义。就公平的问题而言，补偿的功能仅限于对不公平现象的纠偏，调节则既含有对不公平现象的纠偏的意思，也含有预防不公平现象产生的意味，同时，调节的纠偏功能既可以是补偿性质的，也蕴含有校正的性质。

补偿通常包括两个方面的内容，一是对个人权利损失的补偿，二是对个人超出其应当承担的义务的额外牺牲与付出的补偿。例如，所有具备公民资格的个人，都有选举权与被选举权，都有平等地参与社会管理和担任公职的权利，所有的公共管理机构与权力部门应向一切具有公民身份的成员开放，这几乎是所有现代国家宪法所倡导的基本精神，而这种宪法精神则来自于市场经济发展的必然要求。但社会需要的从事管理与领导的公职岗位是有限的，它不能满足一切社会成员的需求，不是所有的成员都适合担任管理与领导的公职，从效率方面考虑，社会应当而且只能通过一定的程序，将公职岗位授予那些有意愿并适合这些岗位的社会成员。而这对于那些无缘担任社会公职的社会成员来说，无疑意味着担任公职权利的损失。但这种损失不能是无条件的，从公平的方面看，它应获得相应的补偿，这即是现代国家宪法所规定的公民对公职人员有监督权、质询权、罢免权的理由与根据。国家赋予公民享有对公职人员的监督权、质询权、罢免权，在实质上是对公民担任公职权损失的一种补偿。同样的原因与道理也适用于如下的情况，一个国家的自然资源应为所有社会成员所共有，在自然资源的使用上，所有的社会成员享有平等的权利，应当防止任何个人对自然资源的垄断，这也是市场经济存在与发展的必然要求。但自然资源是有限的，甚至是稀缺与短缺的，它很难充分地满足所有人的要求。而且，由于人们能力的差别，相同的自然资源在不同的人手中所创造的经济价值与社会效益是不同的。因此，为了充分利用自然资源的价值，尽可能地使自然资源利用的效益最大化，国家会允许甚至鼓励自然资源向那些最能发挥自然资源效能的人手上集中。这就意味着在市场经济中，即使在社会主义市场经济中，平等占有自然资源的权利实际上也是难以实现的。因此，对于那些应当享有而实际上没有享有自然资源利用的权利的人们来说，无疑也是一种自然权利的牺牲与受损，而对于这种权利的牺牲与受损，国家或政府也应给予相应的补偿。诸如此类的情况还有许多，比如，在社会主义社会，公民应享有平等的受教育的权利、平等的劳动权利等。在现实的社会生活中，人们应当享有的权利与实际享有的权利之间，通常是存在着差异的。但需要强调的是，从社会公平的要求上看，个人权利的任何牺牲与受损都不应是应当的，而是应得到合理补偿的。补偿不仅仅是针对个人权利牺牲与受损的补偿，还应包括对义务超出的补偿。生活在社会中的成员，都应承担一定的责任与义务，这是无可争议的，但任何应当承担的义务都应是一种有限的义务。事实上，人们所承担的义务并不总是与他所享有的权利相匹配，享有的权利少于或超出所应当承担的义务的事是经常发生的。当义务超出了应当的范围时，就应获得相应的补偿。一项大的工程建设，免不了工程建设所在地居民的移民搬迁，这对于国家的整体利益来说是必需的，但对于移民搬迁的个人来说其利益的受损与义务的超出也是应当得到相应的补偿的。对某些生态脆弱的地区，国家为了生态安全，通常会以法律的形式限制甚至是禁止经济性的开发与建设，这是维护整体环境利益的需要，而对于生活在该区域的人们来说，这既意味着自己发展权的损失，又意味着额外义务的付出，从公平的方面看，也是应进行补偿的。如此类似的情况还有很多，例如社会出现产能过剩时政府需要用强制手段关掉一些工厂，企业生存困难时需要裁减一部分工人，对于因工厂关闭与企业裁员而失业的工人来说，他实际上是替国家与企业分担了本不应由自己单独承担的社会责任与企业责任，因而也需要给予适当的补偿。此外，要达到社会的公平，不仅需要利用补偿的手段，而且需要政府利用调节的手段。如前所述，补偿也是一种调节，但调节所起作用的范围更广。如果说补偿主要解决的是人们的所得少于他的应得的问题，调节则既针对人们的所得少于应得的问题，同时也针对人们的所得多于应得的问题。在价值取向上，补偿主要强调的是社会与政府相对于利益受损的弱势群体的保护，调节则更强调对利益多占的强势群体的抑制。简单与通俗地说，补偿的目的是不让某些人吃亏，调节的目的是既不让人吃亏，也不让人占便宜。

当然，国家或政府的调节与补偿也有一个是否合理、是否正当的问题。调节与补偿作为国家或政府调整人们利益关系的一种手段，在价值上是中性的。合理的调节与补偿是实现社会公平的重要条件，但不合理的调节与补偿不但不能改善与实现社会公平，还有可能加剧社会不公平现象的恶化。如何才能使政府的调节与补偿具有合理性与正当性呢？首先需要以权利与义务的平衡作为参照坐标，贯彻以权利确定义务、以义务确定权利的原则，使社会成员的所得符合他的应得，或者说使应得成为应得。谁享有了什么样的权利，谁就应承担什么样的义务，谁享有了多少权利，相应地就应承担多少义务，反过来说，谁承担了什么样的义务，谁就应享有什么样的权利，谁承担了多少义务，谁就应享有多少权利。其次，需要贯彻适应性原则。所谓适应，即是防止过度与不及。政府调节与补偿的过度与不及同样会影响社会公平的实现。举一个简单的例子，工人失业了，政府应给工人提供必要的、一定程度的生活保障，政府提供给失业工人的保障在属性上属于工人劳动权利受损与牺牲的应得补偿，这种补偿不能太少，太少了工人不仅不足以维持自己的生存，也难以抵消工人劳动权利的牺牲与受损，但也不能过度，失业工人所得到的补偿不能等于或多于在业工人所获得的收入，否则就不会有人愿意工作，因为工作毕竟有脑力与体力的付出。

在补偿的问题上，人们还应分清补偿与倾斜的界限。在罗尔斯的正义理论中，有一个很著名的倾斜原理，国内的许多人，包括一些学者很崇拜，经常当作正义理论的经典来加以介绍、讨论、引证。其实，任何形式的倾斜都不能视之为公平。补偿在性质上不属于倾斜，只有不合理的补偿属于倾斜，合理的补偿是对人们应得而未得的弥补，因此，通过补偿形成的所得是人们的应得，而不是享受倾斜的所得。合理的补偿也不能视之为一种救济与救助，更不能视作一种恩惠，它们之间具有不同的性质或属性，基于不同的价值取向原则。救济、救助、恩惠都应是政府的责任，都含有应当的要求，是基于人道的原则，而补偿在价值取向上则是基于公平的原则。因此，对于获救济、救助、恩惠的个人来说，他应怀有感激之心，而对于获得正当补偿的个人来说，他无需在内心感到不安与歉意，因为他得到的不过是他本应得到的应得。

应以权利与义务相平衡的原则
解决公平问题 *

一

自 20 世纪 90 年代初一直延续至今，分配公平的问题便成为中国学术界久议不衰的话题，其议论的时间持续之长，热度之高，参与人数之多，覆盖范围之广，皆为近一个世纪以来的中国学术史所少见。尤其是近年来，对这一问题的关注，已不再仅仅局限于学者的范围，而是从官方到百姓、从学者到民间都表现出极大的兴趣与热情。回顾这场旷日持久、规模称奇的有关公平问题的讨论，虽然就其关注的主题与围绕的主线而言，议论与争论的焦点性问题主要并始终聚焦在分配公平以及效率与公平的关系上，但若从对待效率与公平关系的态度或观点的转变看，这场讨论与争论则可区分为虽前后相继但却有重大差别的两个阶段。20 世纪末的 10 年为第一阶段，21 世纪以来的时期为第二阶段。

围绕着效率与公平关系的讨论与争论，20 世纪 90 年代有代表性与彼此竞争性观点概括起

＊ 本文原发表于《马克思主义与现实》2013 年第 6 期。

来主要有三种：一种是以王锐生先生为代表的"效率优先，兼顾公平"的观点；一种是以赖金良先生为代表的"效率与公平应相互兼顾"的观点；一种是笔者提出的"应以公平求效率"的观点。持"效率优先，兼顾公平"的观点认为：市场经济是一种竞争性经济，有竞争就必然有分化，有分化就难免出现贫富不均的情况，但市场经济的竞争不仅可以实现资源的最优配置与利用效率，而且能最大限度地调动竞争者的积极性，有助于提高劳动效率，将社会财富的蛋糕做大。持"效率与公平应相互兼顾"的观点认为，不能片面地强调效率优先，公平的分配不能离开效率，没有效率就不能将财富的蛋糕做大，而在没有蛋糕可分的情况下公平的分配就是一句空话。另一方面，没有公平，也就没有积极性，没有积极也就没有效率。笔者则认为，首先不能将公平理解为平均，平均主义不是公平，过去在计划经济时代，之所以效率低下，就在于大锅饭一类的平均主义，改革与建立市场经济的目的就是要破除平均主义以提高效率。其次认为建立市场经济的价值取向虽然主要是提高效率，发展生产力，但效率的提高取决于劳动者的积极性，如果分配不公，就会挫伤劳动者的积极性，因而主张"应以公平求效率"。实事求是地看，在以上三种观点中，王锐生先生为代表的观点影响较大，赖金良同志的观点与笔者的观点受到的关注度相对较小，后来更因"效率优先，兼顾公平"的观点被中央文件所采纳而成为20世纪90年代一种占据主导地位的主流性观点。"效率优先，兼顾公平"的主张为何能成为20世纪90年代的中国普遍接受的主导性观点呢？其原因无疑是与20世纪90年代中国所处的客观历史条件有着密切的联系。一方面，在邓小平同志南方谈话的推动下，中国的改革开始进入到建立社会主义市场经济体制的新阶段，在邓小平同志的"生产力标准""发展是硬道理""允许一部分人先富起来，以先富带后富，最后走向共同富裕"等一系列思想的影响下，社会的价值取向自然更容易向"以经济建设为中心"，提高劳动效率与发展建设的方面倾斜。另一方面，虽然经过10多年的改革开放，无论是在农村，还是在城市居民中，人们的收入与积累的财富开始拉开了一些差距，但其差距与分化并不明显，至少是贫富差距不大，多数人群仍处普遍贫穷的阶段。因而允许一部分人先富起来的思想主张，对公平问题采取兼顾的态度是能够为社会中的大多数人所接受，至少是能容忍的。

但进入到 21 世纪后，中国的情况发生了巨大的变化。一方面，经过 10 多年的市场经济的发展，社会财富实现了快速的增加与积聚；但另一方面，社会成员的收入与财富的差距也迅速扩大。面对这种新变化与新情况，人们对效率与公平间关系的看法也发生了较大的变化，开始了对"效率优先，兼顾公平"观点的怀疑与质疑，有人甚至将社会出现的贫富悬殊与两极分化的加剧归因于片面地强调"效率优先，兼顾公平"理论的结果与恶果。近几年来，无论是在学术界，还是在民间，一种认识似乎正在形成，即不能脱离社会公平片面地强调效率与发展，不能为发展而发展，也不能以牺牲社会公平去追求所谓的效率，失去公平的效率对社会上的弱势群体来说不仅毫无意义，而且还有可能引发社会的动荡与不稳。因而，一种放弃"效率优先，兼顾公平"的理论，主张应将公平的理念置于优先的地位，实现公平发展、和谐发展，让改革开放与经济发展的成果为全体国民所共享，缩小社会贫富差距的呼声渐趋升高。

比较上述两个不同时期人们对待效率与公平关系上的两种不同的主流性观点，二者的区别在于：其思考的天平一个向着效率倾斜，对于"效率优先"者来说，从事市场经济活动与竞争的人们，优先考虑的应是利益与效率的最大化，对于公平的问题不能不顾，也不能全顾，只应兼顾；对于"公平优先"者来说，失去公平的效率只对少数人有利，对社会中的多数人，尤其是弱势人群来说不仅无益，而且有害。然而，在这两种看似对立与竞争的观点之间也存在着某些方面的一致性与相似性。首先，两种观点的持有者其思考的逻辑轴线虽然都是围绕着公平与效率的关系展开的，但二者都只是将公平与效率间的关系视作是一种外在性的关系，而不是相互依存互为条件的内在性关系。二者在某种程度上都暗含地承认：效率的提高不仅不意味着对公平有促进的作用，相反还有可能导致社会公平状况的恶化。所不同的只是，对于"效率优先"者来说，为了"效率"，对公平的牺牲与恶化是可以容忍与半容忍的；对于"公平优先"者来说，不能为了效率而牺牲公平，公平的价值比效率的价值更重要。其二，两种观点对"公平"概念的理解也具有一致性与相似性。因为，无论是在公平兼顾论者的视野里，还是在公平优先者的视野里，财富分配的公与不公，其衡量与评价的尺度与标准都是人们的收入和财富差距的大与小，人们之间在收入与财富差距的扩大，即意味着社会公平状态的恶化，差距缩小意味着公平状况的改善。

笔者不同意将"效率与公平"的关系仅仅视作是一种外在性的关系，而是认为二者之间既有外在性的一面，也有内在性的一面。效率范畴在经济学上反映的是投入与产出之比，而公平范畴具有更明显的哲学、政治学、伦理学的意蕴，表达的是含有应该的规范性价值。对效率的强调，目的是要将财富的蛋糕做大；对公平的强调，目的是要使财富蛋糕的分配具有合理性与正当性。不能将效率的高低与公平的状况直接挂钩，效率发生在生产领域，公平主要发生在分配领域，效率的状况是由多种因素相联系的，一切与生产过程相关的因素，都会直接或间接地对效率的状况发生影响，公平只是影响效率的重要因素，却不是唯一的因素。但效率与公平之间也有内在的联系，因为社会的生产与社会的分配都属于社会生产关系的重要环节。一方面是生产决定分配，具体地说，蛋糕是如何做成的，也就决定着蛋糕如何进行分配；另一方面，分配是否具有公平性与合理性，也反转来影响生产的效率，因为，生产是由人承担的，生产效率的高低与劳动者的积极性与否是分不开的，蛋糕分得不合理，必然会影响人们做蛋糕的积极性。因此，在效率与公平的关系上，既不能离开公平谈效率，也不能离开效率谈公平，二者不可偏废。当然，公平是历史的，并不具有绝对抽象与永恒不变的性质，在阶级社会中，公平还具有阶级的性质，不同的阶级与个人对公平的诉求是不同的，甚至是对立的。但任何对公平的诉求都必须有利于效率的提高，即是说财富蛋糕的分配必须有利于将财富的蛋糕越做越大，而不是相反，这是一个不容置疑的原则。分配的公平性在于分配的合理性。而分配的合理性既不在于社会成员的一致接受，也不在于收入与财富的分配是否存在差别以及差距的程度上，而在于人们的应得与否。具体地说，合理性的分配应该是让每一个人得到自己应得的一份，防止某些人得到他不应得到的财富。在现实的社会生活中，许多人都将收入与财富占有差距的程度作为衡量社会分配公与不公的判断坐标与尺度，简单地认定收入与财富占有的差距缩小即是社会公平状况的改善，收入与财富占有的差距扩大即意味着公平状况的恶化。实际上，社会分配的公平与否并不应以人们的所得是否有差距来衡量，也不应以其差距的程度来衡量，以人们所得差距程度作为分配是否公平的尺度，在本质上是将公平视同均平的思维逻辑。因为，倘若以人们所得的差距程度作为衡量社会分配公平与否的坐标与尺度，自然而然极易得出如下的结论，贫富差距扩大即是公平状况的恶化，贫富差距缩小即意味着公平状况的改善。如果没有差距，岂不是公平的最佳状态？不能将共富视同均富，在社会主义市场经济条件下，应让发展的成果为所有社会成员所共享是应该的，但共享不能理解为均享。均享不符合市场经济的本质要求，它既不利于推动社会主义市场经济的发展，也不利于社会和谐与稳定，因为，在这样一种均富理念诱导下，很容易导致社会根深蒂固的仇富心态的爆发。普遍贫穷的均穷不是马克思主义，同样均富也不是马克思主义，因为均穷与均富在本质上都是一种平均主义，而平均主义早就被马克思斥之为是一种粗陋的共产主义。这里需要申述的是，不同意将贫富差距的大小作为判断与衡量社会分配是否公平的坐标与尺度，并不意味着对任何意义的贫富差距与其扩大表示无条件赞同，也不意味着这样的立场是向富人与强势阶层倾斜，更不意味着否认在时下的中国社会财富分配中存在着不公平的现象，只是要澄清，社会财富分配的公平与否与社会贫富差距的程度大小并不直接关联。贫富差距扩大有可能存在着不公平，但也只是有可能，并不必然是，但平均的贫穷与平均的富裕在市场经济条件下则肯定是不公平的。在社会财富分配公平的问题上，无论是充当富人的代言人，还是充当弱势群体的代言人，其实都是一种非理性的行为，都不具有客观的道德价值根据。

二

在通常的意义上，公平性与合理性是互译与互释的，在这一点上，人们大概不会有什么争议。如上所述，公平性与合理性的分配不能视作是一种平均分配，平均主义的观点是一种粗陋的共产主义的观点，它是"对整个文化和文明的世界的抽象否定，向贫穷的、需求不高的人——他不仅没有超越私有财产的水平，甚至从来没有达到私有财产的水平——的非自然的简单状态的倒退"①。因而，社会财富的分配公平性与合理性不能以人们所占有的财富是否有差别以及差别的程度来衡量。财富分配公平性与合理性也不能根据人们的主观期望来衡量，就人的主观期望而言，在市场经济条件下，追求自己利益的最大化是所有个人活动的出发点，每一个人都希望自己分得的蛋糕比别人大，至少是希望与别人分得的蛋糕一样大，几乎没有人愿意自己分得的蛋糕比别人的小。如果以人们的主观期望与满足感作为衡量社会财富分配是否公平的坐标，那么，我们将经常被如下的社会现象所困扰，每一个人都希望社会财富的分配应是公平的，没有人对公平的分配持反对态度，但人们对社会财富公平性的满意度不高，不仅存在于相对弱势的人群中，在富裕的人群中也不鲜见。财富分配的公平性与合理性也不能以人们的实际需要为根据加以衡量。按需分配只有在社会生产力极其低下与社会生产力高度发达的社会中才有可能，而存在私有财产的情况下，尤其在市场经济社会中是不可能存在的。一对有两个孩子的夫妇相对于只有一个孩子的夫妇

---

① 《马克思恩格斯文集》第 1 卷，人民出版社 2009 年版，第 184 页。

的实际需求无疑是要多些与大些，但社会能否给有两个孩子的夫妇分一块较大的蛋糕，给只有一个孩子的夫妇分一块较小的蛋糕，在正常的情况下显然是不能的。只有某些特殊的情况下，比如说在战争时期，在面对自然灾害的情况下，食物的分配是有可能按人口的多少进行的，但那只属于特殊情况下的反常。究竟什么样的分配才是一种公平性的分配与合理性的分配呢？笔者认为，公平性或合理性的分配应是使社会中的每一个成员在社会财富的总额中分到他应该得到的份额，防止任何人在任何形式上的不应得的多占多得。不论什么人，不论他所分得的财富的蛋糕是大还是小，他所得到的如果是属于他应当分到的那一份，而不属于不当的所得，便不应受到公平与否的质疑。

什么是应得的财富？什么是不应得的财富？应得与不应得的衡量尺度或坐标又是什么呢？这显然是一个需要继续追问与回答的问题。因为，如果不解决应得与不应得的衡量尺度与参考坐标的问题，在应得与不应得的问题上仍然有可能陷入各说各话的困境。然而，在应得与不应得的衡量尺度与参考坐标的问题上要达至一个普遍性的共识不仅是困难的，而且几乎是不可能的。深刻的原因在于，对公平的理解，通常要受到公平观的影响与制约，由于人们的利益不同，人们的公平观也会不同，即是说在利益多元的社会中，人们的公平观也必然是多元的。而在多元性的公平观并存与并立的情况下，人们对应得与不应得也会有不同的理解。对于封建社会中的地主阶级来说，他将自己所占有的土地出租给农民，就应收取地租，地租是他应得的收入。对于资本主义社会的资本家来说，资本是他的私有财产，资本能带来利润，使财富增值，这种由资本所带来的利润与增值的财富应归属于资本的所有者。那么，在人们对公平的理解彼此各异的情况下，是否意味着寻求一个衡量应得与不应得的尺度与坐标是不可能的呢？当然不是。虽然，社会中存在的公平观是多元的，人们对公平的理解也是存在差异的，但这并不意味着任何公平观与对公平的诉求都应获得无条件的肯定与支持，在公平的主张上也有一个合理与否、正确与否的问题。人们对公平的认知与诉求是多元的，但这决不意味着人们对不同的有关公平的认知与诉求可以采取一种相对主义态度，如果是那样的话，人们有关公平的一切探讨与争论就会变成没有意义的徒劳与白费力气。然而，什么是他们应得的财富？什么是人们不应得的财富？应得与不应得的合理性的衡量尺度或参考坐标究竟是什么呢？马克思主义的历史观与公平观的有关思路也许能为人们正确与合理地解决应得与不应得的问题提供一条富有启迪性与指导性的线索。公平的问题是马克思历史观的重要内容，马克思主义的公平观是构成马克思主义历史观一个不可或缺的重要组成部分，推翻不公平的社会制度，制造一个公平正义的社会，始终是马克思的毕生事业。在马克思主义创始人的视野里，在以私有制与阶级对立为基础的文明社会里，最大的问题就在于它的不公平，而不公平的显著特征是："它几乎把一切权利赋予一个阶级，另一方面却几乎把一切义务推给另一个阶级。"① 即是说私有制社会的不公平主要表现在社会的权利与义务之间的严重失衡与分离。与对社会不公平的这种理解相联系，马克思主义经典作家们认为，无产阶级革命的任务就是要消灭社会的不公平，建立一个公平正义的社会，而在一个公平的社会里，要确保社会公平的实现，必须彻底改变与消除权利与义务间的失衡与分离状态，实现权利与义务的统一与平衡。马克思在为第一国际所制定的《国际工人协会共同章程》中，曾明确为当时的国际工人运动定下如下的斗争目标，要为实现"没有无义务的权利，也没有无权利的义务"② 的公平社会而斗争。即是说，要实现社会的公平，根本性的问题就是使人们享有的权利与承担的义务之间保持紧密的平衡，消除权利与义务之间的失衡与分离现象。这里也许需要进行如下的补充，马克思主义经典作家上述有关公平与不公平的论述与处理公平问题的基本原则，是处理人们的社会关系的一个总体性原则，并不明确地指向社会的分配关系，但社会的分配关系不仅是全部社会关

---

① 《马克思恩格斯文集》第 4 卷，人民出版社 2009 年版，第 197 页。
② 《马克思恩格斯文集》第 3 卷，人民出版社 2009 年版，第 227 页。

系中的一个不可分离的部分，而且是最重要的部分。因而，权利与义务相统一相平衡的原则对于处理社会的分配关系来说也具有无可争辩的适用性与有效性。

社会的公平问题为何与人们的权利和义务构成内在性的关系？解决社会公平，包括社会分配的公平问题需以权利与义务相平衡的原则作为尺度或参考坐标，而不能以其他别的原则作为尺度或参考坐标，原因在于，公平的问题在本质上是一种规范性范畴，它表达的通常既可以是个人对社会的一种要求，也可以是社会对个人的一种要求。一切要求无不与人们的利益相关，人们的利益可以是政治的、伦理的、经济的。概括地说是对人们的社会关系的规范，具体地说即是对人们利益的规范。公平性的规范既牵涉着人们的权利，也牵涉着人们的义务。因为，在社会生活中，人们的利益可以简化性地归纳为两类：一类是权利上的利益要求，一种是义务上的利益要求，因而公平既表现在人们所享有的权利上，也表现在人们所承担的义务上。在社会财富分配的公平上，情况更是如此。在权利与义务分离的情况下，无论是从权利方面看，还是从义务方面看，其应当性都无法作出评价与判断。因为一般来说，权利与义务虽然都牵涉到人们的利益，但二者还是有区别的，权利体现的是一种占有的利益，义务体现的是一种付出的利益，在通常的情况下，人们更愿意占有更多的权利，而不愿意承担更多的义务，这也是阶级社会中为什么统治阶级占有权利、被统治阶级承担义务的原因。因此，要真正对人们所享有的权利与所承担的义务是否具有应当性作出合理性的评价与判定，唯有将权利与义务有机地联结起来，按照权利与义务相平衡的原则，才有可能。

当然，权利也好，义务也好，都具有历史的性质，它们各自所蕴含的内容都要随着社会历史条件的改变而发生变化，既不存在永恒不变的权利，也不存在永恒不变的义务。深刻的原因在于，权利与义务都不可能不受社会经济结构的性质及其演进的制约。但不管权利与义务的内容如何变化，保持权利与义务的相互平衡，则是保障公平实现的不变要求，也是评价与判定社会是否公平的根本性坐标与尺度。因此，要实现社会财富的公平分配，必须坚持与贯彻权利与义务相平衡的原则。而所谓权利与义务相平衡的原则，主要包括以下两个方面的内容：其一，应根据人们实际享有的社会财富的权利，去确定人们应当承担的义务与责任，根据人们所承担的义务与责任去确定人们应当得到的财富蛋糕的权利，或者说享有了什么样的财富权利，就应承担什么样的义务与责任，反过来说也一样，人们承担了什么样的义务与责任，就应享有什么样的财富的权利，更具体地说，应将分蛋糕与做蛋糕联系起来，谁在做蛋糕的过程中贡献大，谁在分蛋糕时就应得到更大的份额。其二，应根据权利与义务相平衡的原则，去评价与度量人们所享有的财富的权利是否应得，人们所承担的义务与责任是否应当。当一个人所分得的财富的蛋糕与他所作的贡献或承担的义务相匹配时，即使他所分得的蛋糕比别人大时，那也应被定为应当；相反一个人所分得的蛋糕超出了他在做蛋糕时的贡献，即使他的蛋糕比别人小，也不具有应当性。

三

如上所述，在马克思主义历史与公平观的视野里，要实现社会财富的公平分配，需以贯彻权利与义务相平衡的原则为基础与前提，评价与量度社会财富分配是否公平也需以权利与义务是否平衡作为尺度与坐标。以人们所享有的实际权利为坐标去确定与分配人们所应承担的义务，以人们所承担的实际义务为坐标去确定与分配人们应享有的财富权利。权利与义务的分离与失衡都会导致社会财富分配的公平性的丧失与受损。然而，权利与义务相平衡的原则是否适用于市场经济条件下的分配？在市场经济条件下，如何才能保障与实现权利与义务相平衡原则的贯彻与落实？这显然是需要我们进一步思考与回答的问题。

就市场经济本身而言，应该承认，市场经济并不能必然性地保障社会财富分配遵循权利与义务平衡的原则，即使是在社会主义市场经济条件下也不能。深刻的原因在于：首先，虽然市场经济的基本规律——价值规律要求的是一种以等量劳动与等量劳动相交换的原则，这种交换原则，既体现了交换的双方在地位与权利上的平等，也体现了双方所承担的义务上的平等，因而在客观上是有利于社会劳动交换与社会财富分配的公平性实现的。然而，在市场经济条件下，等价交换的原则贯彻与实现通常是在市场供求关系波动中以间接的形式实现的，在市场的交换中，商品的价格虽然是围绕着价值旋转的，并在总体上反映价值的要求，不大可能游离于价值太远。但商品价格对商品价值的反映，并不像物体的影像对物体实体的反映那样具有直接的一致性与真实性。商品的价格直接地契合于商品价值的情况其实是少见的，围绕价值中枢上下波动倒是普遍性的常态。商品的价格与商品价值的经常性波动这一现象表明，人们的劳动价值并不是在任何情况下都能无条件实现，即使是在社会经济处于正常运行的情况下，人们劳动的价值也有实现与不能实现、部分实现与部分不能实现的可能。当人们的劳动价值只能部分实现与不能实现时，也就意味着人们的劳动付出没有得到足额的回报或没有回报。市场经济是一种竞争性经济，有竞争就有优胜劣汰，即使在社会主义市场经济中也一样。而人们的成功与失败虽然与人们所作的努力不无关系，但也不是绝对对应的关系，因为市场经济有很强的自发性，在自发性的影响下，市场有时也有失真与失灵的时候。其次，在市场经济条件下，资源也享有一种分享社会财富的权利。按照马克思的劳动价值论的观点，资源（包括自然资源与社会资源）只是构成劳动过程的条件与要素，在劳动的过程中只是发生存在形态的转换与价值转移，并不能使劳动产品的价值增值。但由于资源构成劳动过程的生产要素，而且资源因其自身的稀缺性也就有自己的价格。因此，在市场经济条件下，谁占有了资源，谁也就相应地享有了利用占有资源参与社会财富分配的权利。本来，根据市场经济的要求，从理论上与法律上讲，资源是公共的，每个社会成员都有平等占有与使用的权利。但在实际上，因各种各样的社会因素与条件的制约，实际占有使用这些资源权利的人通常只是社会中的少数，对于社会中的绝大多数人来说，对资源的平均权利只具有形式的意义，并不具有实际的意义。在资源稀缺的情况下，资源的分配通常要通过竞争的方式去实现，这就会使资源不可避免地向那些拥有资本优势与竞争优势的人手里集中。不可否认，在市场经济条件下，有限与稀缺的资源掌握在那些能力较强的人的手里，从社会的维度看是有利与有益的。因为，人的能力存在着差别，相同的资源在不同的人的手里会产生不同的效率。当社会的资源集中在那些能使资源使用的效率达到最大化的人的手里时，较之于资源的分散占有与使用，无疑更具有合理性。但问题是，谁占有了资源的所有权与使用权，也就有了更多与更大的参与社会财富分配的权利。当资源对所有的社会成员平等的开放只具有理论上与法律上的意义，而失去了它的实际意义时，在社会财富分配的天平上无疑又增加了一个向资源的拥有者与实际使用者倾斜的砝码。第三，在市场经济中，资本作为一种资源，而且是一种特殊的资源，更是享有参与社会财富分配的权利。无论是资本主义市场经济也好，还是社会主义市场经济也好，只要社会经济运行在市场经济的轨道上，资本的身影就会到处可见。资本是市场经济存在的基础，是经济旋转的轴心，一切经济要素都围绕它运转。资本是一种力量，然而"资本不是一种个人力量，而是一种社会力量"①。资本是一种地位，谁占有了它，即意味着"他在生产中不仅占有一种纯粹个人的地位，而且占有一种社会的地位"②。资本不仅追求平均利润，更追求超额利润。在市场经济中，谁占有了资本，谁就会在社会财富的分配中处于优势地位，这是无可争辩的事实。

市场经济本身虽然具有等量劳动与等量劳动相交换这一要求平等与公平交换的基因，但由于市场经济具有各种各样的自发性因素的作用，

---

① 《马克思恩格斯文集》第 2 卷，人民出版社 2009 年版，第 46 页。
② 《马克思恩格斯文集》第 2 卷，人民出版社 2009 年版，第 46 页。

因而市场经济本身并不具有使权利与义务达致平衡的能力与功能。权利与义务的相互游离与失衡仍然是市场经济的明显特征，也正因此，要求公平仍然是一种不会止息的声音。要在市场经济的基础上贯彻权利与义务平衡的原则，实现社会财富的公平分配与共享，单纯地依靠市场经济本身的力量显然难以做到，除了要充分地利用市场经济本身内含的某些要求平等与公平的固有因素之外，更需依赖社会的制度性因素的作用。市场经济不"姓社"，也不"姓资"，但若与社会制度相结合时，就会产生"姓社"与"姓资"的分野。在资本主义市场经济中，要贯彻权利与义务相平衡的原则，实现社会财富的公平分配不仅是困难的，而且是不可能的。这种不可能性不仅为几百年的资本主义发展的历史所证明，也为当代资本主义发展的现实所证明。在资本主义的范围内之所以不能解决社会财富的公平分配问题，是因为在资本的逻辑中，资本是一种"普照的光"，资本的本性与价值取向就是逐利，这就是资本运动的出发点与归宿点。在资本主义范围内如果能解决社会财富的公平分配问题，马克思的科学社会主义全部学说就会变得毫无意义。市场经济与社会主义制度的结合，既为充分利用市场经济本身所固有的平等与公平因素提供了可能，也为限制以资本为代表的各种自发性因素提供了可能。因为社会主义的生产关系是一种以生产资料公有制为主体的生产关系，这种生产关系的价值取向指向的是社会全体成员的共富与发展的成果为全体社会成员所共享。我国当前贫富差距如此大，人们对社会不公的反映如此强烈，我们凭什么说资本主义市场经济不能解决的问题，社会主义市场经济就一定能解决？这里需要强调的是，我们现在还处在社会主义初级阶段，在初级阶段中存在的问题并不等于永远会存在，现在还没有解决好的问题并不等于不能解决。社会主义市场经济不仅应该解决社会财富的公平分配问题，而且能够解决社会财富的公平分配问题，否则人们关于社会财富的公平分配的所有思考与争论便会毫无意义与价值。

那么，在社会主义市场经济条件下，如何贯彻权利与义务相平衡的原则，确保社会财富分配的相对公平？问题的关键在于应发挥社会主义的制度优势，一方面应利用社会主义制度的优势，去限制资本的权利与各种市场经济所固有的自发性因素的膨胀与扩张；另一方面利用社会主义制度的优势，建立一种让权利与义务相互制衡、相互补偿的合理性机制。所谓权利与义务的相互制衡、相互补偿机制，就是应让权利与义务相互规范、相互牵制，防止权利与义务关系的游离、倾斜与失衡，当权利与义务出现倾斜与失衡的情况，应对权利的多占与损失、义务的超出与缺失进行合理性的补偿。例如，当代社会中的某些人凭借自己所掌握的资本的优势或自己所拥有的能力的优势，占用了本属于社会的公共资源，并利用其资源获得了超出他的劳动与贡献之外的额外收入与财富时，就应承担对占有与使用的公共资源进行补偿义务，这种补偿通常是以累进税的形式得以实现的。当然，当人们因某种权利受到损害使自己的利益受损时，也有权要求对自己受损的权利与利益获得补偿。劳动者不是因自己的原因，而是因为社会的原因而失业时，他应获得一定数额的现金或物资的补偿，因为失业意味着他享有的劳动权的受损与丧失。企业的生产造成了环境的污染，企业应对受污染者进行补偿，因为它不仅损害了受害者的健康，而且还使受害者不得不多付额外的医疗费。因保护环境的需要，某些地区被禁止进行开发，这也应获得政府的经济补偿，因为禁止开发意味着发展权的牺牲与受损。诸如此类需要进行补偿的情况无需一一列举。这里需要强调的是，建立合理性的利益补偿机制，对于贯彻权利与义务相平衡的原则，确保社会财富的公平分配具有重要的意义，它既可以有效地阻止强势群体利用特权或所控制的自然资源与社会资源去获取超出他所承担的义务与贡献的额外财富，也可以使弱势群体的利益得到合理性的保护。当然，即使在社会主义市场经济条件下，权利与义务的平衡也只能是一种相对的平衡，不可能是绝对的平衡，因为资本作为一种稀缺性的资源是要参与分配与有一点回报的，不然，就没有人愿意投资。资源的实际使用者对资源利用效率的提高如果是做出贡献的话，他也应获得一定报酬，不然人们就不会去努力提高资源的利用效率。人们不应反对因贡献不同、所承担的义务与责任不同而产生的财富与收入的差距，人为地拉近这种正当性差距是不利于市场经济发展的，但应反对与防止某些人利用特权与资源的垄断去获取不当收益。

应以权利与义务相平衡的原则去解决社会财富的公平分配的问题，但这一原则仅限于对公平问题的领域，不能将这一原则作无限制的随意外推。例如，在社会的救济领域中就不能套用权利与义务相平衡的原则，而应贯彻与实行人道主义原则。尽管也有人将社会的救济视作是社会财富的再分配，但在性质上二者是不同的。在社会分配的领域，社会财富的分割并不以人们的实际需要为根据，唯一的参考坐标是人们承担的义务与所做的贡献，而在社会的救济领域，救济的坐标不是人们所承担的义务与贡献，主要的依据是人作为人存在的最低限度的需要。对于社会中某些特殊的人群来说，即使他们一出生就不具备劳动能力，也从未承担过什么义务与做过任何贡献，也应享有社会救济的权利，对于社会来说也应负有对他们进行救济的义务与责任。但社会对这些人群进行救济时，是基于人道主义的考虑。应当将分配领域的利益补偿与社会救济领域的社会救济区别开来，虽然二者都具有应当性，但利益补偿是一种基于分配公平的应当，社会救济是一种基于人道的应当，或者说是基于一种"人是目的"，因而有生存权利的应当。

也谈效率与公平 *

关于效率与公平的关系问题，《光明日报》
1993 年 3 月 8 日和 5 月 3 日先后发表了分别见
王锐生和赖金良为代表的两种不同看法的文章。
王文认为，在效率与公平的关系问题上，应坚持
效率优先，兼顾公平的原则；与之相反，赖文认
为应坚持效率与公平兼顾的原则。按照王文的思
路，效率与公平属于两个不同的社会目标，在这
两个目标中，内在地存在着矛盾，而在现阶段只
能是坚持以效率优先，兼顾公平的原则去加以处
理；赖文则以近代西方"交易论"的基本思路为
依据，认为没有效率就没有公平，反之没有公平
也没有效率，在社会主义市场经济中，效率与公
平并不是必然背离的，而是能够统一起来的，相
比较而言，笔者认为赖文的看法似乎有些道理。
因为在王文的总体思路中，效率与公平之间是一
种外在性的关系。

然而，又似觉得在赖文中，效率作为"效用
价值"，公平作为"社会规范价值"，它们之间的
统一究竟是作为两种不同的社会价值目标的统
一，还是其他意义上的统一，其论证是不明确

---

* 本文原发表于《争鸣》1994 年第 1 期。

的。笔者认为，效率与公平，作为两个不同的社会价值目标，它们之间的关系既不是何者应绝对优先的关系，也不是应互相兼顾的关系，而是目的与手段的关系。效率与公平在社会主义市场经济中是能够统一起来的，但这种统一是目的或目标与手段的统一。

从社会主义初级阶段应以经济建设为中心，应以发展生产力为其基本目标的理论思路看，我们在现阶段的主要任务是发展生产力。没有生产力的发展，就不可能有人民生活水平的提高，社会主义制度也不可能获得稳固的物质基础和群众基础而使自身获得巩固。而生产力的发展归根到底要取决于全体社会成员的劳动效率与活动效率的提高。因此，调动全体社会成员的积极性和创造性，提高劳动者的活动效率，以达到生产力的解放和发展应是社会主义初级阶段的首要任务和目标。而社会公平作为调控人们彼此利益的一个强有力的杠杆，是调动与激发劳动者的积极性与创造性，以提高劳动者的活动效率的一个强有力的手段。只有从目标或目的高于手段的意义上看，效率才是优先于公平的，公平作为达到效率的手段是服务于效率的。

但另一方面，一定的目标的实现又离不开一定的手段。没有正确与合理的手段，就不能保证一定的目标的实现。在人们追求目标实现的实际活动过程中，正确与合理的手段的运用，是达到目标的前提与条件，从这个意义上看，效率与公平的关系，既不应是效率优先兼顾公平的关系，也不应是效率与公平相互兼顾的关系，似乎应是：公平是前提、是条件；效率是结果。欲取结果，必先有条件，所以应是以公平求效率。也可以说是公平优先于效率，先有公平，后有效率。在一个严重的社会不公的社会里，是很难有效率的。当前的经济体制改革，除了要理顺经济运行机制外，另一个重要内容就是要解决社会的不公问题，以调动劳动者的积极性与创造性，提高劳动效率。

在追求目标的过程中，手段应优先于目标的道理并不难理解。举一个极简单的例子，在社会主义初级阶段中，经济的现代化是我们的基本目标，发展科学技术与教育是实现经济现代化的手段，但为了发展经济、使经济现代化，首先必须优先发展科学技术与教育，尤其是教育，应优先使教育现代化。没有教育的优先现代化，就不会有科学技术的现代化，最终也不会有经济的现代化。这是一个简单的道理。

那么何谓社会公平呢？这是我们在思考效率与公平的关系问题时，需要进一步澄清的问题。人们之所以把效率与公平的关系看成是一种外在性的关系，一个重要的原因就是对社会公平这一范畴作了不合理的理解。

一般来说，公平的概念与平等的概念、公正的概念大致相近。从语义学的角度看，所谓公平的含义即是指不偏不倚、一视同仁，用马克思的话讲："平等就在于以同一的尺度。"① 但是，这同一的尺度的运用要具有必然性与合理性。然而，要确切地判定什么样的公平概念具有合理性也并非易事，深刻的原因在于：社会公平本身是一个处在不断变化并具有相对性的历史概念，不同的时代对社会公平有不同的理解。在资本主义社会等量劳动获得等量利润被认为是公平的，在社会主义社会中等量劳动取得等量报酬是公平的，而在未来实现了社会物质财富充分涌流的共产主义社会，这种等量劳动取得等量报酬的公平观也会丧失它的意义，人人都能获得自由而全面发展才是公平的。

因此，在把握社会公平概念时，不能陷入抽象的思辨，也不能局限于一般语义的理解，重要的是确定一个合理的参考系。那么，在社会主义初级阶段，在发展社会主义市场经济的过程中，什么样的公平观才是真正合理的公平观呢？我个人认为，在现阶段，真正合理的公平观必须是符合市场经济规律，有利于市场经济发展与劳动效率的提高的公平观，只有这样才能同历史唯物主义所坚持的生产力标准统一起来。因为"权利决不能超出社会的经济结构以及由经济结构所制约的社会的文化发展"②。

---

① 《马克思恩格斯文集》第 3 卷，人民出版社 2009 年版，第 435 页。
② 《马克思恩格斯文集》第 3 卷，人民出版社 2009 年版，第 435 页。

过去，人们常常把公平理解成是一种生活资料分配上的结果的平等，这种理解在今天仍然被许多人所赞同。王锐生所倡导的"效率优先，兼顾公平"的观点中，就或多或少地包含着这种结果平等的潜台词。因为在"效率优先，兼顾公平"的旋律中，有一个极易感觉到的音阶，这就是在追求效率的同时，要防止过大的两极分化。实际上，那种所谓的在结果面前人人平等的平均主义式的公平观，在生产力不发达，劳动仍然是人们谋生手段的社会主义社会中，不仅是不合理的，而且是最大的不公平。人们的劳动能力有大有小，其劳动态度有好有坏，劳动的时间与强度有长短、强弱之分，但结果是干与不干一个样，干多干少一个样，干好干坏一个样，科学家的所得与普通工人的所得相差无几，公平何在？历史的经验证明，正是这种平均主义的公平观阻碍了我国生产力的发展，在经济体制改革的过程中应予抛弃。时下，有人主张市场经济的平等应该是起点的平等，即参加市场经济活动的成员应以同一起跑线出发。这种观点听起来似乎有道理，但在市场经济发展的实际过程中是不可能的。人的能力有大有小，受教育程度有高有低，这种差别是由社会历史条件造成的，谁也无法将它取消。因此，对不同的社会成员来说，其起跑线是不同的。相比较而言，规则平等的观点也许更合理一些。所谓规则平等，即是所有参加市场竞争的成员，必须遵循同一的市场竞争规则，既享受相同的权利，也受到相同的约束。其中最主要地要接受价值规律的裁决，个人除了利用自己的能力和社会平等地提供给每个人的环境、资源和条件，凭借自己的劳动去获取各种利益或好处之外，不允许拥有规则之外的特权。所谓平等的竞争，主要是指规则的平等。只有用严格的规则一视同仁地约束所有的社会成员，才能调动人们的积极性与创造性，求得较高的效率。这即是笔者讲的以公平求效率的基本含义。

当然，即使是规则平等意义上的社会公平，其公平的合理性也只具有相对的性质，而不能说是绝对的合理。因为规则平等是以个人的能力存在着差别为前提的平等。一个健全的人与一个身有残疾的人、一个受过高等教育的人与一个文盲之间的竞争，都实行同一的规则，很难说是绝对合理的。但正如马克思讲过的："权利决不能超出社会的经济结构以及由经济结构制约的社会的文化发展。"①既然市场经济是我国现阶段不可超越的，社会也就只有接受这种现实。如果采取"兼顾"的办法，人为地限制与拉平市场经济必然导致一定程度的两极分化，其结果必然是对市场经济规律的背离，发展市场经济也就是一句空话。

在规则平等意义上的公平与效率统一的原则，其适用范围只限于市场经济生活中，不能无限地外推于全部社会生活领域。不可否认，在市场经济的条件下，社会生活的其他领域都要受到它的影响，但笔者也同意这样的看法，社会生活是多方面的、复杂的，社会生活的其他方面有其自身的特点。如果用市场经济中通行的公平准则去规范或约束全部社会生活，无疑是对这一原则的泛用。举一个简单的例子，社会对完全丧失或部分丧失劳动能力的残疾人的救济与照顾，就不能照搬市场经济生活中所通行的公平准则。如果对残疾人也实行价值规律，按劳分配，残疾人就只好饿死。然而，残疾人也是我们人类的一分子，作为人也应享受人的尊严与获得人的正常生活的基本权力，在这里只能实行社会主义的人道主义原则。问题是，我们在思考效率与公平的关系时，应将社会的经济生活与非经济生活严格地区分开，既不能把社会经济生活中的公平原则泛用到一切社会生活中去，也不能把社会非经济生活中的某些原则运用到市场经济生活中去。例如，我们不能因为残疾人是残疾人，他所生产出的产品在商品交换时应按他实际所耗费的劳动量进行交换，而只能按社会平均的必要劳动量进行交换。

---

① 《马克思恩格斯文集》第3卷，人民出版社2009年版，第435页。

平等与正义关系的历史之辩 *

在近代以降的西方社会中，人们对平等的认知、对正义的认知通常是相互勾联的，平等的即是正义的，不平等即是不正义或非正义的，正义虽然并不仅仅意味着等同于平等，它涵盖的内容远比平等的要求丰富得多，但一个获得普遍认同的观念是，在正义的观念中不可缺少平等的要求。在近代以来的西方社会中，平等的观念不仅与自由的观念一起成为社会思想体系与价值体系的核心与基石，被宣布为具有永恒性质的天赋人权的基本要求，而且还被视为是衡量社会是否正义、政治是否正确的重要尺度与参照坐标。那么，人们对平等权利的要求，究竟是一种天赋性质的要求，还是一种历史性质的要求？平等的要求是否在人类社会的一切阶段上都被赋予正义的评价？抑或将平等赋予正义的评价仅是人类社会历史发展过程中的特殊阶段才产生的现象？到目前为止，无论是从学者们的探究与诠释方面看，还是从人们现实认知方面看，对上述问题的认识并非清晰无误的。在人类社会发展的原始阶段，由于生产力极其低下、生产范围极其狭小，人们所需的物质生活资料的生产通常是以直接性的共

---

* 本文原发表于《天津社会科学》2017 年第 3 期。

同活动方式进行的，生产的收获物也归部落或氏族的成员共同占有，无论是在生产的过程中，还是在生产收获物的分配上，平等与平均是其基本的特征。原始社会是一个蒙昧与野蛮的社会，也是一个平等的社会，同时又是一个有着明显局限的社会，导致它伟大与局限并存的根本性原因"就在于这里没有统治和奴役存在的余地"。① 正因为没有统治与奴役的存在，也就没有所谓的社会不平等现象的存在。因而在原始初民的认知中，既没有"权利和义务的分别"②，也没有强烈的平等的要求与观念，因为没有不平等现象的存在，平等很难受到人们的重视。

平等观念的产生是以不平等现象的产生作为基础与前提的，确切地说是以私有制与阶级的产生、社会的分化、"统治和奴役存在"③ 作为基础与前提的。因为，社会产生了分化与不平等现象，才会导致平等要求的产生。虽然，平等观念是一个极其古老的观念，在一定的意义上说，平等观念的历史与私有制的历史一样久远，然而，人们对平等的评价，尤其是对平等与正义关系的认知不仅不尽相同，而且甚至是相互对立的。近代西方思想的源头是古希腊，近代西方几乎所有的思想尤其是哲学思想、政治思想都可或隐或显地在古代希腊的思想库中寻觅到某种踪影或基因，关于平等的观念也不例外。近代西方与古代希腊的平等观之间的主要差别不在于对平等本身意蕴的认知上，而在于对平等的作用，与平等和正义之间关系的认知上。在近代西方占主导地位的思想意识形态中，平等的观念是一个极其重要的观念，平等范畴是绝大多数思想家们用来构筑或编织自己思想体系的核心范畴，平等要求既是一种社会理想，也是衡量社会是否正义的一个重要标尺，然而，在古希腊占主导地位的思想意识形态中，实际情况正好相反。与近代西方肯定平等价值、反对不平等的价值取向不同，"在希腊人和罗马人那里，人们的不平等的作用比任何平等要大得多。如果认为希腊人和野蛮人、自由民和

---

① 《马克思恩格斯文集》第 4 卷，人民出版社 2009 年版，第 178 页。
② 《马克思恩格斯文集》第 4 卷，人民出版社 2009 年版，第 178 页。
③ 《马克思恩格斯文集》第 4 卷，人民出版社 2009 年版，第 178 页。

奴隶、公民和被保护民、罗马的公民和罗马的臣民（该词是广义上使用的），都可以要求平等的政治地位，那么这在古代人看来必定是发了疯"①。在古代希腊与罗马的社会中，平等的权利不仅限于希腊人与罗马人等所谓的文明人，而且只限于希腊人中的自由民与罗马人中的公民，对于奴隶、被保护民、臣民是不配享有权利的。在古代希腊与罗马人的观念中，正义是一个极其重要的观念，一个理想的社会应该是一个充满正义的社会，或者说一个符合正义、公平要求的社会才是理想美好的社会。但什么样的社会才是正义的与理想的社会？柏拉图的《理想国》中是如此诠释的：社会中的成员由于是由三种不同品质的材料构成的，因而应分成三个不同的等级，第一等级的人是国家的统治者或治理者，他们是金质材料构成的；第二等级的人是国家的保卫者，他们是银质材料构成的；第三等级的人是国家所需的物质生活资料的生产者，他们是铜质或铁质等劣质材料构成的。不同等级的社会成员由于是由不同品质的材料构成的，材料品质的贵贱是形成社会等级划分的根本性原因。柏拉图认为，理想与正义的国家应是社会中不同等级的人各安其位，各尊其序，各司其职，不串位，不僭越。串位与僭越、以下犯上或上下颠倒即是非正义。柏拉图所谓的三个等级的人是用三种品质材料做成的理论显然是他制造的一个弥天谎言，但他主张的正义应是不平等。在古代希腊与罗马人的信念与认知中，不平等之所以比平等更重要，不平等的作用比平等的作用更大，从根本上说是源于雅典的一个著名执政官伯利克里所申述的下述理念，强者统治弱者既是顺理的，也是自然的，因而是正义的。

在今天的人们看来，古希腊人与罗马人对平等与不平等关系认知的价值取向，以及对正义观念认知的价值取向是强权的、野蛮的、非道德的，然而，从历史演进来看，这种价值取向则是不可避免与必然的。深刻的原因在于，在农耕文明的历史条件下，以手工工具为基础的生产方

---

① 《马克思恩格斯文集》第9卷，人民出版社2009年版，第109页。

式所产生的必然是以奴隶主与封建主等贵族阶级占主导地位的生产关系，在以贵族为主的社会生产关系基础上，社会的结构不可避免地表现为一种贫富分化、尊卑有别的等级制的社会结构，由此必然形成维护等级制生存所需的正义观念。在所有的农耕文明的社会形态中，生成的必然是贵族为主的生产关系与等级制的社会结构，无论是西方，还是东方，概莫能外，而在等级制社会中，占主导地位的也必然是为等级制辩护的思想观念。"统治阶级的思想在每一时代都是占统治地位的思想。"①这是历史演进的逻辑，也是历史发展过程中重复呈现出的历史现象。平等观念是历史的，正义观念也是历史的，人们对平等与正义关系的认知同样是历史的。对于农耕社会的人们来说，将平等视作不正义、不平等才是正义的。

如上所述，平等是一个历史范畴，不同时代的人们有不同的平等观。平等观念产生的历史与人类社会分化的历史一样久远，因为，人类社会只要存在着不平等现象，平等就会成为一种要求。然而，近代以来的平等观较之于古代的平等观来说，在下述两个方面是存在着本质性区别的。其一，近代西方的平等观较之于古代西方的平等观对平等内涵的理解是有本质性差异的。恩格斯在谈到平等观念的历史演进时就曾明确地指出："一切人，作为人来说，都有某些共同点，在这些共同点所及的范围内，他们是平等的，这样的观念自然是非常古老的。但是现代的平等要求与此完全不同；这种平等要求更应当是从人的这种共同特性中，从人就他们是人而言的这种平等中引申出这样的要求：一切人，或至少是一个国家的一切公民，或一个社会的一切成员，都应当有平等的政治地位和社会地位。"②在恩格斯看来，在近代以前的社会中，原始的平等要求仅限于人的共同点所及的范围内，而不包含社会成员之间政治地位与社会地位平等，不含有平等权利的要求。近代西方的平等观对平

---

① 《马克思恩格斯文集》第 1 卷，人民出版社 2009 年版，第 550 页。

② 《马克思恩格斯文集》第 9 卷，人民出版社 2009 年版，第 109 页。

等的理解虽然也是"从人就他们是人而言的这种平等"观念出发的，但它加入了要求平等的"政治地位与社会地位""平等权利"的内容，而这是与古代平等的要求不仅完全不同，甚至是相反的。其二，平等要求在人类社会历史发展的不同阶段上其地位与作用是不同的。在以手工劳动与贵族为主的农耕文明的社会形态中，平等要求通常表达的是社会中处于被压迫地位的阶级与社会成员的要求，它通常会受到社会中等级地位较高阶级的反对与抵制，正因为如此，它被视作违背社会正义的要求。而在西方近代社会中，平等不仅是社会占主导地位的价值观念之一，同时也是正义观念蕴涵的重要要求之一。在近代以来的资本主义社会中，将平等的政治地位与社会地位的要求从正义的观念中排除出去是不可想象的事情。平等的即是正义的，不平等即是非正义的，换言之，它是一种居于主导地位的意识形态，也是构成社会政治、法律制度赖以确立的重要的理论基础。

那么，是什么原因使西方近代的人们改变了对平等涵义本身的认知，也改变了对平等与正义间关系的认知？一个合理性的解释是：这主要源于社会的生产方式与交换形式发展与变动的必然性使然。更明确地说，这源于近代以来资本主义商品经济的生产方式与交换形式的出现。任何观念或意识的存在都不是无根的存在，无论是观念或意识的生存也好，还是观念或意识的发展与变化也好，都不是无缘无故的，而是遵循着客观的必然性与规律性的。因为"意识在任何时候都只能是被意识到了的存在，而人们的存在就是他们的现实生活过程"。① 任何观念或意识从归根到底的意义上去看都是一定社会的生产方式与交换形式要求的表达与反映，其生成与发展变化的实际动因只能从生产方式与交换形式的存在状况与变化状况中得到合理性解释。近代西方以资产阶级所代表的平等与正义的观念也只有从资本主义的生产方式与交换形式的生成与发展中才能加以把握与说明。近代西方占主导地位的平等要求的核心内

---

① 《马克思恩格斯文集》第 1 卷，人民出版社 2009 年版，第 525 页。

容，即国家公民与社会成员之间的政治地位与社会地位的平等，以及权利的平等。这是一种现代的平等要求，也是一种资产阶级的平等要求，因为"在封建的中世纪的内部孕育了这样一个阶级，这个阶级在它进一步的发展中，注定成为现代平等要求的代表者，这就是资产等级"。①资产阶级之所以注定成为现代平等要求的代表者，其深刻的原因在于，现代资产阶级本身是商品经济发展的产物，商品经济既造就了资产阶级，也为资产阶级的存在与发展提供着基础与条件，没有商品经济的发展与在历史上的居于统治地位，也就没有资产阶级的生成与统治地位的确立。现代资产阶级在平等问题上之所以有别于历史上的统治阶级，要求所有国家公民或社会成员在政治地位、社会地位与权利上的平等，是因为人的平等与人的自由一样，是商品生产与商品交换存在与发展的不可或缺的基础性条件，没有人们之间的政治地位、社会地位之间的平等，无论是商品生产也好，还是商品交换也好，其存在与发展都是不可想象的。倘若社会成员不是自由与独立的，在政治上与社会上的地位是不平等的，而是具有等级的与依附的性质，资本与雇佣劳动之间的交易就无法进行，也就不可能有商品生产。同样，商品生产的目的，不是直接地为了满足生产者自身的需要，而是为了满足社会与他人的需要，它追求的不是产品的使用价值，而是产品的交换价值，即是说他生产出来的产品是用来出卖的，如果他生产出来的产品卖不出去，产品的价值就无法实现，产品就会成为废品。商品生产者生产出来的产品不仅要卖出去，还要实现商品的价值，否则商品生产就不能继续下去。商品生产者在出卖自己的产品时，要使自己的产品实现其价值，就必须贯彻平等交换的原则，即贯彻等量劳动与等量劳动相交换的原则，不容许有任何等级制的特权存在，否则商品经济的交换形式就无法存在下去。现代资产阶级的平等要求实质上反映和表达的是商品经济的生产方式与交换形式的要求，对此，马克思主义经典作家曾有经典性的阐述，恩格斯在谈

---

① 《马克思恩格斯文集》第 9 卷，人民出版社 2009 年版，第 110 页。

到资产阶级的平等要求与商品经济的关系时就曾认为："大规模的贸易，特别是国际贸易，尤其是世界贸易，要求有自由的、在行动上不受限制的商品占有者，他们作为商品占有者是有平等权利的，他们根据对他们所有人来说都平等的、至少在当地是平等的权利进行交换。从手工业向工场手工业转变的前提是，有一定数量的自由工人（所谓自由，一方面是他们摆脱了行会的束缚，另一方面是他们失去了自己使用自己劳动力所必需的资料），他们可以和厂主订立契约出租他们的劳动力，因而作为缔约的一方是和厂主权利平等的。最后，一切人类劳动由于而且只是由于都是一般人类劳动而具有的等同性和同等意义，在现代资产阶级经济学的价值规律中得到了自己的不自觉的，但最强烈的表现，根据这一规律，商品的价值是由其中所包含的社会必要劳动来计量的。"①

西方近代以来以社会成员之间的政治地位、社会地位与权利平等为主要诉求的平等观取代农耕文明时代的平等观，无疑有其历史的必然性，更为重要的，无论是在社会历史演进的维度上，还是在认识史的维度上看，都是一个巨大的历史进步。这样的平等观对于反对封建制度的斗争，对于商品经济的生产方式与交换形式的形成与发展，从而对于资本主义社会的生产力与资本主义文明的发展都有着不可忽视的推动作用。西方近代以来占主导地位的平等观，就其性质而言是一种资产阶级的平等观，它表达的是资产阶级要求发展商品经济、反对封建等级制的诉求，但其价值与作用并不仅仅局限于此，恩格斯就曾经认为："这一观念特别是通过卢梭起了一种理论的作用，在大革命中和大革命之后起了一种实际的政治的作用，而今天在差不多所有国家的社会主义运动中仍然起着巨大的鼓动作用。这一观念的科学内容的确立，也将确定它对无产阶级鼓动的价值。"②

近代以来的资产阶级平等观相对于它生成与存在的历史条件来说，

---

① 《马克思恩格斯文集》第 9 卷，人民出版社 2009 年版，第 110、111 页。
② 《马克思恩格斯文集》第 9 卷，人民出版社 2009 年版，第 108 页。

既具有必然性，也具有历史进步性。但我们也应看到：以社会成员之间的政治地位、社会地位与权利平等为内容的平等观，具有鲜明的历史性与阶级性，它只是一定历史阶段的必然产物，并不具有永恒真理与普世价值的属性。平等的作用是历史的，在不同的历史条件下，平等要求的作用是不同的，平等要求并不是在一切历史条件下都具有无条件的正当性，更不是在任何条件下都会起着积极作用。人们对平等的理解与诉求也是历史的，社会历史条件的不同，更具体地说，在不同的生产方式与交换形式的基础上，人们对平等的价值诉求会有很大的不同。不仅如此，即使在同一个社会发展阶段上，在社会生产方式与交换形式中处于不同地位的个人与阶级对平等的诉求也会存在差异，甚至存在着对立的可能。一个社会中占统治地位的平等观，通常只是该社会中占统治地位的阶级的平等观，反映与表达的只是统治阶级的平等要求，它既不反映所有社会成员的平等要求，也不具有普世性价值的意义。正如恩格斯所指出的："平等的观念，无论以资产阶级的形式出现，还是以无产阶级的形式出现，本身都是一种历史的产物，这一观念的形成，需要一定的历史条件，而这种历史条件本身又以长期的以往的历史为前提。所以，这样的平等观念说它是什么都行，就不能说它是永恒的真理。"① 正因为任何时代的平等要求都具有时代特性，任何阶级的平等要求都具有阶级的特性，因此，即使是那些其产生与存在具有必然性、现实性、合理性与正当性的平等要求也都具有不可避免的历史局限性与阶级的局限性。西方近代以来占主导地位的平等观，在本质上是资产阶级的平等观，这种平等观之所以在资本主义社会的意识形态中占据着主导地位，其基础与前提是资产阶级在社会的经济结构与政治结构中占据着统治地位。马克思主义历史观虽然不否认资产阶级的平等要求相对于它存在的历史条件来说具有历史的必然性与合乎时宜性，但由于这种平等观是以私有制与阶级对立作为基础的，它反映与表达的是资产阶级发展资本主义商品

---

① 《马克思恩格斯文集》第 9 卷，人民出版社 2009 年版，第 113 页。

经济的要求，因而认为资产阶级的平等要求同样具有历史与阶级的局限性与片面性。这种平等观的局限性和片面性表现在，社会成员之间的平等要求仅仅存在于国家的领域中，或者说自由与平等仅仅是政治与法律意义上的要求与存在，而在实际的社会的经济领域中，人的自由也好、平等也好都是被拒斥的。在马克思历史观的视野里，资产阶级平等要求对于资产阶级之外的社会成员来说，充其量也只是具有表面的与形式的意义，而不具有实际的、现实的意义。因为平等的地位通常只是表现在商品的交换过程中，对于一无所有的雇佣工人来说，只是表现在出卖自己的劳动力这个唯一的商品时他具有与资本的所有者进行讨价还价的平等权利，然而，一旦资本与雇佣劳动之间的平等交换得以实现，雇佣劳动者一旦完成了自己劳动力的出售，进入到生产过程时，资本与雇佣劳动之间的平等关系便会立即消失。资本与雇佣劳动在社会生产过程中的地位是不平等的，二者在社会财富分配过程中的地位与结果更没有任何的平等可言，其深刻的原因在于社会是以什么样的方式进行生产的，它也就以什么样的方式进行分配。

现代资产阶级要求的以实现社会成员之间的政治地位、社会地位、权利平等为主要内容的平等观，尽管对于资产阶级之外的社会成员，尤其是无产阶级来说，只具有形式上的意义，但它对于无产阶级的平等观念的形成都是有着不可忽视的意义。现代资本主义社会中的两大对立阶级——资产阶级与无产阶级，虽然它们都是在商品经济的生产方式与交换方式基础上生成的，但由于各自在社会生产方式与交换形式或社会结构与社会关系中处于不同地位，因而他们对平等的要求也各不相同。但不可否认的是，资产阶级平等观在历史上的社会主义运动中曾经起过鼓动作用，而且对无产阶级的平等观的形成起过重要的启发作用。这种启发作用主要表现在："从消灭阶级特权的资产阶级要求提出的时候起，同时就出现了消灭阶级本身的无产阶级要求——起初采取宗教的形式，借助于原始基督教，以后就以资产阶级的平等理论本身为依据了。无产阶级抓住了资产阶级所说的话，指出：平等应当不仅仅是表面的，不仅仅在国家的领域中实行，它还应当是实际的，还应当在社会的、经济的领域中实行。"①在马克思历史观的视野里，无产阶级也有自己的平等观，无产阶级的平等观虽然受到过资产阶级平等观的启发，并是以资产阶级平等要求为根据的，但它并不是资产阶级平等观的克隆与翻版，它抓住的是资产阶级的话柄，利用的是平等的口号，表达的是自己的愿望，维护的是自己乃至整个人类的利益。无产阶级平等观与资产阶级平等观本质性的区别在于，资产阶级平等观要求的是消灭阶级的特殊，而无产阶级平等观要求的则是阶级本身，对于资产阶级平等观来说，平等要求仅仅限制在国家的领域中，或者说仅仅表现为一种政治与法律意义上的权利，对于无产阶级平等观来说，平等不仅应在国家的领域中实行，"还应当在社会的，经济的领域中实行"，平等不应仅仅应是一种政治与法律上的要求，更应该是一种"社会的，经济的平等要求"，因为没有"社会的，经济的平等"，其他形式的平等就只能是一种表面性的平等。在马克思的历史观中，无产阶级的正义观与无产阶级的平等观是一致与统一的，对无产阶级正义观来说，社会正义不仅应包括人们的政治地位、社会地位与权利的平等，还应包括"社会的，经济的平等要求"，应包括废除阶级的特权，实现阶级本身的消灭。

　　平等的观念不仅是西方近代以来的资产阶级意识形成中的核心价值观念之一，同时也是中国特色的社会主义价值观体系的核心观念之一。社会主义社会为何也要将平等纳入核心价值的范畴？普世价值的认同论者的回答是，平等是一种普世性价值，它适合人类的一切社会。实际上，将平等观念纳入社会主义核心价值观体系的根据，并不是因为平等观念具有普世的、永恒真理的性质，平等的观念与自由的观念一样，都是一种历史性的观念，任何历史性生成的观念都不具有普世性的、永恒真理的性质，真正将平等观念作为社会主义核心价值观内容的客观根据在于：平等观念"仍然合乎时宜"。所谓"仍然合乎时宜"，不仅在

---

① 《马克思恩格斯文集》第 9 卷，人民出版社 2009 年版，第 112 页。

于在社会主义的初级阶段中，市场经济的生产方式与交换方式仍然是社会主义初级阶段的经济基础，只要商品经济的存在仍然具有必然性与合理性，平等就是不可废除的要求，否则，市场经济就会是不可能的。更为重要的是，在社会主义的初级阶段中，还存在大量的、各种各样的不平等现象，而只要社会还存在不平等现象，对平等的要求就是不可废除的，只有当社会不平等现象彻底消失时，平等的要求才会失去它存在的要求。但需要强调的是，尽管无论是在资本主义核心价值观体系中，还是在中国特色的社会主义核心价值观体系中，平等都起着核心观念的作用，但二者蕴涵的内容与呈现出的颜色是有本质性区别的。社会主义平等观追求的不仅仅是社会成员之间的表面的、形式上的平等，而是要求所有社会成员之间的全面的、实质性的平等。

唯物史观视域下的形式平等与实质平等 *

一

　　自启蒙运动以来，平等作为一种价值观念，越来越凸显出其重要地位，乃至于成为一种近似公理的不证自明的存在。就其最抽象、最本原的意义来说，平等指涉的是人们基于同类主体间的一致性确立起来的一种主体与主体等同对待的价值起点。比如说，人人生而为人，共为"人类"的一分子，因此不论出身贫富、智商高低等一系列差异因素，最起码在作为同类群体的一个主体上，是与其他人"一样"的，而"一样"就意味着需要把他人放到与自己同样的地位看待。有时候，人们也会扩大这种论证，如将人与其他物种作为同为地球一分子的存在而倡导人与其他自然物的和谐共存。这样看来，平等似乎很容易理解。但实际上，平等不能只是抽象的规则，无法被简单地局限于一种理想的前提预设，而必须放到实际生活当中，去思考其规范意义。在现代社会，不平等一定是不正当的、非正义的，但是一旦人们脱离平等在抽象起点上的实然性，结合具

＊　本文原发表于《江汉论坛》2019 年第 11 期。

体实际去思考作为一种规范价值的平等，就会发现很多问题，并且从不同的立场出发，做出不同的、有时在具体细节上相互矛盾的解答。比如说，有人认为平等就应该做到一块蛋糕尽可能地平均地分给所有人，有的人则认为要根据能力与责任大小"多劳多得，少劳少得"，两种诉求针锋相对，却又在社会中并行，谁也不能完全驳倒另一方，这着实是一种奇妙的怪象。

大致来说，无论是根据平等的发展历程还是根据其实践程度，平等都可以被分成形式平等和实质平等，它们是以上述抽象的"天赋的"平等预设为前提，结合现实情况进行的不同建构。前者指一种抽象的、无条件的平等，即不考虑任何实际差异的情况下，依据最基本的平等价值原则所推断出的平等规范，只要是属于同一类的主体，就无条件地享受相同的权利与义务。所以从狭义上来说，平等应当就指形式平等，因为形式平等更接近于纯粹的平等预设或者说价值起点，是它的直接理解与展开。而这就意味着，形式平等是一种表面的、原则的平等规定，只能以最一般性的面目出现。形式平等也可以被称作机会平等或者是程序平等，因为形式平等更加重视保障程序与过程的不偏不倚，要保障每个主体在实现自我诉求的过程中是平等的，处在相同的竞争机制下，拥有着相等的机会，以便每一个主体都可以自由发挥并实现自身目的。也就是说，形式平等所起到的作用类似于搭建统一的平台，然后使得共同体内部的所有成员在同样的规矩下追求自身利益。而所谓的平等，也就是给所有人平等发挥自我的机会。形式平等对程序的强调离不开对拥有自由意志的个体的"自我"的坚持，也就是说，是以个人自由为基础的。每个人都是他自己的合法所有者，只要不侵犯他人，就有随心所欲地运用自己的能力的自由，这也是源自启蒙时期的自由主义的基本观点。在这个观点的基础上，平等也就是平等地行使个人自由，以任何形式对结果进行调控都是对自由同时也是对个人的平等权利的侵犯。形式平等的这种程序性、抽象性、以自由为基础因而是一种弱干预性的权利规范的特点，决定了它的具体表现多在政治领域，即更多地要求保障社会、政治地位以及权利的平等。比如说，绝大多数国家的宪法都规定着本国的公民无论民族、性别、身体状况、知识背景如何，都是一律平等地享有相同的政治权利，履行相同的政治义务。

然而现实情况是复杂的，在设定形式平等规范时所抛弃的那些偶然性，使得形式平等的效果在人们的日常中出现很大的偏差，甚至可能成为助长不平等的帮凶。因此，在一定意义上，实质平等是对形式平等的反思与调整，是对其造成或助长的实质上的不平等的规制与补偿。如果说形式平等是基于同一性来要求平等的、相同的权利义务分配，那么实质平等就是基于差异性来要求差别的分配方式或是调整，并且这种差别对待的根据，依然是为了实现从最根本、最抽象的意义上所要求的平等权。实质平等是一种有具体内容的、有条件的平等，也就是说实质平等的实现，依赖于将视角投向对弱者的补偿与同情。比如罗尔斯的"差别原则"，将最贫困者的最大利益作为一条重要的考量因素。但不得不提的是，如果把形式平等与实质平等的关系简化成"程序——结果"的对立，把实质平等所依据的差异性做一种片面的、极端的唯结果论的思考，就很容易变成平均主义倾向，即出发点是"平等"，要求结果也"平等"，不考虑中间的实践创造与社会交往过程。这显然是一种下意识的美好幻想，来自于对形式平等的极端反叛，如果不能正确理解对形式平等的认识与批判，这种幻想倾向就不能得到抑制。如认为马克思主义所追求的共产主义是平均主义，就是一个典型的例子。而实际上，马克思明确批评过平均主义的观点是一种粗陋的、原始的共产主义观点，是"对整个文化和文明的世界的抽象否定，向贫穷的、没有需求的人——他不仅没有超越私有财产的水平，甚至从来没有达到私有财产的水平——的非自然的单纯倒退"①。想要避免平均主义倾向，就要认识到，实质平等所关注的差异首先应当是事实上业已存在的差距与不平等，是形式平等在设定抽象原则时所故意忽略的诸多因素，其次才是这

---

① 《马克思恩格斯全集》第 42 卷，人民出版社 1979 年版，第 118 页。

些具体的个人在现实交往中由于这些因素和条件所导致的不同后果。但无论如何，实质平等所表现出的是对形式平等古板又僵硬的执行程序的担忧。因而相较于形式平等致力于建造统一的竞争平台以保障个人的自由追求，实质平等更加关注每一个主体因而也是他们所组成的群体的实际利益，致力于使同类的每一个主体的利益都能"平等地"得到保障。也因此，经济领域成为不断追求实质平等的舞台，因为经济利益是能够被切身感受到的，并且涉及的不平等问题更加深刻与复杂。

　　总的来说，形式平等和实质平等是矛盾统一的，它们的逻辑起点都是同类主体的相同性，它们的共同现实基础是现代社会的人的交往，但是二者在内容与要求上又针锋相对，表达了当代社会两种不同的利益诉求。并且相比较之下，形式平等更加基础，而实质平等代表了一种更高层面的追求。但是对于这种关系的理解，也存在着不同的感情倾向，有人认为实质平等折射了对平等的真实态度，将实质平等理解为一种应当实现的"实际的"、"真正的"平等，所以比形式平等更高级，更应当作为努力的方向[①]；也有人认为，实质平等作为一种"积极义务"，是对形式平等的补充，不具有可执行性和可诉性，因而是次要的和辅助的[②]。二者自然都有其道理，但如果我们不能跳出二者抽象的矛盾统一，认真考察二者的历史与现实基础，那么对形式平等的批判就始终是局限的，进而对实质平等的认识与构建也是不够有效的，对两者孰轻孰重的判断，也只能停留在个人感情倾向基础之上。

二

　　基于同类主体的相同性，人们普遍认为人与人之间的平等是理所当

---

① 王立：《平等的双重维度：形式平等和实质平等》，《理论探讨》2011 年第 2 期。
② 陈霞明：《论实质平等》，《江西社会科学》2007 年第 4 期。

然的，只不过在如何尽量消除不平等、保证平等方面众说纷纭。这样的看法不加反思地主导了近代以来西方社会的主流价值观，平等不仅和自由一起被作为社会思想体系和价值体系的核心与基础，而且被当作社会是否正当合理的衡量尺度，一种具有永恒性质的天赋权利。但是实际上这样的自然推理存在着历史的断裂。正如恩格斯指出的："一切人，作为人来说，都有某些共同点，在这些共同点所及的范围内，他们是平等的，这样的观念自然是非常古老的。但是现代的平等要求与此完全不同：这种平等要求更应当是从人的这种共同性中，从人就他们是人而言的这种平等中引申出这样的要求：一切人，或至少是一个国家的一切公民，或一个社会的一切成员，都应当有平等的政治地位和社会地位。"①现代社会对平等权利不加反思的重视，无法对古今平等要求的差异做出合理的理解与解释，甚至也无法从深层次认识当今存在的不同的平等诉求。只有深入到历史的维度中去，才能了解平等的实质，以及为何其在现代如此深入人心、但其标准又如此大相径庭。

在人类社会的早期阶段，由于生产力水平低下，人们的生产生活以一种群居的方式进行，以集体的形式共同生产，因而也是以集体的形式共同占有劳动成果，这无疑是高度平等的，因为无论是履行劳动生产的"义务"，还是享受使用劳动产品的"权利"，一方面不会违背个人的"自由意愿"，每个人都愿意为部落的生存与延续贡献必要的力量；另一方面也会尽量做到平等平均，以保证每个成员的生存。但这种高度的平等正是由于它的局限，即低下的生产条件限制了最基本的生存需要，所以公利即是私利，因而这是一种"不成问题的平等"，没有权利与义务的分别，"没有统治和奴役的余地"，不平等现象与平等要求也就无从谈起。平等观念产生的前提，是人们意识到事实上存在的不平等现象，也就意味着，这是伴随着私有制的产生而一起出现的。只有伴随着社会的分化、劳动分工以及产品交换的频繁，不平等才随着社会财富的不均等

----

① 《马克思恩格斯选集》第 3 卷，人民出版社 2012 年版，第 480 页。

占有而成为了既定的事实。但准确说来，虽然不平等的事实很早就刺激产生了平等的诉求，关于大同社会的美好愿望从古至今一直存在，但平等观念却只有在近代才发展到实际的"统治地位"。正所谓"统治阶级的思想在每一时代都是占统治地位的思想"①，奴隶社会和封建社会的统治思想和价值观念，就是等级与不平等。根源就在于，在自然经济的历史条件下，以手工工具为基础的生产方式所产生的必然是以奴隶主与封建主等贵族阶级占主导地位的生产关系，而与此相应的，不可避免的是一种贫富分化、尊卑有别的等级制和以不平等为正义的价值观念。具体来讲，在人们的基本物质生产活动仅仅是借助简单工具从事农业和手工业的生产条件下，人本身才是最大的生产力，因此为了更好地生产与保存财富，首先人与周围其他人的直接依赖关系极强；其次为了完成生产必须付出较多的劳动时间。并且不存在大量的剩余产品可供交换，人们也就不可能存在大规模频繁的较为复杂的物质交往活动。何况由于客观条件的限制，交往活动也被局限在较小的范围内。这也就意味着，社会是相对固化的。而在这种社会状态下，等级制是最自然、最容易得到发展的秩序格局，相应地，尊卑有别的不平等才是最合理的价值取向。正如柏拉图所设想的理想国，国家内部成员天生被划分为三部分，统治者、保卫者和生产者，分别拥有着金、银以及铜铁的灵魂，不同的等级因而也就有着不同的权利与责任，各守其序便是最理想的社会形态。"在希腊人和罗马人那里，人们的不平等的作用比任何平等要大得多。如果认为希腊人和野蛮人、自由民和奴隶、公民和被保护民，罗马的公民和罗马的臣民（该词是广义上使用的），都可以要求平等的政治地位，那么这在古代人看来必定是发了疯。"②古希腊人的平等权利，仅限于城邦成年男性公民之间，女性、奴隶以及外来人都被排斥在外，虽然不否认这种小群体内部的平等权对后世巨大的借鉴意义，但是就一种历史特点

---

① 《马克思恩格斯选集》第 1 卷，人民出版社 2012 年版，第 178 页。
② 《马克思恩格斯选集》第 3 卷，人民出版社 2012 年版，第 481 页。

来说，这本质上依旧是少部分人对大部分人的优越地位。

因此，平等观念不是普世与永恒的，而是历史的，每一种看似无可辩驳的"普世价值"都有其前提与历史界限，作为一定社会的思想和价值取向，对它的理解与分析必须要看到矗立在一定生产力发展阶段之上的经济基础的决定作用。正如恩格斯所指出的："平等的观念，无论以资产阶级的形式出现，还是以无产阶级的形式出现，本身都是一种历史的产物，这一观念的形成，需要一定的历史条件，而这种历史条件本身又以长期的以往的历史为前提。所以，这样的平等观念说它是什么都行，就不能说是永恒的真理。"① 但是这并不意味着平等就应该是完全相对的东西。历史既可以消解永恒，也可以解释现实与必然，历史性在一定意义上来说也就是现实性。一方面我们否定现代资本主义社会的平等观是永恒的，因为我们已经从历史中发现了实例，不同的时代对平等的态度是不同的；但另一方面我们也要认识到，同封建时代等级制与不平等的正当与必然一样，现代平等观尤其是形式平等的产生与发展也存在着其历史依据与必然性。以形式平等为核心的现代平等观，本质上讲是一种资产阶级的平等诉求，而资产阶级又是商品经济发展到一定阶段的产物。随着生产力的发展和商品交换的扩大化，原有的旧的以血缘或等级为标准的社会利益分配规则，必定会成为生产力发展的桎梏。商品经济想要更加顺畅地进行，必然要求更加开放统一的平台。现代资产阶级对形式平等的要求，对公民政治、社会平等权利的要求，正是为了解除束缚，建立统一的竞争机制。人的平等和自由一样，都是促进商品生产和交换快速发展的必要条件。首先，大工业的发展催生了对大量劳动力的需求，需要雇佣工人们在市场上以一种平等的地位自由支配与出卖自身劳动。倘若社会成员在政治和社会上的地位依旧是不平等的，并且存在着人身依附的性质，无法达到对自我的完全占有与自由支配，那么资本和雇佣劳动之间的交易就无法正常进行，商品生产不断扩大化的脚步

---

① 《马克思恩格斯选集》第 3 卷，人民出版社 2012 年版，第 484—485 页。

就会受到极大的阻碍。其次，商品生产本身就意味着对利润的追逐，意味着商品生产的目的并不是为了获得产品的使用价值满足自身的需要，而是要通过满足他人的需要获得产品的交换价值。也就是说，之所以进行商品生产，就是为了卖出商品，获得商品的价值。而要顺利进行商品交易，就必然要遵循平等交换的原则，必须保证等量劳动与等量劳动相交换。任何等级制特权的存在，都会破坏市场秩序，破坏商品经济的正常交换形式，也会影响消费市场，从而抑制商品经济的发展。在封建等级制下，作为"生产工具"的奴隶以及自给自足的小农，显然满足不了资本主义的发展对庞大消费市场的需求。对公民平等权的争取，使大批奴隶、雇农成为自由出卖自身劳动力的雇佣工人，在一定意义上刺激了商品交换、扩大了消费市场。对于商品交换和这种平等权的关系，恩格斯也有论述："大规模的贸易，尤其是世界贸易，要求有自由的、在行动上不受限制的商品所有者，他们作为商品所有者是有平等权利的，他们根据对他们所有人来说都平等的（至少在当地是平等的）权利进行交换。"[1]因此形式平等和自由竞争紧紧联系在一起，成为高度发达的私有制与市场经济条件下人们充分实现自我价值的平台。这种政治权利的、抽象的平等平台的重要性，会在现代私有制条件下不断得到强调。

三

以政治、社会地位平等为核心的形式平等观对封建等级制度和观念的取代，无疑具有重大的历史进步意义，它对于商品经济乃至于现代资本主义文明的发展都起到了巨大的推动作用。但是同时我们也看到，这种平等观也有着它自己的历史性和阶级性，作为一种现代资产阶级的平等观念，它本质上服务于资产阶级对不受限制的商品生产和交换的自由

---

[1] 《马克思恩格斯选集》第3卷，人民出版社2012年版，第482页。

市场的需求。然而由于每个人实现自我目标的过程不免同时排除了他人达到这一目的，因而形式平等成为了富与贫、强与弱两极分化的催化剂，也使得资本主义社会的矛盾不断扩大。作为形式平等的对立面，实质平等诉求的出现正是不同群体对形式平等的弊端的回应。首先就是在实际上被剥削、被压迫的人群和阶级，其出发点是维护自身的实际利益。因为形式平等观所要求的政治和社会地位平等，对资产阶级以外的社会成员来说是没有现实的意义的，形式平等所保障的商品等价交换，只不过保证劳动者在出卖自己的劳动力时可以有讨价还价的权利，并不能要求在商品生产过程中资本和雇佣劳动的等价计算。其次，资产阶级内部的部分成员，出于缓和社会矛盾与"人道主义"关怀，也会关注事实上的差异，防止资本过度扩张，从而维护本阶级的根本利益。

总之，站在不同的立场就会产生不同的实质平等观。对于资产阶级的自由主义者来说，形式平等就是最真实的平等，它保证了人尽其力地发展自我；注意到社会实质差距的部分资产阶级成员，则会认为实质平等意味着以规制与调节的手段，保障弱者的利益，维护现代社会的基本人权；而站在被剥削群体的立场上，实质平等是实际的、真实的、绝对的平等，与形式平等的关系是对立的，将形式平等看作应当被消灭的实质不平等。认为实质平等就是形式平等的极端的自由主义观点，和认为实质平等就是绝对平均主义一样，虽然都一度产生过非常重大的影响，但实际上都是不可取的。从唯物史观的角度出发，平等的判断应当建立在一定的时代基础上，离开一定的生产方式和交换方式，平等就是一种无意义的空谈。另外，真正的平等绝不仅仅意味着形式平等，因为现存的形式平等是一种虚伪的平等观，停留在抽象的权利上，以人与人的自由交换为基础，实际上暗含着不平等的剥削与占有。而平等"应当不仅是表面的，不仅在国家的领域中实行，它还应当是实际的，还应当在社会的、经济的领域中实行"①。这也就意味着平等问题的消弭，即不存在

① 《马克思恩格斯选集》第 3 卷，人民出版社 2012 年版，第 484 页。

竞争与相互博弈的、真正的自由的实现，使得平等作为一种私人利益考量而失去讨论意义。

很明显，这种实质平等在资本主义社会是不可能实现的。究其原因，资本是逐利的，在通常情况下，资本需要获得平均利润，拥有资本的数量越多，获取利润的权利和能力就越大。而剩余价值是所谓利润的来源，是资本能够不断积累的源泉，是资本主义能够存活与发展的关键秘密。所以只要还存在着雇佣劳动，劳动者就不可能真正实现对自己劳动的实质占有，"在雇佣劳动制度的基础上要求平等或公平的工资，如同在奴隶制的基础上要求自由一样"①。甚至在社会主义社会，在实行按劳分配原则的前提下，实质平等也是不可能实现的。因为社会主义社会"不是在它自身基础上已经发展了的，恰好相反，是刚刚从资本主义社会产生出来的，因此它在各方面，在经济、道德和精神方面都还带着它脱胎而来的那个旧社会的痕迹"，也因此按劳分配实际上依然是一种资本主义法权，是一种形式平等，"这个平等的权利总还是被限制在一个资产阶级的框框里"，"对不同等的劳动来说是不平等的权利"。因为"它默认，劳动者的不同等的个人天赋，从而不同等的工作能力，是天然特权"②。实际上，只要商品经济还存在着合理性与必然性，形式平等就依然占主导地位，各种实质上的不平等现象就不能得到根除。但是，实质平等除了作为一种真实的存在，也可以是一种相对的、比较的存在。也就是说，虽然在当前的社会条件下，真正的平等无法实现，但是这并非意味着我们不能缓和矛盾。为了尽量避免不平等的弊病，在当前的社会条件下，"权利就不应当是平等的，而应当是不平等的"③。具体来讲，就是以程序、形式上的不平等比如立法保护的方式，或者以后续调整比如再分配的方式来保障弱势群体的机会和实际利益。但是归根结底，"权利决不能超出社会的经济结构以及由经济结构制约的社会的

---

① 《马克思恩格斯选集》第 2 卷，人民出版社 2012 年版，第 47 页。
② 《马克思恩格斯选集》第 3 卷，人民出版社 2012 年版，第 363—364 页。
③ 《马克思恩格斯选集》第 3 卷，人民出版社 2012 年版，第 364 页。

文化发展"①，在私有制和阶级依旧存在的前提下，在生产条件本身的分配不均、生产方式本身带有私人性质的前提下，财富的占有注定是不均的，平等诉求也就存在着它的界限，对"所得"、财富分配问题的关注和它的不可实现性，一样是必然的。所以与对现实的反思相联系，真正的平等只有在生产方式发生根本改变的共产主义高级阶段才能实现。因为真正的平等，既不是赋予同样的竞争条件，也不是以调整的方式力求保障弱者在当前境况下的利益最大化，而是在更高的历史阶段上，在生产的物质条件集体占有的前提下，人人平等地利用这些条件进行劳动创造。如果依旧如当前的平等观一样做一种结果意义上的考察，那么这时的平等其实是不在乎平等与否的充分自由满足。只要私有制依旧存在，平等就是不彻底的，因为它所保证的自由是建立在敌对他人的基础上的，每个人在充分发展自己的自由时，即使不在形式上损害他人的利益，实际上也避免不了以他人的自由选择作为代价。因此人与人的关系大多数情况下仍然是一种激烈的竞争关系，在这种竞争关系下，人们的劳动是一种以谋生、获利为目的的劳动，人们的平等也永远摆脱不了一种参与竞争、自由竞争的形式平等。而真正的平等关键在于这种竞争性的消除，充分自由地追求自身的发展，不用迫于现实的局促条件和竞争压力而"自由"放弃与妥协，也不会由此而产生一种讨价还价式的平等考量。这种平等的实现，只有最终消灭阶级差别和对立才做得到，因为只有在生产力充分发展、集体财富的一切源泉都充分涌流的基础上，"迫使个人奴隶般地服从分工的情形"和"脑力劳动和体力劳动的对立"才会消失，从而"劳动不仅仅是谋生的手段，而且本身成了生活的第一需要"，这时候，"才能完全超出资产阶级权利的狭隘眼界"②，人们才是真正平等而自由的。

---

① 《马克思恩格斯选集》第3卷，人民出版社2012年版，第364页。
② 《马克思恩格斯选集》第3卷，人民出版社2012年版，第365页。

论马克思历史观视野下的社会正义观 *

一、应从马克思的历史观去
把握其正义观

公正的问题，公平的问题，正义的问题，还有合理性的问题，在性质上应属于相近与相似的问题。无论是从语词的含义上看，还是从人们在日常生活中对上述语词的使用习惯及其指向上看，上述所列语词的语义都具有相似与相近的含义，它们彼此之间不仅可以相互替代与互换，而且还可以互译与互释。一个不争的普遍性的经验事实是，对社会财富的分配，争端与纠纷的裁决，矛盾的调解与处理，制度的设计与安排，甚至是对个人的行为与社会存在的现象所进行的评价，当人们诉诸公平与否、公正与否、合理与否的评价时，通常也会诉诸正义与否的评价。在大多数情况下，没有人会对他认为是不公平、不公正、不合理的事物与现象给予正义性的评价，反之亦然。正因为如此，在学术的领域中，正义观也经常被不少人表述为公正观、公平观。而公平观也好，公正观也好，正义观也好，都表达的是

＊　本文原发表于《马克思主义研究》2013 年第 8 期。

一种合理性的价值判断与评价。在公平的、公正的、正义的等语词的意蕴中，合理性是它们共有的底蕴。公平、公正、正义、合理等语词在实际使用中细微的差别也是存在的，例如，人们在评价一场战争的性质、一项事业的性质时，通常表达为正义的战争、正义的事业。对一项交易行为的评价，人们则更多地诉诸公平与否、公正与否的评价，很少诉诸正义与否的评价。而对一件合理性的裁决，人们既可以视之为公平的、公正的裁决，也可以视之为正义的裁决。

当人类社会进入私有制为基础的文明时代以后，人们开始有了权利与义务的区分，正义就成了一种必要的社会规范性价值。正义范畴的产生与存在是以社会的分化与分裂，社会的不公平、不公正、非正义的存在为基础和前提的。正义作为一种社会规范性价值表达的是一种弃恶扬善的要求，这种要求既是一种社会对个人的要求，也是一种个人对社会的要求。只要社会中还存在恶的事物与现象，人们对正义的追求就不会停止。正义范畴通常被人们赋予正面的、褒义性的价值意蕴，正因为如此，无论什么样的社会，无论什么样的阶级与个人，谁都愿意将自己打扮成正义的代表，而拒绝别人给自己戴上非正义的帽子。正义概念自诞生以来久谈不衰，它一方面经常被统治阶级用来替自己统治的合法性进行辩护，另一方面也经常成为社会中处于弱势地位的人们反抗强权与改善自己不利地位的战斗武器。在正义的问题上，社会历史上从来不存在要不要正义的问题，存在的只是什么或怎样才是正义的问题。在面对什么或怎样才是正义的问题时，人们关于正义的共识便会立即被消解掉了。在正义的问题上，真正的问题不在于要不要正义的表态上，而在于何谓正义的理解与看法上，正是在何谓正义的理解与看法上的分歧，形成了不同的正义观。正义的问题是在人的历史实践中生成的问题，人们对正义的理解与把握通常要受到他所面临的实践问题的制约，并与他对社会历史的把握与理解存在着紧密的内在联系，因而，一定的正义观通常构成一定历史观的不可分割的重要内容。从理论生成的内在逻辑上看，不是正义观决定历史观，而是历史观决定正义观，有什么样的历史观，相应地就有什么样的正义观，而不是相反。正义问题并不仅仅属于政治学与政治哲学、伦理学与道德哲学的范畴，对正义问题的思考应放在社会历史观的视野下进行，原因在于正义与否的问题并不仅仅在政治与道德领域才存在，社会历史观所涉及的领域几乎都牵涉着正义与否的评价。

马克思的"新唯物主义"哲学历史观无疑也是内在地蕴含着马克思主义正义观的。对马克思主义历史观的把握与理解，不能将其视为一种纯粹的实证科学，并以此作为理论前提与根据，将马克思主义正义观从马克思主义历史观中驱逐出去，使正义成为一种纯粹的政治学范畴与伦理学范畴。更不能像当代美国的学者艾伦·伍德、罗默以及某些时下的中国学者那样，完全否定马克思主义正义观的存在。诚然，在马克思主义经典作家的著作中，正义的概念出现的频率确实不高，而且在许多情况下，是以对统治阶级宣扬的正义口号与正义理论所具有的虚伪性和欺骗性进行批判与否定的方式出现的。但这决不意味着马克思主义的历史观否定社会历史中存在正义与非正义的区分，更不意味着马克思主义历史观对人类社会一切追求正义的努力都诉诸拒斥的态度与立场。马克思主义历史观否定与批判的只是那些打着追求正义的旗号为自己的统治进行合法性辩护，具有虚伪性与欺骗性的统治阶级的正义观与正义理论，而不是所有的正义观与正义理论，更不是正义概念本身。所有的历史观无不以各种方式表达着自己对社会正义的关切与看法，不同的地方只是在于因其历史观的不同，对社会正义的认知与阐释而彼此各异。马克思主义历史观也一样，对社会正义的关切与追求，既执着且鲜明。一个强有力的证据是，马克思在1864年与1871年为国际工人协会起草的《协会临时章程》与《国际工人协会共同章程》中，曾以几乎一字不变的表述写道："加入协会的一切团体和个人，承认真理、正义和道德是他们彼此间和对一切人的关系的基础，而不分肤色、信仰或民族。"① 马克思

----

① 《马克思恩格斯文集》第3卷，人民出版社2009年版，第227页。

上面的论述表明，他不仅以对形形色色的统治阶级的正义理论诉诸否定与批判的方式关注着社会正义问题，同时也以肯定性的方式强调着正义在人的社会关系发展中的作用。在马克思历史观的视野里，要建设一种新型的人与人之间的社会关系，不仅需要真理与道德的基础，也需要正义的支撑。

需要指出的是，对正义问题在马克思主义历史观中的地位作出正确的把握，不能仅仅根据正义概念在马克思主义经典作家著作中出现频率的高低作出判断，更为重要的是应根据马克思历史观的理论逻辑，根据马克思历史观所贯彻的基本价值取向，以及马克思历史观在分析具体的社会历史现象与具体历史事件时所运用的基本方法与表露出来的基本态度和立场，进行合理性的诠释。马克思的历史观既是一种科学的历史观，也是一种革命的历史观，而且首先是一种革命的历史观，因为马克思首先是一位革命家。马克思的历史观作为一种唯物主义的、科学的历史观始终贯彻的是按照历史的本来面貌去描述与解释历史的基本原则。"反对并改变现存的事物"①，"使现存世界革命化"②，这是马克思的历史观所要承担的历史使命，是马克思的历史观中所蕴含的根本性的价值取向，也是马克思的历史观审视与评价社会历史现象与事件的价值尺度。马克思主义经典作家在对待社会历史现象与事件时，并不限于单纯的客观性的描述，深入分析与揭示历史现象与事件背后的原因，所蕴含的价值和意义，是一个更为重要的理论目标。在马克思的历史观中，赞成与反对，否定与肯定，始终具有旗帜鲜明的特性，从不为人们留下模棱两可的印象与自由解读的余地与空间。在对待战争的问题上，马克思的历史观既不是对所有的战争都给予批判与否定，也不是对所有的战争都诉诸肯定与赞成的态度，而是首先分清战争的性质，肯定正义的战争，否定非正义的战争。在对待阶级统治的问题上，马克思的历史观也不是不

---

① 《马克思恩格斯文集》第 1 卷，人民出版社 2009 年版，第 527 页。
② 《马克思恩格斯文集》第 1 卷，人民出版社 2009 年版，第 527 页。

加区分的一概诉诸否定与批判，而是诉诸合理与不合理的冷静分析，否定的只是那些阻挠历史进步的阶级统治。马克思的历史观并不否认在人类历史中正义与非正义的区分，更不否定正义行为对历史进步的推动作用，没有正义行为的存在与作用，也就没有社会历史的进步。在马克思的历史观的理论逻辑中，正义观与社会历史进步观是相互支撑的，否定了马克思主义正义观，在逻辑上不可避免地要导致社会历史进步观的消解。

二、正义的历史性与阶级性

马克思主义的历史观与马克思主义的正义观具有不可分离的性质，不能离开马克思主义正义观去解读马克思主义历史观，离开了马克思主义正义观，马克思主义历史观的革命性质就无法得到合理性的诠释。也不能离开马克思主义的历史观去把握马克思主义正义观，离开了马克思主义历史观，马克思主义正义观同样不能获得科学的把握。否定马克思主义正义观的存在，将正义的语词从马克思主义历史观中驱逐出去，既缺乏经典文本的根据，也是对马克思的历史观理论逻辑的背离。然而，我们也应看到，受制于马克思主义历史观的理论逻辑，马克思主义历史观与正义观既反对对正义概念作抽象的理解，更拒绝所谓"永恒真理"与"永恒正义"一类的说法。在马克思主义历史观与正义观的理论逻辑中，真理是具体的，正义是历史的，抽象性质与永恒性质的真理与正义是不存在的。马克思主义历史观与正义观对"永恒正义"否定与拒斥的态度是明确而坚定的，了解恩格斯对海因岑与杜林的关于"永恒正义"的观点所进行的嘲笑与批判的人们，应该不会有疑的。

马克思主义的历史观与正义观为何否定与反对那种适合于任何社会、任何历史时代的所谓"永恒正义"观念的存在？因为，在马克思主义历史观与正义观的理论逻辑中，正义的概念是一个历史的概念。人类关于正义的观念不是与生俱有的，不具有天赋的性质。如前所述，人类追求"社会正义"观念的产生是以社会存在不正义的现象为基础与前提的，是私有制的产生与社会分裂为阶级，导致社会产生了不公平、不公正、非正义的现象的产物。不仅如此，正义观念也和其他观念一样，是在人的社会历史基础上生成的，因而不具有一经产生便亘古不变的性质，正义的观念也随着人类社会实践发展而发生着不断的变动与发展。诚然，在私有制社会中，正义作为一个语词始终保持着它的原生态的形式，但不同历史时代的人们对何谓正义的理解却不断地随着社会生产方式与交换方式的改变而改变，不同历史时代的人们对何谓正义有着不同的理解与诠释，甚至存在着绝然不同的理解与诠释。每一个时代的人们都是从自己所处的生产方式与交换方式中吸取自己的正义观念的，生产方式与交换方式的性质在归根到底的意义上最终决定着人们对正义的理解与阐释，同样，随着社会的生产方式与交换方式的改变，人们的正义观念最终也必然会改变，因为正义作为一种规范性价值，必然要适应生产方式与交换方式的需要。我们不妨以平等的观念为例，近代以来，由于商品经济的发展与资本主义生产关系产生的缘故，"要求有自由的，在行动上不受限制的商品占有者，他们作为商品占有者是有平等权利的，他们根据对他们所有人来说都有平等的、至少在当地是平等的权利进行交换"。① 因而，平等在资本主义社会中通常被普遍性地认为是一种符合正义的要求。然而，平等是正义的、不平等是非正义的，这种在资本主义社会获得普遍认同的平等正义观，从历史的维度看，它既不具有普遍性，更不具有永恒性，只不过是商品经济社会中商品的生产方式与交换方式必然要求的产物。在自然经济的生产方式与交换方式中，在奴隶社会与封建社会等等级制的经济关系与政治关系的社会中，不可能产生类似于资产阶级的平等正义观。因为在以手工工具为代表的生产力的基础上，所产生的必然是等级制的生产关系，而在等级制生产关系

---

① 《马克思恩格斯文集》第9卷，人民出版社2009年版，第110页。

的基础上，不可能将平等视作正义。"在希腊人和罗马人那里，人们的不平等的作用比任何平等要大得多。"①正因为如此，在柏拉图的政治观中，他首先认定，人作为人存在，是由不同的材料铸成的，社会的统治者是由金质材料做成的，社会的保卫者是由银质材料做成的，社会的生产者是由劣质的铜质材料与铁质材料做成的，由于构成人的材料的优劣差异，因而形成社会中高低不同的三个等级。柏拉图正是根据他的这套等级制的理论引申出他的正义观的。什么是正义？柏拉图的回答是：正义就是社会中处于不同等级的人们应各遵其序，各守其责，不得串位与僭越，否则就是不正义或非正义的。很显然，无论是平等观念的产生，还是平等观念被赋予一种正义的意蕴，"都是一种历史的产物，这一观念的形成，需要一定的历史条件，而这种历史条件本身又以长期的以往的历史为前提"②。历史的经验事实表明，对同一对象的正义与非正义的评价，因历史条件的不同而出现巨大的反差甚至是截然相反的情况，并不仅仅发生在平等观念的认知上，也几乎发生在所有的价值观念的认知上。

在马克思历史观的视野里，正义观念不仅具有历史的性质，在阶级社会中还具有极其明显的阶级性质。即是说，面对同一评价对象，不同时代的人们在历时态上会作出不同的评价，贯通所有时代，类似于"永恒真理"性质的"永恒正义"的认知几乎是不存在的，即使存在也是极其稀少的，并且这种极其稀少的所谓"永恒正义"的观念，大多是没有什么意义的。而且即使在共时态的情况下，同一社会结构中生活的不同阶级，不同阶级中存在的个人，也会因各自所处的生活条件的不同，在社会中所处的地位与利益诉求的差异，面对同一个具体的评价对象，也会诉诸不同的判断。在阶级社会中，要造成所有阶级与全体社会成员的正义观的共识几乎是不可能的。正义观念的生成是以私有制的产生与社

---

① 《马克思恩格斯文集》第 9 卷，人民出版社 2009 年版，第 109 页。
② 《马克思恩格斯文集》第 9 卷，人民出版社 2009 年版，第 113 页。

会分裂为阶级为其基础与前提的，因而也不可避免地要受到阶级存在与矛盾的影响。虽然，在同一个社会形态中，不同的阶级，不同阶级的个人，都不会反对将正义作为社会追求的价值目标，很少有人故意反对社会对公平与正义的追求，并愿意被别人视作社会正义的反对者，正义在通常的情况下都会被社会中存在的各个阶级用来作为反对与自己对立的阶级的利益与捍卫自己阶级利益的武器。然而，当具体涉及对正义含义与什么是正义的理解时，各个不同的阶级及其社会中存在的个人所表达的对正义的认知通常是彼此不同甚至大相径庭的。统治阶级有统治阶级的正义价值观，被统治阶级有被统治阶级的正义价值观，并且在统治阶级内部与被统治阶级内部，因其地位与利益诉求的差异，在正义观的认知上也并不表现为完全的一致。尤其在涉及对具体历史现象与历史事件的态度与评价上，不同的阶级与个人所表达出的正义观，更会表现为明显的差异性与多元性。同是梁山人物，有人颂之为英雄、好汉，有人贬之为匪寇、盗贼；对其劫富济贫的行为，有人视之为"替天行道"的正义之举，有人评价为目无法纪、离经叛道的不义之行。在封建社会，地主出租土地，收取地租，在资本主义社会，资本家投入资本，获取利润，在土地所有者与资本所有者的认知中，这些都是理所应当的事情。在他们看来，土地与资本都是一种有用与稀缺的资源，作为资源就应有价格，如果没有收益与回报，为什么要出租与投入土地和资本呢？但对于农民与工人来说，地主收取地租，资本家获取利润，在本质上是一种剥削，获者不劳、劳者不获的社会是一种不公不义的社会。事实上，在阶级社会中，诸如此类的情况还有很多，甚至可以说，在涉及利益的问题上，正义与非正义的区分，没有一个是没有争议的。

三、评价正义观合理性的尺度与坐标

正义不仅具有历史的性质，在阶级社会中还具有明显的阶级性，不同的历史时代有不同的正义观，在同一社会中不同的阶级与个人也有不同的正义观。那么，这是否意味着，正义的领域是一个公说公有理婆说婆有理，你说是它就是，你说非它就非，没有是与非，没有对与错，不能评价与批评的领域呢？当然不是。对于马克思主义历史观与正义观来说，虽然坚决反对在历史中有那种纯粹抽象并类似于"永恒真理"的"永恒正义"的存在，但也同样坚决拒绝对正义作任何相对主义的理解与诠释。在马克思主义历史观与正义观的视野里，绝对主义的正义观是错误的，它不仅不符合唯物辩证法的基本法则，更不符合历史生成与发展的经验事实，相对主义正义观也是错误的，它不仅会导致彻底的历史虚无主义，而且会在逻辑上颠覆掉人们对历史进行评价与批评的可能性与合法性。

只要社会中存在非正义的现象，就不可避免地生发出要求正义的声音，只要人们认为他在社会中遭受到了不公正的待遇，就会必然萌发出对公正、公平、正义的追求，这并不仅仅是一种合乎逻辑的推论，更是一种历史的经验事实。马克思主义的历史观与正义观并不否认人们对社会正义追求的合法性与正当性，以及这种追求对推动社会历史进步的价值与意义。马克思主义的历史观与正义观，反对对人类社会的历史采取虚无主义的态度，将人类社会的历史视作漫漫长夜，而是坚决认为，人类社会历史中是存在正义与进步的力量的，正是由于这种正义与进步的力量的存在与增长，人类社会的历史才在其总的趋势上表现为向前的发展与向上的进步，社会历史的倒退表现为一种暂时的历史现象。马克思主义的历史观与价值观否定的只是适合于一切时代、一切时代中的所有阶级与个人的所谓普适性的正义观念，强调的是正义观念是随着人们实践及其历史的改变而改变，在阶级社会中，不同的阶级与个人对正义的理解具有多元性与竞争性的特点。

正义观的存在，无论在历时态上，还是在共时态上都表现为一种多元并立与相互竞争的状态。但这是否意味着所有的正义观都有存在的正当性与合理性，并在理论上获得合法性辩护的权利呢？当然不是。承认了各种不同，包括对立的正义观都有存在的合理性与合法性，就无异于在理论的逻辑上肯定着正义观上的相对主义存在的合法性。正义观的存在是多元的、竞争的，但在多元的、竞争的正义观中存在着对与错、正当与非正当的区分。应该说，除了某些持极端相对主义观点的人之外，大多数人是承认在正义观上存在对与错、正当与非正当的区分的可能性与必要性的，不然的话，在历史上和现实中也就不存在正义观的多元并立与相互竞争了，因为任何理论上的竞争都是以对自己理论的肯定与对相反理论的否定为基础和前提的。问题的关键与困难在于，区分多元并立与相互竞争的正义观之间的对与错，正当与非正当的衡量尺度或参照坐标是什么？换句话说，当人们面对多元并立与相互竞争的正义观时，凭什么去认定一种正义观是正确与合理的，而相反的正义观是错误的与不合理的？人们究竟应以什么样的衡量尺度或参照坐标去评价不同历史时代不同正义观以及同一历史时代中不同阶级及其个人之间的相互竞争的正义观的正确与否和合理与否呢？这是一个困难的问题，也是一个讼争不断的问题。在过去正义观的研究中，人们经常看到如下的一种普遍性现象，即通常以今天人们关于正义的主导性观念去反思与评价历史上曾经出现过的正义观念。而这种反思与评判的结果通常导致的是对历史上的正义观念的否定。例如，在资本主义社会中，平等被普遍认定为是正义的，不平等被普遍认定为非正义的。不少研究者常常以资本主义社会得到认可的这种"成为国民的牢固的成见"①的平等正义观为尺度与坐标去衡量与评判古希腊与罗马社会的社会正义观，因而通常对古希腊、罗马社会中那种维护等级制，将强者对弱者的统治视为正义的观念给予批判与否定的评价。这是一种看似合理，其实错误的区分方法。因为这种方法完全割断了正义观念的生成与生成的客观条件之间的内在联系，在本质上是一种非历史的抽象方法。诚然，将平等视作正义、不平等视作非正义，在资本主义社会的历史阶段这种观念是有其合理性与正

---

① 《马克思恩格斯文集》第 5 卷，人民出版社 2009 年版，第 75 页。

当性的。因为它适合于商品经济的生产方式与交换方式的需要，因而是"合乎时宜"①的。根据马克思主义历史观提供的理论逻辑，商品经济在历史上的必然性与相对于自然经济的进步性决定着平等观念在资本主义时代的"合乎时宜"与合理性。但平等观念合乎资本主义与商品经济发展阶段的"时宜"，不等于它适合于自然经济与贵族统治为主的历史发展阶段的"时宜"。只要使用手工劳动，社会的生产方式与交换方式就必然具有自然经济的性质，只要社会的生产方式与交换方式具有自然经济的性质，社会的经济关系与政治关系就必然是等级制的，而在等级制占统治地位的社会中，强调强者对弱者的统治为正义是必然的与"合乎时宜"的，相反，主张平等的正义观倒是"不合时宜"的。因此，一种正义观是否具有正确与合理的性质，不取决于人们的主观判断，而取决于它是否反映了社会历史发展的必然性要求，也即是恩格斯所说的，是否是"合乎时宜"的。在正义观的研究中，还有一种观点也需我们给予特别的关注与澄清。不少人认为，判断一种正义观是否具有正确与合理的性质，关键要看它反映与代表着哪个阶级的利益与要求，如果反映与代表的是统治阶级利益与要求则应予以否定，如果反映与代表的是被统治阶级或弱势群体的利益与要求则应予以肯定。在许多人的视野里，压迫是非正义的，反抗压迫是正义的；剥削是非正义的，反对剥削是正义的；有人甚至认为马克思主义正义观在本质上是一种反映与代表着被压迫与被剥削阶级利益与要求的正义观，理由与根据是，马克思主义经典作家对统治阶级所宣扬的正义理论通常斥为具有虚伪的与欺骗的性质。这同样是一种似是而非的错误观点与错误的区分方法。如果上面的观点与区分正义的方法是正确的话，我们在理论上不可避免地会陷入如下的困境：如果说一切统治阶级与剥削阶级的正义观都是不正确与不合理的，那么这种不正确与不合理的正义观为何通常能在阶级社会中占据主导地位？如果说一切被统治、被压迫阶级的正义观具有合理的性质，那

① 《马克思恩格斯文集》第 1 卷，人民出版社 2009 年版，第 98 页。

么这种具有合理性的正义观为什么反而被社会所边缘化并不能占主导地位呢？如果认定一切统治阶级与剥削阶级的正义观都是非正义的，那无异于说，在阶级社会中，占支配地位的不是正义，而是非正义，而人们常说的正义终将战胜邪恶的说法不过是一个没有任何历史事实作支撑的主观性的妄断。实际上，在马克思历史观的理论逻辑中，并不是一切统治阶级在历史上的产生与存在都是不合理的，也不是一切被统治阶级的产生与存在都天然是合理的。合理性的要旨不在于它是现存的，而在于它是现实的、必然的。在社会历史发展过程中，无论是对于统治阶级来说也好，还是对于被统治阶级来说也好，其存在的现实性与合理性，不在于它在社会中处于统治地位还是被统治地位，而在于它是否具有历史必然性，是否代表着历史发展的进步方向。一切丧失了历史必然性的阶级，无论是统治阶级还是被统治阶级、剥削阶级还是被剥削阶级，也会必然丧失其存在的现实性与合理性。认为马克思主义历史观对一切统治阶级诉诸的都是否定与批判，对一切被统治阶级诉诸的都是没有条件的同情与辩护的观点，是对马克思主义历史观的严重误读，如果是这样的话，马克思主义历史观就不是一种历史的唯物主义，而是一种历史的道德主义。实际上，在马克思主义经典作家的著作中，人们读到的对历史存在的占统治地位阶级的评价并不全是否定性与批判性的，而是在否定中包含着肯定。马克思主义经典作家对资本主义的压迫与剥削曾经给予过深刻的揭露与批判，但人们也不应忘记，他们也以肯定的语言表达过"资产阶级在历史上曾经起过非常革命的作用"①。马克思主义经典作家曾多次指出，在阶级社会中统治阶级的正义观具有虚伪的与欺骗的性质，这通常指统治阶级的说一套做一套的言行不一，以及他们将自己阶级的正义观冒充是社会的甚至是人类的正义观这样一种情况，而不是全盘否定他们的阶级正义观本身的合理性。

　　总之，在马克思历史观与正义观的理论逻辑中，社会历史发展一定

---

① 《马克思恩格斯文集》第 2 卷，人民出版社 2009 年版，第 33 页。

阶段上占主导地位的正义观都具有历史的性质，相对于它们产生的历史条件来说，具有历史的必然性，这是它们之所以占据主导性与支配性地位的客观根据，从这个意义上讲，正义观的合理性有其绝对性的一面。但社会是发展的，历史是进步的，当一种正义观所赖以存在的客观条件发生改变，这种正义观原先所具有的现实性与合理性也会随之丧失，从现实的变为不现实，合理的变为不合理。当一种正义观因其必然性的丧失而失去自己的现实性与合理性时，它的占支配与主导性的地位一定会被一种新的占支配和主导地位的正义观所取代。从这个意义上看，任何一种占支配与主导地位的正义观，其现实性与合理性都有其相对性的一面，不具有"永恒真理"的性质。同样，在社会历史中存在的多元并立与彼此竞争的阶级的正义观，并不都具有现实性与合理性，只有那些符合历史必然性与历史进步方向的阶级所持的正义观才具有现实性与合理性。一切丧失了历史必然性的阶级，不论它是统治阶级还是被统治阶级、剥削阶级还是被剥削阶级，只要这个阶级本身丧失了存在的必然性，它所持有的正义观也会丧失其现实性与合理性。衡量一种正义价值观是否具有现实性与合理性、是否正确，其根本性的尺度与参照坐标是社会历史发展过程中的必然性，而不可能是别的。正义观的现实性与合理性既是绝对的，也是相对的，是绝对与相对的辩证统一。对于熟习马克思历史观的理论逻辑的人们来说，这应是无可争辩的。

关于正义问题讨论中的若干问题之辩 *

一

近年来，正义问题一直受到我国学界的持续热议，大有渐成热学的趋势。但学界有关正义问题的讨论与争论，在给我们带来鼓舞与喜悦的同时，却又给我们带来某种程度的不安与忧虑。使我们感到鼓舞与喜悦的是，对正义问题的讨论与争论，吸引越来越多的人们对当下中国社会存在的正义问题的关注，有力地促进了理论界对正义问题的思考，并增强了人们的正义感。然而，使人们感到不安与忧虑的是，在当下的这场有关正义问题的讨论与争论的过程中，人们看到的要么是罗尔斯的正义观，要么是哈耶克的正义观，要么是西方带有左翼色彩的社群主义正义观，人们仿佛看到的是一场 20 世纪后半期美国政治哲学领域三大正义理论彼此讼争与相互驳难的戏剧在中国布景下的复制与重演。并不夸张地说，就总体而言，中国当下的这场有关正义问题的讨论，其讨论的话语主导权大多被西方的自由主义与社群主义正义理论或正义观所垄断或掌控。而对于

* 本文原发表于《徐则工程学院学报》2014 年第 4 期。

人数众多的马克思主义研究者来说，大多则保持着一种可怕的沉默与游离旁观的状态，表现为一种集体性的失语。虽然，偶尔也看到有人提到马克思主义正义观，但关注者与共鸣者屈指可数，反响既微且弱。

不可否认，当代西方政治哲学中的正义理论传入中国，并受到某些人的热捧，不能视之为无缘无故的，也不能简单地归之于人们缺乏免疫力的理论盲从。在许多人的思维直观中，相对西方发达国家而言，虽然我国是属于后发性的发展中国家，但由于我国目前属于正在建设与发展中的社会主义市场经济，在经济体制上与西方发达国家的经济体制有着相同的经济属性，同属于市场经济的范畴，不同的只是在于其市场经济发展的程度不同，一个是属于成熟的市场经济，一个是处于发展过程中的市场经济。正是基于这样的思维直观，因而使一些人自觉与不自觉地生发出如下的思维认知：尽管我们的市场经济与西方的市场经济在社会性质上是不同的，一个属于资本主义市场经济，一个属于社会主义市场经济，但其经济体制是相同的。相同与相似的经济体制不可避免地会产生相同或相似的社会现象、相同或相似的社会问题，面临相同或相似的社会困境，在正义问题上也一样。在许多人的视野里，我国当前社会中出现的种种非公平、非正义现象，只不过是西方资本主义市场经济中早已出现与存在的各种非公平、非正义现象的重复与再现，其根源都来源于市场经济体制本身。正是循着这样的思维理路，一些人认为，当代西方的正义理论，以及他们为解决西方社会正义问题提供的各种药方或原则，对解决我国社会主义市场经济所产生的正义问题也具有普世性的价值与意义。然而，对于热衷于当代西方正义理论的传播、宣传、崇拜的人们来说，他们似乎是有意无意，或是自觉不自觉地忽视与无视了下面的问题：市场经济作为一种经济体制，虽然本身不"姓社"，也不"姓资"，但当它与资本主义、社会主义制度相结合时，就产生与存在着"姓社""姓资"的问题。当代西方政治哲学中的各种正义理论，无论是以罗尔斯为代表的分配正义论，还是以哈耶克为代表的程序正义论，抑或是以麦金太尔为代表的具有左翼色彩，甚至是某种形式的社会主义色彩的社群主义正义论，表面上看，它们的观点似乎是彼此相异的，甚至是相互对立的。而有一点却是共同的，即都是站在维护资本主义生产关系的立场上，表达与捍卫的都是资产阶级正义观，不同的只是在于各自对市场作用的看法不同，以及各自对资产阶级价值体系所包含的价值原则的关注重点不同。但就其实质上看，它们的正义理论之间的所谓分歧与对立，不过是资本的逻辑允许范围内的分歧与对立。或者说他们之间的相互竞争与驳难，不过是在资本主义市场经济舞台上表演的不同的戏剧流派。利用移植与舶来的方式，无论套用哪一种资产阶级正义理论，都是解决不了社会主义市场经济发展过程中面临的正义问题的。

如上所述，在时下中国的正义问题与正义观的热议和讨论中，虽然偶尔也能听到马克思主义研究者们个别性的发声，但由于声音低沉微弱，且少有共鸣性的回声，因而在总体上表现为一种集体性的失语与话语权的边缘化。那么，是什么原因导致这样令人忧虑的局面呢？有人认为，马克思主义理论的重心虽然是马克思的历史观，但马克思的历史观作为一种科学的历史观，它的理论旨趣在于探寻社会历史的规律性，公平、正义一类的价值性议题并不是马克思历史观探讨的重心，在马克思的历史观中即使包含着自己的正义观，正义理论在马克思历史观中的存在也只是一种边缘性的存在。人们支持这种看法的通常根据是，马克思主义经典作家在自己的著作中不仅没有系统性的论述，即使是偶尔论及社会正义问题，也只是只言片语。有人甚至认为马克思主义是拒斥正义观念的，其根据是，马克思主义创始人对"永恒真理""永恒正义"一类的陈词滥调以及资产阶级的正义理论是批判与否定的。不可否认，在马克思主义经典作家的著作中，有关正义问题的直接性的、正面性的论述确实不多，也不见有系统性的、专题阐述自己正义观的专门性著作，在这一点上，笔者基本同意目前理论界所持观点与看法。然而，笔者不仅不同意正义问题在马克思主义思想体系中属于边缘性问题的看法，更不同意马克思的历史观是拒斥正义问题的，否定有马克思主义正义观存在的看法。其理由不仅在于，上述看法不符合马克思历史观作为一种革命的、科学的理论的实质，而且也不符合客观存在的事实。正义问题是私有制与阶级社会产生以来各个不同阶级都极为关注的问题，也是不同的历史观进行激烈竞争与争夺的核心话语权之一。每一阶级都尽其全力地掌控在正义问题上的话语权，利用正义的口号与正义的旗帜作为打击敌对阶级、为自己阶级的利益与事业进行辩护的手段，任何一种历史观都声称自己是为历史正义代言的，并愿意与希望被视作是历史正义的代表。没有哪一个阶级与哪一种历史观自愿地放弃对正义话语权的争夺与掌控，也不愿意别的阶级与别的历史观将非正义的标签贴在自己身上。代表无产阶级利益的、革命的与科学的马克思主义历史观无疑也不愿意放弃对正义话语权的争夺与掌控。马克思历史观的任务与目的，不仅要科学地认识社会历史的本质及其发展规律，探索与阐释无产阶级革命与无产阶级的解放条件，同时，他也需要为无产阶级提供一个科学地评价历史的正义与否的价值标准，为无产阶级的解放事业进行正义性的辩护。马克思主义历史观内在地贯彻着马克思主义正义观，科学原则与价值原则在马克思主义历史观中具有相互支撑的一致性，不仅在理论的逻辑上显现出无可争辩的性质，而且马克思主义经典作家对正义价值的肯认也是有据可凭的。马克思在《协会临时章程》与《国际工人协会共同章程》二文中曾写下一字不差的相同话语："加入协会的一切团体和个人，承认真理、正义和道德是他们彼此间和对一切人的关系的基础，而不分肤色、信仰或民族。"[1] 很显然，在马克思历史观的视野里，对于处理人们彼此间关系的方面，正义与真理和道德一样重要，具有同等的地位与作用。在马克思经典作家反对形形色色资产阶级意识形态过程中，确实对资产阶级的正义观给予过严厉的批判，但马克思反对与批判的是对正义的资产阶级的理解，而不是正义本身。人们不仅不能从马克思批判资产阶级正义观的事实中得出拒斥

---

① 《马克思恩格斯文集》第 3 卷，人民出版社 2009 年版，第 227 页。

正义的结论，恰恰相反地表明，马克思主义是有自己的正义观的，并且，马克思主义正义观在一定程度上是通过对资产阶级正义观进行批判的方式获得表达的。

二

　　时下有关正义问题的讨论虽是热烈，各种不同的正义理论纷纷登场展开激烈的竞争，但热闹中并不失焦点，纷争中存有主线，人们关注的热点与主线大多聚焦在社会分配领域中。从 20 世纪 90 年代"效率优先，兼顾公平"论的提出，到新世纪以降乃至当下的"公平优先论"的凸现，其主题无不围绕着社会财富应如何进行分配而展开。分配正义问题之所以受到人们的特别关注，一方面固然与当代西方正义理论的输入，尤其是罗尔斯正义理论的输入不无关系。但另一方面，更应看到，分配正义问题在当代中国的凸现，其深层的原因在于社会主义市场经济条件下分配关系的新变化，以及由分配关系的新变化引发的人们对自身利益的关注与担忧。改革开放以来，随着社会主义市场经济体制的逐步建立与发展，中国社会的生产力获得了极大的解放与发展，社会物质财富获得了快速的积聚与增加，全体社会成员的物质生活条件得到了普遍性的改善，其拥有财富的数量也不断得到增加，这是一个谁也无法否认的客观事实。但另一方面，随着社会主义市场经济的发展，由市场经济基本规律即价值规律作用引发的市场竞争也愈趋激烈，受竞争的作用与影响，社会成员间的分化加剧，人们之间的贫富差距逐渐拉大，这同样是一个不争的经验性现象与事实。面对社会财富的总量的增加与个人间财富差距的扩大这一现象与事实，不同的人的直观感受无疑是不一样的。应该说，近些年来，人们对社会财富总量的增加与个人间财富差距扩大这一现象与事实的关注与担忧，是引发人们对分配正义问题表现出异乎寻常的关注的直接诱因。

笔者不否认分配正义问题成为当下的正义问题讨论的焦点与主线的必然性和合理性，但想指出与强调的是，首先，对正义问题的讨论，不能仅仅局限于社会的分配领域，在人们社会关系的所有领域，甚至是人们社会生活的所有领域都存在着公平与否或正义与否的问题。其次，分配关系并不是孤立地存在于社会关系和生产关系中，分配关系只是社会生产关系的一个方面，因此，人们在思考社会分配领域的正义问题时，应将分配正义问题放在社会经济的总体结构中进行审视与思考，避免将审视的眼光单纯地集中在社会财富分配或人们所得的结果上。

　　从范畴的属性上看，正义范畴无疑属于价值范畴。而正义范畴作为一种价值范畴，既具有规范功能，也具有评价功能。但无论是从规范的意义上看，还是从评价的意义上看，正义范畴表达的都是一种合理性的价值祈向。正义的，应是合理的，合理的，即是正义的；反之，非正义的，也即是非合理的，非合理的，也即是非正义的，在这一点上，人们或许是无争议的。然而，是否正义的问题并不仅仅存在于社会财富的分配领域，一切牵涉到人们利益的领域，甚至一切与人们生活有关的领域，都存在着是否正义或是否合理的问题。从社会方面看，各种具体的社会制度，如经济制度、政治制度，乃至具体的规章制度存在着是否正义的问题；社会的各种规范，包括制度性规范、法律规范、道德规范，甚至包括社会的风俗与习惯的规范存在着是否正义的问题；政府，社会组织权力的形成与权力的使用，政府的政策，政府的行为都存在着是否正义的问题。从个人方面看，个人的立场、观点、生活态度、价值取向、行为选择、言论表达，个人所享有的权利与所承担的义务，也都存在着是否合理或是否正义的问题。可以说，正义无论是就其规范的功能看，还是就其评价的功能看，都具有广泛的涵盖性和普遍的适用性。社会的分配关系牵涉的只是人们的经济利益，而人们的经济利益与经济利益需求只是全部利益与需求中的一种，而不是人的利益与需求的全部。不可否认，在私有制社会或在社会生产力还不够发达，社会物质财富还不能达到充分涌流的情况下，经济利益仍然是人们所有利益中的一种最重要的利益，对社会财富的关注仍然是各个不同阶级与不同的个人关注的核心利益。但需指出与强调的是，是否正义的问题并不仅仅存在于社会的分配领域与分配关系中，它同样广泛存在于人们社会生活的其他领域。不能将人们关注的目光仅仅集中在社会财富分配是否正义的问题上，而忽视了对人们社会生活的其他领域的正义问题的关注，人们对正义的追求应是全面的。

人们之所以不能将关注正义的目光仅仅投向社会分配领域，除上所述，人们对正义的追求应具有全面性的理由外，更为重要的原因还在于，社会的分配关系并不是孤悬于人们的社会与生产关系之中。社会财富究竟应怎样分配才是正义的，这并不取决于人们的主观判定，而是应将分配正义问题纳入社会经济的总体结构中进行审视与思考。深刻的原因在于，社会的分配关系在社会生产关系的结构中的地位，从动态方面看，它表现为社会生产关系的一个环节；从静态的方面看，它表现为社会生产关系的一个方面。不仅如此，无论是从动态方面看，还是从静态方面，分配关系在社会生产关系中既不是核心环节，也不是核心方面。因为，社会的物质财富是生产出来的，表现为生产的结果，在社会生产关系的结构中，是社会的生产决定社会的分配，社会的物质财富是如何生产出来的，社会财富就应如何分配，或者说是社会的生产方式决定社会的分配方式，而不是相反的情况。例如，在时下的有关分配正义问题的讨论中，许多人都将社会分化的加剧、个人拥有的财富差距的扩大视作是社会分配不公与非正义的证据。其实，这种所谓的证据是可疑的与靠不住的。倘若收入差距的扩大就是不公平、非正义的，或者说是公平、正义状况的恶化，那无异于说，收入差距的缩小即意味着公平、正义状况的改善，那么，如果人们的收入没有差距，岂不意味着公平、正义的实现？这是一种什么样的理论逻辑？不用说，人们也十分清楚，这是彻头彻尾的平均主义公平观的逻辑。这种平均主义逻辑既是非马克思主义的，也是与社会主义市场经济发展的要求相背离的。

三

正义是个古老的话题，也是一个长谈不衰的话题，只要人们认为社会还有不公正、非正义现象的存在，有关正义话题的讨论就还将继续下去。的确，在私有制与阶级社会中没有哪一个社会与哪一个人会拒绝正义的概念，在要不要正义的问题上，人们是没有争议的，只要人们认为他们生活的社会还不尽合理，正义就会仍然成为人们努力争取的目标。但正义范畴不具有永恒存在的性质，也不具有抽象不变的性质，正义作为一个规范性的价值范畴，在本质上具有社会历史的性质。

正义范畴的存在不具有永恒的性质，一方面，正义范畴的产生是以私有制的出现、阶级分裂与对立为基础与起点的。在私有制与阶级产生之前的原始社会中，由于"还没有权利和义务的分别"①，因此，在那时人们的意识中，是没有也不可能有正义观念的。另一方面，随着社会生产力高度发达，社会物质财富实现了充分涌流，私有财产与私有制变得没有意义与不可能存在，阶级分裂与对立归入消灭，以及人们所享有的权利与所承担的义务实现了真正意义上的平衡与一致的情况下，正义的概念也将会从人们的话语系统中消失。正义的反面是非正义，正义范畴存在的基础与前提是非正义，当非正义的现象不再存在时，正义作为一个范畴也就丧失了它存在的前提与意义了。

正义范畴的存在也不具有抽象不变的性质。虽然，在私有制与阶级存在的社会中，人们都无一例外地将正义作为追求的重要价值目标，然而，如果人们稍加辨认，便不难发现，不同时代的人们对何为正义的认识与解读并不相同，甚至是绝然相反与对立的。对相同的或相似的历史存在与历史现象，在先前的历史时代的人们的视野里也许是正当的、合理的，属于理所当然的事情，但对于随后的历史时代的人们来说，也可

---

① 《马克思恩格斯文集》第4卷，人民出版社2009年版，第178页。

能被评价为非正当与非合理的，属于必须否定与扬弃的事情。相反的情况在人类社会发展史上也不鲜见。血族复仇，在氏族制的社会中是普遍通行的原则，也是被赋予正当性与合理性的，但在后来的文明民族中，则普遍性地赋予以野蛮性的评价。在奴隶制社会中，对奴隶的役使曾被认为是天经地义的事情，但在后来的人们看来，奴隶制既不人道，也不合理。"在希腊人和罗马人那里，人们的不平等的作用比任何平等要大得多。如果认为希腊人和野蛮人、自由民和奴隶、公民和被保护民、罗马的公民和罗马的臣民（该词是广义上使用的），都可以要求平等的政治地位，那么这在古代人看来必定是发了疯。"[①]在希腊人与罗马人的视野里，个人自然资质是不同的，有的人是金质材料做成的，有的人是银质材料做成的，大多数人是铜质材料与铁质材料做成的，不同材质做成的人具有不同的智慧与能力，人的智慧有高有低，能力有大有小、有强有弱，有智慧的人应该统治没智慧的人，强者应统治弱者，是正当的、正义的。社会的正义就是要体现处于不同等级的人各守其序，各司其职。因此，在古希腊、罗马人那里不平等是正义的，平等反而是不正义的。而到了西方近代，"大规模的贸易，特别是国际贸易，尤其是世界贸易，要求有自由的、在行动上不受限制的商品占有者，他们作为商品占有者是有平等权利的，他们根据对他们所有人来说都平等的、至少在当地是平等的权利进行交换"[②]。在商品经济占主导地位的资本主义社会中，不平等是非正义的，平等是正义，对平等权利的追求具有无可争辩的正当性与合理性。然而，对于无产阶级来说，"平等应当不仅仅是表面的，不仅仅在国家的领域中实行，它还应当是实际的，还应当在社会的、经济的领域中实行"[③]。不仅如此，如果说资产阶级的平等要求的目的，意在"消灭阶级特权"，那无产阶级提出平等要求的目的则在于"消灭阶级本身"。上述的情况表明：在人类社会的历史中，人们对何谓正

---

① 《马克思恩格斯文集》第 9 卷，人民出版社 2009 年版，第 109 页。

② 《马克思恩格斯文集》第 9 卷，人民出版社 2009 年版，第 110、111 页。

③ 《马克思恩格斯文集》第 9 卷，人民出版社 2009 年版，第 112 页。

义的认识与阐释，并不具有抽象的性质，而是历史的，是随着社会历史条件的变化而变化。正如"人们自觉地或不自觉地，归根到底总是从他们阶级地位所依据的实际关系中——从他们进行生产和交换的经济关系中，获得自己的伦理观念"① 一样，人们归根到底也是从他们进行生产和交换的经济关系中，获得自己的正义观念的。

正义是一个历史性范畴。正义范畴之所以具有历史的性质，深刻的原因在于，不同时代的人们是从自己所处的生产与交换的经济关系中获取自己的正义观念的，而人们的生产和交换的经济关系则是处于历史性的发展、变化、更替之中的。随着人们生活的历史条件的变化，具体地说，随着人们进行生产和交换的经济关系的变化与改变，人们对正义的认知与阐释也不可避免地会发生或快或慢的改变。正因为如此，不仅在同一历史时代的人们之间，因其各自在社会生产与交换的经济关系中所处地位的不同，对正义的理解与诉求存在着差异，更为重要的是，随着人们生活的历史条件的改变与变更，人们对正义的认知也各不相同。不同的阶级有不同的正义观，在不同的历史时代也有不同的正义观，在每一个社会历史时代中，占据统治地位或主导地位的正义观通常即是那种在该历史时代中在社会经济关系中占据统治地位的阶级的正义观。所有的正义观念，不仅是在一定的历史条件下生成的，而且也会随着社会历史条件的变化而变化，不存在着抽象性与不变性，以及适合于一切个人、一切阶级、一切历史时代的具有普遍适用性与普遍有效性的正义观念，任何阶级与任何历史时代所持的和流行的正义观念都不能视之为是永恒真理，即使是正确的正义观念也不具有永恒真理的性质与属性。正因为正义是历史性的范畴，因此，当我们谈论什么是正义的问题时，应避免一切形式的抽象性直观。社会历史中发生的行为、事件、现象究竟是正义的，还是非正义的？或者说是正当的、合理的，还是非正当、非合理的？不能依凭某种抽象的正义原则或公式加以判定，而是应该放在

---

① 《马克思恩格斯文集》第 9 卷，人民出版社 2009 年版，第 99 页。

具体的历史环境与历史条件下进行具体分析与审视。

四

如上所述，在马克思历史观的理论逻辑中，正义是一个历史性的范畴，不仅在同一个社会中，不同的阶级对正义有不同的正义观与不同的正义诉求，而且在私有制社会发展的不同阶段上，人们对正义的理解与诉求还会随着社会的生产方式与交换方式的变更而发生历史的改变。在社会历史演进的每一阶段上，虽然存在着一种占主导或占统治地位的正义观，但却不存在，也不可能存在一个人们普遍同意与恒久不变的正义观念与正义观。正义的观念同道德的观念、平等的观念一样，都不具有永恒真理的性质，"不能说它是永恒的真理"①。肯认正义观的历史性与多元性、竞争性，否认正义观念理解与阐释的抽象性与普适性，这是否意味着，正义的领域是一个你说是它就是，你说非它就非，是一个公说公有理婆说婆有理，所有的正义观念都应给予存在的合理性的辩护与承认呢？当然不是。正义观的多元存在与竞争是必然的，但存在的并不都是合理的，在多元存在与竞争的正义观中，是存在着正确与错误之分的。马克思的历史观与正义观虽然反对对正义观念作类似于"永恒的真理"一类的绝对主义的理解与阐释，但同样也反对一切形式的相对主义的思维方式。人类社会的历史在不同的发展阶段上，其历史环境与历史条件是不一样的，因而没有一个适合一切历史环境与历史条件的所谓普遍适合与普遍有效的正义观念，但相对于一定的社会历史发展阶段来说，其历史环境与历史条件又具有相对稳定与相对确定的一面，因而，它也要求与具体的历史环境与历史条件相适合的正义观念，用以对人们行为的选择进行规范，以实现人们社会生活的有序性。在马克思历史观

---

① 《马克思恩格斯文集》第 9 卷，人民出版社 2009 年版，第 113 页。

与正义观的理论逻辑中，相对主义的正义观同样是不可接受的，因为，如果正义的相对主义是可接受的，那不仅意味着人们所有关于正义问题的讨论与争论变得毫无意义，同时也意味着在正义观上的所有竞争与批评都归于非法。

在社会历史中存在的多元与竞争的正义观念，什么样的正义观念是正确的？判定一种正义观念的正确与否的衡量尺度和参照坐标是什么？这也是一个需要进一步澄清与回答的问题。正义的基本意蕴是正当的、合理的。有人虽然不同意对正义作这样的解读与阐释，认为是否正当、是否合理属于历史判断，而是否正义属于价值判断。然而，在马克思历史观的理论逻辑中，历史判断与价值判断之间并不存在不可逾越的鸿沟，价值问题是在社会历史中生成的，因而，不可避免地具有历史的性质。是否正当、是否合理既具有历史判断的属性，同时也具有价值判断的属性。具有历史正当性，合理性的行为、事物与现象无疑是构成历史正义的基础、前提、条件，缺乏历史正当性与合理性的行为、事物与现象肯定不具有正义性。没有人会将他自己认为缺乏正当性与合理性的东西作为自己争取与奋斗的价值目标，这是一个近乎常识性的问题。当然，对于什么是正当的、什么是合理的，不同的个人，不同的阶级，不同的历史时代，人们也会有不同的看法。但对于黑格尔的历史观与马克思的历史观来说，衡量与判定历史的正当性与合理性的尺度和参照坐标却是确定的，这就是属于正当性、合理性的东西，必须具有现实性的品格，符合历史必然性的要求。即是说，符合正义要求的东西，必须符合历史的现实性或历史的必然性的要求。一切不具有历史现实性与必然性，或已丧失了现实性与必然性的东西是不具有正义性的。根据马克思历史观的理论逻辑，在社会历史中多元并存的与竞争的正义观念中，并不是每一种正义观念都应给予正确性的评价与肯定性的辩护，只有那种反映了历史现实性与必然性要求、符合并有助于推动社会历史进步的正义观及其正义观念才有资格获得肯定性评价与辩护的。而一切背离了社会历史发展的现实性与必然性要求，无益甚至是阻碍历史进步的正义观及其正义观念，不论其出发点的动机如何，也不论它的口号多么的美妙动听，都应予以拒绝与否定。

人们对正义的诉求，应当是一种符合正当性与合理性的诉求，但合理性与正当性在于它的合现实性与合必然性，而不应理解为完美性。正义的概念不同于完美的概念，符合正义要求的事物和现象，并不等于符合完美性的要求，如果将正义视作是完美的化身或代名词，那无异于否定了正义存在的可能性。因为，正义是一个历史范畴，正如在人类社会历史中不存在完美的社会、完美的国家，"完美的社会，完美的'国家'是只有在幻想中才能存在的东西"① 一样，现实的正义观念，即使是符合正当性、合理性要求的正确的正义观念也不可能是完美的。一种历史性的存在是否是正义的，或者说是否具有正当性与合理性，衡量的尺度与判定的坐标在于它相对于具体的历史条件与历史环境来说，是否"合乎时宜"，而不在于它是否完美与完善。用今天人们的眼光看，奴隶制是野蛮的、残酷的，但相对于当时的社会历史条件来说，是有其正当性与合理性的，也是合乎正义要求的，但随着社会历史条件的改变，奴隶制存在的必然性丧失，它也就丧失了正义性，同样的道理也可以类推于封建社会与资本主义社会。

正因为正义的观念必须是符合社会历史正当性与历史合理性，从而符合历史现实性与历史必然性的要求，因而，人们才有理由说正义的东西必然战胜非正义的或邪恶的东西。如果正义同正当性与合理性、现实性与必然性无关，正义只是人们的一种主观性的价值祈向，人们凭什么说正义的东西就一定能战胜非正义的东西？凭什么说凡是正义的就一定要实现？当然，从正义的合现实性与合必然性中推论出正义实现的必然性，并不意味着正义的实现无需经过人的努力，即使是符合历史正当性与合理性、历史现实性与必然性的正确的正义观念的实现也需通过人们之间的博弈与斗争才能实现。

---

① 《马克思恩格斯文集》第 4 卷，人民出版社 2009 年版，第 270 页。

应正确理解与阐释马克思分配正义思想[*]

一

按照马克思主义唯物史观的理解，正义问题是一种社会历史性产物。伴随着人类社会私有制与阶级对立的出现，它逐渐成为人们无法回避的话题，也是长期纷争不断的焦点；不仅如此，只要社会中还存在非正义的现象，正义问题就不会从人们的视域中消失，人们关于"何谓正义"的争论也不会停歇与中断。一般而言，正义作为价值范畴，既具有规范性意义，也具有评价性意义。正义作为规范性概念表达的是一种"应当"与"要求"，它既可以是个人对社会的规范，也可以是社会对个人的规范；正义作为评价性概念表达的是一种正面性的肯定与赞许。一切社会历史性事物与现象，既涉及真与假的问题，也涉及正义与否的判断。同时，对人类社会而言，正义问题不仅存在于经济利益分配领域，而且存在于所有关涉着利益与权利的领域，甚至存在于几乎所有的人类活动领域。

正因为正义表达的是一种应当与要求、一种

---

* 本文原发表于《哲学动态》2014 年第 7 期。

肯定与赞许的正价值，因此，在社会历史中，无论个人、群体还是阶级，谁都不愿意放弃对正义"桂冠"的争夺，更没有谁愿意将非正义的"帽子"戴在自己头上。几乎所有的个人、群体与阶级都愿意尽其所能，为自己的行为与意愿进行正义性辩护，并尽可能地利用正义的旗号争取与维护自身的利益。应该说，人们在"应当不应当正义、需要不需要正义"问题上是没有分歧与争论的。然而，当需要人们直面"什么是'应当'正义""衡量'应当'正义的尺度与判别'应当'正义的参照坐标是什么"等问题时，分歧与纷争便立即显现：一方面，在不同社会形态的不同历史发展阶段，人们对正义的解读各不相同；另一方面，在同一社会形态的同一历史时期的不同个人与阶级之间，对正义的理解与阐释也各不相同，甚至是截然相反的。究其原因，根源在于社会历史是发展与变化的，历史条件与环境发生了改变，人们对正义的看法也会随之发生改变；在社会历史中生活的个人与阶级，由于各自在社会关系中所处的地位不同，其利益诉求无疑迥然不同，由之不可避免地会导致正义观的差异甚至对立。

在一些研究者的视野里，仍然存在一种理论误区，即认为马克思是拒斥正义观念的，他们还以某些马克思的论述作为依据。笔者认为，这种看法是不确切的。实际的情况是，马克思的历史观作为一种社会历史理论，不应该也不可能将人们普遍关注的社会正义问题拒斥在自己的历史观视野之外，马克思的正义观是蕴含于其历史观之中的，它构成马克思历史观的一个重要内容。这个结论并不是无根据之说，而是有马克思本人的明确论述作为证据支撑。如马克思在《协会临时章程》与《国际工人协会共同章程》二文中一字不差地写下了相同的话语："加入协会的一切团体和个人，承认真理、正义和道德是他们彼此间和对一切人的关系的基础，而不分肤色、信仰或民族。"[1] 马克思主义创始人对历史上以及与他们同时代的形形色色的正义理论，尤其是对各种小资产阶级的

---

① 《马克思恩格斯文集》第 3 卷，人民出版社 2009 年版，第 227 页。

正义理论的确给予过辛辣的嘲讽与严厉的批判，但这不能成为马克思主义历史观拒斥社会正义的推论证据。马克思主义创始人批判的是那些错误与抽象的正义理论，而不是拒斥正义本身。在马克思主义历史观与正义观的理论逻辑中，正义是历史性的，人们对正义的理解不是一成不变的；在阶级社会中，不同的阶级具有不同的正义观，不存在一个适合于一切时代、适合于每一个时代中所有个人与阶级的、类似于某些人所认为的那种具有普适性或普世性的、人们一致同意的抽象性的正义观念与正义标准。

同时，马克思的历史观与正义观不仅关注一般性的社会正义问题，同时也极为关注社会财富分配中的正义问题。诚然，在《哥达纲领批判》中，马克思在批判拉萨尔及拉萨尔一类的庸俗社会主义者的分配理论时确曾指出："在所谓分配问题上大做文章并把重点放在它上面，那也是根本错误的"；"庸俗的社会主义仿效资产阶级经济学家（一部分民主派又仿效庸俗社会主义）把分配看成并解释成一种不依赖于生产方式的东西，从而把社会主义描写为主要是围绕着分配兜圈子。"① 这里需要澄清的是，马克思的上述两段话，并不表明在马克思的视野中分配问题是不重要的，更不表明他拒斥分配正义问题。马克思之所以反对"在所谓分配问题上大做文章"，反对把社会主义视作"主要是围绕着分配兜圈子"，深层的原因在于：任何一种社会的分配问题都不是孤立存在的，"消费资料的任何一种分配，都不过是生产条件本身分配的结果；而生产条件的分配，则表现生产方式本身的性质"。② 我们有充分的理由认为，马克思反对的不是人们对社会分配正义问题的关注，更不是说分配正义对社会主义来说毫无意义；他反对的是离开社会的生产方式，孤立地、抽象地谈论分配的公平、正义问题；同时他认为社会主义应该首先关注生产方式与生产关系，不改变旧的生产方式与生产关系就不可能改变旧的分配方式。

---

① 《马克思恩格斯文集》第 3 卷，人民出版社 2009 年版，第 436 页。
② 《马克思恩格斯文集》第 3 卷，人民出版社 2009 年版，第 436 页。

二

如上所述，马克思的历史观与正义观并不在一般意义上反对人们关注与谈论社会正义与分配正义问题，他反对的是对社会正义与分配正义的非历史、非"现实主义"的理解。因为，正义作为人们的价值诉求，本身具有社会的与历史的性质，不存在一个所有人同意与永恒不变的正义观念。不同时代的人们有不同的正义观，不同的阶级有不同的正义观，甚至不同的个人也有不同的正义观。

那么，这是否代表关于正义的理解就完全是"公说公有理、婆说婆有理"，并且它绝对是由相对主义主宰的领域？答案是否定的。马克思的历史观虽然承认正义观念的历史性、相对性、多元性，但却反对将正义观念的相对性绝对化为一种相对主义。从逻辑上看，如果将对正义的理解陷入相对主义的窠臼，不仅意味着人们有关正义问题的任何探讨都是没有意义的，同时也意味着人们有关正义观的任何批评都不具有合法性。虽然每一个个体与每一个阶级都有自己的正义观，但这决不意味着每一种正义观都能获得合理性辩护，因为不同的正义观之间存在着正确与错误之分、合理与不合理之别，而其中的关键则在于如何理解"什么是正义的"。

笔者认为，正义通常与合理性、正当性相联系。一般而言，合理的、正当的即意味着符合正义的要求，不合理的、缺乏正当性的事物与现象，其行为与要求则不具有正义的属性。当然，有人不同意这样的看法，认为"历史的正当性"与"历史的正义性"不是一回事，正当性是一种事实判断，正义性是一种价值判断，两者之间不存在互通性与互释性的可能。但在笔者看来，正当性与正义性同样也是一种价值判断，而不是事实判断；区分事实判断正确与否的标准是"真与假"，区分价值判断正确与否的标准是"是否合理与是否应当"；"是否正当"显然不是一个"真与假"的问题，而是一个"是否合理与是否应当"的问题。符合正义要求、具有正义性质的事物与现象必须具有正当性与合理性的属性，缺乏历史正当性与合理性的事物与现象，无疑缺乏能被称之为正义的依据。肯认一个事物与现象具有正义的属性，但又否认它的正当与合理的属性，或者肯认一个事物与现象的正当与合理的属性，但又否认它的正义性，这样的理论判断是不符合逻辑的，并且是不可能彻底说服别人的。

不可否认，同正义问题一样，历史的正当性与合理性作为一种价值判断也有一个"如何衡量与如何判别"的问题。通过阅读《路德维希·费尔巴哈和德国古典哲学的终结》中的有关描述，我们认为，此问题已被具有巨大历史感的黑格尔哲学以唯心主义方式、被恩格斯以历史唯物主义方式得到了令人信服的解决。在黑格尔与恩格斯的视野中，社会历史中那些历史性的事物与现象是否具有合理性，是由它是否符合历史必然性来确立的，因为"必然的东西归根到底会表明自己也是合乎理性的"。① 我们不否认存在着事实判断与价值判断的区别，但我们对这两类判断之间关系的理解不能固守于所谓"休谟难题"或休谟教条的束缚。因为当黑格尔在历史必然性与历史合理性之间架起一座由此达彼的桥梁时，所谓事实判断与价值判断的鸿沟便不再是不可逾越的了。历史的正当性、合理性、正义性在于它的合必然性，一切丧失了历史必然性的事物与现象，也必然地丧失了它的历史正当性、合理性与正义性。奴隶制相对于它当下的存在条件来说是有历史正当性、合理性与正义性的，而一旦奴隶制存在的历史条件丧失殆尽，其必然性相应地也就荡然无存；与此同时，封建制的剥削方式取代奴隶制的剥削方式也就具有了历史的正当性、合理性与正义性；同样的情况也适用于资本主义制度对封建制度的取代，以及社会主义、共产主义制度对资本主义制度的取代。

黑格尔与恩格斯有关历史必然性与历史合理性关系的思想或原理，同样适用于对社会分配正义性的说明。马克思在《哥达纲领批判》中

———————

① 《马克思恩格斯文集》第4卷，人民出版社2009年版，第268页。

之所以反对庸俗的社会主义者与拉萨尔"在所谓分配问题上大做文章"及"围绕着分配兜圈子"的做法，其原因就在于：分配方式是以生产方式为基础的，"是依赖于生产方式的东西"。依据马克思关于"社会分配方式与生产方式关系"的思想，我们有充分理由认定：一种分配方式是否合理、正当与正义，不能由分配方式本身来加以判别与确定，而应由与之相适应的生产方式是否具有正当性、合理性与正义性来作为判定的参照系。当然，我们也不同意这样的观点，即认为只要与生产方式相适应、相适合的就是正义的，只要与生产方式相矛盾的就是非正义的。因为生产方式本身也存在正当与否、合理与否、正义与否的问题，并不是一切现存的生产方式都具有现实性与必然性，因而也不是一切现存的生产方式都具有历史正当性、合理性与正义性。只有那些具有历史必然性和现实性属性的生产方式才具有历史正当性、合理性与正义性。笔者确信：与那些符合历史必然性与现实性要求的生产方式相适应的分配方式不仅是必然的，而且是具有历史正当性、合理性与正义性的；任何不符合历史必然性要求、不具有现实性的分配方式，不管听起来或看上去多么诱人，既不可能具有正当性、合理性与正义性，也不可能会得以长久性存在。我们并不否认，"分配正义"的核心问题关乎着人们"是否应得"的问题，但问题的关键在于"什么叫应得"，判别、衡量"应得"或"不应得"的尺度与坐标系是什么？如果将"应得"视作一种符合正义要求的合理性或正当性权利，那么这种权利既不可能是天赋的，也不可能是抽象的，而是社会的与历史的，其根本原因在于："权利决不能超出社会的经济结构以及由经济结构制约的社会的文化发展。"①具体地说，人们的"应得"与"不应得"不是由人们的主观感受与个人的意愿来决定的，而是受社会生产力的发展水平与社会生产方式的历史必然性所制约的。

---

① 《马克思恩格斯文集》第3卷，人民出版社2009年版，第435页。

三

在有关马克思分配正义思想的理解与阐释上，笔者认为有三个具体理论问题需要特别重视并加以分辨与澄清。

其一，要厘清马克思在《哥达纲领批判》中对资本主义分配方式与对共产主义社会第一阶段所应实行的按劳分配方式是持肯定意见还是否定意见。有学者为了论证正义概念是一种价值判断而非事实判断，常常引用下列两段话：一是马克思在反驳拉萨尔主张的"公平的分配"时的一段话："什么是'公平的'分配呢？难道资产者不是断言今天的分配是'公平的'吗……难道各种社会主义宗派分子关于'公平的'分配不是也有各种极不相同的观念吗？"①二是恩格斯在批判普鲁东的法权观时的一段话："希腊人和罗马人的公平认为奴隶制度是公平的；1789 年资产者的公平要求废除封建制度，因为据说它不公平。在普鲁士的容克看来，甚至可怜的专区法也是对永恒公平的破坏。所以，关于永恒公平的观念不仅因时因地而变，甚至也因人而异，这种东西正如米尔柏格正确说过的那样，'一个人有一个人的理解'。"②的确，马克思的历史观与正义观反对对正义概念作抽象的理解，反对所谓的"永恒不变的公平与正义观念"存在的可能性；但并不否认社会历史中存在着公平与正义，更不否定资产阶级的分配方式相对于资产阶级存在条件来说的公平性和正义性；其总体主旨是着力强调对公平与正义问题应作历史的、"现实主义"的理解。在《哥达纲领批判》中，马克思虽然说资产阶级的公平观具有资产阶级的性质，但人们在对经典著作进行引证与阐释时，不应作断章取义、取己所需式的引述与理解，不应忽视与舍弃马克思思想的整体性。我们注意到，在阐述了"什么是'公平的'分配呢？难道资产者

---

① 《马克思恩格斯文集》第 3 卷，人民出版社 2009 年版，第 432 页。
② 《马克思恩格斯文集》第 3 卷，人民出版社 2009 年版，第 323 页。

不是断言今天的分配是'公平的'吗"之后，马克思接着说："难道它事实上不是在现今的生产方式基础上唯一'公平的'分配吗？"① 从上下文的行文逻辑看，马克思的意思非常明确，即资产阶级的分配方式相对于资产阶级的生产方式是唯一"公平的"分配方式，在资本主义社会中不可能有别的"公平的"分配方式。同样，在上述所引用的恩格斯的那段话中，恩格斯不仅表达了"不同的历史时期有不同的正义观"的思想，同时表达的还包括这样一个重要理念：希腊人和罗马人的公平观相对于他们所处的那个时代是合理的与正确的，1789 年法国资产阶级提出废除封建制度的主张也是合理与正确的。至于那种认为"马克思在《哥达纲领批判》中有关对共产主义第一阶段按劳分配原则的评价是对按劳动分配原则公平性的否定解读"的观点，更是一种令人难以苟同的深度误读与误释。马克思在《哥达纲领批判》中所讲的共产主义社会"是刚刚从资本主义社会中产生出来的，因此它在各方面，在经济、道德和精神方面都还带着它脱胎出来的那个旧社会的痕迹"②。正是由于共产主义社会的这种特性决定了其社会财富的分配只能实行按劳取酬的原则。马克思认为，这种按劳分配的原则在实质上通行的仍然"是商品等价物的交换中通行的同一原则，即一种形式的一定量劳动同另一种形式的同量劳动相交换"③。这种按劳分配原则虽然强调人们的平等权利，但这种"平等的权利按照原则仍然是资产阶级权利"④。"这种平等的权利，对不同等的劳动来说是不平等的权利。它不承认任何阶级差别，因为每个人都像其他人一样只是劳动者；但是它默认，劳动者的不同等的个人天赋，从而不同等的工作能力，是天然特权。"⑤ 马克思认为，在贯彻按劳分配原则的情况下，必然产生一些人在事实上分得的财富比另一些人多些，

---

① 《马克思恩格斯文集》第 3 卷，人民出版社 2009 年版，第 432 页。
② 《马克思恩格斯文集》第 3 卷，人民出版社 2009 年版，第 434 页。
③ 《马克思恩格斯文集》第 3 卷，人民出版社 2009 年版，第 434 页。
④ 《马克思恩格斯文集》第 3 卷，人民出版社 2009 年版，第 434 页。
⑤ 《马克思恩格斯文集》第 3 卷，人民出版社 2009 年版，第 435 页。

因而富些，而另一些人分得的财富必然会少些，因而穷些。因为不同的劳动者不仅具有不同的天赋，而且存在着社会性的差别，例如有人结了婚，有人没结婚，有人子女多些等。而"要避免所有这些弊病，权利就不应当是平等的，而应当是不平等的"。① 有学者根据马克思所指出的"按劳分配必然导致两个弊端（权利就不应当是平等的，而应当是不平等的），以及最终要消除这两个弊端"的论断，得出"按劳分配也是不公平与不正义的"结论。笔者认为，得出这样的结论是对马克思按劳分配思想的误读与误评。这种观点完全忽视了马克思如下的一段话："但是这些弊病，在经过长久阵痛刚刚从资本主义社会产生出来的共产主义社会第一阶段，是不可避免的"。② 在笔者看来，马克思不仅没有否定共产主义第一阶段的必然性、公平性与正义性，恰恰相反，在共产主义第一阶段中，只能实行按劳分配原则，而不能实行按照人们的实际需要的原则进行分配。只有在完全意义上的共产主义社会中，社会完全超出资产阶级权利的狭隘眼界，"社会才能在自己的旗帜上写上：各尽所能，按需分配！"③

其二，公平与正义作为社会的规范性概念，虽然蕴含着对"应当"的追求与希冀，但公平与正义不意味着可以与"完善性"概念画等号，更不能以"社会历史性存在有不完善之处甚至弊端"为借口，从而否定它的合理性、正当性，以及公平性与正义性。正如恩格斯曾经指出的："历史同认识一样，永远不会在人类的一种完美的理想状态中最终结束；完美的社会、完美的'国家'是只有在幻想中才能存在的东西。"④ 判别历史性的事物与现象是否具有历史正当性、合理性与正义性的参照坐标是历史的必然性，而不是看它有没有缺点与弊端；如果以"是否完美与完善"作为衡量是否正义的尺度与参照系，那无异于说在社会历史

---

① 《马克思恩格斯文集》第 3 卷，人民出版社 2009 年版，第 435 页。
② 《马克思恩格斯文集》第 3 卷，人民出版社 2009 年版，第 435 页。
③ 《马克思恩格斯文集》第 3 卷，人民出版社 2009 年版，第 436 页。
④ 《马克思恩格斯文集》第 4 卷，人民出版社 2009 年版，第 270 页。

中根本就不可能有公平与正义的存在。从分配正义的方面看，如果以"是否存在弊端"作为分配形式是否具有正义性的尺度与标准，不可避免地会得出如下不恰当的结论：由于在私有制条件下，所有的生产方式与分配方式都具有矛盾与对抗的性质，既没有任何一种分配方式能被所有的人视作好的分配方式，更不存在没有任何缺点与弊端的分配方式，那么私有制社会中根本就不可能存在符合正义性的分配方式。从历史发展而言，这样的结论无疑是不符合实际的。

其三，不能以"是否存在贫富差距"作为衡量社会分配方式的公平性与正义性与否的尺度。不可否认，近年来人们之所以对公平与正义问题极为关注，其中一个重要的原因即是社会贫富差距的急剧扩大。有人甚至还以中国当前还存在"贫富差距"为根据，认为中国当前的分配方式是不正义的。笔者认为，不公平与不正义的分配方式有可能导致社会"贫富差距"与差距的扩大，导致中国当前"贫富差距"状况的形成无疑与不公平与非正义因素的作用与影响相关。但尽管如此，也不能断然以"社会成员贫富差距的大小"作为衡量与判别社会收入分配是否公平与正义的尺度和坐标。从理论推论的逻辑来看，这种观点表达的是一种平均主义的公平观与正义观。也就是说，这种观点认为，一个社会存在"贫富差距"就意味着不公平与不正义，"贫富差距"越扩大，意味着社会公平、正义状况的恶化；相反的逻辑推论则是，"贫富差距"缩小即意味着公平、正义状况的改善，消灭了贫富差距即意味着公平、正义的完全实现。这正是一种平均主义的公平、正义逻辑。然而，在马克思历史观的视野中，平均主义是一种粗陋的共产主义。平均主义的公平、正义观不仅在私有制社会中无法实现，对于社会主义市场经济来说也是无法实现的，即使对于未来的共产主义社会来说也不可能实现，因为共产主义社会所要实行的是按需分配，而不是平均分配。

对于处于社会主义初级阶段的中国来说，市场经济是一种历史性选择，这是无需争论的。市场经济是一种竞争性经济，没有竞争就不能称之为市场经济，相应地，社会主义市场经济也不能消除竞争。有竞争就存在收入差距，这不仅是理论逻辑上的合理推论，更是市场经济发展过程中重复显现出来的经验事实。市场经济无疑是需要公平、正义的，社会主义市场经济尤其需要，但我们需要的是能促进社会主义市场经济健康发展的公平、正义观，而不是用一种抽象的公平、正义原则去阻挠与限制社会主义市场经济的发展。一切不适应或束缚社会主义市场经济发展的公平、正义观念都应给予否定性评价。

公平不单纯是财富分配问题 *

时下的中国，社会公平问题最受关注，从学者到百姓无不以各自的方式表达着对这一问题的高度关切。然而，时下有关公平的讨论与争论，尚未形成普遍性共识。诚然，在一个利益主体多元的社会中，不同公平观的彼此竞争既是正常的，也是必然的。那么，现实社会生活中存在的多元并立与相互竞争的公平观，是否都能在理论上得到合理性的辩护？当然不是，如果所有公平观在理论上都应获得合理性辩护，在理论上必然会导致相对主义。对公平观持相对主义的立场与态度，不仅对于马克思主义的历史观与公平观来说是不能接受的，而且更为重要的是，它不利于人们共识的形成，不利于社会的发展。

不能抽象地谈论公平

人们对公平的不同诉求，有合理的，也有不合理的，问题在于，判断公平诉求合理与否的尺度与坐标是什么？这个尺度与标准既不能是任意的，更不能是抽象的。作为一种规范性价值，公

---

* 本文原发表于《中国社会科学报》2013 年 10 月 13 日。

平表达的是一种要求，这种要求既是社会对个体的要求，也是个体对社会的要求，同时是社会个体之间的相互要求。作为一种社会规范价值，公平同一切其他规范性价值一样，具有历史的性质，在历史中生成，也随着历史的发展而不断改变。在人类历史中，不存在适合一切情况、一切历史条件的永恒不变的、普世的公平概念和公平尺度。人们对社会公平的价值诉求与公平尺度的确立，必须符合社会历史发展的必然性要求。

归根到底，人们是从自己所处的生产方式与交换方式中提取自己的道德观念与公平观念。就当代中国而言，人们对社会公平的价值诉求与公平尺度的确立，必须以社会主义市场经济的客观要求为参照坐标。这是因为，在生产力与生产关系原理意义上，市场经济的生产方式与交换方式相对于我国现阶段的生产力发展水平来说是不可超越的必然选择，这是已被历史的经验与教训所证明的结论。既然如此，我们所能实现的，就只能是符合社会主义市场经济发展要求的公平，而不应也不可能是超越社会主义市场经济要求的公平。我们应以社会主义市场经济发展的要求来确立我们的公平原则，而不是用一些抽象的、脱离实际的所谓应然性的公平原则，去束缚社会主义市场经济的发展。

重视非经济领域的公平

在当前有关社会公平的研究与讨论中，还存在着一个明显的问题与不足，即人们的视野过于狭窄，这主要表现为：一是将视点主要聚集在社会的经济领域中，而忽视了非经济领域或社会其他领域的公平问题。二是即使在经济领域中，人们的视点通常只聚焦在社会财富分配的公平上。实际上，公平作为一种社会规范性价值，其存在的意义不仅仅体现在对社会经济的规范上，更不仅仅体现在对社会财富如何分配的要求上，而是对人们现实生活的所有领域都具有规范性的意义。公平规范的价值意义既具有广泛性，也具有普遍性，在人们现实生活的所有领域都存在着公平与不公平的问题。在社会现实生活的领域中，人们不仅要求经济的公平，也要求制度安排的公平、法律的公平与道德的公平。

不可否认，经济生活在人们的全部生活中占据着基础性的地位，社会非经济领域的公平要求应与社会经济领域的公平要求相适应。但是，社会公平是一个有机的系统，因此，不能将研究的视点片面聚焦在经济领域中的公平，而忽视非经济领域中的公平问题。非经济领域的公平，对于人们的社会生活来说不仅具有独立的价值，而且会影响社会经济领域公平的实现。如果社会在制度安排上，在法律规范与道德规范的制度上存在着不公平的现象，社会诸领域的联动性必然会相应影响到社会经济领域中公平的实现。即使在社会经济领域的公平问题上，眼睛也不能仅仅盯在社会财富的分配上。相对于社会财富的公平分配而言，人们在生产过程中对资源的占有与使用的权利、对劳动过程的参与和管理的权利是否实现了公平，则是一个更为重要的公平问题。因为分配上的公平只不过表现为结果上的公平，而不是原因或源头上的公平，分配上的公平与否，是由生产上的公平与否决定的，是如何生产决定如何分配，而不是相反。

市场原则不能随意侵入社会领域

在有关公平的研究与探讨中，人们的关注点与兴奋点主要集中在社会财富的分配上，即主要集中在财富"蛋糕"的具体分割上。但是，蛋糕的分配是由蛋糕的生产决定的，不能离开蛋糕的生产去谈蛋糕的分配。对于熟知马克思主义生产与分配相互关系原理的人来说，这应是一个常识性的道理。不能简单地依据人们所分得的蛋糕大小的差别作为判断公平与否的尺度与坐标，差别大有可能是不公平的，但没有差别或差别较小就一定是公平的吗？实际上，只要离开了人们在生产蛋糕上所作的具体贡献，无论是差距大与差距小，公平就会变成一个说不清楚的问题。一个人所得是否公平，应看他是否是应得，而判定其应得与不应得的衡量尺度与参照坐标，不应是与别人所得的比较，而应是与他为社会总财富的增加所作的努力和贡献正相关的。一个人从社会的总财富中分得了与贡献相匹配的份额，则应视之为公平的，多得了与少得了都是对公平原则的背离。在纯粹的市场经济条件下，以贡献确定所得的原则是符合一般市场经济的基本规律的。然而，公平是一个历史的概念，不应具有抽象的性质，在社会主义市场经济条件下，公平的原则与市场经济的基本规律是相融而不是相悖的。

市场经济是一种竞争性经济，即使是社会主义市场经济也一样，没有竞争就不是市场经济。竞争为社会经济发展提供了活力，也导致社会利益的分化，因为在具有不同能力的社会个体之间，实行等量劳动与等量劳动相交换的原则，结果必然是人们的所得有多有少。因此，在市场经济的条件下，弱势群体的存在就成为不可避免的现象。社会应给予弱势群体必要的关怀与照顾，在社会主义市场经济条件下更应如此。因为人作为社会性存在都享有生存与发展的权利，即使因自身能力或生理条件制约不能为社会财富的创造与增长作出任何贡献的人，也应受到社会的照顾与救济。市场的规律与原则只应存在于市场经济中，不能随意地入侵到社会生活的其他领域。对弱势群体的必要照顾与救济，不仅是基于社会成员共享改革成果，发挥社会主义的制度优势，更是实现长治久安、社会和谐的现实要求。因此，照顾与救济只应发生在社会的非经济领域，而不应存在于社会的经济领域，在社会经济领域的分配中进行照顾与救济，既是对价值规律的背离，也是对公平原则的颠覆。

关于应得的思与辩 *

一

　　除极少数人之外，在绝大多数人的思维认知中，公平的概念与正义的概念是等义或同义的，公平的，即是正义的，不公平的，也即非正义的，因此，在人们日常习惯的话语中，公平正义通常是合在一起使用的。当然，公平、正义的概念在具体使用上还是有差异的，在一些事物与现象的评价上，人们习惯于使用公平的概念，在另一些事物与现象的评价上，人们又习惯于使用正义的概念。比较而言，在牵涉到社会财富分配，社会纠纷与矛盾的调解和处理的评价上，人们通常习惯于诉诸公平与否的评价；而在牵涉到战争的评价时，则更多诉诸正义与否的评价。但公平与正义概念在具体使用时的差异与区别，并不排斥二者之间在意蕴上的贯通性，公平也好，正义也好，二者都含有合理性、正当性的价值诉求。相反，非公平与非正义都是对合理性、正当性的价值的背离与违反。如果人们非要执着地追问，公平与正义如果同义，那么，在人们的话语系统

＊　本文原发表于《天津社会科学》2015 年第 2 期。

中，公平与正义有何必要同时存在，而且是长久性地存在？面对这样的追问，一个合理与可能的回答是，公平的概念更多地适用于人们对日常生活中出现的具体行为、具体是非曲直的评价与裁量，而正义概念更多地指向那些对重大历史性事件与现象的评价。尽管如此，从人们对公平与正义概念使用的语境来看，有一点是可以确认的，即在公平的概念中蕴含了正义的底蕴，在正义的概念中蕴含了公平的底蕴。公平与正义概念在一定范围内的可互换或相互替代性，至少可以证明二者在含义上具有相似性。

公平与正义的概念具有历史的性质，在人类社会的初始阶段，人类的先民们由于不知道什么是权利，什么是义务，人们之间没有分化，没有阶级划分，同一个共同体的人们之间过着一种没有差异的同质性生活，因而，也就不可能生成公平与正义的观念。公平与正义观念生成与存在的基础和前提是社会的分化与差异，具体地说，它始于私有制的出现与阶级的划分，并只能存在于私有制与阶级存在的社会中。这是因为，当私有制与阶级产生与存在时，人们社会生活的同质性状态被打破，出现利益的分化与纠纷，于是便有了公平与不公平、正义与非正义的区分。应该说，公平与不公平、正义与非正义的纷争首先是源于人们对社会财富分配领域的争夺与评价，然后才逐渐地扩展到人们社会生活的其他领域乃至社会生活的方方面面。公平与正义观念生成与存在的基础和前提是社会生活中存在着各种形式的非公平、非正义的现象，公平是相对于不公平而言的，正义是相对于非正义而言的，只要私有制与阶级差异存在，人们有关公平与正义的诉求就不会终止；公平与正义概念是历史性的概念，无论是从其产生与存在看，还是从最后的归宿看，都具有历史的性质，它既不具有天赋观念的性质，也不具有永恒真理的性质。公平与正义不仅具有历史的性质，而且也具有阶级的性质，在私有制社会中存在的不同的阶级与个人，由于各自所处的社会地位不同、利益诉求不同，因而不同的阶级与个人持有不同的公平与正义观，不同的公平与正义观通常会对何谓公平、何谓正义的问题，诉诸不同的理解与阐释。在私有制存在的社会中，所有的阶级与个人都赋予公平与正义以积极的、正面的意义，诉诸一种肯定性的理解与认同。没有人愿意放弃公平与正义的旗帜，所有的阶级与个人都利用公平与正义的口号为自己的行为与利益进行正当性的辩护。在私有制社会中，人们在何谓公平、何谓正义的话题上之所以讼争不断，根本的原因在于人们的公平与正义观本身的差异性与多元性。

公平与正义属于规范性范畴，对社会历史的发展与人们的实践活动及现实生活具有极其重要的规范和范导性作用，各种不同的公平与正义观之间之所以彼此竞争，除了各种形式的利益之争的直接原因外，还有一个重要的原因，即持有不同公平与正义观的人们都希望按照自己的价值诉求规范与引导社会的发展，使社会的发展更符合或更有利于自己利益的满足与价值理想的实现。公平与正义问题关涉着人们社会生活的方方面面。公平与正义既牵涉人们享有的权利，也牵涉人们所承担的义务；既表现在事物与现象的形式、程序的方面，也表现在事物与现象的内容与实质的方面。公平与正义所涉及的范围具有广泛性与普遍性。虽然如此，社会财富的分配通常是构成有关公平与正义争论的最直接的焦点性问题。诚然，社会财富的分配问题不能孤立地加以解决，其深刻的原因在于："消费资料的任何一种分配，都不过是生产条件本身分配的结果；而生产条件的分配，则表现生产方式本身的性质。"[①] 即是说，社会生产的性质、社会生产条件的分配，相对于社会财富或消费资料的分配而言，是更为基础、更有决定性意义的，是社会生产的方式与性质决定社会财富分配的方式与性质，而不是相反。在马克思历史观的视野中，离开社会生产方式的性质，社会财富究竟应如何进行分配才是合理的与正当的，是一个无法判定与确认的问题。但不应否认的是，对物质生活资料或消费资料的需要，是人的所有需要中一种最基本的需要，物质利益是构成社会利益体系的最核心的利益，无论是就人们的需要本身

---

① 《马克思恩格斯文集》第 3 卷，人民出版社 2009 年版，第 436 页。

而言，还是就人们的感受而言，社会物质财富分配的公平与正义问题都会成为人们最直接关注的问题。

社会财富究竟应按何种原则进行分配才符合公平与正义的要求？衡量与判别分配公平与正义的参照坐标又是什么？社会历史中存在的公平与正义观虽然是多元的，并且是相互竞争的，但它们所面对的问题是相同的，在对衡量与判别分配公平与正义的参照坐标的确认上也是有共识的。在社会财富分配问题上，所有的公平与正义观无不指向人们的所得与应得之间的关系，所有的公平正义观也无不将人们的应得视作衡量与判别人们的所得是否公平与正义的参照坐标。易言之，没有人会质疑个人应得财富或财产的正当性与正义性，人们的所得如果是他的应得则会被视为符合公平与正义的要求，人们的所得如果不是他的应得，多于或少于他的应得都会被视作对公平与正义要求的背离，在这一点上是没有分歧与争议的。实际上，真正引起各种不同公平正义观之间产生分歧与争论的焦点问题是：什么叫应得？确认应得的根据是什么？

在利益多元的社会中，存在多元的公平与正义观。需要强调的是，在多元竞争的公平与正义观之间存在着合理与否、正确与否的区分。面对多元竞争的公平与正义观，不能诉诸相对主义的态度，如果每一种公平与正义观都能在理论上获得合理性的辩护，人们对公平正义的追求不仅失去意义，而且一切关于公平正义的探讨与争论也会失去其合法性。一种合理的、正确的社会财富分配的公平与正义观，需要为人们的应得提供合理的根据，并为人们提供一个衡量与判别的参照性坐标。

二

何谓应得？应得在语义上并不会产生歧义，应得的基本意蕴是指人们得到的是其应该得到的。人们应该得到的不同于人们想要得到的。因为人们想要得到的一部分来自于自己的真实需要，一部分来自于自己的追求与欲望，人们的需求与欲望有的是合理的，有的则不一定合理。一般来说，人们想得到的通常会超出人们的应得。即使是合理的需求与欲望，也并非应当获得充分的满足，因为想得的与应得的二者之间的根据与理由是存在着差别的。人们的想得依据的是一种单纯的个体尺度，而人们的应得既要根据个人的尺度，也要根据社会的尺度。换言之，个人的应得是否契合个人的想得，不仅依赖于个人的需求与努力，也依赖于社会对个人需求与努力的评价。

人们的应得也不同于人们的实得。在社会财富分配过程中，个人所获得与占有的实际财富，可能是合理与正当的，也可能是不合理与不正当的。因为个人所得与占有的所得，有可能是其个人的应得，也可能不是个人的应得。个人应得的财富与个人实得的财富之间并不总是相吻合的，个人所实得的财富有可能大于自己的应得，但也可能小于自己的应得，而无论是实得大于应得，还是实得小于应得，从公平与正义的维度看，都是对公平与正义要求的背离。一般来说，在社会中那些属于强势群体的个人的实得通常会多于自己的应得，而社会中那些属于弱势群体的个人的实得通常少于自己的应得。在思考人们的实得与应得的关系时，有一点需要引起我们的注意，即符合公平正义要求的应得与符合社会制度、法律与道德规范要求的应得之间的区别。在人们的实得财富中，那些利用卑劣与奸诈的非法手段所获得的财富的不义性质是无需争辩的，但那种符合制度、法律、道德等规范要求的所得或实得是否属于人们的应得呢？在人们惯常的思维认知中，符合制度、法律、道德等规范要求的实得也具有无可争辩的应得属性，然而制度、法律、道德等所容许的应得并不一定是符合公平正义要求的应得，因为，制度、法律与道德等规范本身也有一个是否符合公平正义要求的问题。在市场经济活动中，利用制度安排、政策和法律的漏洞所获取的利益与财产，虽然在法律与道德上具有合法性，但并不具有公平正义意义上的应得属性。

在社会分配领域，符合公平与正义要求的所得或实得属于人们的应得，在这一点上，人们或许没有争议，至少是争议不大的。但人们的实得是否就是人们的应得？应如何对人们的所得是否就是自己的应得进行衡量与确认呢？这是不同的公平与正义观争讼不断的焦点问题，更是难获共识的一大难点。当下中国，随着社会主义市场经济的发展，社会物质财富迅速增加，人们的经济状况与物质生活水平得到了普遍的改善与提高，这是一个广获认同的普遍性共识。同样一个不可否认的事实是，人们对社会公平正义的关注与诉求并没有因自己生活状况的改善而有所淡化，反而更加增强了，认为社会公平正义状况恶化的人不是减少了，而是增多了。是什么原因导致了上述情况的出现？是社会分配领域公平正义状况真的恶化了？还是人们对财富分配的公平正义的认知存在问题？笔者以为，上述两种情况都存在。当下中国，人们之所以对社会财富分配的公平正义问题如此关注，是因为许多人对自己所享有的财富状况感到不满意，并基于如下的事实作出的判断与评价，即社会成员间的财富差距与贫富分化状况扩大与恶化了。不能否认，当下中国社会财富的分配中存在不公平与非正义方面的问题，也不能否认，社会成员所拥有的财富差距与贫富分化的扩大与分配方式的不公平和非正义之间存在着因果联系，但笔者却不同意将社会财富分配差距的大小程度作为衡量与确认社会财富分配方式是否公平、是否正义的参照坐标。以社会成员间的收入差距或占有财富差距的大小作为衡量与判别社会财富分配是否公平与正义的参照坐标，无异于主张收入分配差距的扩大意味着社会公平与正义状况的恶化；收入分配差距的缩小，意味着社会公平与正义状况的改善。那么如果收入分配没有差距，岂不是意味着公平与正义的实现？这样一种思维逻辑，难道不是人们熟悉的平均主义公平观的翻版？平均主义公平观是错误的，不仅马克思主义早有明确的定论，在马克思主义历史观的视野里，平均主义是"对整个文化和文明的世界的抽象否定，向贫穷的、需求不高的人——他不仅没有超越私有财产的水平，甚至从来没有达到私有财产的水平——的非自然的简单状态的倒退"①。而

---

① 《马克思恩格斯文集》第 1 卷，人民出版社 2009 年版，第 184 页。

且也是被历史实践证明是错误的，中国的改革开放首先就是从破除平均主义的大锅饭开始的，中国的腾飞与崛起在一定程度上也是破除平均主义的结果与表现。需要强调与说明的是，笔者决不是鼓励与肯定社会的两极分化，更不是否定当下的中国社会不公平、非正义现象的存在，而只是认为，对社会财富分配的公平与正义之思，不能因循平均主义公平观的思维逻辑。

社会的物质财富不是从天上掉下来的，也不纯粹是大自然的恩赐，社会财富的生成不可否认与自然的天然资质有一定的关系，但从根本上来说，它来源于人们的生产和创造。因此，人们在思考财富是否应得的问题时，不能将思维的视野单纯地局限于社会财富分配的领域，就分配谈分配，而首先应看社会财富是如何生产出来的，用一句人们惯用的话说，分蛋糕时，先要考虑人们在做蛋糕时的贡献，因为，任何社会的财富分配都是由社会财富的生产决定的。如果我们将人们的应得视作一种权利的话，那么就应追问这种权利是从哪里来的，是天赋的自然权利吗？不是的，任何权利都具有社会历史的性质，所谓天赋的自然权利不过是资产阶级思想家与自由主义者编造的为自己利益辩护的神话。人们所享有的权利，是由他所承担的义务决定的。"没有无义务的权利，也没有无权利的义务。"① 即是说，人们应享有的权利与人们应承担的义务都不能单独地确定。个人所享有的权利也好，所承担的义务也好，各自也有一个合理与否、正义与否的问题。而要确认权利与义务的合理性与正当性或公平性与正义性，需将权利与义务放在二者的关系中加以审视。人们享有了什么样的权利，就应承担什么样的义务，反之亦然，离开了个人所享有权利的参照坐标，人们无法确认与核准个人究竟应承担什么样的义务以及承担多少义务。同样离开了个人所承担义务的参照坐标，也无法确认与核准个人所享有的权利是否合理、是否正当。在权利与义务的关系上，一方面，人们不能孤立地就个人所享有的权利的多与

① 《马克思恩格斯文集》第 3 卷，人民出版社 2009 年版，第 227 页。

少、大与小，任意推定是公平的或是不公平的、正义的或是非正义的。另一方面，也不能就个人所承担义务的多与少、大与小，任意推定是公平的或是不公平的、正义的还是非正义的。关键的问题必须是确保权利与义务之间的一致与平衡。在社会财富分配领域，符合公平与正义要求的分配，应当是根据人们在社会财富生产与创造过程中所做的贡献与所承担的义务的大与小、多与少去确认和核准其应得的权利。人们的应得之所以谓之应得，不应依赖于人们的主观判认与推定，而应依据人们所做的贡献与所承担责任的核定。

三

如上所述，在社会财富分配领域，符合公平与正义要求的分配，应贯彻权利与义务相平衡的原则，让每个人的所得具有应得的性质与属性。既要反对各种形式的义务本位或义务优先的观点，也要反对自由主义的权利本位与权利优先的观点，让权利与义务相互规定、相互制约，各以对方的存在作为自己存在的参照坐标，防止只承担义务不享有权利，或只享有权利不承担义务现象的发生。然而，我们应看到，正像公平与正义是一种历史性范畴一样，权利与义务也受到社会历史条件的制约，二者的内容不是固定不变的，"权利决不能超出社会的经济结构以及由经济结构制约的社会的文化发展"①。对于义务来说也同样如此。正因为权利与义务都具有历史的性质，所以权利与义务的平衡也具有历史的性质。因此，人们在探讨社会财富的公平与正义问题时，不能仅仅满足于对权利与义务相平衡的一般性原则的抽象性确认，而是应将权利与义务放在具体社会历史阶段的经济结构和社会文化发展中，具体问题具体分析。例如，在我们探讨社会主义市场经济中的分配的公平与正义问

---

① 《马克思恩格斯文集》第 3 卷，人民出版社 2009 年版，第 435 页。

题时，就应具体地根据社会主义生产关系的性质与市场经济运行的规律，具体地分析人们所应享有的权利与所应承担的义务，寻找适合社会主义市场经济要求的公平正义的实现方式，而不只是停留在权利与义务相平衡原则的简单套用上。在社会主义市场经济中，公平与正义的实现，包括社会财富分配领域的公平与正义要求的实现，也必须要求贯彻权利与义务相平衡的原则，在这一点上不能有例外。在时下的有关公平正义的讨论中，不少人完全不理会市场经济的规律与特点，只是抓住人们的收入差距拉大、贫富分化有加深的趋势这一现象，诉诸一种抽象的公平正义原则，对现实多有指责和批评，这不仅不能解决当下存在的不公平与非正义的问题，还会导致人们对市场经济本身产生不满。

市场经济的基本规律是价值规律，资本主义市场经济也好，社会主义市场经济也好，只要社会经济的发展与运行纳入了市场经济的轨道，都必须服从价值规律的要求，否则就不可能是真正意义上的市场经济。由于价值规律的作用，市场经济必然表现出竞争的特点，市场经济在表现形态上是一种竞争性经济。竞争既为社会经济发展提供活力与动力，成为推动经济发展的强大杠杆，同时也不可避免地会导致社会成员在收入上的差距拉大和享有财富状况的分化，不能由此视之为不公平与非正义的。因为，不同的职业与工作其复杂程度与肩负的责任和贡献是不一样的。在市场经济中，商品与商品的交换，本质上即是劳动与劳动的交换，商品交换的原则体现的是价值规律所要求的等量劳动与等量劳动相交换的原则，商品的价格在总体上是围绕商品的价值上下波动，价格严重背离价值的情况在总体上是极其罕见的特例，因此，每个人的所得，与个人能力的大小，努力的程度，所承担义务与责任的大小，或者说与人们的应得之间保持着相应的正相关关系。在市场经济竞争中，不论人们所获得的收入或财富是多是少，只要与他的努力和付出，与他对社会财富增长的贡献大小保持相应的比例关系，其所得就应视之为是他的应得。

当然，在市场经济条件下，社会财富分配的公平性只是一种相对的公平，不具有绝对公平的性质，尤其是在资本主义市场经济中，社会财富分配的不公平与非正义现象的存在是不可避免的，即使在社会主义市场经济中，也并非所有社会成员所得或实得都能表现为他的应得，即都能诉诸公平正义的评价。这是因为，第一，在市场经济的分配方式中，社会财富的分配贯彻的是按生产要素分配的原则，因此，人们的所得并不完全来源于他的劳动，同时也依赖于对资本与资源的占有，资本与资源作为商品生产的一个要素，也享有获取报酬的"社会权利"。虽然，社会主义市场经济在性质上不同于资本主义市场经济，社会主义市场经济以社会主义公有制为主体的性质，使它较之于资本主义市场经济具有巨大的社会制度优势，能够有效地限制资本在社会财富分配中的支配能力。然而，即使在社会主义市场经济中，仍然不能完全取消资本参与社会财富分配的权利。第二，在市场经济中，资源与生产要求的配置主要是以市场的形式实现的，而市场的运行通常具有自发的性质，即使是以公有制为主体的社会主义市场经济，也不能完全消除市场经济的自发性质，这已被社会主义市场经济的实践所证明。在市场经济中，由于价值规律的作用，人们的所得总体上与他的劳动所创造的价值相符，因为商品的价格不可能与商品的价值长期背离。但由于市场经济具有自发的性质，人们的劳动所创造的价值与其贡献所产生的效益并不能通过精确计算的方式得到确认，而是通过市场竞争与市场自发性波动的方式得到间接确认，然而市场本身并不总是有效的，因此，市场经济本身并不能直接地保障人们所享有的权利与所承担的义务的平衡，使人们的所得与应得保持一致。一个偶然性的事件或失误，有可能使人们血本无归，一场周期性的经济危机，会使大批企业与个人破产，这都是现实中人们常见的。第三，社会财富分配的公平与正义的实现，除了受市场本身因素的影响外，也受一些非市场因素的影响。一条高速铁路的兴建可以形成一条新的经济带，一条地铁的兴建可以使地铁沿线的房产大幅度升值，而这种升值所带来的财富的增长通常与受益的个人的努力与贡献是无关的。相反，社会因公益与整体利益的需要，会让一些人的权利与利益受到损害。一个最典型的例证是，为了环境保护的需要，国家用法律等强硬约束的方式规定有些地区为限制与禁止开发的地区，这对于该地区的人们来说，无疑意味着一种发展权利的受损。

基于上述种种原因，应该说，要达致社会财富分配的公平与正义，并不是一件容易的事情。在社会主义市场经济条件下，虽然为社会财富分配的公平与正义提供了比资本主义市场经济较为优越的基础与条件，但并不意味着社会主义市场经济可以依靠市场机制自发地解决公平与正义问题。社会财富分配的公平与正义，既需要社会成员的努力，也需要政府的努力。政府在实现社会财富分配的公平与正义的过程中，既承担着不可推脱的责任，也起着核心的作用。在市场经济机制中，社会财富分配虽然主要通过市场机制实现，但政府可以通过经济的与非经济的政策工具对社会财富分配的不公平与非正义现象进行干预。政府的干预主要表现在，用税收调节的方式尽量限制某些人利用多占的权利与资源所获得的与自己的贡献不匹配的收入，另一方面也应对那些权利受损的人群进行利益补偿。特别是对于社会中的弱势群体，政府应给予高度的关注，并施以援手，这是政府的责任。但救助与补偿具有不同的性质，二者不仅分属于不同的领域，而且遵循不同的尺度与原则。在社会财富分配领域，人们要求获得财富的根据是他在社会财富形成过程中所做的贡献。

但这一尺度只能局限于经济分配的领域，而不能推广到非经济领域，否则那些天生丧失劳动能力的人就会丧失生存的权利与可能性。但救济、救助不是对弱势群体的补偿，而是一种慈善行为。补偿遵循的是公平与正义原则，救济、救助等慈善行为遵循的是一种人道主义原则。救济与补偿对于被救济、被补偿者来说，或许都是一种应得，但一个是基于人道的应得，一个是基于公平与正义的应得，救济体现的是对人的生存权利的尊重，补偿体现的是对人的劳动、贡献的尊重。

论权利的历史性与正当性 *

一

人作为人存在，他应享有哪些权利？他又能现实性地享有哪些权利？人们应享有的权利是以什么为根据加以确定或确认的？换句话说，当人们声称与确信人作为人存在应享有某种权利的时候，其要求的应该性的根据是从何而来的？这虽然是个很古老的问题，但却又是个离人们的社会生活很近的问题。它不仅是自人们有了权利意识以后的每一个历史时代的哲学、政治学、法学、伦理学中论说的重要主题，也几乎是一切时代的社会科学、甚至包括文学在内的所有学科难以避开的话题。人的权利问题何以会成为一个长谈不衰且讼争难休的话题？一个合理与可能的诠释是，人的权利的享有状况不仅关乎人的存在状况、关乎个人在社会中地位与身份的确认，同时也源于不同的历史观对人的权利的生成及其原因有着不同的理解与诠释。

人作为人存在，人在实际上就享有一定的作为人存在的权利。人类学的研究资料表明，即使

＊ 本文原发表于《学习与探索》2018 年第 4 期。

在人类遥远而漫长的蒙昧时代与野蛮时代中，氏族社会中的个人也是享有一定权利的。氏族社会中的个人权利的存在不仅表现在对生活资料平等的占有与分享上，表现在对氏族首领的选举与氏族事务管理的参与上，而且也表现在对其他部落的血族复仇上。然而，人类学的研究资料同样证明了如下的事实，人类享有权利的历史比人类意识到权利的历史要久远得多。在漫长的原始社会中，生活在原始共同体中的个人虽然享有某些方面的个人权利，但他们并没有权利与义务的区分，即没有自觉性的权利意识。恩格斯在谈到氏族制度时曾指出："在氏族制度内部，还没有权利和义务的分别；参与公共事务，实行血族复仇或为此接受赎罪，究竟是权利还是义务这种问题，对印第安人来说是不存在的；在印第安人看来，这种问题正如吃饭，睡觉，打猎究竟是权利还是义务的问题一样荒谬。"[1] 在氏族制度内部为何"没有权利和义务的分别"[2]？深层次的原因就在于当时还"没有统治和奴役存在的余地"[3]，而在没有统治与奴役、人们所享有的权利与义务完全平等的情况下，没有权利与义务的区分便是极为自然的事情。权利与义务的区分是以私有制的产生与阶级的统治和奴役的存在作为基础和起点的。在私有制与阶级产生之后，原始社会的权利与义务之间的平等关系遭到了破坏，代之而起的是权利与义务的不平等，一些人享有权利而不承担义务，另一些人只承担了义务而不享有权利。不平等的权利与义务的状况，不可避免地会导致人们对权利与义务的区分，促使人们权利意识的觉醒。人们权利意识的产生与觉醒，既是权利与义务平衡关系破坏的结果，也是权利与义务平衡关系破坏的必然表现。当然，人们的权利意识的增强与觉醒也是一个漫长的历史过程，在漫长的西方中世纪，相对于人们的权利来说，人们更关注的是权力，人们对权力的敬畏远胜过对自己权利的关注。只是到了西方近代，随着商品经济的崛起与逐渐地居于统治地位，人们逐渐地

---

① 《马克思恩格斯文集》第 4 卷，人民出版社 2009 年版，第 178 页。

② 《马克思恩格斯文集》第 4 卷，人民出版社 2009 年版，第 178 页。

③ 《马克思恩格斯文集》第 4 卷，人民出版社 2009 年版，第 178 页。

从封建的宗法性的、人对人以及对共同体的依赖关系中摆脱出来，个人成了独立的个体与商品生产和商品交换的主体时，人们才真正从对权力的关注转向了对自己所应享权利的关注，权利问题才成为几乎所有人文、社会科学关注的重大主题。

在一般的意义上，权利通常是指个人依法享有的权力与利益，权利在直观上与形式上具有法律授予的性质，因而权利也被诠释为一种法权。那么，法律又是以什么为根据或者说法律依据什么样的原则授予个人以权利呢？在西方的政治思想史上，这是个争论激烈的问题，其中有两种观点最具代表性：一种是权利神授说，一种是权利的自然说或天赋说。在西方近代以前，占据主导地位的是权利神授说，这是与占主导地位的神学世界观相适应的，并表现为后者在理论上的必然结果。权利神授说尽管在理论上存在着多种不同的理论表现形式，但就其实质而言并没有本质性的不同。在神学世界观的理论逻辑中，上帝或神是世界的创造者与主宰者，因而世俗世界中的一切也是神意的安排，人们所享有的权利与承担的义务虽然是由国家的法律予以规定与确定的，但国家制定的世俗法应与神意相一致，因而从归根到底的意义上看，人们所享有的权利最终表现为上帝与神的授予。只是到了西方的近代，以神学世界观为理论基础的权利神授说才被权利的自然说或天赋说所颠覆和取代。在西方近代以来，"主张民主政治是契约的结果，并非由神权确立的东西，而是纯粹现世的事情。有的著述家把社会契约看成是历史事实，有的看成法律拟制；对所有这些人来说，重要的问题是为统治权力找出一个现世的起源"①。在西方近代的契约理论看来，国家的统治的权利不是来自于神的授予，而是人们以契约的方式授予国家的，那么人为何要将原属于自己的权利授予国家呢？按照洛克的说法："人类结合成国家，把自己置于政治之下，其伟大的主要目的是保全他们的财产。"② 概而广之，

---

① ［英］罗素：《西方哲学史》（下册），吉林大学出版社 2005 年版，第 746 页。
② ［英］罗素：《西方哲学史》（下册），吉林大学出版社 2005 年版，第 749 页。

人们需要国家是源于人们保护自己权利的需要。在自由主义的国家理论中，在国家产生之后，国家通常是以法律的形式确认公民的权利，并对公民的权利实行保护，防止公民中的一些人的权利受到另一些人的侵害。那么，国家制定法律时是依据什么样的原则与参照坐标去确认人们享有的权利呢？几乎大多数的契约论者都认为，应以自然状态下的自然法的原则去加以确认，自然法是成文法的基础，国家的作用不过是使人们在自然状态下所享有的自然权利或天赋权利得到切实有效的保障或保护。而所谓的自然权利或天赋的权利，即是指受制于人们自我保存所需的权利，这种权利之所以是"自然的""天赋的"，深刻的原因在于人的"自我保存"的本性是人生而具有的一种自然本性。在自由主义的权利理论的体系中，人的生命、自由、财产是人获得"自我保存"与人之为人的不可或缺的基本条件，也是人生而具有的自然的与天赋的权利，人的其他方面的权利都是从这三项基本权利中衍生出来的，因而具有从属的性质。不可否认，以社会契约论为理论基础的"自然权利论"或"天赋人权论"，相对于以神学世界观为基础的权利神授论是具有无可争辩的优越性与历史进步性的，这种优越性与进步性主要表现在，"权利神授论"通常在历史上成为专制制度的理论基础，而"自然权利论"或"天赋人权论"则构成近代以来的资产阶级民主政治的理论基石。然而，我们也应看到，其一，"自然权利论"或"天赋人权论"虽然与"权利神授论"在价值取向上具有不同的性质，但前者之中仍然保留着后者的某些残渣断片，即使是像洛克那样的被公认为自由主义的奠基者的"自然状态"与自然法的理论中，也没有完全割断与神学的联系。其二，"自然权利论"或"天赋人权论"与"权利神授论"虽然具有不同的性质，但两者对人应享有的权利的理解也有一个相同的特点，即非历史性。人的权利无论是来自于神的授予，还是来自于自然本性的授予，都必然性地表现为非历史的性质，因为神的本性与自然的本性是不变的。

在马克思历史观的视野里，无论是"神授权利论"，还是"自然权利论"或"天赋人权论"，都是违背历史事实的。无论是从人们享有的实际权利状况来看也好，还是从人们有关权利的观念的演变看也好，都具有历史的性质，它们不仅是在历史中生成的东西，表现为历史的产物与结果，而且也是随着社会历史的发展而发生改变，不存在永恒不变的权利与权利观念。权利不是也不可能来自于神的授予，"权利神授说"已被自由主义思想家的理论所驳倒和摧毁；权利也不可能来自于人的自然与天赋的本性的授予，因为人不是一种纯粹的自然存在物，其本性不是固定不变的，而是不断改变的。人在不同的发展阶段会生成出不同的权利要求，不仅如此，社会中处于不同阶级地位的人们也会生成出不同的权利要求。不存在所谓纯粹的自然的或天赋的权利观念，自由的权利观念、私有财产的权利观念都不是非历史的天赋权利观念。没有私有制的存在，就不会产生私有财产的观念，将捍卫自己的私有财产视作是自己的一项天赋人权的观念，是私有制产生与存在的产物，没有商品生产与商品交换的产生与占统治地位，自由的观念、平等的观念也不会成为社会中占统治地位的观念。将自由与平等视作是人的一种天赋人权的要求，不是人生而俱有的要求，而是近代以来产生的一种要求。

二

在马克思历史观的视野里，人所有的实际权利以及人们所具有的权利观念，为何既不能诉诸神授论的诠释，也不能诉诸自然论或天赋论的解释，只能诉诸历史生成论的解释？深刻的原因在于，对于人的权利的理解，不能诉诸纯粹的抽象，而必须放在人的社会与历史中进行科学的把握。人与社会及其历史之间的联系是不可分割的。一方面，人的社会及其历史既不是神的创造与神意的安排，也不是自然史的自然延伸，社会是人的社会，历史是人的社会的历史，人的社会与人的社会的历史是在人的劳动、生产、实践活动基础上生成与发展的产物，人是自己的社会与历史的剧作者。另一方面，人也是社会及历史中的演员，因为对于每一个时代中的个人来说，他是生活在一定的社会与历史中的，他的生活状况与活动的性质不可能游离于社会历史关系之外，而不可避免地要受到社会历史条件的制约与规范。人与人的社会及历史之间的这种既是剧作者又是剧中人的双重性关系，决定着对人与社会及其历史关系的理解一方面必须从"每一历史时代的经济生产"出发，去阐释其社会结构、社会关系及其社会结构与社会关系的演变与规律；另一方面也应从社会结构、社会关系及其历史变化出发去揭示人的生存与发展状况。人作为人存在应享有哪些权利，人享有的权利在不同的历史时代为何存在着巨大的差异，并且对于同一历史时代中的个人，因其所属的阶级的不同，彼此所享有的权利是不一样的，诸如此类的问题，离开具体的社会历史条件，确切些说，离开"每一历史时代的经济生产以及必然由此产生的社会结构"① 都是难以言说清楚的。在马克思历史观的视野里，人们所享有的一切权利，以及人们所具有的权利观念，之所以是非凝固的，而是历史性的，根本性的原因在于"权利决不能超出社会的经济结构以及由经济结构制约的社会的文化发展"②。

　　人的"权利决不能超出社会的经济结构"，即是说人究竟应享有哪些权利、能享有哪些权利，既不是由神意决定，也不是由自然性的因素决定，当然也不是由人的意愿与意志所决定，而是受制于社会经济结构的规定或决定。从归根到底的意义上讲，社会的权利结构与权利状况是由一定社会的生产方式与交换方式的性质所决定的。因为社会的经济结构是以社会的生产方式与交换方式为基础的，社会经济结构的生成、演变与社会的生产方式和交换之间存在着密切的因果关系。一般来说，有什么样的生产方式与交换方式，就会生成什么样的与该生产方式与交换方式相适应的社会经济结构；而有什么样的社会经济结构，也就会生成与该社会经济结构相适应的社会的权利结构与权利状况，这是一种清晰

---

① 《马克思恩格斯文集》第 2 卷，人民出版社 2009 年版，第 9 页。
② 《马克思恩格斯文集》第 3 卷，人民出版社 2009 年版，第 435 页。

的逻辑链接，也是一种符合历史真实关系的描述与表达。虽然任何权利都具有法权的属性，但法律作为一种政治上层建筑的存在，它的生成基础与根据，它的作用与价值，都受到社会经济基础决定并服务于社会的经济基础。法律生成与存在的根据，不是来自于神意的要求，也不是来自于自然的要求，而是来自于一定的社会经济基础的要求，这是马克思历史观的一条基本性的原理，也是马克思历史观区别于其他历史观的重要标识之一。有什么样的社会经济结构，就会生成什么样的权利结构与权利状况，有什么样的权利结构与权利状况，就会使人们生成什么样的权利观念，在社会历史中生活的个人究竟享有什么样的权利，最终还是取决于他在社会经济结构中所处的实际地位与发挥的实际作用，这是一个有充分的历史事实作为根据的理论逻辑。所有的原始社会史的研究表明，在原始社会中，由于社会生产力水平极其低下，人们不得不采取共同生产与共同占有生产收获物的方式，而在那种生产方式与占有方式的条件下，人们既不具有占有物质财富的权利，也不具有视占有物质财富为一种个人权利的权利观念。只是随着社会生产力有了一定的发展，原始公有制的瓦解与私有制产生后，在个人占有私有财产变成了一种既成的客观事实的情况下，法律才赋予个人对自己占有的财富以支配的权利。在马克思历史观的视野里，个人享有的不可剥夺与神圣不可侵犯的所谓占有财产的权利既不是生而具有的天赋权利，也不是永恒存在与不变的权利，它只是人类社会历史发展到一定阶段上，确切些说只是由于私有制的产生与存在的条件下才产生与存在的一种权利。当生产力高度发展，社会物质财富实现了充分涌流，私有制的存在成为不可能的情况下，人们也必将会失去对物质财富私人占有的权利与私有财产权利的观念。人们的自由权利也是一种历史性的权利，而非天赋的权利。虽然人作为人存在，人即拥有了自由行动的能力，但人具有行动自由的能力并不意味着人们享有了自由活动的权利。以手工劳动为基础的自然性的与宗法性的经济结构中，必然产生的是个人对共同体与人对人的依赖关系，而在个人对共同体与人对人的依赖关系中，个人是不可能获得自由的权利的。只有社会经济从自然经济转变为商品经济，商品生产与商品交换要求有能力自由出卖自己劳动力的工人与自由的商品交换条件与环境时，个人才能获得法律上的自由的权利。因此，自由作为一种人作为人存在的权利要求或人权的要求，并不是人生而具有的天赋性要求，也不是在所有的社会经济结构中都表现为一种不可避免的历史必然性，而只是在西方近代的社会条件下，或者说只是在商品经济占统治与支配地位的社会经济结构中，自由才表现为一种必然性的权利要求。不仅像私有财产权与自由的权利这些被资产阶级思想家宣布为所谓的天赋人权的权利应从社会的经济结构出发去加以把握与诠释，实际上几乎人们在社会生活中所享有的所有权利都可以从社会的经济结构中去获得解释。土地所有者与资本所有者在封建社会与资本主义社会为何享有不同的权利？奴隶、农民、雇佣工人同为生产劳动者为何享有的权利状况存在着很大的差异？合理的解释只能是他们各自处于不同的社会经济结构中。对于社会中生活的个人来说，他在社会中所享有的权利状况主要取决于他在社会生产中所起的作用与社会经济结构中所处的地位，不同的个人在私有制社会中之所以享有不同的权利，根本性的原因在于他们彼此在社会经济结构中处于不同的地位与作用的不同。贵族在封建社会中享有支配性权利，那是因为土地所有制在封建社会经济结构中居于支配性地位，资本家在资本主义社会中享有支配性权利，也是因为资本在资本主义社会经济结构中居于支配性地位。不仅如此，即使是像男、女这样因性别等自然因素引起的权利状况的差别，也可以在社会经济结构及其差异中获得合理性解释。在以手工劳动为主的生产方式中，或在农耕文明的社会中，劳动者的经验与体力在劳动效率的显现上通常表现为具有决定性意义的因素，因而生产社会物质生活资料的劳动通常主要由男性劳动者承担，妇女通常只承担从事家务一类的辅助性劳动，这种情况也就决定了男性在社会中与家庭中享有优于妇女的权利。妇女要享有与男子同等的社会权利与家庭权利，不仅需要广泛地参与社会生产劳动，而且还需以体力因素对劳动效率的影响作用大幅降低与减少作为基础与条件。当社会生产力发展到劳动效率的提高主要不依赖于体力因素，而主要依赖于智力因素时，在社会生产劳动中男性的自然性因素的优势完全消失的时候，男性所享有的较之于妇女的权利优势也将会不复存在。正如恩格斯在谈到妇女解放时所指出的："只要妇女仍然被排除于社会的生产劳动之外而只限于从事家庭的私人劳动，那么妇女的解放，妇女同男子的平等，现在和将来都是不可能的。妇女的解放，只有在妇女可以大量地、社会规模地参加生产，而家务劳动只占她们极少的工夫的时候，才有可能。而这只有依靠现代大工业才能办到，现代大工业不仅容许大量的妇女劳动，而且是真正要求这样的劳动，并且它还力求把私人的家务劳动逐渐溶化在公共的事业中。"①

在马克思历史观的视野里，权利不仅不能超出"社会的经济结构"的制约，而且也不能摆脱社会的"文化发展"的制约。显然，社会的"文化发展"对人们权利的制约较之于"社会的经济结构"对权利的制约而言，"社会的经济结构"对权利的制约是一种更为重要与基础性的制约，因为社会的"文化发展"也要受到"社会的经济结构"的制约，但不可忽视的是，社会的"文化发展"对权利的生成与发展具有相对独立的作用与价值。社会的"文化发展"虽然主要受制于"社会的经济结构"的作用与影响，"社会的经济结构"的性质决定着社会的性质，"社会的经济结构"的变更与转型决定着社会文化的发展与方向，在马克思历史观的范围内这应是无需争辩的；但"社会的经济结构"只是社会"文化发展"的决定性因素，而不是唯一性因素，社会的文化发展除受到社会历史性因素影响之外也受到自然性因素的影响，除受到"社会的经济结构"的影响之外也受到文化传统的影响，因为社会文化的生产与发展有着一定的相对独立性，这种相对独立性的存在，有时也使社会的文化发展与"社会的经济结构"的演进并不总是保持着平衡与吻合的关系，文化发展的图谱偏离"社会的经济结构"的轴线的情况在历史上也时有发生。

---

① 《马克思恩格斯文集》第4卷，人民出版社2009年版，第181页。

社会的"文化发展"对人们所享有的权利状况的影响与作用是不可抹杀的。日本、韩国与欧美国家在经济发展水平与经济结构上是大致相同与相似的，但妇女在家庭中的地位却有很大的差异；信仰新教的英美国家与信仰旧教的欧洲大陆国家之间，人们所享有的宗教自由的权利也不完全相同……恐怕不能完全用"社会的经济结构"的异同去加以解释。

三

　　人的权利对于人的生存与发展来说具有极其重要的意义与价值，这是无需多加申述的。人所享有的权利状况，关乎着人的身份、地位、尊严、幸福等，人的生活的一切方面无不与人享有的权利的实际状况密切相关。人享有的权利状况的差别，既是一种历史性的差别，也是一种阶级的差别。人是什么时代的人，可以通过他所享有的权利状况加以识别；人属于社会中哪个阶层与阶级的人，同样也可以通过他享有的权利的实际状况加以确认。人的权利对于人的生存与发展有着极其重要的意义与价值，人们在社会中享有权利状况的差别与矛盾，通常构成社会矛盾冲突与社会阶级间斗争的重要内容。在一定的意义上说，在私有制与阶级存在的社会中，人们之间的一切矛盾、冲突、斗争无不以争取权利的形式表现出来。追求平等的权利既是被压迫阶级反抗压迫阶级的重要思想武器，也是推动社会公平正义发展的动力与杠杆。

　　没有人愿意放弃自己已获得的权利，也没有人愿意放弃对更多与更新的权利的追求。那么，这是否意味着人们所享有的任何权利都具有无条件的正当与合理的性质，因而都应享有不受侵犯与受到保护的神圣权利？对于人们追求权利的任何欲望与冲动都应给予合理性与正当性的肯定与辩护？站在个人的立场上，所有的个人都会认为自己所享有的权利是一种应当与正当的权利，并且对自己追求更多权利的欲望与冲动赋予正当性与合理性的肯定，即使是某些刻意甚至是恶意追求特殊权利的人，也会为自己的行为寻求一个正当性与合理性的理由。但从社会与历史的维度上看，不仅每一个人实际享有权利的状况存在着正当与合理与否的问题，而且个人对权利追求的欲望和冲动也存在着合理和正当与否的问题。个人实际所享有的权利及权利状况有可能是合理的与正当的，但也有可能是非合理与非正当的。个人享有的实际权利如果是他应当享有的权利，应属于正当性或合理性的权利；如果不是他应当享有的权利或应享有而未享有的则属于非合理与非正当性的权利。而个人应享有而未享有与非正当性的权利通常又分为两种情况：一种是个人占有的权利超出了他应当享有的权利的范围与限度，另一种是个人占有的权利不及或少于和小于他应当享有的权利。同样，个人如果追求的是他应当享有的权利，这种要求的欲望与冲动就应视为是一种正当与合理性的欲望与冲动，否则，应视之为非合理与非正当的。一个健全的社会，应当尊重与保护个人的具有正当性与合理性的权利，肯定与鼓励个人对自己应当享有的合理性与正当性的权利的要求，反对与限制那些不具有合理性与正当性的权利以及对非合理与非正当性的权利的要求。即是说，要维护社会的健全发展，一方面不能放任个人对自己不合理与不正当的权利的维护与追逐，另一方面，也不能否定与限制个人对自己的具有合理性与正当性权利的维护与要求。在一定的意义上，人们对自己应当享有的权利的维护与追求也是社会历史获得健全运行与发展进步的重要条件与形式之一。

什么样的权利与权利要求是属于应当的？什么样的权利与权利要求不是属于应当的？人们享有权利的状况与权利要求的应当，或合理性与正当性，又应如何确认或者说以什么作为参照坐标加以衡量与判别？这是思想史上讼争不定的问题，却又是个避之不开的问题。有人以人生而平等的理论为根据，认为人享有权利应该是相等的，当他享有的实际权利比别人少或小的时候，他便认为自己在权利的问题上受到了不公正的待遇。有人则以人不仅在天赋能力上是生而有差别的，而且后天的努力也有大有小为根据，认为不同的个人所享有的权利不应是相同的，而应是不同的，对于那些自认为天赋优、能力强、努力程度大、对社会贡献多的人来说，当他所享有的权利即使与别人相等时，他也会认为自己在权利问题上受到了不公平的待遇。实际上，在权利的应当或正当性与合理性的问题上，追求一种抽象的、能获得一切历史时代、一切阶级与一切个人普遍认同的、具有"永恒真理"性质的共识几乎是不可能的，"应当"作为一种价值性的判断，即使是存在着一种价值共识的话，那也是一种历史性的与阶级性的共识，不具有超越历史与阶级的性质。当然，这也不是说在权利的应当问题或权利的正当性与合理性的问题上，完全是一个可以凭个人的意志与愿望自决的领域。在权利的应当的问题上，也与其他的价值问题一样，既不可诉诸任何形式的绝对主义的诠释，也不可诉诸任何形式的相对主义的诠释，因为在理论思考的逻辑上，无论是绝对主义的逻辑，还是相对主义的逻辑，都会使权利的应当问题的讨论与争论变得毫无意义。一个社会的权利结构虽然是由一个社会的经济结构以及由社会的经济结构所决定的社会的文化发展所决定的，但这决不意味着，当社会的经济结构具有历史发展的必然性与合理性时，社会的权利结构也无可争辩的具有必然性与合理性。社会的经济结构对社会的权利结构与人们享有权利状况的决定作用只能从"归根到底"的意义上去理解，而不能将其唯一化与绝对化。深刻的原因在于，社会经济结构对社会权利结构的作用与影响通常不是以直接作用的方式实现的，而是包含着一些必不可免的中间环节，其中，法律与法治是其中的一个重要环节。法律作为政治上层建筑的存在，从一般的意义上看，它的形成与改变需以社会的经济结构为基础并反映社会经济结构发展的要求，但法律适应社会经济结构的要求只能视之为是一种概率性与趋势性的，而不是平行线的。法律对个人所享有的权利的规定，通常表现为社会中不同的阶级与不同的个人之间斗争与博弈的结果。因此，法律规定的权利也有一个合理与否的问题。因为法律对权利的规定通常与社会中各种力量之间的对比有着密切的关系。评价一种法定的权利是否合理，不能只看法律对权利的规定，同时还应看法律对义务的规定，如果法律只赋予某些人以权利而不规定与权利相对应的义务，或者让一些人只享有权利而不承担与少承担义务，这样的权利结构是不具有合理性与正当性的。同样，对个人所享有的权利状况是否合理与正当的评价与判别，也不能离开个人承担的义务状况。权利是相对于义务而言的，义务也是相对于权利而言的，在马克思历史观的视野里，"没有无义务的权利，也没有无权利的义务"①。个人享有的权利有一个是否合理的问题，个人所承担的义务也有一个是否合理的问题，但权利的合理性与义务的合理性只有将权利与义务联系起来，各自以对方存在的实际状况作为参照坐标才能得到确认，离开个人所承担的义务状况，与离开个人所享有权利的实际状况，个人所享有的权利状况与个人所承担的义务状况究竟是合理与正当的，还是非合理与非正当的，都是一个难以言说的问题，至少是一个难以言说清楚的问题。应以个人所承担义务的实际状况为参照坐标去评价与确认个人所享有权利的实际状况的合理性与正当性，个人承担了什么义务就应享有什么权利，他承担了多少义务就应享有多少权利，他享有权利的范围与多少既不能超出他所承担的义务的范围，也不能小于他所承担的义务的范围。同样，也应以个人所享有权利的实际状况为参照坐标去评价与确认个人所承担义务的实际状况的合理性与正当性，个人享有了什么权利、享有了多少权利就应承担什么义务与承担多少义务，不能随意附加与减轻个人应承担的义务。不是所有的社会都能实现"平等权利和平等义务义务"②，"争取平等的权利和义务，并消灭一切阶级统治"③是公有制社会的目标，而不是所有的社会都能实现的目标，但一切社会都应以"权利与义务的平衡"作为评价权利的合理性与义务的合理性的参照坐标。当然，正如权利与义务都具有历史的性质一样，权利与义务的统一与平衡也具有历史的性质，当一种权利与义务相统一与平衡的基础发生了改变时，权利与义务之间的原有的平衡就要被新的平

① 《马克思恩格斯文集》第 3 卷，人民出版社 2009 年版，第 227 页。
② 《马克思恩格斯文集》第 4 卷，人民出版社 2009 年版，第 411 页。
③ 《马克思恩格斯文集》第 3 卷，人民出版社 2009 年版，第 226 页。

衡结构与状态所代替。没有永恒不变的权利与义务的结构关系，也不是任何类型的权利与义务的结构关系都具有合理性与正当性，合理性的权利与合理性的义务，应是与义务相平衡的权利和与权利相平衡的义务。应尊重个人争取权利的权利，因为无论是社会合理的权利结构的生成，还是个人合理权利的实现，都离不开人们的努力与争取；但同时也应看到，个人争取权利的要求与活动并不是在任何情况下都具有肯定性的意义，个人只能要求与自己所承担义务相匹配的权利，而不能放任自己的权利要求。一切离开义务作为参照坐标的权利要求，都应给予非合理与非正当性的否定性评价。

民主论四题 *

民主是不是普世的？民主是不是个好东西？社会主义民主与资本主义民主的区别在哪里？我们需要怎样的民主？这是当前人们在谈论民主问题时无法回避的重要话题，也是我们需要从马克思主义的角度来回应与解答的重大理论问题与现实问题。

一、民主是历史的，不具有普世价值的性质

在政治学领域中，民主既可以用来指称一种国家政权的政体形式，也可以用来指称国家事务的治理方式。民主政体的对立面是寡头的、专制的政体，民主治理的对立面是垄断的、独裁的专政。从人类社会历史发展的总体趋势上看，民主代替专制既是一种历史的必然，更是一种历史的进步。对于民主代替专制的这种历史的必然性与进步性，马克思主义创始人不仅曾经给予过充分的肯定，同时还对民主制对于无产阶级反对资产阶级斗争的意义给予过积极的评价。恩格斯在其

---

* 本文原发表于《马克思主义研究》2017 年第 8 期。

名著《家庭、私有制和国家的起源》中谈到国家发展的历史时，虽然一方面认为："由于国家是从控制阶级对立的需要中产生的，由于它同时又是在这些阶级的冲突中产生的，所以，它照例是最强大的、在经济上占统治地位的阶级的国家……古希腊罗马时代的国家首先是奴隶主用来镇压奴隶的国家，封建国家是贵族用来镇压农奴和依附农的机关，现代的代议制的国家是资本剥削雇佣劳动的工具。"①但另一方面也极其明确地肯定："国家的最高形式，民主共和国，在我们现代的社会条件下正日益成为一种不可避免的必然性，它是无产阶级和资产阶级之间的最后决定性斗争只能在其中进行到底的国家形式……"②

从社会历史演进的维度看，民主的国家形式高于专制的国家形式。一般来说，专制的国家形式属于国家发展历史的较低阶段，民主共和国属于国家发展历史的较高阶段，民主的国家形式取代专制的国家形式在国家发展的一定阶段上具有必然性。一切民族国家最后的与最高的国家形式必然是民主共和国的形式，这是国家发展的规律与最后归宿，也是马克思主义国家观所表达的一个原理性的结论，这个结论的科学性是无需也无可争辩的。但这种无可争辩性是否意味着民主是社会政治文明的唯一形式？是否意味着民主是一种普适性或普世性价值？是否意味着强权国家就有权打着民主的旗号强迫其他民族和国家接受自己的政治制度与治理方式，并且这种做法也具有无可争辩的合法性与正当性？这是时下国内外都存在激烈争论且分歧巨大的问题，也是马克思的历史观与民主观应予以回答与澄清的问题。

民主政治是政治文明的唯一形式吗？在不少人对政治文明的认知里的确如此。时下，不少的论文与论著在谈到社会的政治文明时，几乎是普遍性地将政治民主等同于政治文明，认为政治民主是政治文明的核心，因此政治是否是民主的，就成为衡量一种政治是野蛮的还是文明的

---

① 《马克思恩格斯文集》第 4 卷，人民出版社 2009 年版，第 191 页。
② 《马克思恩格斯文集》第 4 卷，人民出版社 2009 年版，第 192 页。

尺度与参照坐标。我们虽然同意民主是近代以来的政治文明的核心，也同意社会主义民主是社会主义政治文明的核心的说法，却不能认同民主政治等同于政治文明的说法。其实，从人类社会历史演进看，专制政体也好，民主政体也好，都是国家在一定历史发展阶段上的存在形式与国家职能的实现形式。国家的产生既是社会文明生成的结果，也是文明社会生成的标志，因为"国家是文明社会的概括"①。认同国家是文明社会的概括，也应认同专制政治与民主政治都属于政治文明的范畴，因为专制与民主是国家在其历史发展过程中，在不同的发展阶段上所表现出来的存在方式与治理方式。人们可以将专制政治视为政治文明的低级阶段，民主政治视为政治文明发展的高级阶段，却不能将民主政治等同于政治文明，认为民主政治是政治文明的唯一形式，而将专制政治排除在政治文明的范畴之外。文明是发展的，因而是历史的，政治文明也一样，也是一个历史范畴。一切历史性的东西都是可以进行比较的，可以比较的东西就存在着高与低、先进与落后的区分，但落后的文明也是文明，它们同样构成人类文明史的一个不可分割的组成部分。一个不争的历史事实是，民主共和国与民主政治是在近代历史上才产生或出现的，而国家的历史却要久远许多，承认国家的历史是文明史，而否认专制的历史为政治文明史，在理论的逻辑上恐怕是难以圆融与自洽的。

民主是一种普适或普世价值吗？这是当今国际与国内思想界争论的另一焦点问题。不仅国内外持自由主义观点的人将民主作为一种普适或普世价值加以兜售，甚至国内的一些自称为马克思主义者的人也随声附和。而他们附和民主是普世价值的一个重要理由与根据是，既然资产阶级国家崇尚民主价值，中国的社会主义核心价值观中同样也视民主为一种核心价值，说明追求民主是当今世界大多数国家与民族价值取向的基本趋势与潮流，不就是证明了民主的普世价值性质吗？应该说，自由主义者们将民主视作一种普世价值的观点是可以理解的，因为在

---

① 《马克思恩格斯文集》第 4 卷，人民出版社 2009 年版，第 195 页。

自由主义的理论逻辑中，人是生而自由与平等的，生而自由与平等的人们应该享有不可剥夺的民主权利，人们的民主权利是人民主权思想的实现形式。然而，对于某些自称持有马克思主义立场的人来说，认同与附和民主是一种普世价值的观点则显得很奇怪了。因为马克思主义认为，民主是一种历史现象，而一切历史现象都不具有普世与永恒的性质。

首先，民主作为人们享有的权利，不是天赋的。所谓天赋人权理论不过是资产阶级思想家为论证资本主义永恒性与为资本主义合理性、合法性进行辩护而制造出来的一种神话与鬼话而已，因为"权利决不能超出社会的经济结构以及由经济结构制约的社会的文化发展"①。

其次，民主政治作为国家政体的存在方式与国家治理的方式，并非存在于国家发展史的全过程中，民主共和国不是国家的全部形式，而是"国家的最高形式"，专制政治的历史比民主政治的历史要长久得多。正如马克思所说，民主政治的历史必然性也不是国家历史一切阶段上的不可避免的必然性，而只是"现代的社会条件下"，确切些说，是在商品经济占支配与统治地位条件下的一种不可避免的必然性。专制国家与专制政治虽然是国家形式与国家政治发展的较低形式和较低阶段，并且从国家发展的必然趋势看，专制的国家形式与专制政治将被民主的国家形式与民主政治所取代，但这决不意味着专制政治在历史发展中是没有"不可避免的必然性"的。如果说"民主共和国"与民主政治具有商品经济与大工业生产方式基础上的"不可避免的必然性"，那么专制国家与专制政治则有自然经济与手工劳动生产方式基础上的"不可避免的必然性"。因为在以手工工具为主进行劳动的生产方式的基础上所产生的必然是以贵族为主的等级制的生产关系与社会关系，而在等级制的生产关系与社会关系为主的历史条件下，专制政治是必然，民主政治反而是偶然的。一个不争的历史事实是，无论是东方还是西方的农耕社会中，

---

① 《马克思恩格斯文集》第3卷，人民出版社2009年版，第435页。

普遍实行的是专制政治，只有希腊雅典的民主制是一个特例，并且雅典的民主制瓦解之后，再也没有任何一个民族与国家在农耕社会中复制过雅典式的民主制。

最后，从马克思历史观的视野上看，专制政治也好，民主政治也好，都具有国家发展的一定阶段上的"不可避免的必然性"，相对于它们存在的历史阶段与历史条件来说，它们都各自有其产生与存在的必然性、合理性与正当性。因此，民主政治虽然是政治文明的最高形式，但不是政治文明的唯一形式，只是商品经济与大工业生产方式对政治发展的要求，而不是一种普适或普世的价值要求，因而民主的价值也具有历史的性质。对于马克思主义者来说，对民主的普世价值论的任何意义上的附和，不论其出发点是什么，至少在理论上是对马克思历史观的误读与背离。

二、民主并非无条件地"是个好东西"

如上所述，由于民主政治是政治文明的一种历史形式，所以对民主政治的价值评价也应是历史性的，而不应是抽象的。所谓历史性的，即是将民主的作用与价值放在社会历史发展的过程中，结合具体的历史条件与环境，以及它对社会历史的具体作用，进行实事求是的分析与评价，而不应抽象地否定与肯定。

前些年，国内曾有一位颇有名气的学者提出了一个颇为有名的命题："民主是个好东西。"① 应该说，这一命题曾获得不少人的认同，时至今日，仍被不少人在论文与著作中加以引用或引证，鲜见有人对此提出质疑与不同看法。笔者不怀疑与否定做出"民主是个好东西"这一结论的作者在价值取向上的积极性，但却对这一观点的科学性与严谨性

---

① 参见闫健编：《民主是个好东西——俞可平访谈录》，社会科学文献出版社 2006 年版。

不敢认同，也对作者的历史观与民主观是否深受自由主义思潮的影响存疑。

首先，从人类社会的文明史与政治文明发展史的维度看，如前所述，专制政治与民主政治都是政治文明在文明发展的历史进程中一定发展阶段上的必然表现形式。既然是一种必然性的表现形式，相对于它们各自存在的社会条件与历史环境来说，各自都有着存在的合理性与正当性。专制政治也好，民主政治也好，虽然是可以进行比较的，但这种比较不能诉诸简单的抽象方式，因为它们都具有历史的性质。属于历史性的存在，只有联系具体的社会条件与历史环境，才能做出科学的分析与评价。好与坏属于价值评价，但价值评价不能是任意的主观性评价，不能是你说好它就好，你说坏它就坏，否则就会陷入唯心主义泥潭。价值性评价也有一个科学与否的问题，在社会历史领域，价值评价的科学性是不能脱离社会历史的必然性与规律性而获得确认的。说"民主是个好东西"，无疑意味着专制是个坏东西，这样的判断放在西方近代以来的历史语境中，放在 20 世纪以来的中国历史语境中，它无疑是正确的，这不仅在于近代以来反对专制、争取民主成了一种社会潮流，对民主的诉求构成了一切革命阶级与进步力量所争取的价值目标，更为深刻的原因在于它反映了商品经济与大工业发展的必然性的要求。然而，民主是否在任何社会条件与历史环境中都属于好的东西？反之，专制是否在任何社会条件与历史环境中都属于坏的东西呢？包括"民主是个好东西"的论者在内，可能的确有不少人是抱有这样的认知的，然而这样的认知是没有历史观的。人类社会历史发展的既成事实表明，专制政治在农耕社会的存在是有其合理性与正当性的，这种合理性与正当性在于它是农耕社会固有的社会条件与历史环境下的必然产物，它对农耕文明的生成与发展在总体上是有利的。相反，民主政治在农耕社会中是缺乏生命力的。一个无可争辩的根据是，专制政治在所有的农耕民族与国家中都表现为一种普遍性，而民主制只是在古希腊的雅典才有过极其短暂的存在。在农耕文明的历史发展过程中，反对贵族专制政治的起义与革命虽然并不少见，但取得胜利的革命却不多见，更为重要的是，即使那些革命成功的阶级在取得胜利后所建立的政权依然采取的是专制的政治形式与专制的治理方式。不可否认，雅典的民主制的国家形式是适合雅典当时的社会状况的，也应看到，"使雅典灭亡的并不是民主制"①。但需要深思的是，雅典的民主制即使是个好东西，那也只是相对雅典当时所处的特殊的地理位置和特殊的社会状况来说才有意义，不然的话，为什么雅典的民主制不仅在人类社会历史的农耕文明阶段没有出现过被其他民族所仿效的例证，而且雅典的民主制一旦瓦解后，在其后的近两千年的历史跨度中，再也没有出现重新崛起与复活的例证？

其次，民主政治与民主是否具有合理性、正当性，是否是个"好东西"，不仅取决于社会经济结构，同时也取决于社会的阶级结构。民主政治的存在与专制政治的存在一样，都是以国家的存在作为前提的，而国家的存在又是以阶级与阶级矛盾的存在作为前提的；二者的不同在于，统治阶级实现其阶级统治的方式与手段存在着重要区别。民主政治虽然不同于专制政治，它在形式上并不是按各阶级以及不同阶级的个人所占有的财富状况去分配与核定个人享有的权利，而是平等地赋予社会成员表达自己的意愿与利益诉求的权利。然而，由于各种不同原因的制约，不同的民族与国家在经济发展的状况上通常存在差异，不同的经济发展状况通常会形成不同的阶级结构与社会结构。而在有着不同的阶级结构与社会结构的国家中，同样的民主模式往往产生不同的历史效应与价值效应。在一个资本主义经济还不发达、资产阶级力量还不够强大、农民人口与小资产阶级人口占据优势地位的国家，民主政治不仅不能促进资本主义与社会文明的发展，反而会阻碍资本主义与社会文明的发展。恩格斯在《共产主义者和卡尔·海因岑》一文中，就曾对卡尔·海因岑的有关革命的说教进行批判，指出："农民的独立的民主运动每一

①　《马克思恩格斯文集》第 4 卷，人民出版社 2009 年，第 136 页。

次都是反动的。"① 在资本主义社会中，"独立的农民运动"为何不仅不具有进步的性质，反而是"反动"的呢？因为在马克思主义历史观的视野里，农民阶级与小资产阶级生存的基础是手工劳动与小商品生产的生产方式，这种小生产的生产方式与大工业的生产方式在发展方向上是相背离的，大工业越发展则意味着小生产的生产方式的日益瓦解与没落，而伴随着小生产的生产方式的瓦解与没落的也必然是农民阶级与小资产阶级的破产与利益受损。维持本阶级赖以生存的生产方式不变，保护自己的利益不受损害，几乎是阶级社会中一切阶级与等级所具有的阶级本能。同样，即使在社会主义国家的政治生活中，尤其是在国际上资本主义经济发展还占优势，社会主义经济基础还不够强大与巩固，社会主义在发展上还处于初级阶段时，片面地强调"民主是个好东西"，片面地推行一人一票的所谓普选制，也不能说是一个好的口号与好的做法。苏联与东欧的社会主义制度瓦解、政权垮台就是一个令人深思的惨痛教训。不可否认，苏联解体和东欧剧变的原因是多方面的，既有国际方面的，也有自身方面的，并不能简单地归结为某种单一的因素，但谁又能说这种剧变和失败与戈尔巴乔夫照搬西方民主模式的所谓"新思维"没有关系呢？因此，对于社会主义国家而言，盲目地照搬西方发达资本主义国家的民主模式，不但不能促进社会主义政治文明的发展，还有可能导致无产阶级政权的垮台。这不是一个水土不服的问题，而是社会主义民主在性质上不同于资本主义民主的问题。社会主义国家只有实行人民当家作主的社会主义民主才能推动社会主义事业的发展与进步。

最后，为了不致引起对笔者所持观点、立场的误读，再次明确地重申一下笔者的立场也许是必要的：笔者不认同"民主是个好东西"的命题或口号，并不意味着本人是民主政治的反对者，更不意味着是专制政治的拥护者与辩护者。只是想说明与阐释，专制政治也好；民主政治也好，它们都是政治文明在不同的历史发展阶段上所表现出的历史必然

---

① 《马克思恩格斯文集》第 1 卷，人民出版社 2009 年版，第 661 页。

性，相对于它们赖以存在的社会条件与历史环境来说，都有其存在的历史合理性与正当性。民主政治与民主的好与不好不能诉诸抽象性的评价，不能离开具体的社会历史的条件与环境。只有它符合社会历史必然性要求，并能推动社会历史进步与文明时，我们才能称之为好；如果它不具备历史必然性，并导致社会的混乱，甚至是阻碍了社会历史进步时，我们就不能称它为"好东西"。

三、民主何以成为中国社会主义的核心价值

如果说民主政治与民主不是一种普适或普世价值，那么人们又应如何去解释，民主不仅是构成现代资本主义国家与民族的核心价值观体系的重要内容，也是构成当代中国社会主义国家的核心价值观体系的重要内容呢？无论是当代发达的民族国家，还是处于发展中的民族国家，为什么都不愿意在民主的问题上放弃或丧失自己的话语权呢？这通常是国内外的持民主普世价值论者向他的反对者与怀疑者所作的惯常追问，也是一些人自以为是地为民主的普世性质作辩护的最充分的根据。对于马克思主义历史观与民主观来说，对类似于上述的辩护与追问给予澄清与回答，既是必要的，也是无法回避的。

在当下的时代，民主既被资本主义价值观视为核心价值，也被中国社会主义价值观视为核心价值。但在这里，必须加以说明的是，"民主"作为社会主义核心价值观的核心价值，在内容和性质上与作为资本主义价值观的核心价值是截然不同的。我们知道，社会主义民主是在无产阶级政党领导人民群众推翻剥削阶级的统治，建立无产阶级专政后实现的。其经济基础是生产资料的社会主义公有制。社会主义民主是对人民民主和对敌人专政的辩证统一，没有人民民主就不能有效地对敌人实行专政，而没有对敌人的专政也就没有对人民民主的保障。在人民内部，是民主和集中的辩证统一。毛泽东指出："我们的民主不是资产阶级的

民主，而是人民民主，这就是无产阶级领导的、以工农联盟为基础的人民民主专政。"①在社会主义制度下，人民是国家的主人，国家的一切权力属于人民，这是人类历史上最新的、最广泛的和最高类型的民主。社会主义民主是与社会主义的国家职能联系在一起的，它的发展方向是消灭私有制、消灭市场经济从而消灭阶级、消灭国家，最终也消灭民主，向着人的自由全面发展和自由人联合体迈进。而资产阶级民主的实质是对无产阶级和劳动大众实行资产阶级专政，是以资本主义生产资料的私人占有制和社会化大生产为基础的，是与"以物的依赖性为基础的人的独立性"的社会形态，即资本主义社会联系在一起的。资产阶级民主也有它的"民主集中制"，它的民主就是让本质上"是一切社会关系的总和"的人通过"自由、民主、平等"等形式实现原子化、碎片化，它的集中就是"资本的集中"。资产阶级民主制度，消除了旧时代的贵族、行会师傅等各种特权势力，消灭了人口、生产资料和财产的分散状态，使它们集中在少数人手里，从而使资本成了社会的决定力量。资产阶级不但建立起统一的国内市场，而且奔走于全球各地，不断开拓世界市场，实现资本的全球化。一句话，资产阶级的"民主集中制"就是丛林法则推行的"弱肉强食"，强者愈强、弱者愈弱，最终使整个社会处于极为尖锐的"对抗状态"。所以马克思在《政治经济学批判序言》中指出："资产阶级的生产关系是社会生产过程的最后一个对抗形式，这里所说的对抗，不是指个人的对抗，而是指从个人的社会生活条件中生长出来的对抗；但是，在资产阶级社会的胎胞里发展的生产力，同时又创造着解决这种对抗的物质条件。因此，人类社会的史前时期就以这种社会形态而告终。"②可见，民主同样存在着"姓资""姓社"的问题，当它们与社会主义公有制相结合时，它们就是社会主义的；反之，当它们与资本主义私有制相结合时，它们就是资本主义的。如今，我国实行的社会主义

---

① 《毛泽东文集》第6卷，人民出版社1999年版，第326页。
② 《马克思恩格斯文集》第2卷，人民出版社2009年版，第592页。

市场经济，虽然也是市场经济，但与资本主义市场经经济的基础并不相同，因而阶级内容也不同。我们不是一般地、抽象地讲市场经济，而是强调社会主义市场经济，是同社会主义基本制度相结合的市场经济，市场经济不等于资本主义，因此社会主义市场经济下所倡导的民主与资本主义的民主也必然有着本质的不同。

对民主的认知，不少人通常只是从表象与形式上去进行把握与认知，片面地认为，民主的要义在于个人是否具有自由地、平等地表达自己意见的权利，有人甚至将是否实行一人一票的普选制视为评判政治是否民主的唯一标准。然而，如同市场经济有资本主义市场经济与社会主义市场经济的区分一样，民主也存在着资产阶级民主与社会主义民主之分。民主政治作为政治文明的一种特殊形式，它具有历史性，也具有阶级性，不同社会制度与社会经济基础上的民主具有不可争辩的性质或本质上的区别与差异。深刻的原因在于，任何类型的政治无不必然要受到社会经济基础的约束与规范，同时也是为一定经济基础服务的。资产阶级民主反映与表达的是资本主义市场经济发展的要求，并为资本主义经济基础服务；社会主义民主也必然要反映社会主义市场经济发展的要求，并为社会主义经济基础服务。在资本主义的生产关系中，私有资本是一种"普照的光"，这种资本不仅是构成社会经济关系的基石，同时作为一种"普照的光"，也使资本主义社会存在的一切受这样"普照的光"的照耀，并使之染上资本的色彩。资本主义的民主必然具有资本主义性质，只要民主是在资本的陀螺上跳舞，它就不可能超越资本主义的性质。因为民主是受法制规范的，资本主义国家的宪法与法律在保护着资本不受侵犯的同时，也保障着民主不能挣脱资本的掌控。一人一票的所谓普选制，虽然可以导致国家领导人与执政党的更替与轮换，可以使某些具体的政策具有所谓的左翼或右翼的色彩，甚至可能产生一些带有社会主义因素与色彩的政策，但从没有过无产阶级通过普选制使资产阶级的经济统治与政治统治得以颠覆、并使自己摆脱受资本奴役的经验性例证。如果资本在社会经济结构中居于统治地位，不论政府是左翼的还是右翼的，政府的政策中含有多少社会主义因素，都不会改变社会经济制度的性质。

社会主义民主之所以与资产阶级民主有本质的不同，根本性的原因在于社会主义民主是以社会主义经济基础为基础的民主。这种建立在公有制基础上的社会主义民主，无论是从理论的维度上看，还是从历史的维度上看，都应优于与高于资产阶级民主。从理论的维度看，社会主义民主能够摆脱资本对民意的控制与操弄，使民主易于趋向理性与符合社会历史必然性以及合理性、现实性要求，也更能表达社会大多数人对利益的诉求；从历史的维度看，社会主义民主代表着民主发展的未来方向，它是民主发展的趋势与必然。诚然，从社会主义民主发展的历史方面看，社会主义民主的发展走过不少弯路，遭受过不少挫折，在社会主义民主发展的现实过程中还存在着许多不尽人意的地方。然而我们也要看到，社会主义民主的实践历史远比资本主义的历史短得多，社会主义还处于初级阶段，市场经济体制还不完善，社会经济水平还处于向现代化发展的阶段，随着社会主义经济的发展与进步，必然要推动社会主义民主的发展与进步。如果社会主义制度代替资本主义制度是一种历史的必然的话，我们也应有理由相信社会主义必将创造出一种优于与高于资本主义民主的社会主义民主。同样，我们或许可以更有信心地猜测：再过五十年（也许需要更长一点的时间），在民主的发展上，美国与欧洲需要追赶中国，因为建立在资本基础上的自由与民主，不可能是真正的自由，也不可能是真正的民主。

总之，理解社会主义民主必须从社会主义所处的历史方位去理解，从其阶级内容去理解。"社会主义本身是共产主义的初级阶段，而我们中国又处在社会主义的初级阶段。"[1] 社会主义核心价值观强调"自由""平等""民主""法治"，既是在上层建筑领域更好地实现"无产阶级领导的、以工农联盟为基础的人民民主专政"的需要，更好地实现人民当家作主的需要，也是在经济基础方面发展社会主义市场经济的需要。

---

① 《邓小平文选》第3卷，人民出版社1993年版，第252页。

四、任何国家都无权将自己的制度强加于人

在有关民主政治与民主的问题上，还有一个需要认真对待的观点，即标榜自由民主的民族与国家是否有权将自己的自由民主理念与民主制度或模式向其他民族与国家进行输出与推广？是否有以推广民主的名义，并不惜以诉诸武力的方式强行地要求其他民族与国家接受自己的政治制度的权利？这些问题不仅是当前国际政治领域中人们经常需要直面的问题，也是国际意识形态领域中经常引起纷争与冲突的焦点问题。

苏联解体、东欧剧变与冷战结束之后，以美国为首的西方发达国家，借推广自由民主之名，行干涉与颠覆别国的社会制度和国家政权之实，几乎成为它们推行强权的一种惯常性的做法。以美国为首的西方国家不仅打着自由民主的旗号对仍然坚持社会主义道路的国家进行百般丑化与攻击，对广大的发展中的民族与国家大搞和平演变和所谓的"颜色革命"；更有甚者，他们还公然在推广民主与反恐的名义下，悍然发动了对伊拉克、阿富汗、利比亚、叙利亚的战争，使一些不服从西方强权的政权一个接着一个地瓦解与被推翻。强权国家是否有权将自己认同的自由民主的理念与价值、政治制度与治理模式强加给其他民族与国家呢？在自由主义理论的视野里，这样的追问纯属多余。因为在他们的理论认知中，资本主义的经济制度以及自由民主的政治制度是唯一合理的与无法取代的制度，具有无可争辩的普世性质。这是自洛克以后，几乎所有的自由主义者一再重申的基本观点，也是福山在名噪一时的名著《历史的终结与最后的人》一书中再一次重申的基本观点。既然自由民主是一种终极的政治形式，具有普世的历史性，那么推广自由民主的理念与价值，帮助落后的民族建立自由的民主制度，不仅是发达国家享有的一种合法权利，同时也是他们应当承担的一种历史责任与历史使命，这即是强权国家输出自由民主的理念与民主制度的基本逻辑。然而，这样的逻辑纯属一种强权的诡辩。

任何国家，不论它自认为自己的经济制度与政治制度有多么先进、多么优越，也不论其他国家在它看来在经济制度与政治制度上多么落后与多么讨厌，它都无权向别的国家输出自己的经济制度与政治制度，更不能以"普世价值"的名义强迫其他国家照搬、复制自己国家的经济制度与政治制度。每一个民族与国家都拥有根据自己国家发展的实际状况和自己人民的实际意愿选择自己国家的经济制度与政治制度的权利，这应是一种无可争辩的权利，即使根据自由主义的理论原则，这种权利也拥有不可争辩的合理性与合法性。因为，在自由主义的理论逻辑中，自由是自由主义理论赖以存在的理论基石，是自由主义理论原则中的第一原则。自由主义政治学说中所宣称的人民主权原则，以及以这一原则为理论基础衍生出来的民主的原则，都不过是从自由原则引申出来的派生性原则。强权国家向其他国家强制性地推行自己的民主制度时，也许他们认为这是他们的自由，他们享有这种自由的权利。然而，他们是否想过也应该赋予被强制对象具有与自己同等地选择自己的社会制度的自由权利？如果只赋予自己自由权利，无视与否定其他国家的人民选择自己的社会制度的自由权利，这是否会使自己的理论陷于一种双重标准的强权逻辑的嫌疑与困境之中？每一个国家的人民如果不是平等地享有选择社会制度的权利，自由的"普世价值"何在？如果自由的价值是普世性的，强权国家的强权的根据又何在呢？对于自由主义者来说，这也许是一个无论如何也摆脱不了的理论困境。

当然，一个民族与国家究竟选择什么样的经济制度和政治制度，以及是否有权选择自己的经济制度与政治制度，并不是由某种理论决定的，更不是依凭某种理论原则核准的，而是由各个具体的民族与国家所处的社会历史阶段和现实的社会发展状况决定的。一个国家的政治制度究竟采取的是民主的政治制度，还是非民主的政治制度，虽然与一个国家的人民的选择不无关系（一个简单的道理是，完全违背人民利益与意愿的社会制度，包括经济制度与政治制度是不可能长久地持续下去的），但人民的选择也并不是随心所欲的，通常的情况下要受到该民族与国家社会发展状况的制约。就政治制度的选择而言，政治制度属于社会的政治上层建筑，而政治上层建筑的性质与模式，以及它的发展与演进、转型与更替既要受到社会经济基础的约束，同时也要受到社会的文化传统与文化观念的制约，其中最重要的是要受到社会经济发展状况与社会生产关系的制约。归根到底，一个民族与国家在政治制度上究竟采取的民主的政治制度还是所谓非民主的专制性的政治制度，是由该民族与国家的生产方式与交换方式的性质决定的。

总之，每一个民族与国家的人民有权根据自己的民族与国家的社会发展状况与发展阶段，选择自己的发展道路与政治制度，因为一种政治制度是否是合适的和合理的，本民族与国家的人民无疑比他人更清楚与更有发言权。民主不能是外部输入的，更不能是强加的。正如世界上不存在两片相同的树叶一样，民主的实现形式也不可避免地会呈现出多样性与差别化的特征。例如，小国可以实行直接性的民主，大国则可以实行代议制民主；资本主义国家能够实行票决式民主，即多数专制的民主，社会主义的中国则在实行票选民主的同时，又创造出了协商式的民主形式。是直接式民主好，还是代议制民主好？是票决式民主好，还是兼有协商式民主好？要看各个国家的具体情况。在资本的基础上不可能实行协商式民主，只有公有制为主体的经济基础的情况下，才有可能实行协商式的民主形式。发展中国家不可能复制发达国家的民主形式，社会主义民主不可能复制资本主义民主形式，资本主义民主也不可能模仿社会主义民主形式。因此，一切民族与国家既无权，也不应当将自己的政治制度强加在别国身上。

总之，民主不是从来就有的，它是人们在长期的社会实践活动中，特别是在政治实践活动中生成的，并且会随着社会经济基础及其政治实践活动的变化而变化、发展而发展。社会主义民主相对于资产阶级民主而言，是一种更为先进的民主，也是一种更符合中国社会历史发展方向与现实的民主。走中国特色的社会主义民主发展道路，是中国社会历史发展的必然，也是唯一正确的选择。

不应误读与否弃马克思主义的革命观 *

一

　　20 世纪的中国，颇似 18 世纪的法国，革命几乎是贯穿一个世纪的主旋律。对于大多数中国人来说，革命不仅是人们最熟悉的词汇，也是人们在日常生活领域与学术领域使用频率最高的话语。在许多人的心灵深处，革命是一个神圣的字眼，追求革命是其崇高的向往，献身革命，做一个革命者是其崇高的理想与信念。然而，从 20世纪 90 年代以后，情况似乎在发生变化。有人公开提出"告别革命"的口号，并以反思的名义，开了对革命的批判与拒斥的先河。进入 21 世纪以后，有人又以时代发生了变化，共产党的主要任务与历史使命发生了转移，夺取政权的革命任务已经完成，建设现代化强国已成为主要任务为由，提出了应改变对马克思主义关注点的主张，认为我们应从对革命的马克思主义的关注，转为对建设的马克思主义的关注。时下，学术领域的这种所谓"转向"的思想倾向或思潮，似乎呈现日益扩张与漫延的趋势。例如，最近又有人提

　＊　本文原发表于《马克思主义研究》2014 年第 10 期。

出，共产党已从过去的革命党转变为执政党，因此，我们的政治观也应与时俱进地进行转变，应从过去的革命的政治观转向执政的政治观①。时下的中国，无论是在人们的日常生活领域，还是在学术领域，革命一词似乎已从人们的意识与话语中悄然消失，反思与批判革命的言论不仅没有引起人们的警惕，反而成为一种所谓思想解放和与时俱进的时尚。可以毫不夸张地说，在时下，革命已经渐渐成为一种稀缺的历史词汇。诚然，导致革命一词从人们的日常生活领域与学术领域日趋淡出的原因是多方面和复杂的，但一个不容否认的因素是，它与上面所提到的这种否弃革命的思潮和言论的误导不无关系。

　　虽然，在总体上我们可以将上述各种观点与思潮称之为对革命的否弃论，但也应看到，在这些观点或思潮之间既有共同点，也有差异。在这些观点中，对革命概念的理解都具有相同的片面性，都将革命视作一种阶级对阶级的政治斗争，视作一个阶级推翻另一个阶级统治的斗争与运动，都将革命诉诸为一种对于武装斗争与暴力运动的理解，这是其共同点之一。在上述各种观点之间，不论其基本的立场有什么不同，对革命作用的看法与评价有何区别，但所呈现出来的否弃革命的意蕴都是明确的，所导致的结果也是类似的，即都将导致革命的概念从人们的生活与语言中淡出与消失。在上述观点中，如果从其对于革命的基本立场的差异上看，我们可以将其区分为两种不同的否弃革命观。一种是对马克思主义革命观完全诉诸否定的立场，对所有类型的革命运动都给予一种负面的与否定性的评价，"告别革命"论即是属于这种类型的否弃革命论。"告别革命"论者之所以对马克思主义革命观与历史上的革命都诉诸否定和拒斥的态度，在他们看来，革命就是暴力，就是社会动荡，就是社会生产力与社会秩序被破坏的代名词。另一种是对马克思主义革命观并不持反对与否定的立场，对革命在无产阶级夺取政权过程中的作用是持积极与肯定态度的。他们只是认为，随着无产阶级夺取政权斗争的

———————————

① 　参见许耀桐：《政治观革新的六个方面》，《人民论坛》2012 年第 28 期。

结束与任务的完成，人们的知识与思维也应随之进行与时俱进的改变，应努力放弃与淡化革命战争年代形成的革命思维与理念，实现从革命到建设，从革命政治到执政政治的转变。很显然，上述两类观点虽然都具有明显的否弃革命或告别革命的浓厚色彩，但它们在性质与理论基础上的区别是明显的。第一类观点表达的是拒斥革命的意蕴，第二类观点表达的是革命过时论的意蕴。

无论是以拒斥革命为理论基础的否弃革命论，还是以革命过时为理论基础的否弃革命论；也无论他们的问题是立场性质的，还是认识性质的，在他们的理论或观点中都确定无疑地存在着一个共同性的问题，即对革命概念都做了一种片面性的歪曲或误读与误释。首先，他们的观点是对革命片面的理解与歪曲，因为在他们的视野里，革命的含义通常被赋予一种极其狭隘的理解，仅仅是指以社会的阶级斗争为内容和主题的政治革命，而人对于自然的改造，人对于自身的改造，以及人对于社会关系其他方面的改造被排除在他们的视野之外。其次，他们的观点是对革命的歪曲或误读与误释，因为在他们的视野里，革命是什么？革命即是战争，即是阶级之间的冲突，即是暴力与流血。也就是说，他们更多的只是赋予革命以破坏与否定性的理解，没有看到革命是破与立、否定与肯定的统一。

不可否认，在私有制社会中，阶级之间的对立与冲突的尖锐化通常会爆发政治革命，政权的更迭也主要以政治革命的方式加以实现。而在每一次政治革命的过程中，战争、暴力、流血是其显著与突出的特点。而战争与暴力不仅不可避免地造成一定程度的社会秩序的失范与混乱，有时还会造成社会生产力与文明的破坏，甚至是历史的暂时倒退。尤其是在 20 世纪的中国，所有的革命几乎都涂上了极其明显的政治色彩，赋予阶级冲突与斗争的含义。在马克思主义有关革命的理论中，政治革命无疑是革命的一种重要形式，对阶级斗争与政治革命的强调是马克思主义革命观的重要特征之一。在马克思主义经典作家的著作中，有关政治革命的论述确实占有突出地位，他们不仅将无产阶级反对资产阶级的政治斗争形式视作其在各种斗争形式中的最重要甚至是最高形式，而且也确实极为重视暴力革命在无产阶级反对资产阶级的斗争，推翻资产阶级统治，建立自己的阶级统治中的必要性与重要性。并不能使形形色色的否弃革命的观点获得历史与理论的辩护，既不能使那些以拒斥革命为理论基础的否弃革命论得到辩护，也不能使那些以革命过时论理论基础的否弃革命论得到辩护。深刻的原因在于，革命的含义是极为丰富的，政治革命只是革命的一种形式，而不是革命的全部内容，一切革命，包括政治革命都是推动社会历史进步的动力与杠杆。在马克思的历史观与革命观中，政治革命虽然是社会革命的重要形式，但不是唯一的形式，因而政治革命只是推动社会历史进步的动力与杠杆之一，而不是唯一的动力与杠杆。

二

将革命仅仅解读与歪曲为政治革命，继而将政治革命中某些极端的表现形式，如街头的暴力与抗争、武装反抗与战争、阶级冲突与政权争夺等，都视之为革命的同义语或代名词，并以此为根据，或是鼓吹一种拒斥革命的观点，或是宣扬一种革命过时的观点。对此，站在马克思主义历史观与革命观的立场与维度上，是绝对不能接受的。尽管不同的阶级与持有不同立场的个人对革命有着不同的理解，但在马克思主义历史观与革命观的视野里，否弃革命论者对革命概念的解读与阐释，具有歪曲与误读的性质。

什么是革命？革命的含义与本质是什么？在马克思主义经典作家的著作中，既有关于革命的原因、动力、类型、形式与特点和历史作用的论述，同时也对革命的含义与本质作了毋庸置疑的阐释与界定。受制于探讨主题的约束，本文重点聚焦在对于马克思主义革命观中有关革命的含义与本质的阐释和界定上。在马克思主义历史观与革命观的视野里，革命不仅是一种必然性的历史现象，也是人类社会历史发展与进步得以实现的基本形式，没有革命，就既没有社会的发展，也没有历史的发展。深刻的原因在于，人类社会历史是在人类实践活动的基础上生成与发展的，人的实践活动既是人类社会历史生成与发展的基础，也是推动人类社会历史生成与发展的动力与杠杆，而人类的实践活动在本质上是一种改变世界，使现存世界不断革命化的活动。关于人的实践活动本质与革命本质之间内在性的本质关系，马克思主义经典作家是这样阐述的，马克思在《关于费尔巴哈的提纲》中曾这样写道："哲学家们只是用不同的方式解释世界，问题在于改变世界。"① 即是说，在马克思"新唯物主义"或"实践的唯物主义"的哲学视野中，"改变世界"是哲学最根本与最高的任务与使命。而人的"改变世界"的活动，既是一种实践性的活动，也是一种革命性的活动，因为"实际上，而且对实践的唯物主义者即共产主义者来说，全部问题都在于使现存世界革命化，实际地反对并改变现存的事物"②。很显然，马克思主义经典作家对革命概念的阐释与界定是明确而肯定的，革命是一种"改变世界""实际地反对并改变现存的事物""是那种消灭现存状况的现实的运动"③。在马克思"新唯物主义"哲学与革命观的理论逻辑中，革命概念的内涵指向人的一切"改变世界"或"改变现存的事物"的活动，从广义上说，它既指向人们改变自然的一切活动，也指向人们改变现存社会状况的一切活动，同时也包括人们改变自身的活动。当然，我们也应当指出，马克思主义经典作家在自己的著作中谈到革命时，更多地指向人们改变社会历史中现存事物与现存状态的活动。即是说，从马克思主义革命观的理论逻辑上看，人们改变现存的自然状态的活动，也具有革命的意蕴，但马克思主义历史观与革命观的理论重心，却主要集中在对社会历史领域的现存事物与现存状态的改变或革命化上。

---

① 《马克思恩格斯文集》第 1 卷，人民出版社 2009 年版，第 502 页。
② 《马克思恩格斯文集》第 1 卷，人民出版社 2009 年版，第 527 页。
③ 《马克思恩格斯文集》第 1 卷，人民出版社 2009 年版，第 539 页。

根据马克思主义经典作家对于革命的含义与本质的界定，人类社会及其历史的一切领域都存在着革命现象，因为人类社会及其历史在人类实践的推动下不断地发展与变化，从低级到高级，依次演进与拾级而上是人类社会历史发展的必然趋势。在人类社会历史领域，社会的生产方式与交换方式的改变，人们的生产关系与社会关系的演进，社会生活方式的变革，科学技术的创新，思想观念上的与时俱进，甚至包括社会的风俗与习惯的改变，都可视之为一种革命现象。当然，新兴阶级反对反动阶级的斗争，推翻反动阶级的统治，建立新的阶级统治的行为，也是一种革命，即政治革命。如果我们循着马克思主义历史观所提供的思维理路，可以大致将社会历史领域的革命分为三种相互联系的类型：即社会生产与经济领域的革命、政治领域的革命、思想文化领域的革命。一般来说，社会历史领域的革命，首先发生在社会的生产或经济的领域，然后才传导到并引发政治领域与思想文化领域的革命。在阶级社会中，那些在社会生产与经济上取得统治地位的阶级，也必然以政治革命的方式夺取政治领域与思想领域的统治。

　　根据马克思主义历史观与革命观的理论逻辑，以及马克思主义经典作家对于革命概念的含义与本质的界定，人们一切"改变世界""实际地反对并改变现存的事物"的活动，或者说一切以超越现存世界，将社会历史推向进步为目的的活动都具有革命的性质。但事物的发展遵循着从量变到质变的辩证法则，新旧事物的矛盾，通常呈现出一种从潜在到凸显最后发展到尖锐激烈的过程。因而，不是所有类型的革命都呈现出激烈对抗的形式，也不是在所有阶段都表现为激烈对抗的形式，更不是一切形式的革命都必然诉诸战争与暴力。暴力革命通常只表现在争夺统治权的政治领域，而不是表现在一切领域的革命中。即使在政治革命中，暴力革命也只是政治革命的一种表现形式，并不是必然的与唯一的形式。从历史的经验上看，无论是在封建社会取代奴隶社会的过程中，还是在资本主义社会取代封建社会的过程中，并非所有政权更迭都是通过诉诸战争与暴力的方式来实现的。不可否认，马克思作为一个以推翻

"资本主义社会及其所建立的国家设施"为毕生事业和真正使命的革命家，马克思主义作为一种"使现代无产阶级意识到自身的地位和需要，意识到自身解放的条件"①的理论，政治革命是马克思的历史观与革命观所关注的一种重要的革命形式，尤其对资本主义社会中无产阶级推翻资产阶级统治的政治斗争与政治革命始终给予高度的关注。但从马克思主义经典作家有关政治革命的总体论述上看，暴力革命并不是马克思主义政治革命关注的唯一焦点。他们虽然极为重视巴黎公社武装斗争的经验和失败的教训。但人们也不应忽视这样一个事实，在巴黎公社之前的著作中，马克思与恩格斯在谈到革命，即使是在直接针对无产阶级反对资产阶级的政治斗争时，并没有特别突出暴力革命在政治革命中的特别意义，马克思虽然极为重视巴黎公社的经验教训，重视通过以革命的暴力反对反革命的暴力、砸碎旧的国家机器的必要性与重要性，但马克思与恩格斯并没有将巴黎公社的经验赋予绝对化与普遍化的意义，即没有排除政治革命的其他形式。例如恩格斯就对工人阶级利用议会合法斗争形式给予积极的肯定，认为"我们是'革命者''颠覆者'，但是我们用合法手段却比用不合法手段和用颠覆的办法获得的成就多得多"②。在马克思的历史观与革命观的理论中，革命范畴是一个具有高度概括性与丰富内涵的范畴，它指向一切"改变世界""实际地反对并改变现存事物"的一切活动与运动，以夺取统治权为活动目标的政治革命只是社会历史领域革命的一种类型，而决非唯一的类型。革命所借以表现的形式也是多种多样的，有激烈对抗的表现形式，也有逐渐进化的形式，即使仅就政治革命而言，也存在着暴力与非暴力、合法性与非合法性的不同情况，也不是所有的政治革命都表现为暴力与流血冲突的形式，政治革命究竟是采取暴力的形式，还是非暴力的形式；合法性的形式，还是非合法性的形式，完全取决于各种政治力量之间的力量对比。革命无论是

---

① 《马克思恩格斯文集》第 3 卷，人民出版社 2009 年版，第 602 页。
② 《马克思恩格斯文集》第 4 卷，人民出版社 2009 年版，第 552 页。

采取对抗形式，还是非对抗形式，暴力的形式；还是非暴力的形式；合法性形式，还是非合法性形式，都只具有手段性的意义，不具有本质性意义，革命的本质是要"改变世界""实际地反对并改变现存的事物"。对于人们改变自然界与社会历史现状的革命来说，对抗与暴力冲突并不是通常的表现形式，而是属于罕见的特例，人们大多数"改变世界"的革命活动更多地采取的是非对抗、非暴力的形式。例如，人们经常谈到的科技革命、文化革命、思想革命、生活方式的革命、风俗与习惯的革命，通常都是以温和的方式进行的，不是说在这些革命的过程中不存在矛盾与冲突，而是说这些矛盾与冲突并不表现为激烈对抗的形式，更不是采取暴力与流血这种极端的方式而得以实现。

在探讨马克思主义历史观与革命观中的革命概念的含义与本质时，有必要澄清革命与改良的区别。革命与改良似乎都具有改造与改善的意蕴，然而二者之间却存在本质区别，革命不是改良，不应在革命与改良之间简单地画等号。革命与改良的区别首先表现为二者的出发点不同，革命的目的是"改变世界"，要使现存世界革命化，革命的价值取向是促进社会的发展与历史的进步，改良的目的虽然也有使现存世界的现状获得改善之意，但其出发点并不是要"改变世界"的现存状况，而是力图通过改良与完善的途径，使现存状况维持得更长久些。如果说革命的价值取向是推动社会历史的进步与发展，那么，改良的价值取向则是维持现存状况的性质不变。改良主义在本质上是一种历史的保守主义。正因为如此，在历史上几乎所有统治阶级或既得利益者，反对革命，却并不反对改良。当然，也并不是所有要求改良现存世界的思潮与行为都能被视之为革命，有些现存状况的反对者反对现存世界的现存状况，并不是想推动社会历史向前推进，而是想开历史倒车，回到已经逝去的、过时的历史状况中去，这些现存状况的反对者不仅不是革命的，而且还是逆历史潮流而动的反动派。在马克思主义历史观的视野里，凡是想维持现存社会状况不变的，属于保守主义者，虽然是反对社会历史现状，但想开历史倒车，具有怀旧心理与复辟愿望的人属于反动派，唯有那些既想"改变世界""实际地反对并改变现存的事物",并将社会历史不断推向进步的人才属于革命者。

革命作为一种"改变世界"的活动，是一种变革性的活动，而革命作为一种"改变世界"的变革性活动，无疑具有否定性，甚至破坏性，这种否定性与破坏性在社会的政治革命中表现得极为明显。从历史上看，在社会的每一次转型与制度和政权的更迭中，通常都会引起社会的激烈动荡，社会秩序的混乱与失范，社会生产力的破坏，甚至是社会发展进程的暂时中断与倒退。正因为如此，革命不仅经常受到那些想开历史倒车与维持现状的人的反对，同时也会导致一些革命同情者的恐惧与担心。马克思主义的历史观与革命观对革命所具有的不可避免的否定性与破坏性从不否认，所不同的是，不像革命的反对者那样，对革命所具有的否定性与破坏性并不仅仅从消极的方面去理解，而更多的是诉诸一种积极的肯定的理解。在马克思主义历史观与革命观的视野中，革命确有否定性与破坏性的一面，但革命所否定与破坏的是旧的或过时的事物、社会状况和社会秩序，革命是破和立的统一，不破不立，破是为了立。在革命的过程中，难免会使某些阶级与个人的利益受到损害，使社会生产力与人类的文明成果受到某种程度的破坏，并在人们的心理与情感上产生一些恐惧、忧虑与迷茫，但这都属于在社会历史发展进程中不可避免的代价与阵痛，没有革命过程中的代价与阵痛就没有社会历史的发展和进步。

对于一个真正的马克思主义者来说，正确理解革命的含义与本质，坚定不移地坚持与捍卫马克思主义革命观，具有极其重要的意义，在一定意义上说，这既是对于马克思主义者的基本要求，也是马克思主义者不可弃守的基本底线。因为，在马克思主义者的视野里，马克思主义创始人不应仅仅被视作一个科学家，更不应仅仅被视作书斋里的学者，而应首先被视作革命家。正如恩格斯所指出的："因为马克思首先是一个革命家。他毕生的真正使命，就是以这种或那种方式参加推翻资本主义社会及其所建立的国家设施的事业，参加现代无产阶级的解放事业，正是他第一次使现代无产阶级意识到自身的地位和需要，意识到自身解放的条件。"①恩格斯对于马克思的上述评价既适合于马克思的一生，也适合于恩格斯的一生，是对他与马克思一生所承担的"真正使命"与最大历史功绩的概括。马克思"首先是一个革命家"，作为革命家的马克思的学说与理论，或者说马克思主义思想体系无疑也具有革命的性质。这不仅是一个合理性的逻辑推论，更应该看作是符合客观实际的科学判断。马克思主义作为一种学说或思想体系，它是科学性与革命性的有机统一，二者之间具有不可分离的性质，科学性是革命性的基础，革命性是科学性的必然表现。因此，在对待马克思主义科学体系的问题上，我们既不能像过去"左"倾思潮猖獗的时代那样，离开马克思主义的科学性与深刻性，片面地强调其革命性的方面，将马克思主义片面地视作一种纯粹的意识形态，当然也不能像当下的某些研究者那样，淡化或消解马克思主义的革命性，只是片面强调与突出对马克思主义进行学术性的解读与阐释。正如马克思首先是革命家一样，马克思主义也首先是一种革命的理论，革命性是马克思主义科学理论的重要本质与特点，是基本的立场与内在灵魂。一旦革命性从马克思主义理论中消失了，或者将马克思主义解释为一种纯粹的学术与学问，马克思主义就将丧失它的灵魂，失去它的光芒，从而也就丧失它的吸引力，充其量也只是学者进行咬文嚼字彼此讼争的对象。

马克思主义的革命观与整体的马克思主义理论体系之间，有着水乳交融般的关系，革命像一条色彩鲜红的红线构成马克思主义理论逻辑的链条，贯穿在马克思主义的哲学、政治经济学，以及作为马克思主义理论核心的科学社会主义学说中。马克思主义科学思想体系的理论基础是马克思主义的"新唯物主义"或"实践唯物主义"哲学，这应是无可争议的。马克思的"新唯物主义"哲学在本质上是一种革命的哲学。这种"新唯物主义"哲学的革命性质不仅体现在其对以往哲学包括旧唯物主

① 《马克思恩格斯文集》第3卷，人民出版社2009年版，第602页。

义哲学的扬弃与超越上，更为重要的是其体现在"新唯物主义"哲学本身的精神实质上。马克思"新唯物主义"哲学革命首先是一种思维方式的革命，即对"对象、现实、感性"不再诉诸一种纯客体的或纯主观的直观性把握，而是诉诸对人的感性实践活动的把握，将人的社会与人的历史，以及人的"感性世界"视作人的历史实践活动的结果与产物。正是由于这种哲学思维方式的变革，在马克思历史观的视野里，人类社会及其历史才表现为随着人的实践活动的不断发展而不断变化与不断进步的历史。马克思"新唯物主义"哲学的革命性质也体现在其所持的阶级立场以及与革命的无产阶级之间的相互关系上，旗帜鲜明地声明"新唯物主义的立脚点则是人类社会或社会的人类"①。对于"新唯物主义"哲学来说，无产阶级是它的"物质武器"；而对于无产阶级来说，"新唯物主义"哲学是它的"精神武器"。马克思的"新唯物主义"哲学的革命性质最充分地体现在对哲学功能与使命的理解上，在"新唯物主义"哲学的理论逻辑中，"改变世界"、使现存世界不断革命化，使现存世界向着属于人的与为人的方面生成和发展，既是它的出发点，也是它的归宿与落脚点，是它的哲学理论全部问题的核心所在与聚集点。

马克思主义的革命观也贯彻在他的政治经济学中。作为革命家的马克思，改变现存的旧世界，尤其是资本主义制度，是其一生最重要的目标与使命，因而马克思一生理论活动的中心与重点，始终放在对资本主义制度的研究与解剖上。马克思主义创始人正是将唯物主义历史观的科学方法与基本原理运用于政治经济学的研究，并通过其研究，深入地揭示出资本的本质与剩余价值产生的秘密，以及资本主义从产生、发展到灭亡的自然规律，从而为无产阶级反对资产阶级的斗争提供了科学的理论指导。作为马克思主义政治经济学的核心与代表性著作的《资本论》，在本质上是动员无产阶级推翻资本主义制度与资产阶级统治的革命论，是一篇预先为资本主义制度与资产阶级统治准备好的送葬词。在马克思

---

① 《马克思恩格斯文集》第 1 卷，人民出版社 2009 年版，第 502 页。

主义科学思想体系中，科学社会主义理论是其全部理论的核心。科学社会主义作为马克思主义思想体系中的核心理论，其实质与使命是什么？关于这一问题，恩格斯曾在《反杜林论》与《社会主义从空想到科学的发展》这两部经典著作中，写下了完全相同的话给予明确而肯定的回答。恩格斯认为，无产阶级完成"解放世界的事业，是现代无产阶级的历史使命。深入考察这一事业的历史条件以及这一事业的性质本身，从而使负有使命完成这一事业的今天受压迫的阶级认识到自己的行动的条件和性质，这就是无产阶级运动的理论表现即科学社会主义的任务"①。概括地说，科学社会主义理论是一种关于无产阶级"解放世界的事业"的理论，是"使现代无产阶级意识到自身的地位和需要，意识到自身解放的条件"②的理论，或者说是唤起无产阶级的自身解放与"解放世界"而进行的斗争与革命的理论。在这里还需补正一点，马克思主义革命观对于马克思主义思想体系的意义还远远不止于此，正如"马克思在他研究的每一个领域……都有独到的发现"③一样，马克思主义革命观也贯彻在他所研究的每一个领域，或者说，马克思主义思想体系的所有内容无不呈现出革命性的光芒。

革命性是马克思主义科学理论的重要本质与特点，是其理论光芒的底色，是不可否弃的理论之魂。否弃了马克思主义的革命观，无异于是对马克思主义本质与特点的改变，告别了革命，无异于是对马克思主义的告别与游离。

当然，当本文依据马克思主义经典作家的文本与马克思科学理论的基本精神，对马克思革命观中的革命范畴诉诸以"改变世界""实际地反对并改变现存的事物"，是一种变革性活动的诠释，将马克思的革命观视之为贯穿于马克思的历史观与科学社会主义学说中的一条红线与全部学说的灵魂时，其主旨与出发点指向的是纠正人们过去对马克思思想

---

① 《马克思恩格斯文集》第 3 卷，人民出版社 2009 年版，第 566、567 页。

② 《马克思恩格斯文集》第 3 卷，人民出版社 2009 年版，第 602 页。

③ 《马克思恩格斯文集》第 3 卷，人民出版社 2009 年版，第 601、602 页。

体系中的革命范畴与革命观所做的片面和狭隘的理解及误读，意在突出与强调革命范畴的意蕴并不仅仅指向政治革命一种形式，或者说将革命等同于阶级对阶级的斗争，等同于以夺取统治权为主要目标的政治革命，意在突出与强调马克思首先作为一个革命家，马克思主义首先作为一种革命的理论，其革命范畴具有广泛的涵盖性与概括性，革命首先是变革现实的一切活动，或者说马克思主义作为一种革命的理论，它的精神实质是通过变革现实的实践活动以推动社会历史的发展与进步。然而，我们也应确认这样一个事实：政治革命在马克思主义革命观中始终处于核心地位，对政治革命的关注与探讨构成了马克思主义革命观的主题和重心。这不仅在于，马克思作为一个革命家，"他毕生的真正使命，就是以这种或那种方式参加推翻资本主义社会及其建立的国家设施的事业，参加现代无产阶级的解放事业"。"斗争是他的生命要素。"① 更为重要的是，马克思主义作为一种关于无产阶级革命与无产阶级解放条件的理论，它的理论旨趣、理论使命与理论内容也是主要指向无产阶级推翻资产阶级统治的政治革命的。换一个角度说，马克思之所以将毕生的实践活动与理论活动投入到无产阶级反对资产阶级的斗争中去，合理的答案只能是"他首先是一个革命家"。在马克思的无产阶级革命学说中，推翻资产阶级的统治，实现无产阶级与人类的全面解放，虽然需要对资本主义社会的经济制度、政治制度、社会的意识形态以及资本主义社会的各个方面进行全面的革命性改造与变革，但无产阶级革命的核心问题是无产阶级首先推翻资产阶级的政治统治，夺取国家政权，确立自己的政治统治。无产阶级如果不通过政治革命建立自己的统治，就不可能从根本上改变自己的地位与获得真正解放，即使通过其他斗争方式获得资产阶级的某些让步，最终也很难保持自己的胜利果实。正如恩格斯所指出的那样："革命是政治的最高行动；谁要想革命，谁就要有准备革命和教育工人进行革命的手段，即政治行动，没有政治行动，工人总是在战

---

① 《马克思恩格斯文集》第 3 卷，人民出版社 2009 年，第 602 页。

斗后的第二天就会受到法夫尔和皮阿之流的愚弄。"①

在马克思主义革命观中，很显然存在着两种既相互联系，又有区别的革命，一种指向的是"改变世界""实际地反对并改变现存的事物"的一切批判的、实践的活动，另一种指向的是在社会历史发展过程中，反对旧的社会制度，推翻旧的政权，建立新的社会制度与新的政治统治的斗争。前一种意义上的革命存在于社会生活的一切领域，我们不妨称之为广义的革命，后一种意义的革命则主要存在于政治领域，表现为政治革命，我们不妨称之为狭义的革命。在马克思主义革命观中，广义的革命与狭义的革命之间，通常表现为一种普遍与特殊、一般与个别的关系。马克思主义作为一种科学的世界观，在本质上必然是革命的，因为它的根本目的与全部使命是"改变世界""实际地反对并改变现存的事物"，使现存世界革命化。被剥削、被压迫阶级反对旧的社会制度，尤其是无产阶级反对资本主义与资产阶级的斗争之所以被赋予政治革命的意义，其原因在于，这种斗争同样是一种"改变世界""实际地反对并改变现存的事物"的活动，政治革命不过是"改变世界"意义上的革命的一种特殊形式。在马克思主义革命观中，狭义的革命即政治革命虽然也是一种"改变世界""实际地反对并改变现存的事物"的活动，但由于政治革命所指向的对象、所运用的手段、所表现的方式以及对社会历史进程的影响与作用具有特殊性，因而在马克思主义革命观中占有突出与核心的地位，这从马克思主义经典作家有关革命的大量论述中可以得到无可争辩的印证。澄清马克思主义革命观中的广义革命与狭义革命的联系和区别，对于完整准确地把握与阐释马克思主义革命观具有不可忽视的理论意义与实践意义。一方面，它有助于避免人们误读马克思主义革命观，将政治革命视作唯一的革命形式，犯只见树木不见森林，或盲人摸象式的错误，忽视对马克思主义科学思想体系革命本性的正确把握，并防止某些人以世界局势的暂时缓和，以及我国当前处于经济建设

---

① 《马克思恩格斯文集》第 3 卷，人民出版社 2009 年版，第 224 页。

时期为借口，否定革命的必要性。另一方面，也有助于反对那些对马克思主义革命观，尤其是对政治革命抱有敌意的人，认清他们利用在政治革命中有时产生的某些负面效应或对社会历史产生的暂时震动与混乱，利用丑化政治革命的方式，进而达到否定政治革命，乃至一切形式的革命，颠覆马克思主义革命本性的目的。对于马克思主义者来说，一切形式的"告别革命"的口号、丑化革命的观点与行为都是不能接受的，以政治革命的消失为借口，进而宣扬从革命政治转变为执政政治，从革命的马克思主义转变到建设的马克思主义的口号与观点不能接受，否定政治革命，丑化政治革命，进而否定马克思主义革命观的"告别革命"的观点也不能接受。狭义的政治革命之所以不能告别，也不能丑化，这不仅在于，从社会历史发展的事实看，社会历史形态的每一次重大发展与转型无不伴随着不同形式的政治革命，尤其是在无产阶级革命史上还没有出现过有任何民族与国家不经过政治斗争和政治革命而实现无产阶级掌握国家政权，并建立社会主义制度的先例。尤其需要强调的是，对于共产党人来说，在推翻旧的社会制度，建立社会主义制度与新的国家政权的过程中，不能放弃政治革命的手段，尽管这种手段的运用可以有多种不同的形式，可以是和平的，也可以是暴力的，即使在共产党成为执政党，共产党人的主要任务由夺取政权转变为进行经济建设、政权建设与巩固政权的时期，以政治斗争为手段与特征的革命虽然不再成为主要的革命形式，但政治革命仍是不可或缺的斗争形式。历史经验表明，在国内外还存在各种敌对势力，演变与反演变、颠覆与反颠覆、复辟与反复辟的斗争仍然激烈的情况下，宣扬一种淡化政治革命的观念，放松政治警惕，放弃政治斗争，不仅是幼稚的，而且是危险的，否定政治革命，宣扬告别革命也是别有用心的，苏联与东欧共产党人的失败就是一个很有说服力的例证与教训，我国在改革开放过程中经历的风风雨雨也是一个很好的证明。

不可否认，今天的时代较之于马克思所处的时代已发生了巨大变化，今天的中国共产党较之于战争年代的中国共产党所处的历史环境、历史地位与面临的历史任务也完全不同，不仅马克思主义存在着与时俱进的问题，共产党的斗争方式与工作方式也存在与时俱进的问题。在新中国成立之前，中国共产党所进行的是新民主主义革命；而在当前，中国共产党所进行的则是社会主义革命，两者在性质上无疑是不同的。这种性质上的差异，首先表现在，在新民主主义革命阶段，革命所要解决的矛盾主要是阶级矛盾，革命的主要目的是推翻"三座大山"，建立人民当家作主的国家政权；而在社会主义革命阶段，阶级矛盾不再是主要矛盾，社会的主要矛盾由阶级矛盾让位于相对落后的生产力与人民群众不断增长的各种需要的矛盾，革命的主要任务也由原来的夺取政权转变为主要以巩固政权和经济建设为中心。其次表现在，革命的斗争方式发生了重大变化。在新民主主义革命阶段，夺取政权的政治革命处于中心地位，政治斗争与武装斗争占有突出的地位；而在社会主义革命阶段，革命的主要方式表现为改革与建设。抹杀这两个阶段的性质是错误的，我们不应以新民主主义革命的经验与思维方式从事社会主义革命与建设，而应根据变化了的形势，与时俱进地改变我们的思维方式。然而，两者有一点却是相同的，它们都是一种革命，都应贯彻马克思主义革命观的精神，以马克思主义历史观与革命观作指导。因此，人们不能以任何借口否弃马克思主义革命观，消解马克思主义的革命精神。这是因为，根据马克思主义历史观与革命观的理论逻辑，人类社会的发展与历史进步是一个永无止境没有终点的过程，只要人类社会继续存在，历史没有终结，革命就无法否弃与"告别"，深刻的理由在于，"改变世界"，使现存世界不断革命化对于一切社会与历史时代都是必需的，否则就意味着人类社会历史的终结。每一个历史时代，每一个历史时代中的历史时期，革命所面临的问题和所要达成的主要目标与任务可能是不尽相同的，但"改变世界"活动的革命性质是不变的。不能将革命与建设对立起来，对旧的社会状况的破坏是一种革命，对新的社会状况的建设同样是一种革命，而且是一种更具积极意义的革命，这不仅在于破坏与建设都蕴含着"改变世界"的底蕴，更重要的是，对旧世界的破坏不是最终目的，不破不立，对旧世界的破坏是为了建设一个新世界。

对于资本主义社会中的资产阶级政党来说，无论是执政党来说，还是处于非执政地位的反对党来说，他们代表的都是处于统治地位的资产阶级的利益，所不同的只是他们在某些具体政策与策略的取向上因其各自分属于资产阶级的不同阶层而有所不同而已。所有的资产阶级政党，无论是执政党还是反对党，就其根本性质而言，都不具有革命的性质，而是具有鲜明的保守性甚至是反动性，因为他们捍卫的都是资产阶级的既得利益，都试图使资本主义制度永恒化。共产党作为"最坚决的、始终起推动作用"①的无产阶级政党，不管是在夺取统治权的过程中，还是在执政的过程中，都与资本主义社会中的执政党与反对党具有不同的性质，共产党并不会也不能因为历史地位的变化而改变其自身的革命性质。过去为夺取政权而进行的斗争是革命，今天为巩固政权与建设社会主义而奋斗也是革命，所不同的只是革命的具体形式与斗争策略，不变的则是革命本质与革命精神。深刻的原因就在于，成为执政党并不是共产党人的最终目的，共产党人的目的是不断地"改变世界"，不断地使现存世界革命化，因此，在建设社会主义现代化强国和深化改革的今天，我们更需要强化革命意识与革命精神。破坏旧世界是革命，建设新世界也是革命，而且是一种更具积极意义的革命。夺取政权的斗争是革命，对我们过去形成的各种体制与机制，包括对我们的政治体制进行与时俱进的改革，以适应新时期的需要，也是一场革命，并且是一种更具挑战性与更需要革命勇气和精神的革命。对于执政的共产党来说，只有矢志不渝地以"改变世界"为宗旨，保持不断扬弃与不断改革、不断创新与不断超越的革命精神，才能保持先进性。如果丧失了革命精神，一心想保住既得的成果与满足于现状，共产党与其他政党的区别也将消失。

---

① 《马克思恩格斯文集》第 1 卷，人民出版社 1995 年版，第 285 页。

责任编辑：刘松弢

图书在版编目（CIP）数据

林剑文集. 人学和政治哲学研究卷／林剑 著 . —北京：
　人民出版社，2022.4
ISBN 978 - 7 - 01 - 023994 - 1

I. ①林…　II. ①林…　III. ①林剑－文集②政治哲学－文集
　IV. ① C53 ② D0-53

中国版本图书馆 CIP 数据核字（2021）第 248742 号

林剑文集·人学和政治哲学研究卷
LINJIAN WENJI RENXUE HE ZHENGZHI ZHEXUE YANJIUJUAN

林　剑　著

人民出版社 出版发行
（100706　北京市东城区隆福寺街 99 号）

北京汇林印务有限公司印刷　新华书店经销

2022 年 4 月第 1 版　2022 年 4 月北京第 1 次印刷
开本：710 毫米 ×1000 毫米 1/16　印张：32.25
字数：441 千字

ISBN 978 - 7 - 01 - 023994 - 1　定价：100.00 元

邮购地址 100706　北京市东城区隆福寺街 99 号
人民东方图书销售中心　电话（010）65250042　65289539